...Strand. 2. Zuchthaus. 3. Waysenhaus. 4. S. Olaus Kirch. 5. S. Ioh: Kirch. 6. Norder brugg. 7. Mar-
...ll. 8. Brunken-Berg. 9. S. Clara. 10. Warth-Thurn. 11. S. Jacob. 12. Königl. Zeughaus. 13. Königl.
...chloß. 14. S. Niclas. 15. Ritter-Pallast. 16. Teutsche oder S. Gertruden Kirch. 17. Königsholml. Brugg
... Roseńhans Pallast. 19. S. Francisci. 20. S. Catharina. 21. S. Maria Kirch. 22. Graf Horns Pal-
last und Garten.

I. G. Ringle sc. Mart. Engelbrecht excud. A. V.

Robert Widl

Königin Christine von Schweden

Robert Widl

Königin Christine von Schweden

Eine Frau erobert den Vatikan

Ein biographischer Roman

STIEGLITZ VERLAG, E. HÄNDLE
D-7130 Mühlacker
A-8952 Irdning/Steiermark

Schutzumschlag: Ulrich Kolb, Leutenbach

Unseren unvergeßlichen Eltern
Maria und Karl Widl

ISBN 3-7987-0279-9

D-7130 Mühlacker
A-8952 Irdning/Steiermark
1989
Gesamtherstellung: Wiener Verlag, Himberg bei Wien

Inhaltsverzeichnis

Erster Teil
Königin der Schweden, Goten und Wenden

Zweiter Teil

Der weite Weg nach Rom

ERSTER TEIL

Königin der Schweden, Goten und Wenden

„Es gibt keine Geschichte,
sondern nur Biographien."
Ralph Waldo Emerson

I

Das Attentat

„Frieden kannst du nur haben,
wenn du ihn gibst.“
Marie von Ebner-Eschenbach

In der Stockholmer Riddarholmkirche wird der Sonntagsgottesdienst gefeiert.

Die blutjunge Königin Christine sitzt unter einem Baldachin vor ihrem Betschemel.

Der Pastor primarius schlägt die Bibel zur Lesung auf.

„Da antwortet Gott selbst Hiob mit Fragen“, trägt der Prediger aus dem Buch Hiob, Kapitel 38 vor: „Wer ist der, der den Ratschluß verdunkelt mit Worten ohne Verstand? Gürte deine Lenden wie ein Mann; ich will dich fragen, lehre mich!“

Das weite Kirchenschiff ist übervoll. Die Menschen drängen sich, um einen Blick auf die mädchenhafte Königin zu erhaschen. Männer heben ihre Kinder auf die Schultern, damit sie mehr sehen können vom Glanz dieser Stunde.

„Wo warst du, da ich die Erde gründete?“ fährt die Stimme des psalmodierenden Pastors in leicht pathetischem Singsang fort. „Weißt du, wer ihr das Maß gesetzt hat oder wer über sie eine Richtschnur gezogen hat?“

Ein junger Mann drängt sich durch die Menge nach vorn. Einige zur Seite Gezwängte murren verhalten.

„. . . Bist du gewesen, da der Schnee herkommt,
oder hast du gesehen, wo der Hagel herkommt,
die ich habe aufgehalten bis auf die Zeit der Trübsal
und auf den Tag des Streites und Krieges?“

Die Königin ist einfach gekleidet. Sie trägt keinen Hut, keinen Schmuck. Säße sie nicht unter dem Baldachin, niemand könnte an einem äußeren Zeichen erkennen, daß sie die Monarchin ist. Die schweigende Menge lauscht angespannt.

Da vorn sitzt nun Christine: ein blasses, zierliches Mädchen mit ernstem Gesicht. Ihr langes, blondes Haar fällt auf die Schultern hinab. Ihre hohe Stirn, ihre vorspringende Nase, ihre ausdrucksvollen, dunkelblauen Augen zeigen deutlich, daß sie die echte Tochter des unsterblichen Heldenkönigs ist.

Man raunt sich zu, daß sie einen festen Willen sowie einen starken Charakter habe und energischer sei, als man es bei ihrer zarten Mädchenhaftigkeit vermuten würde.

Der französische Gesandte d'Avaux schreibt in dieser Zeit über Christine an seine Regierung: „Die achtzehnjährige Fürstin ist schön und angenehm. Sie verfügt über eine ungemein sichere Haltung. An ihren kühnen Zügen und den blitzenden Augen erkennt man unschwer die Tochter Gustav Adolfs."

Der Pastor primarius räuspert sich. Dann fährt er in der Lesung fort.

Vorn, unweit des Altars, steht die königliche Garde in ihren gelb-schwarzen Uniformen. Seitlich davon die Pagen in ihren blauen und gelben Samtkostümen mit Silberverbrämung.

In der ersten Bankreihe sitzen die Inhaber der fünf höchsten Ämter des Reiches: der Kanzler Axel Oxenstierna und sein Verwandter, der Schatzkanzler, der Reichsmarschall, der Reichsadmiral und der Hofmeister.

Dahinter die Senatoren, die Mitglieder des Reichsrats.

Dann die drei Klassen der Aristokratie. Die oberste, der Hochadel, bestehend aus den schwedischen Grafen und Freiherren; das sind zu Beginn der Regierung Christines lediglich zwölf alteingesessene Familien. Dann folgt die zweite Gruppe, gebildet aus den Nachfahren ehemaliger Ratsmitglieder, doppelt so viele Familien wie die erstere umfassend.

Die unterste Gruppe, der niedere Adel, besteht aus einhundertfünfzig Familien mit teilweise weit zurückreichendem Stammbaum, die de facto Großbauern sind.

Gustav II. Adolf adelte aber bereits Ausländer, darunter einige Schotten oder die Familie de la Gardie, die aus der Gascogne stammt.

Der junge, seltsam gekleidete Mann ist in seinen Bemühungen, näher an den Altar heranzukommen, bereits bis zur Höhe der vorderen Bankreihen vorgedrungen.

Wieder erhebt sich die sonore Stimme des Pastors primarius, der in der Lesung langsam zum Ende kommt:

„Fliegt der Adler auf deinen Befehl so hoch,
daß er sein Nest in der Höhe macht?
... Von dannen schaut er nach der Speise,
und seine Augen sehen ferne.
Seine Jungen saufen Blut,
und wo Erschlagene liegen, da ist er."

Der junge Mann schiebt sich geduckt hinter den Rücken der baumlangen Gardisten näher heran.

Die Königin spürt einen stechenden Blick auf sich ruhen und dreht den Kopf seitlich nach links. Für einen kurzen Augenblick erspäht sie das Gesicht dieses jungen Menschen, der sich lauernd duckt, um in der nächsten Sekunde mit einem mächtigen Satz nach vorn zu springen.

Blitzschnell erfaßt Christine die Situation. Sie gibt dem Offizier der Garde einen stummen Wink.

Ein Herzschlag lang – und der unheimliche Kirchenbesucher ist gefaßt. Ein Gardist entwindet der Hand des wild um sich schlagenden Mannes ein langes Messer.

Man bringt den Attentäter auf die Wache. Es ist ein Geistesgestörter, der wahrscheinlich durch die Kriegswirren den Verstand verloren hat.

Der Königin wird nach der Rückkehr ins Stockholmer Schloß hievon berichtet.

„Das bestärkt mich um so mehr in meiner Absicht", erklärt sie dem Reichskanzler, „so rasch wie möglich diesen furchtbaren Krieg zu beenden."

„Majestät", weicht Oxenstierna aus, „ein drei Jahrzehnte langes Völkerringen kann man nicht im Handumdrehen beseitigen. Der Vorteil des Staates muß mehr zählen als ein paar tausend Menschenleben."

„Ein paar tausend?" gibt Christine ironisch zurück. „Vor dreißig Jahren betrug die Bevölkerung des Deutschen Reiches mehr als zwanzig Millionen, jetzt schätzt man, daß es nur noch dreizehn sind. Ich will den Friedensschluß lieber heute als morgen."

„Das geht nicht so schnell."

„Natürlich, ich weiß", erwidert sie sarkastisch. „Bereits im März 1644 traf unsere Friedensdelegation in Osnabrück ein. Doch erst im Dezember wurde der Kongreß eröffnet. Das war meine erste Handlung seit meiner Thronbesteigung. Nun sind elf Monate vergangen. Und es rührt sich nichts. Das geht so nicht weiter."

„Wir müssen behutsam vorgehen, Madame. Ein rascher Friede ist kein günstiger."

„Wir kämpfen an zwei Fronten: in dem großen deutschen Krieg gegen den Kaiser und Spanien sowie in dem regionalen Konflikt mit Dänemark. Dieser läßt sich unschwer sofort beenden."

„Majestät, ich bitte zu bedenken ..."

„Graf, ich weiß, ich wurde als König von Schweden vereidigt. Aber ich bin auch eine Frau. Ich fühle mit allen Müttern, die um ihre Söhne an den Fronten zittern und jede Nacht in Unruhe zubringen. Der Schlaf dieser Mütter ist mir wichtiger als alles andere. Ich befehle, daß unverzüglich Friede gemacht wird."

„Madame, wir müssen auf Frankreich, unseren Verbündeten, Rücksicht nehmen. Ein Alleingang Schwedens ist unmöglich."

„Im Krieg mit Dänemark schon. Kanzler, veranlassen Sie alles für eine baldige Beendigung der Feindseligkeiten!"

Es gelingt Christine doch tatsächlich, daß am 13. August 1645 der Friede von Brömsebro mit Dänemark geschlossen wird. Schweden erhält hierbei die Provinz Halland, die Inseln Gotland und Oesel sowie Jütland und Herjedalen.

Damit ist die Stellung Schwedens als Großmacht in Nordeuropa gefestigt.

Das ist der erste Sieg der Königin im Kampf gegen die bisher allmächtige Kriegspartei in Schweden.

Und dabei ist Christine nicht einmal neunzehn Jahre alt. Und erst seit sieben Monaten Regentin des Landes.

II

Zu später Stunde beim Papst

> „Das Verhältnis eines historischen Datums zur heutigen Weltverfassung ist es, worauf gesehen werden muß, um Material für die Weltgeschichte zu sammeln."
>
> Friedrich von Schiller

Es ist zehn Uhr abends. Der Oberhirte der katholischen Christenheit steht hinter seinem Schreibtisch auf, um sich zur Ruhe zu begeben. Da wird ihm zu so später Stunde noch Besuch gemeldet. Widerwillig läßt ihn der Papst eintreten. Es ist sein Staatssekretär Fabio Chigi.

„Kardinal", brummt er ihn an, „wißt Ihr nicht, daß auch ein Papst die Nachtruhe nötig hat?"

„Eurer Heiligkeit, ich bitte tausendmal um Vergebung, und bin gleich wieder fort. Nur eine winzige Kleinigkeit wäre noch zu besprechen."

„Wir kennen Eure Kleinigkeiten. Täglich macht Ihr Uns Eure Aufwartung mit dem Vorsatz, Uns nicht lange aufzuhalten, und doch kommt es stets anders."

„Ich bin zutiefst zerknirscht."

Der Papst wischt mit einer abrupten Handbewegung jedes weitere Wort beiseite. „Was gibt es?"

In dem hohen Arbeitssaal des Quirinal zieht es beständig. Zwei der mächtig ausladenden Fenster gegen die Gärten hinaus sind angelweit offen. Fabio Chigi fröstelt es leicht. Die gedrungene Gestalt des bald achtzigjährigen Oberhirten scheint davon nichts abzubekommen. Wie ein Fels steht er unbekümmert in der Zugluft des Riesenraumes.

„Euer Heiligkeit haben die Absicht, Euren siebenjährigen Großneffen Giambattista zum Kardinal zu erheben?"

Der Knirps ist der Sohn des Kardinalnepoten Camillo Pamfili, der Enkel der einflußreichen verwitweten Schwägerin des Papstes, Olimpia Maidalchini.

„Ecco. Wir gaben dem Schlingel unlängst einen Backenstreich. Wir wollen ihm mit dieser Ernennung Genugtuung verschaffen“, brummt der Pontifex.

„Wenn ich zu bedenken mir erlauben darf, die Welt könnte die Nase rümpfen über das sehr kindliche Alter...“

„Basta, basta! Weil Wir selbst in das neunte Lebensjahrzehnt schreiten, sollen vielleicht Unsere Kardinäle auch erst in diesem Alter ernannt werden? Äußeres Merkmal: plenitudo ventris (Leibesfülle); geistliche Gnade: senilitas mentis (abnehmender Geist); Einsetzung durch den Papst nach Matthäus Kapitel 26, Vers 45. Wie?“

„Ich kenne leider die Bibel nicht auswendig wie Euer Heiligkeit.“

„Schnickschnack! Dort steht zu lesen: ‚Schlaft nun und ruht euch aus!‘“

Nach dieser Abfuhr wechselt der Kardinal-Staatssekretär rasch das Thema. „Wie Euer Heiligkeit bekannt ist, bittet der französische Gesandte Pierre Chanut, der bei Königin Christine von Schweden akkreditiert ist, um eine Abschiedsaudienz. Monsieur beendet seinen Romaufenthalt und reist wieder zurück nach Stockholm.“

„Wir erinnern Uns“, erwidert Innozenz X. kurz.

„Monsieur l'Ambassadeur ist ein enger Vertrauter der nordischen Monarchin. Wenn ich mir die Bemerkung erlauben darf...“

„Bemerkt!“

„Schweden ist das mächtigste Reich der lutherischen Reformation. Es ist außerordentlich wichtig für die Kirche, was sich dort ereignet.“

„Sappristi! Werdet deutlicher!“ Der knorrige alte Mann mit dem gestutzten Vollbart und den zu beiden Seiten bis zur Halsbinde herabhängenden Schnurrbartenden tritt ungeduldig von einem Fuß auf den andern.

„Ich möchte betonen, die Fürstin ist noch ledig, und es ist für die Kirche nicht ohne Bedeutung, wer einmal der Gemahl der erlauchten Frau wird.“

„Sollen vielleicht Wir, der Papst, einen Brautwerber abgeben?“ unterbricht ihn Innozenz ironisch.

„Es sind so viele Ehekandidaten im Gespräch, lutherische, reformierte, katholische, daß ich dachte, wenn Euer Heiligkeit Monsieur Chanut morgen in der Audienz andeuten könnten ..."

Der Oberhirte schneidet ihm mit einer energischen Handbewegung das Wort ab. „Seht Ihr das Brettspiel auf der Konsole dort? Der Gesandte des Kaisers hat es Uns als Geschenk gebracht."

„Ein Schachspiel!" ruft der Staatssekretär erfreut aus, da er hofft, mit diesem Thema den Papst in eine bessere Laune zu versetzen. „Ich habe es bereits gestern bewundert. Die Figuren sind aus getriebenem Silber."

„Schnickschnack", wehrt der Pontifex unwillig ab. „Da Ihr Uns die Nachtruhe verdorben habt, spielt mit Uns eine Partie! Seit Wir Papst sind, kamen Wir nie mehr dazu."

„Mit größtem Vergnügen."

„Kommt, setzen wir uns zu dem Rauchtisch! Gebt das Brettspiel her! Daß Ihr nicht die Figuren darauf verschiebt! Ihr habt Uns gegenüber eine Vorgabe. Man hört, es sei ein königliches Spiel."

„Ganz richtig. Es ist ein sehr altes arabisches Brettspiel."

Der Papst macht mit einem Bauern den ersten Zug. „Arabisch, so ..." Innozenz wiegt bedächtig sein rundliches Greisenhaupt mit den eingefallenen Wangen und den tiefen Falten, die sich rechts und links von der fleischigen Nase zu den Mundwinkeln hinabziehen und in den buschigen Schnauzbart beiderseits verschwinden. „Wißt Ihr", fährt er fort, „daß Europa vor der Überflutung durch die Araber bei Byzanz im Jahre 717 gerettet wurde?"

„Gewiß, gewiß", nickt eifrig der Staatssekretär.

„Aber habt Ihr auch Kenntnis, durch wen?"

Fabio Chigi hat es nicht.

Streng wie ein unerbittlicher Schulmeister mustert ihn der Pontifex. „Durch einen Unserer erhabenen Vorgänger. Durch Leo III."

Der päpstliche Minister neigt anerkennend sein Haupt.

„Was schützt Ihr nicht Euren Bauern?" tadelt ihn jetzt Innozenz. „Wir sind genötigt, mit Unserem Pferd Euch die Figur wegzunehmen."

„Pardon", murmelt der Kardinal. „Euer Heiligkeit spielen eben besser."

„Papperlapapp", schnarrt der Oberhirte. „Ihr wart unachtsam. Gewiß schwirren in Eurem Kopf noch immer die Staatsgeschäfte herum. Ihr könnt nicht geistig abschalten. Was täte der Papst, wenn er das nicht schaffte! Den ganzen Tag stets wechselnde Gesichter, immer neue Gesprächsthemen. Dieser Monsieur l'Ambassadeur zum Beispiel..."

„Eminent wichtig!" beeilt sich Chigi, sofort einzuwerfen.

„Natürlich", nickt Innozenz. „Alles ist von Bedeutung. Auch Euer Läufer. Seht, Ihr hütet ihn schlecht, also ist er Unsere Beute."

„Euer Heiligkeit spielen eminent gut, wirklich eminent gut!"

„Ihr meint doch nicht, Wir beherrschen das Spiel so schlecht, daß Ihr Uns gewinnen lassen müßt?" kommt es drohend von den Lippen des Oberhirten.

„Durchaus nicht, durchaus nicht."

„Dieser französische Gesandte", brummt der alte Mann ungnädig weiter, „den Ihr Uns ans Herz zu legen geruht und der, wenn Wir Euch recht verstanden haben, der Herrscherin von Schweden einen Euch genehmen Heiratskandidaten einreden soll..."

„Heiligkeit, der linke Turm ist in Gefahr."

„Zum Kuckuck, nehmt ihn doch!" fährt der ungebrochene Greis auf. „Denkt Ihr wohl", knurrt er, „Wir haben nichts anderes im Sinn, als mit dem Abgesandten Frankreichs Heiratsprobleme zu beschwatzen?"

„Die Kerzen sind herabgebrannt. Gleich werden sie verlöschen."

„So läutet doch dem Kammerdiener, daß er neue anstecke! Da seht Ihr, was Ihr angerichtet habt! Wir könnten schon längst in geruhsamem Schlummer liegen, aber Ihr nötigt Uns, mit Euch dieses Brettspiel zu handhaben und Euch den vierten Bauern zu entführen."

„Heiligkeit spielen sehr umsichtig."

„Wenn Ihr Uns morgen den Franzosen in Unsere Bibliothek zur Abschiedsvisite bringt, so seht zu, daß Wir, der Papst, mit dem Gesandten wenigstens unter vier Augen sprechen können. Ihr wißt, Wir leiden es nicht, wenn dieses ganze parfümierte Gefolge von Kammerherren und Sekretären Uns ständig an den Fersen hängt."

„Gewiß, es wird geschehen."

„Ein Pontifex sollte mehr Zeit erübrigen dürfen, um öfters am Tag in den heiligen Schriften lesen zu können. Statt dessen nötigt Ihr Uns täglich zu Audienzen und immer wieder Audienzen. Alles unmögliche Volk jagt Ihr Uns an den Hals. Es erwartet von Uns Konversation und abermals Konversation, als ob Wir keine bessere Verwendung für die Zeit hätten, die Uns als wichtigstes Lehen übertragen wurde."

„Der Sohn des Kaisers, der präsumtive König von Rom als eifriger Katholik, wäre ein idealer Ehepartner für diese nordische Sphinx. Diese Verbindung könnte der höchste Triumph der Gegenreformation, der glänzendste Sieg unserer heiligsten Mutter, der Kirche, werden."

„Der Sohn Ferdinands III.? Was denn, was denn? Am Ende wollt Ihr die Fürstin gar noch mit unserem Herrn und Heiland vermählen! Die lutherische Christine wird wahrscheinlich diesen dicklichen Fant, den Prinzen von der Pfalz, ihren Vetter, ehelichen."

„Dieser Plan müßte durchkreuzt werden", sagt darauf, wie aus der Pistole geschossen, der sonst eher zurückhaltende, liebenswürdige 54jährige Kardinal mit dem beherrschten Gelehrtengesicht, in dem die langgezogene, schmale Nase das Auffallendste ist.

„Denkt lieber an Eure Dame! Ich sage nämlich Schäch."

Der Kardinal macht den rettenden Gegenzug mit einem Rössel.

„Um auf Eure nordische Pallas zurückzukommen", spöttelt Innozenz und kaut an seinem linken Schnurrbartende, „man hört so Widersprüchliches über sie. Sie soll ein unbändiges Temperament haben, ihre Toilette vernachlässigen, mit ungepflegtem Haar auf dem Rücken der Pferde den Tag zubringen, die Gesellschaft der Frauen meiden. Trifft das zu?"

„Sie ist die gelehrteste Dame ihrer Zeit. Ein universell gebildetes Genie. Eine glänzende Wissenschaftlerin. Die großzügigste Förderin der schönen Künste. Ihr Hof ist der Sammelpunkt der berühmtesten Gelehrten unserer Epoche."

„Da ist es schade, Eminenz, daß Ihr als Heiratskandidat nicht in Frage kommt", brummt ironisch der Pontifex. „Wir vermuten, Ihr seht Euch täglich den Globus an."

„Die katholischen Eheanwärter Christines, allen voran der polnische König, haben kaum Chancen bei ihr, da die schwedische Kirche im Fall einer solchen Verehelichung um die Errungenschaften der Reformation fürchtet. Es kommt also zum Vorteil der heiligen Kirche für uns nur ein katholischer Eheaspirant in Frage, der eine derartige politische Macht in der Lage wäre einzubringen, daß die lutherische Kirche im Norden sich keinen Widerstand gegen eine neue Missionierung Schwedens mehr leisten könnte."

„Kardinal, Wir sind alt und haben schon manches vergessen. Aber soviel haben Wir in Erinnerung behalten, daß zu einer Eheschließung immer zwei Personen vonnöten sind, die ja sagen. Habt Ihr das bedacht? Wenn Wir dem französischen Gesandten den Namen eines Heiratskandidaten wie einen saftigen Knochen zuwerfen sollen, meint Ihr dann im Ernst, daß Monsieur l'Ambassadeur augenblicks an den schwedischen Hof eilt, um dort damit hausieren zu gehen?"

„Ein väterlicher Vertrauter einer königlichen Jungfrau könnte unter Umständen für die heilige Kirche sehr von Vorteil werden."

„Und wo ist der andere Pol? Welcher Vertraute wird wohl dem künftigen König von Rom die Gretchenfrage so erfolgreich ins Ohr blasen, daß sie positiv für die Kirche beantwortet wird?"

„Diplomatische Fäden zwischen Rom und Wien zu spinnen..."

„Wir nehmen an, Ihr habt bereits gesponnen", unterbricht Innozenz schlecht gelaunt. „Unsere Nachtruhe verkürzt Ihr, dem französischen Gesandten bereitet Ihr Händel, und Eure Dame, mein Lieber, geht in Unsere Obhut über." Innozenz setzt diese Figur des Kardinals außer Gefecht.

„Aber jetzt sage ich Schach. Heiligkeit sind mit den nächsten zwei Zügen schachmatt."

„Das könnt Ihr mit Uns nicht machen", knurrt der Pontifex drohend. „Denn Unser König ist Christus, der Herr. Na, wagt Ihr es unter diesen Umständen noch, die Partie fortzusetzen?"

„Ich strecke die Waffen", erwidert Fabio Chigi liebenswürdig. „Euer Heiligkeit sind eben als Gegner unangreifbar."

„Das wollen Wir auch hoffen", spricht Innozenz X. gelassen, erhebt sich und reicht dem Staatssekretär die Hand zum Kuß des Fischerringes.

Und Kardinal Chigi weiß untrüglich, daß morgen 12 Uhr der Pontifex mit dem französischen Gesandten über das Heiratsprojekt reden wird. Ganz gewiß.

Der Papst schreitet auf sein Schlafzimmer zu. In der offenen Tür dreht er sich noch einmal zu seinem in tiefer Verbeugung verharrenden Staatssekretär um.

„Was Wir noch sagen wollen", knurrt er verhalten, „Wir werden Unserem Großneffen, diesem Grünschnabel, doch nicht den Purpur verleihen. Wir werden ihn zum päpstlichen Hausprälaten ernennen. Das müßte eigentlich als Trostpflaster für einen Backenstreich genügen. Buona notte!"

III

Wird sie es schaffen?

„Einen Krieg beginnen, heißt nichts weiter, als einen Knoten zerhauen, statt ihn auflösen."
Christian Morgenstern

Zurückgeblendet, Stockholm 1648:

Der Dreißigjährige Krieg ist nicht nur der längste, sondern auch der schrecklichste der Neuzeit. Eine seiner wesentlichsten Ursachen ist neben der unseligen Spaltung der Christenheit in zwei feindliche Lager die Rivalität Frankreichs gegen den Kaiser.

In diesem Krieg gelingt es dem genialen Schwedenkönig Gustav II. Adolf, sein Reich zur Großmacht werden zu lassen. Rußland muß die Ostseeländer Karelien, Ingermanland und Livland an Schweden abtreten. Deutsche Besitzungen im Norden geben Gustav Adolf die Möglichkeit, dem Kaiser Schach anzusagen. Damit wird der König zum Führer der protestantischen Fürsten. Der Monarch fällt im Jahre 1632 in der Schlacht bei Lützen, seine Armee ist jedoch der wahre Sieger.

Das einzige Kind des Herrschers, die sechsjährige Christine, wird dem Namen nach Königin. Der tatsächliche Monarch bis zu ihrer Großjährigkeit ist aber ihr Kanzler Axel Oxenstierna, der zäh die imperialistische Politik Gustav Adolfs, ein starkes, protestantisches Groß-Schweden, zielstrebig weiterverfolgt.

Schweden gewinnt einen mächtigen Bundesgenossen, Frankreich. Die Franzosen ziehen, um den Kaiser zu schwächen, gegen Bayern, die Schweden gegen Böhmen.

Der schwedische Feldmarschall Lennart Torstensson siegt bei Jankau in Südböhmen über die kaiserlichen Truppen und stößt bis Wien vor. Der schwedische Feldmarschall Hans Christoph Königsmarck erobert die Kleinseite, einen Stadtteil Prags, und den Hradschin.

Die schwedische Kriegspartei, an ihrer Spitze Kanzler Oxenstierna, träumt von weiterem Kriegsruhm, von weiterer Vergrößerung Groß-Schwedens.

Doch Königin Christine gebietet Einhalt. Sie will den heißersehnten Frieden. Ihren beiden Abgesandten beim Friedenskongreß, Johann Oxenstierna, einem Sohn des Kanzlers, sowie ihrem Vertrauten Adler Salvius schreibt sie am 10. April 1647 nach Osnabrück: „Meine Herren... Ohne weiter herumzukrämern, habt Ihr die Verhandlungen zum erwünschten Abschluß zu bringen. ... Ihr sollt die Arbeiten nicht länger sich hinziehen lassen, wie es bis jetzt der Fall ist. Geschieht das nicht, wird es an Euch liegen, vor Gott die Verantwortung zu tragen, und Euch vor den Ständen des Reiches und vor mir zu rechtfertigen. Laßt Euch nicht durch die Pläne von Ehrgeizlingen von diesem Ziel abbringen, falls Ihr nicht mein tiefstes Mißfallen und meine Ungnade auf Euch laden wollt..."

Christine weiß, daß ihr Kanzler und dessen Sohn Johann den Friedensschluß verstohlen torpedieren wollen.

Daher teilt sie in einem geheimen Schreiben Adler Salvius mit: „Aus Euren Briefen kenne ich Euer Bemühen, einen langen, gefährlichen und blutigen Krieg zum Abschluß zu bringen. Ich weiß auch aus vielen Zusammenhängen, wie eine gewisse Partei den Vertragsabschluß... hinzuziehen versucht. Ich werde auf solche Weise gegen diese gegnerische Partei vorgehen, daß die ganze Welt erkennen wird, daß ich nicht die Schuld trage. Auch soll alle Welt sehen, daß R. C. (der Geheimcode für den Kanzler Oxenstierna) es nicht vermag, an seinem kleinen Finger allein die Welt sich drehen zu lassen."

Die mächtige schwedische Kriegspartei unter Anführung der Oxenstiernas will einen Friedensschluß hintanhalten. Johann Oxenstierna zweifelt öffentlich an der Möglichkeit eines Friedensvertrags.

Die schwedischen Chiffernschlüssel für den offiziellen Auslandsverkehr gehen eigenartigerweise plötzlich verloren. Die Depeschen für die Friedensverhandlungen können nicht chiffriert werden, doch der unbeugsame Wille der Königin macht

Gustav II. Adolf, Vater Königin Christines, 38 Jahre alt. Geboren 1594, König mit siebzehn Jahren, gefallen 1632 in der Schlacht bei Lützen.

trotz aller Sabotagen aus den eigenen Reihen das schier Unmögliche möglich.

Am 24. Oktober 1648 werden die beiden Friedensdokumente unter dem Salut der Kanonen unterzeichnet.

Dem Eilboten, der die Nachricht vom Friedensschluß übermittelt, schenkt Christine eine Goldkette für 600 Dukaten. Den Gesandtschaftssekretär, der ihr das Traktat bringt, erhebt sie in den Adelsstand.

Ihren Vertrauensmann Adler Salvius, der gegen den Widerstand der allmächtigen schwedischen Kriegspartei und gegen die versteckte Opposition seines Mitbeauftragten, des Kanzlersohnes Johann, am geglückten Abschluß der Verhandlungen wesentlichen Anteil hat, verleiht sie die höchste Würde, die sie zu vergeben hat: Sie macht ihn, dem alteingesessenen Adel zum Trotz, zum Reichsrat.

Dankgottesdienste werden abgehalten, festliche Umzüge, Fackelaufmärsche mit Feuerwerk. Der Jubel der Bevölkerung ist unbeschreiblich. Nach dreißig entsetzlichen, blutigen, verlustreichen Kriegsjahren endlich, endlich — Friede!

Eine Münze wird geprägt, welche die bis dahin feindlichen Mächte, das Kaiserreich, Spanien-Polen und Frankreich-Schweden darstellt, und zwar mit der deutschen Inschrift an der Umrandung des Ovals: „Die ganze Christenheit freut sich über die Einigkeit aller dieser Potentaten."

Die schwedische Kriegspartei jedoch murrt über diesen Frieden, der übereilt geschlossen worden wäre und bei dem man für Schweden weit mehr herausholen hätte können, wenn die Königin sich nicht gar so genügsam verhalten hätte.

Wohl kommen durch den Friedensschluß die drei wichtigsten Flußmündungen der Elbe, Oder und Weser in schwedische Hand und damit Pommern als Reichslehen; wohl erwirbt Schweden drei Stimmen auf dem deutschen Reichstag, der für die Wahl des Kaisers zuständig ist. Wohl wird Schweden eine Kriegsentschädigung von fünf Millionen Talern zugesprochen. Aber weiß man nicht, daß Papier zu allen Zeiten ein geduldiges Etwas ist, und daß Verträge unter allerlei Vorwänden gebrochen werden können?

Der Kanzler reicht aus Protest gegen den Friedensschluß seinen Rücktritt ein. Christine gelingt es aber, Oxenstierna zum weiteren Verbleib zu überreden. Der schwedische Feldmarschall Karl Gustav Wrangel schleudert beim Empfang der Nachricht vom Friedensvertrag seinen Federhut wütend zu Boden. Viele schwedische Offiziere verfluchen den Friedensschluß.

Papst Innozenz X. ist ebenfalls erzürnt, und zwar wegen der Säkularisation der katholischen Kirchengüter, die als Entschädigungsobjekt herhalten müssen. Innozenz legt durch seinen apostolischen Nuntius, Kardinal Chigi, scharfen Protest ein. Als dies nichts fruchtet, erläßt er die päpstliche Bulle ‚Zelo Domus Dei' (Aus Eifer für das Haus Gottes) vom 20. November 1648, welche die ‚Ketzer' verurteilt und das Traktat für ungültig erklärt. Außerdem wird in der Bulle nur von Schweden und den Schweden geprochen, als ob das Reich keinen König hätte. Diese Unterlassung erfolgt zugunsten der katholischen Linie der Wasa, die in Polen herrscht und noch immer Kronrechte auf Schweden geltend macht.

Doch Kaiser Ferdinand, gegen dessen Reich Schweden Krieg führte, stellt sich ritterlich hinter Christine. Er läßt die Bulle in seinen Staaten nicht veröffentlichen und beauftragt den Staatsrechtler Hermann Conring, der auch mit Christine in wissenschaftlichem Kontakt steht, zur Abfassung einer Widerlegungsschrift, welche die königliche Würde Christines verteidigt.

Nichtsdestotrotz jubelt Europa und vor allem Deutschland der Königin zu, weil sie, ungeachtet der großen Siege ihrer Armeen, ihre Ansprüche bei den Friedensverhandlungen sehr gemäßigt und trotz größter Schwierigkeiten von außen und von innen den Friedensschluß energisch und mit Ausdauer herbeigeführt hat.

Für die Welt des 17. Jahrhunderts wird sie damit zur unumstrittenen Königin des Friedens. Doch eines Tages...

IV

Die schwedische Partie

„Diplomatie ist ein Schachspiel, bei dem die Völker matt gesetzt werden."

Karl Kraus

Nach der feierlichen Abschiedsaudienz bei Papst Innozenz X. stattet der französische Gesandte in Stockholm, Monsieur Chanut, die üblichen Höflichkeitsvisiten in angemessener Reihenfolge ab: Zuerst der einflußreichen Schwägerin des Pontifex, Olimpia Maidalchini, dem Cardinale padrone, dem Kardinalältesten, und nun weilt er zur Verabschiedung bei dem Leiter der päpstlichen Außenpolitik, bei Kardinal-Staatssekretär Fabio Chigi.

Es ist, wie gesagt, ein reiner Pflichtbesuch, und er soll sich streng im Rahmen des Zeremoniellen halten. Aber es kommt anders.

Vielleicht liegt es daran, daß die beiden Gesprächspartner, der vierundfünfzig Jahre alte Kirchenfürst aus Siena und der ungefähr gleichaltrige Franzose aus Schweden, zu große Persönlichkeiten sind, um einfach Nur-Diplomaten zu sein. Und so mag es zu jener unerwarteten, sensationellen Wendung des Gesprächs gekommen sein, die so gar nicht in das Protokoll eines Diplomatenbesuchs gehört.

„Sie reisen zurück nach Stockholm zu Königin Christine", sagt langsam der päpstliche Staatssekretär.

„Soll ich Ihrer Majestät etwas von Eurer Eminenz bestellen?" fragt der Gesandte.

„Ihre Frage ist gut", darauf der Kardinal, „und berechtigt, da man weiß, daß Sie zum engsten Freundeskreis der Königin gehören. Aber was darf ein Papist, ein Kardinal, einer lutherischen Fürstin bestellen, die noch dazu der regierende König von Schweden ist? Denn Sie wissen, Exzellenz, katholisch sein, heißt in Schweden, ein Paria zu werden."

„Es ist leider nur zu wahr“, darauf der Gesandte. „Die heilige Messe darf nur in unseren Gesandtschaftshotels bei geschlossenen Türen gelesen werden. Schweden ist das Bollwerk des Protestantismus, und der hundert Jahre alte Streit der Konfessionen brennt dort noch in den Nerven aller.“

Der Kardinal nickt ernst. Es lastet schwer auf seiner Seele, daß durch den Westfälischen Frieden die Vormachtstellung der Kirche zum Versinken kam.

Die ganze Weltlage verändert sich um die Mitte des 17. Jahrhunderts grundlegend. Deutschland, das seines Kaisers wegen, wenigstens in den Augen der Völker, bisher als Herz der Welt gegolten hat, ist zur Ohnmacht verurteilt. Mochte es auch unter Ferdinand II. scheinen, als sollte die alte Kaisermacht wiedererstehen, nun nach dem Westfälischen Frieden ist jede Hoffnung darauf erloschen. Das Reich hat sich aufgelöst in mehr als 300 Staaten und freie Städte, die dem Kaiser nach Belieben gehorchen oder nicht und in ihrer Isolierung und ihrem souveränen Egoismus oft willenlos in das Lager Frankreichs segeln. Erst recht gelähmt ist Deutschland durch seine Zerrissenheit in religiöser Hinsicht. Mit dem Friedensschluß ist der religiöse Zwiespalt als unüberbrückbar und dauernd anerkannt, die Gegensätze haben sich verewigt, deutsche Katholiken und deutsche Protestanten haben ihr abgeschlossenes Gebiet und stehen sich als zwei feindliche Blöcke gegenüber. Durch sie hindurch geht ein „eiserner Vorhang“, und eher wird die fremdeste und entfernteste Nation als Bundesgenosse erwählt als das eigene Brudervolk. Deutschland liegt kulturell darnieder, es dichtet nur noch im französischen Versmaß, und wenn es baut, muß Frankreich es inspirieren. Zudem betrachtet es das katholische Mittelalter, und somit die Jahrhunderte religiöser und politischer Einigkeit, als eine Zeit dunkler Barbarei.

Wie Deutschland ist auch die zweite Großmacht der Kirche, Spanien, von seiner Höhe herabgesunken. Doch wenn auch die äußere Macht langsam abstirbt, das Selbstbewußtsein und die alte ererbte Kultur verklären noch einmal das müde Reich in seiner Dichtung, wie solches Thomas Mann an seinen Buddenbrooks geschehen läßt. Lope de Vega, Calderon, Velázquez und Murillo sind die strahlenden Sterne am Abendhimmel Spaniens.

Die dritte und letzte katholische Großmacht, Frankreich, allerdings schreitet gewaltig ihrer Siegerstellung entgegen. Hier erstarken Kunst und Wissenschaft, obwohl auch das Reich seiner politischen Machtvollkommenheit entgegeneilt; die Philosophie Frankreichs beherrscht die Welt, und während Industrie und Handel das Land reich machen, erobern die Feldherren Condé, Turenne und Catinat den bald mächtigsten Thron Europas für einen genialen Mann: Ludwig XIV. Ein König, der nur einer Idee dient, dem Staat, als den er wiederum sich selbst bezeichnet, ein Mann, der alle Widerstände überwältigt und sich schließlich nur noch einer Macht gegenübersieht, die ihn hemmen könnte: der Kirche, und der als ihr einst getreuer Sohn durch seinen überspitzten Staatsegoismus ihr Widersacher wird.

Tragisches Paradoxon! Die einzige aufstrebende Großmacht Europas, die noch einig katholisch ist, bereitet durch ihren nationalen Eigendünkel der Kirche immer mehr Schwierigkeiten. Sie, die als einzige die Kraft hätte, der Kirche zu einer glorreichen Restauration zu verhelfen, wird durch Gallikanismus und Jansenismus ihr großer Schädling, bis die Tragödie antiken Ausmaßes ihr Ende findet durch das einsame Hinsterben Pius VI. in französischer Gefangenschaft.

Wie anders dagegen die Einigkeit im protestantischen Lager!

Mit schmerzlicher Bewußtheit ruft sich der päpstliche Staatssekretär Chigi die Vorgänge vor dem Friedensschluß in Erinnerung.

Er kennt sie nur zu gut, war er doch damals der päpstliche Nuntius am Rhein und bei den Verhandlungen in Münster der Vertreter Innozenz X. Die katholische Uneinigkeit, das Bündnis Frankreichs mit Schweden führten dazu, daß die Protestanten ihre Forderungen immer höher schraubten und die Kaiserlichen der Meinung waren, die Kirche in Deutschland sei nur noch durch einen raschen Friedensschluß zu retten.

So drückte dieser dem System der Fürstenherrschaft über Religion und Gewissen das Siegel auf. Der Grundsatz ‚Wem das Land gehört, dem gehört auch die Religion', ward hiermit anerkannt.

Aber die Protestanten sind trotz der gewaltigen Erfolge, welche der Westfälische Friede ihnen gebracht hat, noch immer nicht zufriedengestellt. Es schmerzt sie einerseits die Schranke, welche das Fortbestehen des geistlichen Vorbehaltes weiteren Säkularisationen entgegenstellt, andererseits die einschränkende Bestimmung betreffend die Protestanten in den kaiserlichen Erblanden. Daher werden sich die Lutheraner auch in Zukunft nicht zufriedengeben. Aber ihr einflußreichster Parteigänger ist Schweden.

Und dort regiert Königin Christine, die Tochter des großen Gustav Adolfs, des mächtigsten Helden der protestantischen Sache. Dort ist jetzt seine Tochter Königin, und Schweden ist durch den Westfälischen Frieden sehr mächtig geworden, der einflußreichste Staat des Nordens. Es beherrscht die Ostsee und hat durch seine neu hinzugewonnenen Gebiete in Deutschland Sitz im deutschen Reichstag und künftig Mitbestimmungsrecht bei der Wahl des Kaisers.

Daher ist Königin Christine eminent wichtig, auch für einen päpstlichen Staatssekretär. Wie einmalig ist aber die Gelegenheit, hier einem Mann gegenüberzusitzen, der zu dieser Königin reist als Gesandter Frankreichs und der außerdem soviel wie ihr Vertrauter ist. Welche einmalige Gelegenheit, vielleicht einen Faden hinüberzuspinnen von Rom bis Stockholm, vom Sitz der katholischen Christenheit zu jener mächtigen lutherischen Pallas, die unvermählt, blühenden Alters ist und der man die größten Vorzüge an den Höfen Europas nachsagt.

Kardinal-Staatssekretär Chigi ist aber ein Mann, der weiß, was er will. Die größte Persönlichkeit Roms, wird er in wenigen Jahren selbst den päpstlichen Stuhl besteigen als Alexander VII., und sein Motto wird sein: ‚Molto fare, e poco dire' (Viel handeln, wenig reden).

Der Mann, der ihm da gegenübersitzt, ist französischer Resident und damit Bundesgenosse Schwedens, also von vornherein ein Feind der päpstlichen Außenpolitik. Aber, überlegt der Kardinal, er ist gleichzeitig ein gläubiger Katholik, sein Gesandtschaftshotel in Stockholm ist auch ein Hort kirchentreuer Frömmigkeit, einer seiner Söhne bereitet sich sogar auf den Ordensstand eines Karmeliten vor, wie man erfahren hat.

„Exzellenz", beginnt der Kardinal wieder bedächtig, „ich möchte zu Ihnen nicht als Kardinal, sondern als einfacher Christ sprechen. Wollen Sie die Güte haben, einen Augenblick zu vergessen, daß Sie französischer Diplomat sind?"

„Mon dieu, Eminenz", ruft der Franzose aus, „der Geist ist willig, aber das Fleisch ist schwach."

„Die Hintertür des Diplomaten", lächelt der Kardinal. „Doch ich möchte Sie dennoch bitten, sich bei Königin Christine dahin zu verwenden, daß katholische Missionare nach Schweden eingelassen werden dürfen."

Aber da fährt Chanut empor und streckt beide Hände abwehrend von sich. „Das ist vollkommen unmöglich. Kein einziger dieser Missionare käme lebend aus dem Land. Man kennt in Rom die Eigenständigkeit der schwedischen Kirche nicht."

„Ja, gibt es denn in Schweden keine Katholiken mehr?"

„Ich kenne nur eine einzige Seele", spricht Chanut leise und blickt den Kirchenfürsten groß an, „die zum Katholizismus hinneigt."

Der Kardinal starrt wie gebannt auf die Fingerspitzen seiner bleichen Hand. Ihm brennt die Frage im Herzen, wer diese einzige Seele in ganz Schweden sei. Er hebt das schmalgeschnittene Asketenantlitz mit den dunklen Augen und schaut lange in das Weltmannsgesicht des geistreichen Höflings.

Doch der Gesandte schweigt und lächelt nur in gallischer Liebenswürdigkeit, hinter der vieles unausgesprochen bleiben kann.

Und damit siegt der Diplomat Chanut über den einfachen Katholiken Chanut. Das französische Fleisch war scheinbar doch zu schwach.

Unter diesen Umständen kann sich Fabio Chigi vorstellen, daß ihn der Papst bei der nächsten Vorsprache nicht gerade gnädig empfangen wird.

„Kardinal", brummt ihn denn auch tags darauf Innozenz X. bei der Morgenvisite unfreundlich an, „bringt Uns diesen gelackten Gallier nicht wieder in Unsere Bibliothek! Hätten Wir statt dieser Zeitvergeudung doch in einem Brief des Apostels Paulus gelesen, Wir hätten klüger gehandelt!"

„Die erhabene Mutter Kirche hat gottlob nicht nur französische Zungen."

„Sappristi! Wohin habt Ihr diesmal wieder Eure Angel ausgeworfen?"

„Euer Heiligkeit, die meisten Machthaber spielen Hasard. Sie würfeln wie nach dem Ende des Dreißigjährigen Krieges um Klöster, Stifte und Pfründen. Die Potentaten teilen unter sich die fette Beute, die aus Ländern und Völkern besteht. Doch wie im Schachspiel Regeln gelten, nach denen verfahren werden muß, soll das Ganze seine Gültigkeit bewahren, so müßte es auch im politischen Leben ablaufen. Gegen Fürstenwillkür setzt die Kirche die Gebote vom Berge Sinai der Gottes- und Nächstenliebe ein."

„Und Ihr glaubt, Ihr könntet mit Fug und Recht eine Fürstin im hohen Norden vermählen?"

„Heiligkeit, die schwedische Partie ist ein Jahrhundertstück. In England wettet man so gern. Ich bin zwar Südländer, aber ich wage doch zu wetten, daß . . ."

„Kardinal, haltet ein! Wollt Ihr Uns Schwierigkeiten bereiten? Durch Heinrich VIII. hat die Kirche England verloren, durch das Haus Wasa den Norden. Punktum."

Der Papst schreitet mit schwerem Schritt zu seinem Schreibtisch. „Mit welchen Audienzen überfällt Ihr Uns heute wieder?" knurrt er und vertieft sich in das Papier, das ihm sein Staatssekretär überreicht. Er runzelt die Stirn. „Wir lesen da, daß Ihr um zwölf Uhr den Gesandten des Kaisers in Unsere Bibliothek schickt. Was habt Ihr jetzt wieder ausgeheckt?"

„Heiligkeit, der Geist Gottes weht, wo er will. Dies kann er auch in Eurer Bibliothek tun."

„Sollten Wir am Ende abermals das Heiratsprojekt dieser nordischen Pallas beschwatzen müssen? Eminenz, Ihr werdet allmählich zur Zuchtrute für Unsere zeitlichen Sündenstrafen."

„Königin Christine ist den Einsatz wert."

„Hätten wir Uns doch in ein Kloster zurückgezogen, anstatt Uns zum Papst wählen zu lassen! So aber nötigt Ihr Uns, den Policinello im weltlichen Machtverschleiß abzugeben."

„Wenn es Heiligkeit wünschen, werde ich den schwedischen Ausritt abblasen und dem Gesandten des Kaisers bestellen, daß Ihr Euch nicht wohl fühlt."

„Eminenz, Wir waren nie bei besserer Gesundheit als heute. Schickt in Gottes Namen den Gesandten in Unsere Bibliothek!"

Innozenz X. reicht dem Minister den Fischerring zum Kuß. „Laßt Uns allein, Kardinal! Wir möchten endlich einmal fünf Minuten meditieren. O mamma mia! Wünscht Euch nicht, Papst zu werden! Jeder Landpfarrer kann mehr Zeit für sein Seelenheil erübrigen als Wir. Und verschont Uns die nächsten Tage mit Heiratsprojekten! Arrivederci!"

V

Ein Diplomat lächelt

„Ohne Lächeln kommt der Mensch, ohne Lächeln geht er; drei fliegende Minuten lang war er froh."

Jean Paul

Natürlich läßt Königin Christine den französischen Gesandten Chanut sofort zu sich bitten, sobald er in Stockholm eingetroffen ist.

Aber eine Monarchin des 17. Jahrhunderts, im Zeitalter des fürstlichen Absolutismus, hat Formen zu wahren. Sie kann nicht wie eine Frau X ihr Küchenmädchen in das Heim der Familie Y hinüberschicken mit dem Auftrag: ‚Ach, lieber Herr Chanut, kommen Sie doch zu mir herüber auf ein Plauscherl!'

Ei bewahre! Bei einer Königin und einem ausländischen Gesandten ist das anders.

Da verständigt das Sekretariat des französischen Residenten in Stockholm die Hofkanzlei Ihrer königlichen Majestät, daß Monsieur l'Ambassadeur von seiner Europareise zurückgekehrt ist.

Daraufhin gibt Ihre Majestät allerhöchsten Auftrag, den Herrn Großkanzler hiervon in Kenntnis zu setzen, ferner die zur Zeit in Stockholm anwesenden Notabeln, und ordnet einen großen Empfang an.

Der findet bald darauf statt. Die Diplomatie kann auch schnell arbeiten, wie man sieht, wenn eine jugendliche, ungestüme Monarchin deren überkompliziertes Getriebe ankurbelt.

Der Empfang findet selbstverständlich im Thronsaal des königlichen Schlosses statt.

Es ist mittlerweile Juni geworden, und da blüht es auch im hohen Norden betörend an allen Ecken und Enden.

Man hat in dem hohen Audienzsaal herrliche Blumenarrangements aufgestellt. Die Großen des Reiches versammeln sich unter den riesigen Lüstern und vergoldeten Kandelabern, deren tausendfältiger Kerzenschimmer ein strahlendes Licht ausgießt über die prächtigen Wandteppiche, die historische Szenen aus Schwedens Heldengeschichte darstellen. Alle sind sie gekommen, die in der Stadt anwesenden Würdenträger, dem Gesandten des mächtigen Frankreich, dem Doyen des diplomatischen Corps, ihre Reverenz zu erweisen. Denn Frankreich ist der wichtigste Bundesgenosse des erstarkten Schweden, Arm in Arm miteinander beherrschen diese beiden Reiche gegenwärtig das Hauptfeld der europäischen Politik. Und wo anders wird in diesem großen Jahrhundert Weltpolitik getrieben als in Europa!

Der Reichsdrost Graf Per Brahe, der höchste Würdenträger des Staates, ist erschienen und steht unmittelbar zur Rechten des silbernen Thrones. Er unterhält sich gedämpft mit dem Oberhaupt des mächtigen Hauses der de la Gardie, Graf Jakob. Einer der einflußreichsten Feldherren, hatte er unter Gustav Adolf viele Schlachten geschlagen und Ebba Brahe, die Jugendliebe des Königs und Tochter des früheren Reichsdrosten, geheiratet. Natürlich fehlt nicht die mit den reichsten und angesehendsten Magnaten Schwedens verwandte Familie Oxenstierna, deren zahllose Mitglieder alle Ehrenstellen des Staates mit einem dichtmaschigen Netz einflußreichster Beziehungen umspannen. Und kein König Schwedens könnte es sich leisten, auf die Oxenstiernas zu verzichten. Das Haupt der Familie, der geniale Diplomat und Großkanzler des Reichs, der größte Staatsmann des Nordens, Graf Axel Oxenstierna, ist noch nicht anwesend. Natürlich arbeitet er bis zur letzten Sekunde und kommt gewiß erst unmittelbar vor der Königin. Aber sein Bruder, Graf Gabriel, und sein Sohn, Graf Johann, beide in diplomatischen Diensten, unterhalten sich bereits auf dem spiegelglatten Parkett. Alles begegnet ihnen mit Höflichkeit und sucht ihre Gunst. Die Oxenstiernas sind nicht nur mit den Brahes und den Sparres verwandt, eine ihrer zahllosen Kusinen, Gunilla Bielke, ward sogar für wert befunden, zur Gemahlin König Johanns III. erkoren zu werden. Damit gehört man zur weiteren Verwandtschaft des regierenden Königshauses, ist also gewissermaßen Vetter der Königin zur linken Hand. Natürlich fehlt auch nicht Johann Adolf, der Cousin der Königin.

Von der mehr unauffälligen Kleidung des schwedischen Adels und den schwarzen Samtwämsern der Spanier heben sich stark kontrastierend die farbenprächtigen Gewänder der Venezianer ab.

Aber auch die Geistlichkeit ist erschienen. Nicht ihr Oberhaupt, der fast achtzigjährige Erzbischof von Uppsala, der wegen seines hohen Alters selten in der Öffentlichkeit erscheint und schon gar nicht wegen eines Franzosen! Denn Reverendissimus Dr. der Theologie Professor Johannes Canuti Lenäus meidet sie aus tiefster Seele, diese Papisten, die unter dem Vorwand der Politik und der Handelsbeziehungen den Thron der jugendlichen Königin umschwärmen und ihre Seele nur ins Verderben ziehen wollen. Er ist ein Feind all dieser papistischen Ausländerei und möchte am Hofe Schwedens am liebsten nur die Gesandten des puritanischen England und der Vereinigten Niederlande sehen. Denn alles, was von den Papisten, und vieles, was von den Reformierten kommt, ist in seinen Augen höchst ungut. Er ist der Vertreter intoleranter Theokratie und des starrsten religiösen Fanatismus in der Geschichte Schwedens. Selbst die streng gesinnten Puritaner Englands senden aus Stockholm Berichte in die Heimat, wonach in Schweden eine religiöse Diskussion unmöglich sei infolge der fanatischen höheren Geistlichkeit des Landes. Wenn aber der willensstarke Erzbischof persönlich nicht anwesend ist, so hat er doch auch zu Stunde und Begegnung seine Sprachrohre und seine alles sehenden Augen hergesandt in Gestalt der gerade in der Stadt weilenden Kirchenfürsten, des alten, unbeugsamen Bischofs von Västeraas und des feurigen Bischofs von Abo. Natürlich fehlen auch nicht der Hofpredikant und der Pastor primarius von Stockholm.

Das bunte Bild wird von den farbenfrohen Kostümen der hin und her eilenden Pagen und Trabanten belebt, während das Stimmengesumme der vielhundertköpfigen Menge zunimmt.

Da betritt der Zeremoniär den Saal, und augenblicklich verstummt alles. Bei einer linken Seitentür schlüpft rasch noch der wuchtige Großkanzler herein.

Jetzt schreitet unter strahlendem Geschmetter der silbernen Trompeten der Herolde Monsieur l'Ambassadeur Chanut, begleitet von seinem Legationssekretär Picques und einem stattlichen Gefolge, behangen mit Spitzenjabots und goldenen Ketten, von einer Duftwolke eingehüllt, durch den Saal, in dem die Damen und Herren eine ehrfürchtige Gasse hin zum Thron bilden. Kaum sind die Franzosen vor der Estrade angelangt, als jetzt als letzte die Königin den Saal betritt.

Sie, die auf Äußerlichkeiten, Putz und Kleidung so wenig Wert legt, daß die fremden Höfe oft darüber spotten, hat diesmal eine schwarze, hermelinbesetzte Robe angelegt, um die Feierlichkeit des Augenblicks kundzutun.

Der Gesandte verneigt sich tief über die dargebotene Hand der Königin, ohne sie zu küssen, wie es das Protokoll vorschreibt.

Die Monarchin begrüßt den Gesandten und sein Gefolge in einer längeren Rede. Sie freue sich, daß er von seiner Reise durch halb Europa wieder wohlbehalten in ihren Staaten eingetroffen sei. Überzeugt davon, daß er seine umfassenden Kenntnisse über die europäischen Verhältnisse hierdurch abermals vertiefen konnte, hoffe sie, daß nunmehr Frankreich und Schweden erneut die unterbrochenen Verhandlungen über den Frieden mit Polen aufnehmen könnten. Obgleich die Kosaken, Tataren und der Gesandte des Hauses Romanow ihr ein Bündnis gegen Polen angetragen haben, sei sie doch für eine friedliche Regelung in dieser Sache, wofür sie abermals um Frankreichs Vermittlung ersuche. Es läge naturgemäß auch im Interesse Frankreichs, zwischen Schweden und Polen Frieden zu stiften, um mit ihnen vereinigt, einen mächtigen Bund gegen den Kaiser zu schmieden.

Die Königin spricht frei und völlig ungezwungen, während sie auf ihrem silbernen Thron Platz genommen hat. Sie wirkt heute in der schwarzen Robe, aus der das ebenmäßige Gesicht mit den strahlenden blauen Augen, dem aschblonden Haar und der feurigen Adlernase hervorragt, ungemein würdevoll. Heute erinnert sie mehr denn je an ihren großen Vater Gustav Adolf, der, hätte er länger gelebt, wohl ein zweiter Kaiser eines vereinigten protestantischen Deutschlands geworden wäre.

Der Gesandte antwortet in wohlgeformten Sätzen. Er dankt für den feierlichen Willkomm, überbringt die freundschaftlichen Grüße der Regentin, der Prinzen, des Herzogs von Orléans sowie des Staatsrates und umschreibt in unverbindlichen, allgemeinen Worten die schöne Aufgabe, Frieden unter den Völkern zu stiften, ohne indes auf die prinzipielle Problemstellung der polnischen Angelegenheit einzugehen, noch sich in seiner Rede für die Zukunft irgendwie festzulegen.

Die Königin erhebt sich und bietet dem Gesandten den Arm. Unter erneutem Trompetengeschmetter schreiten sie aus dem Saal, begleitet vom Großkanzler, dem Reichsdrost und der hohen Geistlichkeit.

Der offizielle Teil des Empfangs ist beendet.

Im großen Salon findet der Gesandte Gelegenheit, auch die übrigen Würdenträger zu begrüßen. Erfrischungen werden herumgereicht, und die italienischen Musiker der Hofkapelle spielen anmutige Weisen von Cavalli und Cesti.

Die Königin läßt den Gesandten in ihr Arbeitskabinett bitten, und wie erstaunt ist er, als er beim Eintritt merkt, daß sie allein ist.

Sie winkt ihn lächelnd heran und bedeutet ihm, ihr gegenüber auf einem Taburett Platz zu nehmen.

„Ich freue mich, daß Sie wieder hier sind, lieber Freund", sagt sie ungezwungen zu dem Mann, der ihr Vater sein könnte.

„Madame, ich habe während meiner langen Reise viel an Schweden gedacht."

„Sie waren auch in Rom! Sagen Sie mir, Monsieur: wie geht es dort zu, was treibt man, und wie spricht man von mir?"

Heikle Fragen das! So unvorbereitet, so en passant gleich mitten ins Gespräch, das sieht ihr ähnlich! So ist sie immer!

Der Gesandte holt tief Atem.

„Madame! Rom hat ein Janusantlitz. Für den Katholiken ist es das Herz der Welt, von dem alle Länder der Erde mit dem Lebensblut der Kirche gespeist werden. Für uns ist es der Sitz des Papstes, und wenn wir vor ihm knien, vermeinen wir, vor Christus zu knien. Für den Protestanten freilich mag es eine nicht ganz saubere Stadt sein von 120.000 Einwohnern, die, ohne Gewerbe und nennenswerten Außenhandel, von dem Aufwand des einen bevorzugten Drittels leben und von den zahllosen Pilgern, deren Zahl beständig zunimmt. Was man so treibt? Madame, man baut, man lebt, man lacht. Rom ist kein asketisches Dorf, in dem der weltfremde Eremit seine Tage beschließt. Rom wird zwar von der sogenannten Aurelianischen Mauer umgrenzt, aber nicht eingeengt. In Rom gibt es keine Starre, hier ist alles weit. Die Wohnungen füllen nicht im entferntesten das Areal der Stadt. Da gibt es viele antike Ruinenstätten, ländliche Betriebe, Pflanzungen und Viehweiden. Aber erst die modernen Viertel! Hier legt man weitumspannende Plätze vor den Prachtbauten an und pflanzt paradiesische Gärten für Paläste und Villen. – Wie man von Eurer Majestät spricht? Madame, alle sind sich darüber einig, daß Sie eine große Fürstin sind und das wärmende Licht des Nordens."

„Wie gerne ginge ich auch einmal nach Rom! Wir Menschen des Nordens verspüren oft in uns eine eigenartige Sehnsucht nach dem Süden. Dazu bin ich mütterlicherseits mit den Habsburgern und den braunschweigischen Herzögen verwandt, und Sie wissen, die Braunschweiger rühmen sich einer italienischen Ahnfrau, einer Este. Aber ich werde wohl nie nach Rom kommen. Das wäre eine schöne Geschichte, wollte ich Gesandtschaften austauschen mit dem Papst!"

„Seine Heiligkeit wäre Verhandlungen nicht abgeneigt."

„Hierzulande denkt man anders. Die Charaktere sind hier rauh wie das Klima, die Sprache hart wie das Eisen, das wir aus unseren Bergwerken fördern. Uns fehlt das tändelnde Wesen und der Charme des Südländers, wir nehmen jedes Lächeln für bare Münze und für mehr als bloße Höflichkeit. Denn wenn wir höflich sind, dann sind wir es mit einem Wort und nicht mit mehr. Aber bitte, schreiben Sie das nicht hinein in Ihren nächsten Gesandtschaftsbericht, was ich jetzt sage."

„Madame, Frankreich und Schweden müßten sich ehelich verbinden, das ergäbe die richtige Mischung: Liebe mit Wahrheit gepaart, Charme mit eiserner Treue bewehrt, das müßte doch ganz Europa in die Knie zwingen. Aber bitte, Madame, verraten Sie das nicht dem Großkanzler, was ich jetzt sage."

„Also, lassen wir am besten die Politik aus dem Spiel! Sie berichten nichts an Ihren Hof, und ich melde nichts dem Großkanzler. Wir können uns doch vertrauen. Seit Jahren sind Sie mir ein lieber Begleiter. Sie haben mir manch wertvolle Persönlichkeit zugeführt, und Ihrer Freundschaft verdanke ich Monsieur Descartes. Durch Ihre Vermittlung konnte ich den großen Philosophen an meinen Hof ziehen. Leider hat ihn der Herr über Leben und Tod so rasch aus unserem Kreis abberufen. Erinnern Sie sich, wie es zu dieser schönen Bekanntschaft kam?"

„Madame, so genau wie heute! Wir saßen einst im engsten Kreis zusammen, und Sie beehrten mich, mit mir über Liebe, Haß und deren Mißbrauch zu disputieren. Da jedoch unser beider Meinungen nicht in Einklang zu bringen waren, bat ich den großen Philosophen um die seine. Der Ausdruck Liebe war dabei philosophisch gefaßt und nicht so, wie man ihn in die Ohren junger Mädchen spricht."

„Das haben Sie Descartes geschrieben?"

„Ja. Und Majestät haben noch eine weitere Frage hinzugefügt: ob allein das natürliche Licht uns lehre, Gott zu lieben."

„Aber die Antwort erfuhr ich nicht durch Sie und nicht durch Descartes. Mein früherer Leibarzt Duriez hat die Antwort in Ihrem Haus gelesen und dann voll Bewunderung mir davon erzählt. Daraufhin bat ich Sie, mir das Schriftstück zu leihen. Aber Sie gaben es wohlweislich nicht aus der Hand. Doch Sie lasen mir größtenteils daraus vor."

„Majestät unterbrachen oft die Verlesung durch Ihre Überlegungen, und ich mußte staunen über die Geistesschärfe, mit der Sie den Gedanken des großen Descartes auf den Grund gingen. Aufmerksam lauschten Sie den Ausführungen über die Natur der Liebe, der geistigen wie der sinnlichen. Doch schalkhaft wichen Sie einer Stellungnahme aus."

„Was tat ich?" fragt Christine und sieht den Sprecher ernst an.

„Madame sagten wörtlich: ‚Ich habe diese Leidenschaft nie gefühlt. Wie kann ich über ein Gemälde urteilen, wenn ich das Original nicht kenne.'"

„Daß Sie sich das so genau gemerkt haben!" ruft die Königin aus, und Staunen liegt auf ihren edlen Zügen. „Jedenfalls war Descartes der Meinung, daß wir auch kraft unserer Natur Gott wahrhaft lieben können."

„Dann stellten Majestät durch mich an Descartes die zweite große Frage: Die Frage nach den göttlichen Geheimnissen und dem Wert des Menschen. – Aber die Beantwortung genügte Eurer Majestät nicht ganz. Denn es hatte eine dürstende Seele nach Leben und Tod der Seelen gefragt, und geantwortet hatte ein großer Geist mit mathematischem Vokabular. – Und es erfolgte daraufhin die dritte Frage Eurer Majestät: die berühmt gewordene Frage nach dem höchsten Gut."

Sie erschien wahrlich Descartes so wichtig, daß er eine eigene Abhandlung darüber schrieb. Die Königin bewunderte den machtvollen Geist des Schreibers, aber sie hatte dennoch schwerwiegende Einwände: Sie, die ihrem Verlangen nach Wahrheit nur in abgestohlenen Stunden nachleben kann, dieses junge Mädchen, das seine Zeit nicht mit Flirts vertändelt, es durchschaut blitzartig Mängel an den Schriften dieses Geistes, den hochgebildete Gelehrte nicht widerlegen konnten.

Sie wird trotz aller Begeisterung und Anhänglichkeit nicht seine Jüngerin. Sie umgibt ihn mit ihrer ganzen königlichen Gunst, überhäuft ihn mit Geschenken, schützt ihn vor jeder neidischen Intrige und bricht nach seinem Tod sogar – eines der seltenen Male – in Tränen aus, aber sie wird nicht seine Jüngerin.

Weiterhin bleibt sie eine Suchende, die nach den ewigen Werten fragt.

Den berühmtesten Gelehrten ihrer Universität zu Uppsala, Freinsheim, beauftragt sie, einen Vortrag über das Thema des höchsten Gutes zu halten, doch auch er enttäuscht sie. Die Behandlung desselben empfindet sie als ein oberflächliches Hinweghuschen über diesen für sie so wichtigen Gegenstand.

Ihr Vertrauter und Erzieher aus frühesten Kindheitstagen, der Bischof von Strengnäs, Johannes Mathiäi, ist der einzige seiner Amtskollegen, mit dem sich in duldsamer Weise diskutieren läßt. Aber selbst er gilt in Christines Augen infolge seines Amtes als befangen. Und dabei ist sie von Grund auf eine religiöse Natur. Übrigens sind sie alle, die Wasa, religiös.

Natürlich war in Christines Erziehungsplan von frühester Kindheit an Religion als wichtigster Gegenstand eingebaut.

Aber ein umfassender Geist wie sie, der die Erkenntnis von allen nur möglichen Quellen gewinnen wollte, paßte es ihr nicht, daß sie in dem letzten Sinn aller Erkenntnis, in der Frage der ewigen Wahrheit, so einseitig orientiert wurde. Natürlich, man bildete sie hierin erschöpfend aus, sie mußte beide Testamente in lateinisch studieren und eine Menge der Kirchenväter. Aber alles aus protestantischer Schau.

Da erfaßt sie nun ein seltsames Gelüste, eines, dessen Gedanken die Landesgeistlichkeit nicht einmal ahnen dürfte, ohne sofort einen schrecklichen Lärm im Reichsrat und der Ständeversammlung zu schlagen. Die vielseitig Gebildete hat auf einmal das Verlangen, über die Papisten einiges zu erfahren, aber nicht, wie bisher, aus den Berichten von Protestanten, sondern einmal von der Gegenseite.

Natürlich erkennt sie im gleichen Augenblick auch schon, daß dieses Verlangen gefährlich ist und von ihrer Umgebung sofort durchkreuzt würde. Aber wozu hat man nun den Vertrauten Chanut, der selbst Katholik, in den Augen des Hofs als Gesandter Frankreichs als unantastbar gilt? Bleibt aber noch immer eine Schwierigkeit: Chanut selbst! Denn der vertraute Freund ist gleichzeitig Diplomat. Fragt sich nun, wer in ihm stärker ist: der Freund, der Diplomat oder der Papist? Bisher war ein solcher Zwiespalt nicht aufgetreten. Denn für den Diplomaten ist es ein Vorteil, ein Vertrauter der Königin zu sein, und der Papist kommt dabei nicht zu kurz.

Doch nun ergibt sich eine Probe auf ein gänzlich neues Exempel.

Chanut sieht die Königin forschend an. Was geht in ihr vor? Gehen ihre Gedanken auf weite Wanderschaft oder bewegen sie sich noch immer um jene Frage an Descartes, um den Ruf nach dem Wesen des höchsten Gutes?

Die Königin streicht mit der Rechten leicht über die Stirn, als wolle sie in ihrem Geiste etwas ordnen. Dann blickt sie Chanut forschend an.

„Mein lieber Freund“, sagt sie langsam, „Sie wissen, wie mich seit Jahren immer eines beschäftigt: das Wissen um das Letzte, um die Wahrheit. Cicero sagt, es ist möglich, daß alle Wahrheiten falsch sind, aber es kann nur eine einzige wahr sein. Sehen Sie, ich möchte nicht nur nachplappern, was mir andere vorschreiben zu erkennen, sondern ich möchte selbst aus ureigenster Überzeugung heraus erfahren, wo die Wahrheit liegt. Darum rundheraus: ich möchte einmal mit einem papistischen Theologen disputieren. Sie haben doch, Monsieur, in Ihrem Gesandtschaftshaus eine eigene Kapelle und einen eigenen Seelsorger. Meine italienischen Musiker gehen sonntags immer in Ihr Hotel zur Messe, und ich höre Berichte über Ihren tüchtigen Prediger. Wie ist sein Name?"

„François Viogué, Madame."

„Richtig, Viogué, ich entsinne mich. Wenn ich nicht irre, Augustinermönch und Doktor der Theologie. Monsieur, ich bitte Sie, führen Sie mir den Mann zu, ich möchte mich mit ihm über religiöse Probleme unterhalten."

Schweigen, langes Schweigen.

Der Herr Gesandte lächelt. Aber hinter seinem Lächeln arbeiten fieberhaft die Gedanken. Der lutherischen Königin seinen Beichtiger zuführen? Was für ein tolles Husarenstück! Er ist doch in Stockholm kein Unbekannter. Nicht nur die italienischen Musiker kennen ihn, auch der französische Leibarzt der Königin, das katholische Gesandtschaftspersonal anderer ausländischer Missionen haben ihn schon des öfteren zu Gesicht bekommen. Wenn durch irgendeine Indiskretion jemand davon erführe, wenn er im Schloß erkannt würde! Nicht auszudenken die Folgen! Die sofortige Opposition der Landesgeistlichkeit gegen ihn, Chanut, als den Urheber, zöge seinen sicheren Sturz nach sich. Vielleicht sogar Abbruch der diplomatischen Beziehungen, allerhöchste Ungnade im eigenen Vaterland, möglicherweise Verbannung.

Andererseits, der vertrauenden Königin diesen Wunsch nicht erfüllen, heißt, ihr Vertrauen verlieren, was ebenfalls einen Bruch der Achse Frankreich—Schweden veranlassen könnte. Entsetzlich! Malefiziös!

Monsieur Chanut fährt mit seinem Spitzentuch über die Stirn und tupft die kleinen Schweißperlen ab. Ob die Königin errät, was in ihm vorgeht? Das grundgescheite Mädchen scheint etwas zu merken.

„Monsieur“, spricht sie langsam, „wir könnten die Sache ganz zwanglos arrangieren. Ich gebe ein Maskenfest, Sie erscheinen mit Ihrem Personal, Ihr Prediger trägt ein bestimmtes Kostüm mit Maske, und in diesem Mummenschanz wird kein Schwede einen papistischen Theologen vermuten.“

Monsieur Chanut ist nicht überzeugt. Einer seiner eigenen Bedienten, einer seines Gefolges könnte etwas ahnen und den Verräter abgeben. Klingende Münze vermag viel. Und für eine solche Sensation würden gewisse Kreise nicht knausern.

Aber ein Diplomat wäre kein Diplomat, wenn er nicht in einer schier ausweglosen Situation eine Lösung fände. Eine Lösung, eine Taktik, die nicht erst im 17. Jahrhundert erfunden wurde, und auch heutigen Tags in ihrer zeitlosen Verwendung triumphiert. Diese Lösung aber ist die diplomatische Verschleppung. Das Motto hierfür lautet: Zeit gewonnen, alles gewonnen.

Monsieur Chanut lächelt erleichtert und schiebt sein Spitzentuch wieder zurück. Er schädigt die verehrte Königin nicht, fällt nicht in Ungnade bei seiner Regierung, er verliert beider Vertrauen nicht, mit einem Wort: es ändert sich nichts, und alles bleibt wohlgeordnet wie bisher.

‚Ich lasse meinen Seelsorger krank werden‘, überlegt Chanut. ‚So gewinne ich Zeit. Aber halt! Unmöglich! Die Königin kenne ich. Die macht es wie bei Descartes und schickt mir sofort ihre französischen und niederländischen Leibärzte ins Haus. Nein, so geht es nicht.

Ich lasse meinen Seelsorger verreisen‘, jagen seine Gedanken weiter. ‚Auch so gewinne ich Zeit. Unterdessen behelfen wir uns leihweise mit dem portugiesischen Jesuiten. Den Spanier kann ich mir nicht ausborgen, denn wenn meine Regierung davon Wind bekäme, könnte sie argwöhnen, ich konspirierte mit Spanien. Und das wäre furchtbar! Aber mit Portugal unter einer Decke stecken, ist nicht ungünstig. Spanien anerkennt den König von Portugal nicht, weil es das Land als eigenes Lehen betrachtet, und Portugal ist froh, daß Frankreich und Schweden es legalisieren. Großartig! Ich borge mir den Portugiesen aus. Nein, geht auch nicht. Der Bischof von Abo ist in der Stadt.

Er intrigiert gegen mich und hört infolgedessen das französische Gras wachsen. Lasse ich nun meinen Seelsorger verreisen, argwöhnt er, ich schicke ihn auf Seelenfang aus. Nein, auch das geht nicht.'

„Madame", setzt Chanut bedächtig an, „es wird für Pater Vio-gué eine Ehre sein, mit Eurer Majestät disputieren zu dürfen. Aber in geistlicher Hinsicht ist er als Mönch nicht an mich, sondern an seinen Ordensoberen gebunden. Nach dessen Verständigung und Zustimmung ..."

„Gut, Monsieur", unterbricht ihn die Königin, „arrangieren Sie die Sache so bald wie möglich!"

Damit verabschiedet und entläßt sie ihn.

Chanut ist erleichtert. Ein Diplomat ist doch der klügste unter den Menschen. Er hat nichts versprochen, und doch ist die Königin zufrieden. Man wartet, es vergeht Zeit, und wer weiß, ob sie nicht vergißt, sich anders entscheidet, ob nicht eine andere Angelegenheit sie ablenkt.

Wer weiß, wer weiß. Wie gut, daß er nichts von Kardinal Chigis Bitte erwähnte! Die Königin in ihrer Toleranz könnte Unruhe stiften. Aber nur jetzt keine Verwirrung! Man braucht Schwedens Einigkeit, weil Frankreich uneins ist. Der Widerstand der Frondé, der allmächtigen Adelspartei im Inneren, der Bürgerkrieg ist noch nicht beendet. Kardinal Mazarin, der das Zepter für den noch minderjährigen Ludwig XIV. führt, ist noch schwach und das Parlament stark.

Die Königinmutter, die Regentin Anna, ist vielen Ränken ausgeliefert. Da heißt es, abwarten und Ruhe bewahren! Darum nichts versprechen und still die Zukunft sondieren! Ein lächelndes Vielleicht ist ein besseres Fundament als ein widerlegtes Ja. Darum ist das Herz eines echten Diplomaten die Klugheit, sein Blut heißt die Vorausschau, seine Seele ist die Bedächtigkeit. Es kann so kommen, aber auch so. Wer weiß, wer weiß... Darum lächelt ein Diplomat, wenn seine Vernunft befürchtet, daß seine Weisheit zu Ende geht.

VI

Eine Reise ins Ungewisse

„Wär' nicht das Auge sonnenhaft, die Sonne könnt' es nie erblicken!"
Johann Wolfgang von Goethe

Nach dem schrecklich langen Dreißigjährigen Krieg liegen die inneren Verhältnisse auch im siegreichen Schweden im argen. Wohl ist das Reich um etliche Gebietszuwächse erweitert und keineswegs zersplittert worden wie Deutschland, das in 360 Kleinstaaten zerfallen ist.

Doch auch in diesem neuen Groß-Schweden herrscht in weiten Teilen der Bevölkerung bittere Not.

Christine bricht zu ihrer ersten großen Reise ins Landesinnere auf, um sich an Ort und Stelle persönlich von den Verhältnissen zu überzeugen, von denen man ihr berichtet hat.

Sie will nicht nur auf Informationen angewiesen sein, die man ihr zusammenträgt, sie will sich vielmehr selbst welche beschaffen. Sie weiß trotz ihrer Jugend nur zu gut, wie leicht ein Herrscher von seiner Umgebung abgeschirmt werden kann und nur das zu hören bekommt, was man für gut befindet, ihn hören zu lassen.

Nicht vergeblich war sie ja bis zur Vollendung ihres achtzehnten Lebensjahres eine minderjährige Schattenkönigin. Nur dem Namen nach Trägerin der Krone, eine Galionsfigur auf dem Schlachtschiff der Vormundschaftsregierung, deren Kapitäne nach Gutdünken der jeweiligen Adelscliquen in der Brandung der Machtströmungen ihren wechselhaften Kurs steuerten.

Nun ist sie Königin und will den Bann des Abgeschirmtwerdens tunlichst durchbrechen.

Was sie jetzt mit eigenen Augen sieht, ist recht unerfreulich. „Wenn Gott strafen will", sagt sie zu ihrer Umgebung, „so läßt er die Stände des Staates in Unordnung geraten."

Diese Unordnung, die sie nun erlebt, ist weitaus schlimmer, als sie angenommen hat.

Auf der einen Seite der Stände die Bauern: durch Zwangsrekrutierung des schier endlosen Krieges stark dezimiert; durch Truppendurchmärsche, Einquartierung fremder Soldaten, durch Seuchen und Mißernten fast an den Bettelstab gebracht.

Auf der anderen Seite der Adel: der große Nutznießer an der Not der Bauern. Ein Adel, der vom mittellosen Landmann Steuern, Pachtgelder, Strafgelder erhebt und unbezahlte Dienstleistungen verlangt. Ein Adel, dem die Jagd und die Fischerei gehört, der zollfreien Warenhandel treiben kann, der in den Städten von allen Abgaben befreit ist, der reiches Beutegeld in den langen, langen Kriegsjahren aus Deutschland, Dänemark und Böhmen erworben hat. Ein Adel, der auf Reisen vom Landmann freie Verpflegung und die Benützung seiner Pferde begehrt, um die eigenen für den Reitsport, die Dressur und hohe Schule schonen zu können.

Verarmt sind aber auch die Bürger in den Städten. Der Seehandel ist durch den endlosen Krieg zum Erliegen gekommen. Der Warenhandel, der Güteraustausch findet zum Großteil auf den Gütern der adeligen Großgrundbesitzer und nicht in den Comptoirs der ausgebluteten Kleinstädte statt.

Von den sogenannten niederen Ständen sind also keine Einnahmen für den Staat zu erwarten.

Aber der erste und zweite Stand, Adel und Geistlichkeit, sind durchaus abgeneigt, von ihren Privilegien zugunsten des Staates ein Zipfelchen abzutreten.

In dem Bemühen, hier etwas zum Besseren zu wenden, hat die Königin an ihrem Staatskanzler keine Stütze. Er ist durch den Dreißigjährigen Krieg groß und mächtig geworden, er hat Anteil an den außenpolitischen Erfolgen Schwedens, das unter seiner staatsmännischen Ägide zu einem Großreich geworden ist. Aber er selbst ist alteingesessener Adeliger, Großgrundbesitzer und bald siebzig Jahre alt. Er kann nicht mehr umdenken und über seinen eigenen Schatten springen.

Obgleich er mit seiner Königin für die persönliche Freiheit der Bauern und ihr Stimmrecht im Reichstag eintritt, so ist er doch in erster Linie selbst Herr über riesige Güter. Diese umfassen allein elf ‚Kirchspiele', einen Rittersitz, mehrere Inseln im Mälarsee und 58 Gutshöfe als Kronlehensgüter ‚auf ewige Zeiten'. Daher ist auch für Oxenstierna wie für die anderen Adeligen der Bauer zuallererst eine Melkkuh der jeweiligen Gutsherren.

Irgendwie ist allerdings Oxenstiernas politisches Leben mit dem Friedensschluß, den er unbedingt hinauszögern, wenn nicht gar verhindern wollte, abgeschlossen. Jetzt beginnt eine neue Ordnung, die ihn beiseiteschiebt.

Christine sieht sich nach unverbrauchten Ratgebern um, die ihr helfen sollen, die Mißstände fürs erste wenigstens zu lindern.

Sie läßt das Münzwesen verbessern, damit feste Wechselkurse gesichert werden können. Sie setzt Maßnahmen, um den Außenhandel, um den Binnenhandel einigermaßen in den Griff zu bekommen. Sie läßt Schiffe bauen, um den Seehandel wieder in Schwung zu bringen. Sie fördert tatkräftig den heimischen Bergbau. Sie kümmert sich eifrig um das Zollwesen.

Sie erläßt Verordnungen über das Herbergswesen, über die Jagdwirtschaft und den Obstanbau. Sie kümmert sich persönlich um die Armenfürsorge, um das Behindertenwesen. Sie erläßt ein Gesetz gegen Duelle.

Eine ‚Protestation über die Zurückgabe der Krongüter', eine schwere Anklage gegen die Adeligen und Lehensinhaber, welche die Geistlichen, Bürger und Bauern vor der Königin vorbringen, findet ihre vollste Unterstützung.

Christine erhebt Bürger gegen die Proteste des alteingesessenen Adels in den Adelsstand. „Wenn ich einen Rat brauche", erklärt sie öffentlich, „frage ich nicht nach sechzehn Ahnen."

Sie erläßt Gesetze, um den oft protzigen Prunk der Adeligen einzuschränken. Sie vermehrt die Zahl der Reichsräte durch Bürgerliche, um den Stolz der bisherigen, die sich als gleichrangig mit deutschen Fürsten betrachten, zu dämpfen.

Gegen den Einwand des Adels, Nichtadelige seien keine ‚Wohlgeborenen', verordnet sie am 10. November 1650 folgendes: „Wer aus einer rechtmäßigen Ehe stammt, seinem Vaterland nützliche Dinge leistet, möge er nun von Adel, aus der

Geistlichkeit, dem Bürger- oder Bauernstand sein ... soll von keiner Ehrenstelle ausgeschlossen sein, je nachdem der Landesherr sie seinem Verdienst und seinen Eigenschaften gemäß erachten wird."

Die geforderte Zurücknahme der Krongüter aus den Händen des Adels, das Radikalmittel, um die Geldnot des Reiches zu beheben und damit die Großgrundbesitzer zu entmachten, gelang erst dem zweiten Nachfolger Christines völlig, dem jungen, kriegerischen Karl XI. Aber um welchen Preis!

Zum verarmten Bauernstand kam dann ein abgewirtschafteter Landadel. Karl XI. konnte zwar ein gewaltiges Heer aufrüsten und finanzieren. Sein Sohn Karl XII. konnte dann mit dieser Armee Rußland bekriegen und ein genialer Feldherr werden. Aber Schweden hatte letzten Endes keinen Nutzen davon.

Das ist die Tragödie der Könige aus dem einst so glorreichen Haus der Wasa.

Da Christine die soziale Frage, weil die Zeit hierfür eben noch nicht reif war, nicht so zu lösen vermochte, wie es ihr vorschwebte, warf sie sich mit dem ganzen Feuer ihres Wesens auf ein anderes Gebiet: auf das der Kunst und Wissenschaft, auf dem sie zeitlebens als größter Mäzen der Neuzeit zuerst in Schweden und danach in Italien wirken konnte.

Hier hatte ihre Reise ins Ungewisse ein Ende – und was für eines!

VII

Zu Gast in Uppsala

„Ein' feste Burg ist unser Gott . . ."
Martin Luther

Der an die achtzig Lenze zählende Erzbischof von Uppsala, Johannes Canuti Lenäus, Primas der lutherischen Kirche von Schweden, hat Gäste. Den alten Bischof von Västeraas und den weit jüngeren Bischof Terserus von Abo, Finnland.

Die drei Herren sitzen rund um den schweren Eichentisch, trinken Bier und setzen die Figuren auf ein Schachbrett, das aus feinem Lindenholz gearbeitet ist.

„Bischof von Västeraas", orgelt mit tiefem Baß der bejahrte Erzbischof, der als Zuschauer das kommende Spiel erwartet, „Ihr habt den ersten Zug."

„Es ist uns eine hohe Ehre", spricht der blonde Bischof von Abo, „daß der Primas von Schweden den Schiedsrichter unserer Partie abgibt."

„Könnte doch anderswo unser Amt auch das Zünglein an der Waage halten!" brummt Erzbischof Lenäus mit seinem sonoren Baß.

„Man rühmt allerorten die weise Zurückhaltung von Reverendissimus", erwidert der weißhaarige Kollege im Bischofsamt, „doch, wenn ich mir die Bemerkung erlauben darf, es wird leider allzuoft überlegte Weisheit mit Schwäche verwechselt."

„In meiner Diözese", ereifert sich jetzt der aschblonde Kollege aus Abo, „murrt bereits das Kirchenvolk, daß man sich zu nachgiebig gegen gewisse Vorfälle aus Stockholm verhält."

„Ihr tätet gut daran, Euren Amtsbruder schärfer zu beachten. Er hat nämlich ein Auge auf Euren Bauern geworfen. Seht, er schnappt ihn Euch weg!" spricht der Erzbischof zum jüngeren Amtsbruder aus Finnland.

„Reverendissimus", knurrt jetzt der Alte aus Västeraas, „man hört, die Damen bei Hofe tragen ausgeschnittene Kleider, so daß man das helle Fleisch unter dem Halsansatz zu betrachten gezwungen ist."

„Bischof von Västeraas", brummt der Erzbischof, „das helle Fleisch der eigenen Gattin muß genügen."

Der Apostrophierte braust auf: „Sollen wir müßig zusehen, bis eines Tages die Nacktheit öffentliche Triumphe feiert? Bis das Gesetz der Begierde die Gesetze der Augsburger Konfession mit Füßen tritt? Bis die Schamhaftigkeit, aus den heiligen Evangelien geboren, als übertriebene Prüderie gebrandmarkt und in die Wüste der Zuchtlosigkeit verbannt wird?"

Den Erzbischof fröstelt. Er greift zur Glocke.

Eine Magd eilt herbei.

„Legt Scheite nach!" befiehlt der Primas. „Zum Teufel, wollt Ihr uns erfrieren lassen?"

„Jüngere Adelige", heizt der Bischof von Abo die Diskussion weiter an, „sollen bei Staatsempfängen parfümiert sein und duften, als hätte der Satan persönlich aus der Hölle Gestank abgelassen."

„Euer Läufer ist nicht parfümiert", grollt die Stimme des Primas dem Sprecher entgegen, „und doch verteidigt Ihr ihn schlecht. Der Bischof von Västeraas ist nämlich ein Wolf und raubt Euch jetzt die Figur."

„Unlängst soll die Königin während einer Erbauungspredigt in einem Buch geblättert haben."

„Man erzählt sich, sie empfange nur einmal im Jahr das Abendmahl."

„Sie soll mit ihren pfalzgräflichen Verwandten eifrige Kontakte unterhalten. Aber das sind Reformierte, Reverendissimus", so die knarrende Stimme des alten Bischofs.

„Sie trägt sich mit der Absicht", platzt der Oberhirte von Abo unbeherrscht heraus, „Klosterfrauen aus Bremen, die wir in die Verbannung geschickt haben, staatliche Pensionen auszuwerfen."

„Abo, Ihr könntet Schach sagen", orgelt in kühler Gelassenheit der bejahrte Erzbischof, „während Ihr Euch in Worten verliert, handelt unterdessen Västeraas und bringt Eure Figuren in Gefahr."

„Man hört, die Königin gewähre italienischen Musikern einen bewaffneten Geleitschutz, wenn sie sonntags zur Messe in die Residenz des französischen Gesandten gehen."

„Sie duldet es, daß die diplomatischen Vertreter papistischer Monarchen sich Beichtiger in ihren Residenzen halten."

„Wurden nicht Münzen geprägt mit der Aufschrift: ‚Die große Tochter Gustav Adolfs, unsere Hoffnung'. — Oder: ‚Königin Christine, die Säule der Reformation'?"

„Meine Herren", erhebt der Primas seinen schweren Bierkrug: „Auf das Wohl Ihrer Majestät, der Königin!"

„Skål, Reverendissimus, skål!"

„Ihre Majestät", spricht das Oberhaupt der schwedischen Kirche mit harter Zunge, „ist 26 Jahre alt und noch immer unverheiratet. Das Reich der Schweden, Goten und Wenden fordert die baldige Vermählung der Königin."

„Aber Elisabeth, die anglikanische Königin von England, blieb auch ledig", ruft wie ein vorlauter Schuljunge Bischof Terserus heraus, der bereits allzusehr dem kräftigen Bier zugesprochen hat.

„Kümmert Euch lieber um Euren Turm!" kritisiert der Primas den Jüngeren, „der Bischof von Västeraas ist nämlich ein Schakal und plündert Euch aus."

„Und wenn sie sich mit einem Nicht-Lutheraner verheiratet? Reverendissimus, nicht auszudenken diese Möglichkeit!" Der Alte von Västeraas schnauft richtiggehend.

„Man flüstert sich heimlich zu", überschlägt sich die Stimme des Jüngeren, „die Monarchin liebäugle mit Polen. König Wladislaw warb um ihre Hand. Doch der Herr über Leben und Tod hat ihn uns zum Segen rechtzeitig abberufen. Jetzt sollen seine Söhne Karl Ferdinand und Johann Kasimir die neuen Freier sein. Reverendissimus, das muß verhindert werden um jeden Preis!" Der Temperamentvolle haut leidenschaftlich mit der Faust auf den Tisch, daß die Bierkrüge zittern.

„Ihr droht den Wolken", höhnt Primas Lenäus, „und verliert dabei den Boden unter den Füßen. Seht, Västeraas vergreift sich an Eurem Turm! Nun ist er weg. Frau!" orgelt seine dröhnende

Stimme durch die geschlossene Tür, „das Bier wird knapp. Bringe uns Nachschub!"

Und schon eilt die Magd mit neuem Gebräu herbei, hinter sich im Schlepptau mit schlurfenden Schritten das greise Ehegespons des Erzbischofs. Dieser nickt und weist mit einer herrischen Handbewegung die beiden weiblichen Getränkelieferanten wieder aus dem Saal.

„Wenn die Königin", ereifert sich Bischof Terserus erneut, „den jungen König von Polen heiraten sollte, laufen wir Gefahr, nicht nur Livland wieder an den Osten zu verlieren, sondern letztlich unser geheiligtes Luthertum an die Papisten."

„Seht, Bischof von Abo", dämpft der Erzbischof den Eiferer, „Ihr sorgt Euch um Livland, derweilen Västeraas, der große Bär, Euch Eure Dame abspenstig macht."

„Die Dame mag dahinschwinden, mir einerlei. Aber unsere geheiligte Reformation, die gebe ich nie und nimmer preis."

„Amen. So sei es!" darauf unisono der Primas und der greise Bischof von Västeraas.

„Meine Herren, es wird spät. Ich denke, wir heben für heute die Tafel auf."

Mit diesen Worten verabschiedet der Erzbischof seine beiden Bischofskollegen.

Als sie durch die Saaltüren schreiten, hält der Primas den jüngeren Oberhirten zurück. „Bischof Terserus", ruft er ihm nach, „auf ein Wort!"

Nachdem sich die Saaltüren geschlossen hat, blickt der Primas den Zurückgerufenen prüfend an. „Ich sehe in Euch", spricht er langsam und getragen, „einen würdigen Eiferer unseres geheiligten Glaubens. Unser Priestertum ist ein Priestertum des Volkes, und daher unser Bischofsamt erst recht ein Amt des Volkes."

„Jawohl, Reverendissimus, so hat es unser großer Martinus Luther gelehrt."

„Terserus, Ihr seid ein kluger Kopf mit einem lauteren Sinn. Was haltet Ihr von einer Seele, welche allein die Jungfräulichkeit als erstrebenswerte Tugend ansieht?"

„Euer Ehrwürden, ohne Ehestand kein Volkstum in der Zukunft. Was soll uns Jungfräulichkeit ohne lebendiges Volkstum?"

„Wohl geantwortet, Abo. Ich muß jedoch weiter fragen: Was haltet Ihr von der Seele eines Mädchens, das sich einer ehelichen Verbindung mit der Bemerkung abhold zeigt, es lasse mit sich nicht verfahren wie mit einem aufgebrochenen Acker?"

„Reverendissimus, ist es nicht höchste Bestimmung des Weibes, sich willig dem Mann hinzugeben, auf daß neuer Sproß dem Schoß entspringe?"

„Abo, Ihr kämpft nicht mit gezinkten Worten. Doch wie befindet Ihr über eine Regentin, die von allen Gesandten an ihrem Hofe zu deren Doyen etwa nicht einen Diplomaten unserer Augsburger Konfession, auch nicht der helvetischen oder jener des Anglikanismus etwa, nein, ausgerechnet einen Vertreter der römischen Kirche erwählt? Nun?"

„Mir fehlen die Worte, Reverendissimus."

„Man will aus unserem geheiligten Schweden einen Hort einer sogenannten modernen Wirtschaft machen. Ein allumfassendes Rom des Handels mit der sündigen Welt. Aus den Seelen Gutgläubiger will man ein Mekka liberaler Freizügigkeit erschaffen. Errichten will man aus unserem Reich einen gigantischen Turm von Babylon, dieser Metze des Unglaubens und wüster Barbarei."

„Meine Kehle ist ausgedörrt, Reverendissimus. Doch sollte man je sprachlos werden ob der reißenden Lawine der Ungeheuerlichkeiten, so mögen an unserer Statt die Steine zum Reden anheben, die Fische aus den Meeren springen und die Wölfe mit gräßlichem Geheul . . ."

„Spart Euch Euren Ingrimm für später! Seht, Abo, einem Geheimbericht, den ich gestern erhielt, entnehme ich, daß einer unserer Abgesandten im Ausland zur römischen Kirche übergetreten ist."

„Ungeheuerlich! Haben einst, Euer Ehrwürden, Eva und die Schlange den Apfel des gläubigen Gehorsams zerbissen und damit uns um die Früchte des Paradieses gebracht, so soll sich heute dergleichen nicht in unserem geheiligten Schweden ereignen. Wir lassen uns nicht aus dem Garten Eden der Reformation hinauspeitschen!"

„Gut so, Terserus. Brecht ein in das sündige Sodom und Gomorrha! Nehmt Västeraas mit! Rüttelt auf das Gewissen von Ninive! Ich nehme an, Ihr sattelt bereits morgen früh die Pferde."

„Reverendissimus, auf nach Stockholm! In ein paar Tagen hört Ihr von uns."

„Der Segen des Allmächtigen begleite Euch, Abo! Vergeßt nicht! Man muß Gott mehr gehorchen als den Menschen. Geht, mein Freund, geht!"

VIII

Ein Schwede wird wahnsinnig

„Was würde aus uns und was aus der Philosophie, wenn das Streben nach Wahrheit durch den Besitz der Wahrheit selbst abgelöst würde!"

Hermann Hesse

Der Großkanzler tritt bei der Königin ein und bringt die beiden Bischöfe von Abo und Västeraas mit. Und merkwürdig: als Christine die beiden Kirchenfürsten sieht, weiß sie sofort, daß sie nichts Angenehmes bringen.

Die Königin liebt religiöse Streitigkeiten nicht.

Wohl scheint hierfür auch kein Grund gegeben, da es in Schweden außer dem Luthertum nur eine Enklave der Reformierten in Göteborg gibt (ein Zugeständnis für den außerschwedischen Handel, auf den man angewiesen ist).

Die Königin blickt die beiden Bischöfe und den abseits von ihnen stehenden Großkanzler frei an. Was bringen sie ihr?

Doch die beiden Kirchenfürsten mustern ihre Herrin trotz der ehrfürchtigen zeremoniellen Begrüßung mit Argwohn.

Und in ihren Augen haben sie allen Grund, gegen sie argwöhnisch zu sein. Ist es nicht ihre oberste Pflicht, die Staatsreligion zu schützen? Hat sie dies nicht zu ihrem Regierungsantritt beschworen und dann abermals bei ihrer feierlichen Krönung am 20. Oktober 1650 im Stockholmer Dom?

Heißt das aber, das Luthertum, die heilige Sache der Evangelischen schützen, wenn man gleichzeitig hinter dem Rücken der Landesgeistlichkeit den Papisten Vorteile zuschanzt?

Hat sie nicht dem Gesandten Cromwells, Lord Whitelock, gegenüber die allzu große Strenge getadelt, mit der England gegen die Katholiken vorging, und im Hinblick auf die Wiedertäufer den Ausspruch getan: „Völlige Freiheit im Glauben kann zu Tollheiten und Greueln führen?"

Es ist gut, sie wieder einmal fühlen zu lassen, daß in Schweden nur eines gilt, die Augsburger Konfession.

„Was bringen Sie mir?“ fragt die Königin leichthin, während sie in einem Akt zu lesen scheint.

„Majestät, wir bringen eine Nachricht von Reverendissimus“, erwidert knurrend der alte Bischof von Västeraas.

„Was läßt mir der Herr Erzbischof durch Sie vermelden?“ fragt die Königin weiter, ohne aufzusehen.

„Schwedens Gesandter in Portugal, Laurens Skytte, ist zur katholischen Kirche übergetreten.“

Wie Hammerschläge fallen diese Worte in den Raum.

Die Königin hebt ihr Haupt.

Laurens Skytte? Ein prächtiger Mensch! Ganz Schweden schätzt ihn wegen seiner Gelehrsamkeit, die Jugend bewundert ihn wegen seines Mutes, sie selbst ehrt ihn wegen seiner Charakterstärke.

Die Königin findet an diesem Schritt des Laurens Skytte, an diesem Übertritt zu einer anderen Kirche, nichts Anstößiges. Immer, ihr ganzes Leben lang, wird sie die Gesinnung eines Menschen achten, wenn sie aus ganzem Herzen kommt. Nie wird sie sich an Menschen stoßen, weil sie einer anderen Konfession angehören. Sie pflegt Korrespondenz mit jüdischen Gelehrten, sie nimmt beim Westfälischen Friedensschluß aktiven Anteil am Schicksal des calvinischen kurpfälzischen Hauses, das sie unter Hintansetzung des eigenen Vorteils zum Guten wenden kann; die katholischen Geschäftsträger ihrer Hauptstadt stehen bei ihr hoch in Kurs.

Warum also soll sie auf einmal diesem ehrenwerten Laurens Skytte, ihrem tüchtigen Residenten in Portugal, seine Konversion übelnehmen? Für sie ist das eine Privatsache, in die sie sich nicht einmischen mag. Ihr ist nur eines verhaßt: wenn man mit der Religion Geschäfte machen will.

Aber die Bischöfe mustern sie kritisch. Sie erwarten von ihr etwas. Und sie werden sich nicht begnügen, daß sie diesen Schritt tadelt, verwirft, anprangert. Die Königin weiß das. Jetzt versteht sie auch, warum sie diese Neuigkeit nicht über den Akteneingang ihres Kanzlers erfahren sollte, warum ihr der

Herr Erzbischof persönlich zwei Abgesandte schickt. Und zwar nicht etwa ihren Jugenderzieher, den friedlichen Bischof von Strengnäs, ihren lieben alten Freund Mathiäi, sondern ausgerechnet diese beiden, den Alten und den Jüngeren, dieses Zweigespann aus Eisen und Granit.

„Und welchen Vorschlag übermittelt der Herr Erzbischof durch Sie?"

„Absetzung des Residenten, Einziehung seines Vermögens, lebenslängliche Verbannung aus Schweden, und falls er es dennoch wagen sollte, jemals zurückzukehren, sofortige Hinrichtung ohne vorhergehenden Prozeß."

„Das ist zu hart, meine Herren! Was hat er denn getan, daß man ihn wie einen Mörder richten will?"

„Was er getan hat, Majestät?" schreit da Bischof Terserus auf, „Majestät, ein Schwede, ein Adeliger aus vornehmem Geschlecht, ein Abgesandter Schwedens, wagt es, im Ausland sich den Papisten anzuschließen? Schweden ist evangelisch, und auf daß es das bleibe, müssen wir uns schützen. Die Strenge ist unser bester Schutz."

„Armseliger Schutz für die Wahrheit, armselige Wahrheit, die solchen Schutzes bedarf."

„O Majestät! Auch andere handeln also weise. Haben uns die Papisten nicht selbst gelehrt, wie man es macht, um sich gegen seine Feinde durchzusetzen? Das papistische Frankreich sei unser Lehrmeister! Die Bartholomäusnacht sei unsere Schule! Auch dort wurde die Wahrheit nicht mit Worten geschützt, sondern mit dem Schwert. Das England der katholischen Maria, die wir die blutige nennen, sei uns Mahnung! Oder Spanien? Hat etwa Philipp II. Andersdenkende mit Worten befriedet? Was er uns in den Niederlanden vorexerzierte, das sei unsere Schule! Die Grafen Egmont und Oranien seien unser Panier, wenn es gilt, die Schwäche in unseren eigenen Reihen zu überwinden!"

„Wenn ich die Augen schließe und Sie nur reden höre, könnte ich glauben, Kriegsleute stehen vor mir. So aber sind es Bischöfe unseres Herrn und Meister, der gesagt hat: ‚Liebet einander!' und: ‚Du sollst auch deine Feinde lieben.'"

„Majestät! Christus hat auch gesagt: ‚Ich bin nicht gekommen, den Frieden zu bringen, sondern das Schwert.' – Wenn sich am Körper eine Eiterbeule bildet, schneidet man sie nicht aus, auf daß der übrige Leib nicht davon angesteckt werde? Wenn an unserem Haus der Funke eines Brandes glimmt, ersticken wir ihn nicht sofort, auf daß nicht das ganze Hab und Gut davon verzehrt werde? Wenn schädliches Ungeziefer einen Blütenast befallen hat, fällen wir nicht rasch den ganzen Baum, um den übrigen Garten vor Schaden zu bewahren? Majestät, ehe die Pest falschen Glaubens unser geheiligtes Schweden erfaßt, ist es besser, wenn ein Laurens Skytte oder wären es seinesgleichen sogar tausend, hinweggefegt würden, auf daß unser Volk rein erhalten bleibe in der Lehre unseres großen Martinus Luther!"

Die Königin ist unruhig. Wenn es nach ihr ginge, wüßte sie, wie zu entscheiden wäre. Aber die Geistlichkeit ist mächtig in ihren Staaten, zu mächtig geworden während der über ein Jahrzehnt währenden Regentschaft, da kein einiger Herr das Reich lenkte, und der mächtige Adelsstand mit einem neuerlichen Wahlkönigtum liebäugelte.

Dennoch wagt sie einen letzten Vorstoß.

„Meine Herren, Schweden kann so tüchtige Diplomaten wie einen Laurens Skytte nicht entbehren. Es ist daher ratsam und klug, in dieser Sache ein Auge zuzudrücken. Meinen Sie nicht auch, Herr Großkanzler?"

Doch dieser zuckt nur mit den Schultern. Er steht oft in Opposition zur Staatskirche. Doch diesmal hält er es für besser, sich in diese Sache nicht einzumischen und zu schweigen. Dieses Schweigen aber ist der beste Verbündete der beiden Bischöfe.

Wie von Taranteln gestochen, brausen sie auf.

„Euer Majestät königlicher Vater dachte nicht so", spricht streng der alte Bischof von Västeraas. „Hat nicht der große Gustav Adolf selbst die strengsten Verordnungen gegen die Katholischen erlassen? Landesverweisung und Vermögenskonfiskation erwartete jeden, der sich zu den Papisten bekannte."

Entsetzen überzieht das Gesicht Christines. Sie wird blaß.

„Meine Herren“, spricht sie erregt, „mein geliebter Vater hat den Grundstein zu Schwedens Größe gelegt. Wir haben die Pflicht, das Errungene weiter auszubauen. Der Fortschritt in allen kulturellen und wirtschaftlichen Bereichen muß unaufhaltsam vorangetrieben werden.“

„Fortschritt und immer wieder Fortschritt!“ ereifert sich Bischof Terserus und gestikuliert wild mit den Händen. „Er wird unsere Wälder zerstören und unsere Meere schänden. Im Namen des Fortschritts werden die Wissenschaften an den Grundfesten unseres Glaubens rütteln und die Wahrheit unseres Gottes durch Alibiwahrheiten gottloser Gelehrter, die göttliche Weisheit unserer Kirche durch provisorische Pseudoweisheiten ersetzen. Im Namen des Fortschritts werden sogenannte Künstler ihre Frivolitäten als moderne Kunst hinausposaunen. Im Namen des Fortschritts werden Karriereristen und Opportunisten Seelen verwirren und zu ichsüchtigen Zwecken mißbrauchen. Im Namen des Fortschritts wird man Philosophien und Ideologien erfinden, um die Gläubigkeit des Volkes zu zersetzen und der sündigen Weltlust reichen Tribut zu zollen.“

„Übt Ihr Euch im negativen Denken, Bischof?“

„Erlauchte Frau, Ihr königlicher Urgroßvater, unser großer Gustav Wasa, hat die entscheidenden Richtlinien für alle Zeiten im Jahr 1527 auf der Ständeversammlung zu Västeraas gegeben. Darum sind auch besonders die Bischöfe dieses Sprengels berufen, jeden Übergriff und jede Abweichung anzuprangern und zu verdammen.“

Die Königin erhebt sich. Die Szene ist ihr sichtlich peinlich.

„Ihre Vorschläge werden dem Reichsrat unterbreitet werden“, sagt sie kurz und winkt den Großkanzler zu sich heran.

Damit ist für die beiden Bischöfe die Audienz beendet.

Christine ist mit Oxenstierna allein.

Der Großkanzler kennt seine junge Königin. Überhaupt kennen sie beide einander recht gut, der 69jährige Großvater und die 26jährige Königin.

Er sieht sie das Haupt schwer auf die Linke stützen und sucht sie zu beruhigen.

„Majestät“, ergreift er behutsam das Wort, „geben Sie in dieser Sache nach! Es ist ratsam und hat ohnedies nur symbolischen Wert. Man kann ruhig sein Vermögen konfiszieren. Unter vier Augen gesagt, er hat es nämlich dem Staat bereits freiwillig vermacht. Aber das darf man nicht laut werden lassen. Es geht um den Besitz.“

Das versteht die Königin nicht. Dann ist doch alles klar. Warum Komödie spielen und sein Vermögen einziehen, wenn er es ohnedies selbst dem Staat geschenkt hat?

„Dem Staat, Majestät, das ist es eben!“ fährt der Großkanzler fort und zwinkert listig. „Wir verstehen darunter: sein Vermögen fällt an die Krone, aber die Kirche meint es anders.“

„Wie das?“

„Setzt die Kirche ihren Beschluß der Konfiskation durch, dann gehört eben sein Vermögen niemand anderem als der Kirche. Daher meint eben die Staatskirche, man muß ihn in contumaciam aburteilen. Denn ist er einmal rechtskräftig verurteilt, dann hat er gar nicht erst das Recht, über sein Vermögen zu verfügen und kann es dem Staat nicht schenken, wenn es ihm schon vorher abgenommen worden ist. Die Sache ist ganz einfach, Majestät.“

Der Kanzler spricht weiter. Laurens Skytte könne auch ruhig des Landes verwiesen werden, denn er sei in Portugal seit Jahren schon heimlich in den Orden der Kapuziner eingetreten und habe nun feierlich die ewigen Gelübde abgelegt. Warum ihn also nicht verbannen, wenn er ohnehin nie mehr zurückkehrt? Das Ganze sei ein billiger Triumph der Landesgeistlichkeit, und da er niemanden etwas koste, könne er dieser ruhig gewährt werden.

Aber da braust die rechtlich denkende Königin auf.

„Es widert mich an, gegen einen ehrlichen Mann so zu verfahren.“

„Aber Majestät! Warum diese Skrupel? Er ist doch wahnsinnig!“

„Wie können Sie das behaupten?“

„Majestät, wenn ein Schwede papistisch wird, muß er wahnsinnig sein.“

Das ist die Einstellung des Großkanzlers. Ein Jahr später, als er am Totenbett von einer berühmteren Konversionsabsicht erfährt, wird er an dieser Einstellung festhalten bis zum Grabe: wer katholisch wird, muß wahnsinnig sein.

Der Großkanzler, sonst in allen Dingen ein Mann von Welt, mit einem großen Blick, der sich nie dem Allgemeinen verschließt, ist in diesem einen Punkt ein typisches Produkt der religiösen Erziehung der Staatskirche. Denn die schwedische Kirche nimmt unter den übrigen lutherischen Landeskirchen des 17. Jahrhunderts eine Sonderstellung ein. Selbst die erzstrengen Puritaner Englands spotten über die Halsstarrigkeit der schwedischen Kirche. Daß sie aber so wurde und gerade unter Christines Regierung am Höhepunkt ihrer Macht und Intoleranz ist, das ist die Folge eines organischen Prozesses, der sich durch die politischen und dynastischen Umstände Schwedens ergeben hat. Denn mit dem umstürzlerischen Eingreifen des Hauses Wasa in die Geschichte Schwedens begann auch ein religiöser Gärungsprozeß ohnegleichen.

Der erste König, der Schweden von der Herrschaft Dänemarks befreite, Gustav Wasa, fand ein ausgesogenes, armes Volk vor. Um seine Königsmacht durch Reichtum untermauern zu können, enteignete er den gesamten Kirchenbesitz und nahm ihn an sich. Um dieser ungeheuerlichen Tat einen legalen Anstrich zu geben, machte er das Luthertum zur Staatsreligion. Er hinterließ nach seinem Tod das Land im Wohlstand, unabhängig von Dänemark und den russischen Völkern, unabhängig von der Vormundschaft der Hansa, losgerissen von der katholischen Kirche.

Aber schon sein Sohn, König Johann III., entfernte sich wieder vom Luthertum und näherte sich der alten Kirche. Vermählt mit der Schwester des letzten jagellonischen Polenkönigs, hoffte er, für sich und seine Nachkommen die Krone Polens zu erringen und durch die Vereinigung zweier Throne Schweden zur europäischen Großmacht zu erheben. Unter dem Einfluß seiner katholischen Gattin begünstigte er auffallend die katholische Kirche, trat sogar unter Einwirkung des durch seine diplomatischen Erfolge berühmten Jesuiten Possevino heimlich zu ihr über und erweckte damit in Rom die Hoffnung auf Wiedergewinnung ganz Schwedens für den alten Glauben. Aber Johanns katholische Überzeugung war nicht so stark, daß er durch einen offenen Versuch, in Schweden die alte Kirche wieder einzuführen, seine Machtstellung hätte gefährden wollen. Auf versteckten Wegen nur suchte er in Unterricht und Gottesdienst die Ergebnisse der Reformation langsam rückgängig zu machen, eine Methode, die von Rom nicht gebilligt wurde. Als Papst Gregor XIII. Johann Vorhaltungen machte, brach er brüsk mit Rom, verbannte die Jesuiten und versuchte nun eigenmächtig, ein Bekenntnis und eine Liturgie einzuführen, die zwischen dem Protestantismus und Katholizismus die Mitte halten sollten und so die gewünschte Union bewerkstelligen könnten. Auf diese Weise stiftete er Unruhe, und eine protestantische Partei unter Führung seines Bruders Karl erhob sich gegen ihn.

Johanns Sohn, Sigismund, wurde nun tatsächlich König beider Reiche, Schwedens und Polens. Allerdings mußte er katholisch sein und in Polen Aufenthalt nehmen.

Nun trat Herzog Karl, der Onkel Sigismunds, mit seiner protestantischen Partei auf. Er führte ins Treffen, daß der König nicht im Lande weile und die Reformation in Schweden, auf der das Werk seines Vaters Gustav Wasa beruhe, durch seinen Übertritt zur katholischen Kirche zerschlage. Nach außen aber wurde der Machtstreit der Verwandten als Religionskrieg deklariert. Sigismund III. mußte geschlagen nach Polen zurückkehren. Obwohl er seinen Anspruch auf Schwedens Thron niemals aufgab, setzte sich Herzog Karl die Krone auf und sicherte sie seiner Nachkommenschaft auch in weiblicher Linie. Er hieß nun Karl IX. und war Christines Großvater.

Kein Wunder, daß Karl IX. streng zum Luthertum hielt und die letzten Reste des Katholizismus samt der Wurzel ausrottete. Denn für jeden Katholiken mußte er als Thronräuber gelten, und sein Neffe, als von der älteren Linie stammend, als der rechtmäßige König. Für den Protestanten allerdings war Karl IX. der Mann, der das Werk seines Vaters und Schweden vor drohender polnischer Abhängigkeit bewahrte. Daher war seit den Tagen Karls IX. katholisch gleichbedeutend mit polnisch und jeder leiseste katholische Gedankengang bereits Hochverrat. Durch eine Verkettung der Umstände war die Religion dermaßen mit der Machtpolitik verschmolzen, wie sich ein ähnliches Beispiel in der Geschichte im England Heinrichs VIII., der katholischen Maria und der ersten Elisabeth bietet. Es ist natürlich, daß sich unter diesen Umständen eine gänzlich eigenständige Stellung der schwedischen Kirche bilden mußte, es ist natürlich, daß diese Kirche zur wichtigsten Stütze des neugebackenen Königs von Gnaden der protestantischen Partei werden mußte und daher auch zur ersten Macht neben einem solchen König.

Doch schon beim Sohn Karls IX. bahnt sich diesbezüglich etwas Neues gegenüber seinem Vater an: er erstrebt bereits eine Union der christlichen Konfessionen (freilich unter Ausschluß der Katholiken), vielleicht unter dem Einfluß seines calvinischen Schwagers, des Pfalzgrafen Johann Kasimir, der an seinem Hof weilt, von ihm mit wichtigen Aufgaben betraut wird und mit seiner geliebten Stiefschwester Catherina vermählt ist, der er testamentarisch die Erziehung seines einzigen Kindes Christine anvertraut. Hierin bestärkt ihn auch sein Seelsorger Johannes Mathiäi, der ein eigenes Werk über eine christliche Union verfaßt. Verstand aber der Kreis um Gustav Adolf diese Union unter Ausschluß der Katholiken, so ging bereits Mathiäi in seinem Werk diesen einen entscheidenden Schritt weiter. Natürlich schwebte diesem protestantischen Bischof eine solche Union unter Führung der Protestanten und ohne wesentliches Aufgeben lutherischer Lehrsätze vor, aber dieser feinsinnige, milde Mann legte in Christine den ersten Keim zu Duldsamkeit auch den Katholiken gegenüber, die ihrem Wesen natürlich gleichermaßen entgegenkam.

Noch immer ist Bischof Mathiäi von Strengnäs an Christines Seite, aber der Erzbischof und sein Kreis lieben ihn nicht. Seine Ideen passen nicht in ihr Konzept, das neben dem Luthertum nichts bestehen lassen will. Sie beargwöhnen Mathiäi und die ihm wohlgeneigte Königin. Beide sind in ihren Augen nicht zuverlässig lutherisch, das heißt schwedisch-lutherisch. Denn die junge Königin, eine eifrige Förderin von Kunst und Wissenschaft, ein dynamisch geladenes Temperament, ein hübsches Mädchen, kann mit der Zeit ihre Kreise stören. Daher betrachten sie mit scheelen Augen, daß sie, um den Tiefstand der schwedischen Bildung zu heben (besitzt doch beispielsweise die erste Universität des Reiches nur einen einzigen einheimischen Arzt, den einzigen Schweden, der an der Universität zu Paris Medizin studiert hat, weil dies in seiner Heimat bisher nicht möglich ist), daß die Königin also ausländische Gelehrte und Künstler beruft. Aber darin liegt für die schwedische Kirche die Gefahr. Denn Christine beruft die Gelehrten und Künstler nach ihrem Können, und da finden sich nun einmal unter den Eingeladenen auch Katholiken, Reformierte und Juden. Auch viele der Gesandten sind Nicht-Lutheraner.

Nun ist die Königin jung, heiter und aufgeschlossen. Wie leicht kann sich erst in Zukunft ein Ausländer an sie heranmachen und dem Einfluß der Kirche entgegenarbeiten! Daher umbuhlt die schwedische Kirche den Großkanzler, der aber zu sehr Diplomat ist, als daß er sich vor ihren Streitwagen als Zugpferd einspannen ließe.

Die Königin hebt gedankenverloren ihr Haupt.

„Ich will nicht die Schattenkönigin dieser Herren sein", sagt sie zum Großkanzler.

„Darf ich Majestät einen Rat geben, den ich Ihnen schon seit Jahren ans Herz lege?"

„Ich weiß, Herr Kanzler. Sie wollen mich vermählen. Damit sind wir also wieder einmal bei diesem Kapitel angelangt. Ein lästiges Kapitel!"

„Majestät! Ein wichtiges Kapitel!"

„Also bringen Sie mir in Gottes Namen meinen Heiratsakt! Ich werde eben zum hundertsten Mal alle meine aktenmäßig festgelegten freiwilligen und unfreiwilligen Ehebewerber unter die Lupe nehmen."

Eine Frau kann sich unter Umständen leichter durchsetzen, wenn ein starker Mann hinter ihr steht. Laßt uns also nicht mehr von Laurens Skytte reden! Noch dazu, wo er doch wahnsinnig geworden ist...

IX

Also doch ein Heiratsvermittler

„Zur Heirat gehört mehr Herz als zum Krieg. Die Männer verheiraten sich, weil sie nicht wissen, was sie tun...
Wie wir selbst beschaffen sind, so ist auch unsere Liebe beschaffen."
Königin Christine, Pensées

Christines Sekretär Courtin meldet den Besuch des französischen Gesandten Pierre Chanut.

„Monsieur, ich bin erfreut, Sie zu sehen."

„Madame, ich störe nicht?"

„Ein Freund ist immer willkommen. Was bringen Sie mir Neues?"

„Nichts Neues, wenn ich mir erlauben darf zu bemerken. Es war nur bisher keine Gelegenheit, darüber zu sprechen."

„Worüber, wenn ich fragen darf?"

„Majestät, Seine Heiligkeit, Papst Innozenz X., ist ein bewunderungswürdiger Greis."

„Davon bin ich überzeugt. Aber hat das etwas mit Schweden zu tun?"

„Nicht unmittelbar, Madame. Aber gewissermaßen irgendwie doch in einer Hinsicht, die man als beachtenswert betrachten könnte, vielleicht auch sollte..."

„Jetzt spricht weniger der Freund als der Abgesandte Frankreichs", stellt Christine lächelnd fest.

„Nur als Vertrauter der Königin von Schweden in Stockholm zu agieren, hieße das nicht, meine Pflichten als Ambassadeur meiner Regierung sträflich zu vernachlässigen?"

„Niemand will Sie in Gewissensnot bringen, Monsieur."

„Ich bin über diese Worte zutiefst erleichtert."

„Wenn also der Freund nichts auf dem Herzen hat, was obliegt dann dem Beauftragten der französischen Nation?"

„Ihre Majestät, Königinmutter Anna, und Seine Majestät, König Ludwig XIV., haben nicht geruht, mir in dieser Sache einen Auftrag zu erteilen."

„Aber indirekt vielleicht?"

„Nicht offiziell, wenn ich mir erlauben darf, dies gebührend zu betonen."

„Und inoffiziell?"

„Alle Welt zerbricht sich den Kopf..."

„Worüber, Monsieur?"

„Auch Seine Heiligkeit geruhten, mir gegenüber anzudeuten..."

„Was, wenn ich bitten darf?"

„Der Papst erwähnte wie beiläufig, ob man nicht Eurer Majestät einmal untertänigst unterbreiten könnte..."

„Ja, ich höre."

„... unterbreiten könnte..." Der Gesandte greift nach seinem Spitzenjabot unter dem Halsansatz und rutscht unruhig auf dem Taburett hin und her.

„Was bereitet dem Papst Kopfzerbrechen, wenn er an mich denkt?"

„Mon dieu! Kopfzerbrechen, o non, non! Ich würde mir eher erlauben, statt dessen den Ausdruck zu gebrauchen: Seine Heiligkeit erwogen in liebender, väterlicher Obsorge..."

„Der Papst möchte, daß man mir unterbreitet, er sorgt sich um... Was unterbreiten? Worüber sich sorgen, meine Person betreffend?"

„Madame, die Sprache hat viele Worte, um auszudrücken, was man will. Aber doch wieder nicht genug Worte, um kundzutun, was unter gewissen Umständen könnte..."

„Ich sehe, mein Herr, die Sprache dient einem Diplomaten oft dazu, die Worte auf Eis zu legen für den Fall, daß sie irgendwann einmal vielleicht aufgetaut werden sollten."

„Majestät, ich bewundere seit langem Ihren Geist. O quelle esprit!"

„Welches Interesse kann der Papst an mir haben? Wir unterhalten keine diplomatischen Beziehungen mit dem Kirchenstaat."

„Eben, Madame. Deshalb sind Seine Heiligkeit genötigt, durch einen katholischen Ambassadeur und, pardon, nicht ohne Umschweife, gewisse Gedankengänge anzudeuten ohne irgendwelche andere Berechtigung oder Motivation als priesterliche Fürsorge ..."

„Für mein Seelenheil?"

„Seine Heiligkeit beten für das Seelenheil der gesamten Christenheit in der Welt."

„Mein Reich kann dem Papst nichts geben. Und er nichts meinen Staaten. Also, die Frage bleibt offen."

„Mon dieu, Madame! Es ist nicht leicht, Abgesandter zu sein und gleichzeitig Vertrauter Eurer Majestät."

„Eine Königin ist kein Beichtvater. Und doch muß ich Sie frisch heraus fragen: Ist es mehr meine Person, die dem Papst Sorgen bereitet, als Schweden?"

„Majestät, da Eure erhabene Person und Schweden im politischen Sinn gewissermaßen ein und dasselbe sind ..."

„Ich verstehe, Monsieur. Alle Welt will mich vermählen, alle Welt wägt die Machtverhältnisse ab, wenn ich heirate und wen ich heirate. Der Papst verfügt doch nicht etwa auch über einen Bewerber für meine Hand?"

„Seine Heiligkeit hegen zu tiefe Bewunderung für Eure Majestät und haben zu großen Respekt vor einer solchen intimen Privatangelegenheit, als daß er könnte ..."

„Nun ja." Christine läutet. Der Sekretär erscheint. „Man möge Champagner bringen. Aber rasch!"

„Madame, ich hoffe inständig, daß ich nicht der Unglückliche sein muß, der Eurer Majestät kostbare Zeit raubt wie ein Dieb in der Nacht. O quelle infortune!"

„Es ist mitunter reizvoll, wie ein Detektiv herauszubekommen, was bei den Worten eines großen Diplomaten wirklich dahintersteckt."

„Wenn jemand das zu ergründen imstande ist, dann niemand anderer als Eure Majestät."

Zwei Lakaien treten ein und füllen die Gläser mit dem perlenden Getränk.

„Ich erhebe mein Glas auf das Wohl Frankreichs und auf das Ihre", spricht Christine den Trinkspruch.

„Auf das Wohl der berühmtesten Königin des Jahrhunderts", erwidert Chanut.

„Also ohne Umschweife, Monsieur! Mit wem will der Papst mich vermählen?"

„O mon dieu! Seine Heiligkeit geruhten, mir segensreiche Grüße an Eure Majestät insgeheim aufzutragen."

„Die Königin dankt gleichfalls... insgeheim. Welcher Name fiel außerdem?"

„Wie, Majestät?"

„Der Papst nannte gewiß einen Namen. Vielleicht den Namen Ihres Königs, den Namen Ludwigs XIV.?"

„O Madame, enchanté! Der König würde es sich zur höchsten Ehre anrechnen, als Gemahl Eurer Majestät ins Auge gefaßt zu werden, wenn Seine Majestät nicht erst vierzehn Jahre alt wären."

„Also keine Kinderhochzeit!" lacht Christine frei heraus. „Oder nannte der Papst etwa den König von Polen?"

„O non, non! Die Wahl zugunsten des Königs würde auf zu großen Widerstand nicht nur der einheimischen Geistlichkeit stoßen. In den Staaten Eurer Majestät könnte daraufhin ein blutiger Krieg mit dem Osten ausbrechen, das politische Gleichgewicht in Europa gefährdet werden und..."

„Also kein König von Polen! Aber vielleicht Philipp IV. von Spanien? Was hielten der Papst und Ihre Diplomatie davon?"

„O non, non! Frankreich könnte nicht untätig zusehen, wie Spanien dermaßen über alle Reiche Europas erhoben würde. Frankreich müßte nach anderen Verbündeten Ausschau halten, Polen und Portugal für seine Sache zu gewinnen trachten und..."

„Also keinen König von Spanien! Da hätten wir auf dem Brettspiel der Weltpolitik jedoch einen Kandidaten, der dem Papst höchst willkommen sein könnte. Sie wissen, Monsieur, von wem ich spreche?"

„O non, non! Ich bin nur ein unbedeutender, kleiner Beamter."

„Sie unterspielen vorzüglich. Nun, der betreffende Kandidat heißt Erzherzog Ferdinand, der Thronfolger Kaiser Ferdinands III. Der Papst nannte Ihnen diesen Namen, nicht wahr?"

„Excusez, Madame, wie denken Sie über einen solchen Ehekandidaten? Die Königin von Schweden gleichzeitig deutsche Kaiserin, das wäre die würdigste Biographie Eurer Majestät."

„Die Diplomatie spielt mit den Völkern wie mit bunten Holzkugeln. Wenn wir Menschen gleich nichts als Schachfiguren auf dem Brettspiel des Lebens sind, haben wir doch alle auch eine Seele und ein Herz. Hat solches die Diplomatie noch nicht bedacht?"

X

Der Jugendfreund

> „Die eigentliche Aufgabe eines Freundes ist, dir beizustehen, wenn du im Unrecht bist. Jedermann ist auf deiner Seite, wenn du im Recht bist."
>
> Mark Twain

Die Königin bekommt unverhofften Besuch. Wie? Ist das möglich? Aus Öland? Nur herein!

Da steht er auch schon vor Christine: braungebrannt, stark, munter und unternehmungslustig: der 30jährige Gefährte ihrer Jugend, ihr Spielkamerad und Halbcousin, Prinz Karl Gustav von der Pfalz.

Die Feldmarschalluniform steht ihm gut zu Gesicht, doch umspannt sie allzu eng seinen fülligen Leib.

„Euer königliche Majestät, ich gestatte mir gehorsamst, meine untertänigste Aufwartung zu machen", spricht er ritterlich, doch die Königin fällt ihm ins Wort, da sich die Tür hinter ihnen beiden wieder geschlossen hat.

„Mein lieber Freund, herzlich willkommen!"

Karl Gustav lächelt befreit, und seine knabenhafte Scheu fällt ab von seinem Antlitz.

„Ich fürchtete schon, Christine, du wirst ungehalten sein, wenn ich ungerufen mein Exil verlasse und dieses Parkett betrete."

„Sprich nicht so, Karl Gustav", erwidert sie und setzt sich, worauf er ebenfalls Platz nimmt.

Ihre Gedanken wandern zurück, in die Zeit ihrer Kindheit. Kindheit? Hatte sie denn eine Kindheit? Durfte sie jemals ein Kind sein? Sie streicht sich eine Haarlocke aus der Stirn, blickt versonnen vor sich hin, dann auf den jungen Mann und lächelt ihn an. „Karl Gustav, ich habe dich doch nicht nach Öland verbannt. Du weißt genau, daß es in deinem eigensten Interesse ist, wenn du fern von meiner Hauptstadt weilst."

„Natürlich, natürlich", setzt er hastig hinzu. „Ich will dir doch keinen Vorwurf machen, ei bewahre! Ich weiß nur zu sehr, wie gut du es mit mir meinst. Du bist doch seit meiner zarten Kindheit die hilfreiche Märchenfee für mich und unser verarmtes Haus. Was wären wir alle ohne die Hilfe deines verewigten Vaters gewesen, was wären wir heute ohne deinen Beistand! Ich weiß, wie der Reichsrat und der Adel Schwedens seit jeher gegen unser Haus eingestellt waren, wie sie uns von jedem Einfluß ausschalten wollten! Wie haben sie uns während deiner Minderjährigkeit von allen Geschäften beiseitegeschoben und meinen Vater auf Stegeborg verbannt. Aber du hast uns zurückgeholt und reichlichst entschädigt."

„Aber laß doch das, Karl Gustav!"

„Oh, du sollst nicht glauben, daß ich undankbar bin! Oder alles vergessen habe. Du warst zehn, als du auf Beschluß der Regentschaft von deiner Mutter getrennt wurdest und zu uns nach Stegeborg kamst."

„Ja, es war der Letzte Wille meines Vaters, daß meine Erziehung nicht meiner Mutter, sondern seiner Stiefschwester, deiner Mutter, anvertraut würde. Ich habe mich sofort wohl gefühlt. Bisher war ich immer allein, nur von meinen Erziehern sowie den Zwergen und Hofnarren meiner Mutter umgeben. Jetzt, mit zehn Jahren, durfte ich endlich auch ab und zu Kind sein und bekam in euch gleich mehrere Geschwister auf einmal. Du warst nun mein großer Bruder mit deinen vierzehn Jahren. Und so ritterlich warst du zu mir und hast mich immer gegen jedermann beschützt."

„Ach, Christine, ich durfte dich leider viel zu wenig beschützen. Du warst immer schon so selbständig und gescheit, so mutig und verwegen; mir blieb einfach gar nichts übrig, als die Rolle deines dienenden Begleiters zu übernehmen. Aber ich habe dir herzlich gern aufgewartet."

„Johann Adolf, dein Bruder, war noch viel zu klein für uns, man konnte nicht recht spielen mit ihm, und wir wollten doch beide schon erwachsen tun. Deine Schwestern aber waren uns zu verspielt, und so kam es, daß wir beide uns am meisten zusammenschlossen."

„Christine, Christine, du warst ja so goldig! Ich glaube, ich war schon damals, schon mit vierzehn, in dich verliebt. Ich kann mit vollem Recht sagen, daß du meine aller-, allererste Liebe warst.“

„Sprich nicht so, Karl Gustav“, lenkt Christine ab.

„Doch, doch, es ist so. Erinnerst du dich noch an den ersten Sommer, du warst zehn und ich vierzehn. Wir durften allein ausreiten, ohne meinen Hofmeister und ohne deine Untergouvernante. Wir waren so übermütig, daß wir endlich einmal ohne Begleitung ausreiten durften. Natürlich sollten wir pünktlich in einer Stunde zurück sein. Wir brachen auf, erst noch in fröhlichem Galopp, dann, als wir sicher vor nachfolgenden Blicken waren, in halsbrecherischem Tempo. Wir jagten um die Wette entlang der wilden Au, dahinter sich die dunklen Wälder von Söderköping ziehen, und ich hoffte umsonst, dich zu überholen. Vergebens. Ich konnte dich nicht einmal erreichen. Da strauchelte plötzlich mein Fuchs, und ich stürzte.“

„Karl Gustav, woran erinnerst du mich?“

„Im Sturz schrie ich deinen Namen. ‚Christine‘, rief ich und nochmals: ‚Christine!‘ Da hörtest du mich, machtest kehrt und eiltest zu mir. Ich lag am Boden und wimmerte ein wenig, denn ich hatte mir weh getan. Da wurdest du mütterlich besorgt um mich. Du nahmst die Pferdedecke – zufällig hatte ich meine mit, denn du wolltest ja nie mit Decke, geschweige denn mit Sattel reiten; also du nahmst meine Decke, und bettetest mich darauf. Ach, wie rührend besorgt und mütterlich benahmst du dich!“

„Karl Gustav, ach, laß das!“

„Christine, bitte, gestatte, daß ich weitererzähle! Du, ein Kind, warst so mütterlich besorgt um mich! Du streicheltest mich und sprachst mir so liebevoll Mut zu, daß ich beschloß, weiter Schmerz zu heucheln, obwohl mir gar nichts mehr weh tat.“

„Was waren wir doch für zwei unschuldige Kinder“, sagt Christine und blickt versonnen drein.

„Wirklich unschuldig! Ja, das waren wir: Wir hockten beide auf der scheckigen Decke, und ich sagte zu dir: ‚Stinchen‘ –

damals sagte ich zum erstenmal Stinchen zu dir – ‚Stinchen', also sagte ich, ‚wir beide müssen heiraten.' – Weißt du aber, was du darauf erwidertest?"

„Still, Karl Gustav, ich muß mich heute noch schämen."

„Aber macht doch nichts, macht doch nichts! Wir waren ja Kinder, und Kinder sind einmal so. Also du erwidertest: ‚Wir können nicht heiraten, weil ich ein Mann bin.' – ‚Quatsch doch nicht so', sagte ich darauf, ‚du bist kein Mann, sondern ein kleines Mädchen.' – ‚Ich bin ein Mann.' – Du wolltest unbedingt ein Mann sein, und weil ich dich keinen Jungen sein lassen wollte, fingst du auf einmal zu weinen an. Da war ich arg erschrocken. Denn ich hatte dich doch nie weinen gesehen, wußte gar nicht, daß du es konntest. Also, das hat mich tief beeindruckt! Da bekam ich Mitleid und sagte: ‚Stinchen, du bist ein Junge!' – Da wurden deine Augen wieder trocken, und du fragtest ängstlich: ‚Wirklich? Auch wenn ich lange Haare trage und Kleider?' – ‚Natürlich', bestimmte ich fest. ‚Wenn ich es dir sage, dann ist es so. Du bist eben ein Junge, auch wenn du lange Haare und Kleider trägst.' – Da freutest du dich und klatschtest ganz vergnügt in die Hände. ‚Aber jetzt mußt du mich zum Dank heiraten', erklärte ich dir. ‚Aber wenn ich ein Junge bin, kann ich doch nur ein Mädchen heiraten', darauf du. Jetzt kratzte ich mich verlegen hinterm Ohr. Was war nun zu tun? Und weißt du, was dann geschah?"

„Karl Gustav, ich schäme mich noch heute."

„Aber wieso denn? Wir waren doch Kinder, und Kinder sind einmal so! – Also ich beugte mich zu dir und flüsterte dir ins Ohr, denn ich getraute mich nicht, es laut zu sagen. Also ich flüsterte dir zu ..."

„Da merkte ich endlich, daß dir nichts mehr weh tat", fällt ihm Christine rasch ins Wort.

„Du sprangst auf und riefst: ‚Los aufs Pferd, wir müssen raschest zurück. Die Leute auf Schloß Stegeborg werden besorgt sein um uns.' – Und seitdem durften wir nie mehr allein ausreiten."

„Es war eine schöne Zeit damals, auf Schloß Stegeborg", sagt Christine ganz verträumt. Wie mädchenhaft auf einmal ihr Gesicht ist, wie weich der Blick ihrer himmelblauen Augen!

„Ja, es war eine schöne Zeit damals, eine wunderschöne Zeit!"

Karl Gustav rutscht auf seinem Stuhl unruhig hin und her. Sein rechter Fuß zeichnet auf dem Parkett imaginäre Kreise um Kreise.

„Ich war erst dreizehn, als ich wieder fort mußte von euch. Der Tod deiner Mutter unterbrach die Idylle. Ich kam in das unheimlich große Schloß nach Stockholm, und dich schickte man ins Ausland auf Studienreisen."

„Ja, Christine, wir wurden getrennt. Es war der erste große Schmerz in meinem Leben. Als die Mutter starb, trauerte ich. Aber als du fort mußtest, weinte ich. Du mußt bedenken, ich war schon siebzehn."

„Ich glaube, Karl Gustav, du hattest mich wirklich lieb."

„Ich hatte dich wirklich lieb. Nein, falsch. Ich liebte dich. Nein, auch falsch."

„Nein? Nicht?"

„Nein, absolut nicht! Stinchen, ich liebte dich, ist falsch. Richtig ist vielmehr: ich liebe dich. Heute noch liebe ich dich, wie ich dich gestern liebte und morgen lieben werde. Alle Tage, bis ans Ende."

Christines Augen weiten sich ängstlich. Ihr ist, als flösse alles Blut aus dem Kopf, und das Gemach über ihr droht herniederzustürzen. Wankt nicht der Boden?

„Alle Tage bis ans Ende", wiederholt sie flüsternd.

Karl Gustav beugt sich vor, daß er fast das Gleichgewicht verliert, um ihr möglichst nah zu sein.

„Glaubst du es nicht? Stinchen, erwache! Es ist Wirklichkeit, es ist tatsächlich wahr! Es ist kein Märchen, ein Wort von dir, ein einziges Wort, und die Erde ist nicht Erde mehr, sondern das Paradies."

Christine schließt die Augen. Ja, es ist wahr. Sie hat ihn geliebt. Glaubt, Karl Gustav, geliebt zu haben. Damals, als sie noch vierzehn, fünfzehn, sechzehn war und er auf Reisen, weit fort – in Dänemark, Holland, Frankreich und Deutschland. Dann kam er zurück, kenntnisreich, die Erlebnisse fremder Länder in der Seele, ein feuriger Jüngling von achtzehn Jahren.

Er arbeitete jetzt im Staatsarchiv in Stockholm und brannte auf höhere Aufgaben. Nach wie vor sahen die Vormünder, der Reichsrat, die machthabende Aristokratie den durch seine Armut abhängigen, ehrgeizigen Pfälzer, der die Sympathien der niederen Stände besaß, mit Mißvergnügen. Um so herzlicher aber begegnete sie ihm, sie, die leider noch minderjährige Königin, die nichts ohne ihre Vormünder tun durfte. In dieser Zeit, zwischen fünfzehn und sechzehn, war es, daß sie, ein halbes Kind noch, dem in schwärmerischer Verehrung vor ihr ersterbenden brüderlichen Vetter ihre Hand versprach. Aber sofort trennte man sie wieder. Man schickte ihn nach Deutschland, auf daß er den Krieg erlerne. Einen großen Lehrmeister gab ihm hierbei das Geschick: den erst 39jährigen Feldherrn Graf von Ortala, Lennart Torstenson. Aber die eifersüchtige Vormundschaftsregierung gestattete nicht, daß Karl Gustav in den eigentlichen Kriegsdienst eintrat. Doch Torstenson fand an ihm Gefallen, ernannte ihn zum Rittmeister und beförderte ihn nach und nach bis zum Obersten eines Reiterregiments. Als solcher zeichnete er sich durch Mut und Tapferkeit im siegreichen Feldzug gegen Dänemark aus. Der Friede von Brömsebro beendete diesen Blitzkrieg, Karl Gustav kam im Triumph nach Stockholm. Nun war sie Königin, wirkliche, mündig gewordene Königin, und sie empfing ihn mit höchsten Ehren. Nun hätte sie ihn sofort heiraten können. Warum tat sie es denn nicht?

Christine blickt sinnend ins Leere. Warum tat sie es wirklich nicht? Sie liebte ihn ja noch, in scheuer, zarter Jungfräulichkeit. Was aber war es, das ihre Seele plötzlich abhielt, den Traum der Jugend Wirklichkeit werden zu lassen? Lag es einzig und allein an ihr? Lag es nicht auch an ihm?

Er kam zurück und liebte sie immer noch. Er war der gleiche geblieben. War er wirklich der gleiche geblieben? Hatte er sich nicht verändert? Als er fortgezogen war, 20jährig, ein reiner Jüngling, da war er schlank, und sie legte alle Ideale ihrer Jugend in sein Wesen, in dem sie sie verkörpert wähnte. Als er zurückkam, 26jährig, da war er äußerlich kein Jüngling mehr: zurück kam ein dicker Mann mit leicht gedunsenem Gesicht und Doppelkinn, die Reinheit des Blicks war fortgewischt, in den dunklen Augen, die einst so treuherzig blickten, brannte die Begierde. Der Krieg hatte ihn verändert.

Ja, sie wurde darob unruhig, irre an ihren bisherigen Gefühlen, wer kann das leugnen? Aber was der Krieg verändert hat, kann es der Friede und das Leben in der Heimat nicht wiederherstellen? Karl Gustav wurde wieder höfischer, aber er konnte trotz bestem Willen nicht mehr der romantische Heldenjüngling von einst werden. Wir verändern uns eben alle, wir setzen Jahresringe an wie der Baum, und die Fältchen, die sich unmerklich fein um die Augen ziehen, sie legen sich auch um die Seele.

Man erzählt sich, er huldigt allzugern den Freuden der Tafel. Er ißt unmäßig, er trinkt übermäßig. Man erzählt noch anderes. Er frönt leichten Liebschaften, und es sind immer die Mädchen der niederen Stände, die er begehrt. Aber sind sie nicht alle so, die jungen Prinzen und feinen Barone, die auf ihren Schlössern residieren und das Wild des Waldes gleichermaßen jagen wie das Wild des schönen Geschlechts, das in dunklen Hinterstuben hockt und ihrer harren muß? So ist die Zeit, und sie, Christine, allein, kann es nicht ändern. Man muß die Menschen, die man liebt, nehmen, wie sie sind, nicht, wie man sie wünscht. Aber ist es nicht schwer, sie dann noch zu lieben, wenn sie nicht mehr so sind, wie man sie sich erträumte? Sollte nicht die Liebe die Kraft haben, die von uns Geliebten dermaßen zu verwandeln, daß sie das werden, was wir in ihnen sehen?

Und daß sie ihm trotz allem wohl will, unerhört wohl will, hat sie es nicht bewiesen?

Mehrmals raffte sie eine plötzliche Krankheit aufs Lager. Und jedesmal marterte sie dabei die Sorge: was würde geschehen, wenn ich jetzt stürbe? Und jedesmal stand die furchtbare Geißel des Bürgerkriegs vor ihr. Ja, sie wußte genau: wenn sie plötzlich abberufen würde, bräche unverzüglich der Bürgerkrieg aus. Die mächtigen Geschlechter der Oxenstierna, Brahe, Skytte, der de la Gardie, sie würden jedes nach der Krone greifen, versuchen, wieder ein Wahlkönigreich aufzurichten, mit sich selbst an der Spitze als Wahlkönig. Und da keine Einigung unter ihnen zustande käme, hieße das, die Brandfackel inneren Aufruhrs von einem Schloß zum andern zu reißen, von Norddeutschland bis Lappland, von der Grenze Dänemarks bis nach Finnland und Litauen. Dazu in gleicher Fürchterlichkeit der Feind von außen: Polen, das seinen Anspruch auf die Krone Schwedens nie aufgab, bräche ein und stürmte, gestärkt durch den Bruderkrieg im Inneren, siegreich vor.

Nein, nein, die Erbfolge mußte geregelt werden.

Was aber tat sie nun? Sie setzte es trotz Widerstandes des Reichsrates, trotz Abratens der Stände durch, daß Karl Gustav zum Thronfolger ernannt wurde. Starb sie ohne Kinder, war er König, und zwar mit erblicher Nachfolge. Konnte sie mehr für ihn tun?

Aber er will mehr. Er will Heirat. Heirat mit ihr.

Karl Gustav beugt sich wieder vor zu ihr.

„Stinchen, ich habe viele Mädchen besessen, es ist wahr. Aber geliebt habe ich immer nur dich. Verstehe doch, ich bin ein Mann, und du warst so weit weg von mir, deine Gestalt stand wie ein schöner Stern irgendwo im weiten All. Da kam das bunte Lagerleben, man wußte nicht, ob man morgen noch lebte. Da kam die Sehnsucht, und da war der Wein, der alles vergessen läßt und alles betäubt. Und dann griff man zu, wenn sich zufällig ein Blondhaar über einen beugte. Und das blonde Haar erinnerte so brennend an dich. Stinchen, kannst du mich nicht verstehn?“

XI

Wird er mehr?

> „Die Hoffnung und Erinn'rung sind ja Rosen von einem Stamme mit der Wirklichkeit, nur ohne Dornen!"
>
> Franz Grillparzer, Sappho

Die Königin verständigt unverzüglich die Schwester Karl Gustavs, Marie Euphrosyne, die sich zur Zeit mit ihrem Gatten Graf Magnus de la Gardie im Schloß aufhält, vom überraschenden Besuch ihres Bruders, mit dem Ersuchen, sich sofort bei ihr einzufinden.

Gleichzeitig gibt sie Befehl, im Kleinen Salon alles für das Souper vorzubereiten und das Kammerorchester ihrer italienischen Hofmusikkapelle hinzubeordern.

Es wird ein recht vergnüglicher Abend. Die Gäste, Karl Gustav und das Ehepaar, Schwester und Schwager, lauschen mit Christine den Darbietungen.

Die italienischen Musiker sind ausgesuchte Künstler. Erst spielen sie eine Sonate des berühmten Claudio Monteverdi, der vor einem Jahrzehnt mit 76 Jahren verstorben ist und den Christine sehr verehrt. So oft es möglich ist, läßt sie an ihrem Hof die Werke des einstigen Kapellmeisters der Markuskirche in Venedig aufführen. Seine weltliche und geistliche Vokalmusik, seine Opern, Zwischenspiele und Ballette halten dank der wohlwollenden Förderung durch Christine rasch Einzug in Stockholm und bald darauf in Europa.

Nach einer Pause bringen die Künstler ein Erstlingswerk eines blutjungen Franzosen zur Aufführung, eines gewissen Giovanni Battista Lully, den der Resident Chanut empfohlen hat. Das Werk gefällt, und Christine zeigt sich sehr begeistert. Überhaupt liebt sie Musik aus ganzem Herzen, Karl Gustav als alter Krieger dagegen hört höflich zu und tut auch, als gefiele sie ihm. Aber seiner ganzen Natur stehen die Musen nicht gut an, und Waffengeklirr ist ihm mehr Harmonie als das liebliche Adagio eines Archangelo Corelli etwa.

Aber er ist so ritterlich der Königin gegenüber! Er ergreift für sie jedes Glas und stellt es für sie wieder ab, ein eifersüchtig wachender Lakai, der ständig sorgt, die Herrin könnte etwas entbehren. Er spricht unaufhörlich mit Christine, und wie er mit ihr spricht! Seine etwas rauhe, heisere Stimme verliert von ihrer sonstigen Klangärme, sie vibriert heute leicht in eigenartig dunklem Schmelz. Seine sonst etwas stumpfen Augen blitzen, als hätte ein eigenartiger Saft ihnen neues Leben verliehen. Sein dunkles, strähnig wirres Haar leuchtet in schillernder Tiefe und verströmt einen leichten Duft, der sonst dem Kriegsmann fremd ist. Der nach abwärts hängende Schnurrbart, sonst an den Enden lose baumelnd, klebt gepflegt seitlich der vollen Unterlippe herab. Sogar die widerborstigen Brauen scheinen von einer heimlichen Macht gebändigt und artig zu Füßen der leicht fliehenden Stirn gelegt, die, sonst fettig glänzend, heute in matter Helligkeit schimmert. Die kurzen breiten Hände scheinen sich hinter weitbauschigen Seidenstulpen zu verbergen. Aber heute regiert sein sonst so wortkarger Mund! Diese sinnenfrohen Lippen schließen sich fast nie, sondern scheinen unaufhörlich mit Lächeln und süßem Wortgezwitscher um sie, um diese eine, zu werben.

Karl Gustav redet und redet, von Öland und der Kulturarbeit, die er dort leistet.

Von allen Staatsgeschäften ferngehalten, als Thronfolger nicht einmal in den Reichsrat eingeladen, widmet er sich ganz seinem neuen Leben. Er hatte die lang und schmal jenseits des engen Kalmarsunds der schwedischen Küste vorgelagerte Insel in verwahrlostem und verwildertem Zustand vorgefunden. So schildert er nun das milde Klima der Insel, ihre liebliche Lage, erzählt, wie er Hunderte von Höfen durch den Krieg verlassen vorgefunden habe, riesige Äcker unbestellt, das Schloß Borgholm fast einer Ruine gleich. Aber die große Insel ergebe ein ausgezeichnetes Gebiet für seine Jagdleidenschaft und seinen Tätigkeitsdrang. Er berichtet, wie er mit beiden Händen zugriff, Äcker rodete, Gräben zog, um Sümpfe trockenzulegen, Straßen herstellte und den tüchtigen Baumeister Tessin kommen ließ, um sein Schloß instandzusetzen und zu vergrößern.

Natürlich ist er auf Öland nicht allein. Eine Anzahl getreuer Freunde hält bei dem zukünftigen König aus und beteiligt sich tapfer an den Saufgelagen und anderen Genüssen, die nach getaner Arbeit geboten werden. Aber davon wollen wir lieber nicht sprechen, schon gar nicht heute.

Man hat ausführlich von Öland erzählt und Christine hat artig zugehört. Marie Euphrosyne gibt einige Scherze ihrer Dienerschaft zum besten, aber ihre Heiterkeit wirkt gemacht, von ihrer einstigen Munterkeit ist viel dahin. Man raunt sich zu, ihr Gatte sei herrisch und aufbrausend zu ihr, betrüge sie und nehme sie nicht ernst. Er liebe sie nicht, und sie lebten beide nur nebeneinander her.

Dafür ist er ein schöner Mann, Graf Magnus Gabriel, gleichen Alters wie Karl Gustav, aber welch ein Gegensatz! Großgewachsen, schlank, goldblond (wahrscheinlich nachgeholfen mit Essenzen), helles Auge, ein schönes Gesicht, ein wenig weibisch vielleicht, aber wer darf das sagen? Schön ist, was gefällt. Dazu geistreich, ein brillanter Gesellschafter, ein wenig oberflächlich, aber wer fragt danach? Mehr Jüngling als Mann, stolz im Glück, feige im Unglück, für seine Zeit gebildet, ein Charmeur und Frauenliebling, wie geschaffen für höfisches Treiben und Kabalen. Erklärter Liebling der Königin noch bis vor kurzem, hat sie ihn sogar in die Verwandtschaft der königlichen Familie aufgenommen, indem sie ihm ihre Kusine zur Frau gab. Sohn eines Feldherrn französischer Abstammung und der schönen Jugendliebe Gustav Adolfs, klatschen viele, er sei Gustav Adolfs illegitimer Sprößling und somit Christines Halbbruder. Tatsache ist, daß sie ihn auszeichnet wie sonst nur ihren Kanzler und Karl Gustav. Magnus wird von Christine auf der politischen Waage als Gegengewicht zu ihrem Großkanzler eingesetzt und fiel erst vor kurzem in Ungnade. Eine gemeine Intrige, durch die er lästige Rivalen beseitigen will, öffnet Christine die Augen. Sie entkleidet ihn aller Ämter, und er ist nichts mehr als der Gatte ihrer Kusine, einer der reichsten Männer Schwedens.

Aber was ihn so hoch steigen ließ und ihn ihr so wert machte, ist seine Liebe zu Kunst und Wissenschaft, die er mit großer Freigiebigkeit an den Tag legt. Er wird in späteren Jahren, als

Kanzler der Universität Uppsala, dieser den für 2000 Taler gekauften berühmten Codex argenteus des Wulfila und 65 andere wertvolle Manuskripte schenken.

‚Nun', spinnt Karl Gustav seine Gedanken zwischen seinen Plaudereien weiter, ‚heute ist uns dieser Mann nicht mehr gefährlich. Heute ist für uns die Zeit der Ernte gekommen, nachdem wir und unsere verstorbene Frau Mutter seit fast zwei Jahrzehnten gesät und nichts als gesät haben.'

Und er blickt Christine so schwärmerisch und verehrend an, daß ein Stein wie ein Schneemann schmelzen müßte.

XII

Salz aus Portugal

> „Wenn die Kirche ein Ort des Einengens statt des universalen Verstehens ist, wo können wir dann noch auf der Erde einen Ort der Freundschaft für die gesamte Menschheit finden?"
>
> Frère Roger Schutz, Taizé

Der französische Resident Chanut kommt Abschied nehmen. Diesmal ist es keine Europareise, von der er zurückkommt. Er geht fort für immer. Sein Hof beruft ihn ab, nach Lübeck. Christine verliert einen tüchtigen Diplomaten, der wohl in Diensten Frankreichs stand und dennoch auch ihr diente, soweit es sich mit seinem Beruf vereinbaren ließ. Sie verliert aber auch einen Freund.

Denn der um fünfundzwanzig Jahre ältere Mann, brave Gatte und Vater vieler Kinder, besaß all die Jahre ein gut Teil ihres Vertrauens, soweit es sich mit ihrem Beruf vereinbaren ließ.

Sieben Jahre lebte er nun an ihrem Hofe, nahm teil an fast allen Festen, führte ihr Descartes zu, seinen Freund, vertiefte sich mit ihr in die Cartesische Philosophie, nahm teil an ihren wissenschaftlichen und künstlerischen Zirkeln, beriet sie selbst in den Fragen des guten Geschmacks und der Mode.

Also, Chanut reist ab und kommt nicht wieder. Sie hat es nicht mehr gewagt, unter diesen Umständen um seinen Seelsorger zu bitten. Sie hat wohl gefühlt, daß dieses Ersuchen ihn in Verlegenheit brachte.

Nun ist er fort. Damit ist auch die letzte Chance dahin, mit einem katholischen Theologen disputieren zu dürfen.

Zwischen festlichen Empfängen, Audienzen, Maskeraden, Balletts und Schauspielen spult sich der Alltag weiter ab.

Der Großkanzler kommt und geht, der Reichsrat fragt an, die Bischöfe erstreben Untersuchungen. Dazwischen konferiert man über Handelsbeziehungen.

Man exportiert, und seit Christines glücklicher Beendigung des Dreißigjährigen Krieges exportiert man in großem Ausmaß.

Auch das neugeschaffene Königreich Portugal wird Christines Handelspartner, obwohl Spanien das gar nicht gern sieht.

Der Herzog von Braganza (pardon! Nunmehr Seine Majestät, der König von Portugal) schickt seinen Gesandten zu Christine, um mit ihr so richtig ins internationale Geschäft zu kommen.

Seine Exzellenz, der portugiesische Gesandte Pinto Pereira, steht im Gobelinzimmer vor Ihrer Majestät, Königin Christine von Schweden.

Er ist kein Politiker, kein Diplomat. Fürwahr nicht! Aber er ist ein Geschäftsmann, ein äußerst tüchtiger Handelsmann sogar. Und das war König Johann IV., der ihn hierhersandte, offenbar wichtiger.

Der Gesandte ist ein fähiger Kopf, ein kulanter Rechner, aber eines ist er nicht sonderlich: sprachenkundig.

Er spricht nur Portugiesisch. Die Königin beherrscht wohl elf Sprachen, aber Portugiesisch nicht (warum auch? Das Reich besteht doch erst seit ein paar Jahren). Nun, man behilft sich. Man hat einen umsichtigen Sekretär mitgebracht, und der gibt nebenbei einen prächtigen Dolmetscher ab.

Doch heute ist Seine Exzellenz etwas unruhig, als er vor der Königin steht. Ihre Majestät nimmt in einem hohen Armsessel Platz. Für Seine Exzellenz steht ein Taburett bereit. Der Herr Sekretär muß leider stehen, Unterschied muß sein, so will es die Etikette des Jahrhunderts.

Aber was ist denn mit dem Herrn Sekretär heute? Die Königin blickt fragend zu Seiner Exzellenz. Doch deswegen ist man ja so unruhig. Der Herr Sekretär ist erkrankt.

„Aber Majestät! Nur keine Besorgnis! Der junge Mann hier, einer meiner Schreiber, spricht fließend Lateinisch und ist bestimmt kein schlechterer Dolmetscher. Majestät überzeugen sich ja selbst, wie er gewandt meine Rede ins Lateinische übersetzt.“

„Tut nichts, tut nichts", nickt lächelnd Ihre Majestät und schaltet sofort aufs Lateinische um, die Kanzleisprache ihres Reiches. Man unterhielt sich sonst französisch. Das gab einen leichteren, vertraulichen Ton.

Die lateinische Konversation wird heute würdevoller, gemessener sein. Im Französischen eilen die Worte wie leichtfüßige Elfen dahin. Im Lateinischen schreiten sie wie ernste Senatoren in lang nachschleppenden Togen.

Der Herr Gesandte rutscht unruhig auf dem Taburett hin und her. Man ist Geschäftsmann, und Zeit ist Geld. Der Teufel hole die Etikette! Die Königin muß als erste das Wort ergreifen. So will es das Protokoll. Es heißt stillsitzen, den Mund halten und warten, bis sie zu beginnen geruht.

Die Königin konzentriert sich. Es dauert einen kurzen Augenblick. Da ist sie auch schon bei der Sache und knüpft dort an, wo sie das letztemal aufgehört haben.

„Es geht um das Salz", spricht sie langsamer als sonst, denn das Lateinische gebietet mehr Umschreibungen als die duftige Diktion des Französischen. „Spanien bietet auch Salz, viel Salz. Aber es gewährt günstigere Bedingungen."

Der Gesandte japst nach Luft.

„Majestät", läßt er durch den Dolmetscher übersetzen, „wie kann der Spanier das Salz wohlfeiler geben? Er kann es nicht. Und wenn er es dennoch tut, so ist das Beutelschneiderei, ein windiges Geschäft, das kein Geschäft ist. Ich wiederhole: er kann es nicht billiger geben. Und wenn er es dennoch tut, so ist sein Salz schlecht. Jämmerlich schlecht!"

Der Herr Dolmetscher hat es schwer. Er liebt zu sehr sein klassisches Latein, als daß er nicht entsetzt wäre, daß er es für solches Kauderwelsch mißbrauchen muß. Solche Worte passen nicht für das Lateinische. Auch ist der Ton zu vulgär, sowohl für die erhabene Sprache Ovids als auch für die Ohren dieser feinsinnigen, hochgebildeten Königin.

Und er übersetzt behutsam, bedächtig, als hätte er die Aufgabe, über Eierschalen zu tanzen. Seine Worte sind nicht mehr der fahrige Erguß des Herrn Gesandten, sondern die reife Überlegung eines römischen Konsuls.

Die hellhörige Königin merkt sofort den Unterschied zwischen dem Original und der ins Lateinische transponierten Kopie. Sie blickt den Übersetzer an, und der wird verlegen. Oho, er wird sogar richtig rot wie ein Schuljunge. Jetzt sieht sie ihm auch erst genau ins Antlitz.

Er ist nicht alt, vielleicht dreißig, man kann ihn schwer schätzen. Er ist groß, schlank, hat dunkles Haar, dunkle Augen, ein schmales, feingeschnittenes Gesicht. Dieses Gesicht, man sieht es ihm an, ist nicht viel an der frischen Luft, es liebt gewiß die Bücher, über denen es tagsüber und in jeder freien Abendstunde studiert.

Aber es ist kein ausgesprochenes Gelehrtengesicht. Ein richtiger Gelehrter seziert im Geist sofort alles, was er sieht. Ein richtiger Gelehrter hört ein belangloses Wort und definiert es sofort im Geist. Jede Banalität des Alltags wird ihm augenblicks zum Begriff. Seine Leidenschaft ist die Analytik und Synthetik, sein Gehirn ist ein ungeheurer Rummelplatz hin und her eilender Beziehungen, sein Kosmos ist eine riesige Retorte, aus der er schöpft, mißt, wägt.

Aber das ist kein ausgesprochenes Gelehrtengesicht. Das ist das Antlitz eines Mannes, der allem auf den Grund geht. Das ist ein Geist, der sich nicht mit drittletzten und vorletzten Erkenntnissen begnügt. Diesem Menschen ist die Definition gar nicht so sehr wichtig, das Rüstzeug der Logik ist ihm Denkgymnastik, nicht mehr. Diesem Mann geht es einzig und allein um die Wahrheit, sonst um nichts.

Das ist es, fühlt Christine blitzartig. Irgendwie ist der junge Mann mir geistig verwandt. Wo sind wir nur stehengeblieben? Ach ja... „Vielleicht liefert aber der Spanier doch gutes und zugleich billiges Salz?“

Der Gesandte fuchtelt mit den Händen herum. „Majestät“, beschwört er sie mit dem Flehen eines Geschäftsmannes, der pleite ist. „Unser Salz erspart jedes andere Gewürz, es ist zehnmal ausgiebiger als das spanische, es ist gesünder, denn das spanische reizt die Lunge und insultiert das Herz. Unser Salz ist kein Gewürz schlechthin, es ist Medizin, was heißt Medizin! Es ist ein Jungbrunnen!“

Der arme Dolmetscher! Und das soll er ins Lateinische übertragen! Darüber müßte jeder Senator stolpern, ein einfacher Plebejer selbst verlöre hierbei seine Toga. Von Cicero nicht zu reden! Aus Gram über eine solche Verballhornung seiner durch ihn geheiligten Sprache ertränke er sich sofort im Hades.

Während der Übersetzer profane Stellen zu glätten versucht, zu veredeln, hat sie Zeit, sein Gesicht nochmals zu erforschen. Ja, fühlt sie: dieser Mann ist durch und durch wesentlich. Er sucht die Wahrheit, nur sie, sonst beschäftigt ihn kaum etwas. Aber er seziert die Wahrheit nicht, er liebt sie. Er hat das Gesicht eines scheuen Liebenden, der weiß, daß das Irdische vorübergeht, und er wahrhaft erst erhört wird in der Ewigkeit. Wenn dem aber so ist, muß er gläubig sein, tief fromm. Wo sind wir stehengeblieben? Die Königin lächelt. „Jeder Krämer lobt seine Ware. Wir Schweden wollen aber solide Ware, die nicht teuer ist."

Der Gesandte japst nach Luft: „O Majestät, lassen Sie sich beschwören! Wir schicken Schweden unverbindlich ein Schiff voll Salz zur Probe. Kosten Sie es, Majestät, versalzen Sie sich damit die ganze Hoftafel, will sagen, salzen Sie damit alle Köche Schwedens, will sagen, alle Küchen Schwedens – mein Gott, ich muß ins Geschäft kommen! – Majestät, Sie sind nie besser gefahren als mit mir und Portugal! – Jetzt bin ich sogar schon Ihr Kutscher. – Majestät, wenn Sie unser Salz kaufen, können Sie sich Ihr Lebtag alles versalzen. Lassen Sie sich von uns bedienen, dann sind Sie bedient, will sagen, bestens bedient! – Aber meine Zwischenbemerkungen übersetzen Sie nicht, ja?"

Er übersetzt sie auch nicht. Er übersetzt überhaupt nichts. Er blickt die Königin ernst an und spricht:

„Königin" (es klingt in unserer Sprache dürr), „Königin, Portugal ist noch ein sehr junges Reich und braucht Handelsbeziehungen mit den schon erwachsenen Staaten. Helfen Sie uns bitte!"

Ihre beiden Blicke tauchen ineinander.

Er ist mir wirklich verwandt, fühlt Christine. Wir könnten Geschwister sein.

Bei aller liebenden Weichheit, die an ihm ist, welche Entschlossenheit! Einfach als kleiner Übersetzer sich selbsttätig in die Verhandlungen einer regierenden Königin einzuschalten!

Sie hat natürlich gemerkt, daß er nichts übersetzt hat und die Worte aus ihm gekommen sind.

Wenn er aber so fromm ist, spinnt sie ihre Gedanken weiter, welchen Beruf hat er dann? Schreiber etwa beim Gesandten? Nimmermehr! Der Mann ist so ungewöhnlich! Sollte sein Beruf es nicht sein?

Und sie beschließt, ihn auszuhorchen. Das Salz rückt in weite und immer weitere Fernen, und könnte der Herr Gesandte Christines Gedanken erraten, sein Blutdruck nähme unweigerlich zu.

„Herr Dolmetscher", wendet sich die Königin direkt an ihn, wobei der „Herr" im Lateinischen unter den Tisch fällt, „ich sehe, Sie übersetzen mehr Ihr patriotisches Gemüt als die Worte des Gesandten. Tut aber nichts. Ich schätze Originalität und Mut. Doch wäre ich neugierig, welchen Beruf Sie haben?"

Es klingt im Lateinischen förmlicher und doch wieder vertrauter. Denn hier gibt es nicht das Abstand wahrende „Sie". Alle sprechen einander mit „Du" an.

Er ist abermals verwirrt. Die Königin will seinen Beruf wissen. Nennt er ihn ihr, straft er den Gesandten Lügen, der ihn als Schreiber ausgegeben. Bleibt er aber beim Schreiber, lügt er selbst. Aber Lügen sind ihm ein Abscheu.

„O Königin", kneift er aus, „mein Beruf liegt jenseits Ihrer Sphäre."

Sie hebt überrascht ihr Antlitz. Jenseits ihrer Sphäre? Das glaubt sie nicht. Wo sie ihn doch für verwandt hält...

„Sie halten wohl unser Treiben bei Hofe für eitlen Tand, während Sie jenseits stehen? Dann sind Sie also, dann können Sie nur sein..."

Sie sieht ihn nochmals lang an, als gälte es, ein schweres Rätsel zu erraten. Jetzt blitzt es in ihren Augen auf, sie beugt sich vor zu ihm und flüstert es mehr, als sie es sagt: „Priester."

„Jawohl, Königin", gibt er leise zurück und wird blaß: „Katholischer Priester."

„Was hat Ihnen die Monarchin gesagt?“ fragt der Gesandte den Mönch.

„Die Königin?“ stammelt der. „Ach so! Sie hat sich nach etwas Privatem erkundigt.“

„Plaudern Sie ruhig ein wenig privat mit ihr“, gibt er ihm Instruktionen, „so kommt man am besten ins Geschäft. Aber vergessen Sie nicht: Wenn wir gut abschließen, bekommen Sie einen goldenen Kelch für die Hauskapelle.“

Christine starrt den Übersetzer an: „Wissen Sie, was das bedeutet? Wenn ein Mensch hiervon erfährt, müssen Sie samt Ihrem Gesandten und seinem Personal aus Schweden ausgewiesen werden.“

„Unsere heilige Religion hat für die Wahrheit schon soviel Tribut gezahlt, was wägen da wir paar Portugiesen? Haben Millionen Märtyrer gezögert, als es galt, den Glauben zu bekennen? Als es galt, sich von geistreichen Sektierern nicht verwirren zu lassen? Sie haben nicht geschwiegen, und also will auch ich nicht schweigen. Vielmehr will ich diese Stunde segnen, da ich als Priester vor Ihnen stehen und reden darf.“

„Gut. Reden Sie also! Doch darf ich Sie fragen? Hat nicht auch Ihr Glaube Verwirrung gebracht? Glaubt nicht jeder das, was er wünscht?“

Vor ihrem geistigen Auge ersteht jene peinliche Szene mit den beiden Bischöfen von Abo und Västeraas. Sie fährt fort: „Nun, hat Ihr Glaube nicht auch verwirrt wie jene Sektierer, auf die Sie anspielten? War nicht jene abscheuliche Bartholomäusnacht eine blutige Verwirrung? Oder das Treiben jener englischen Maria? Wie sehr verwirrte Philipp II. die Niederlande und die Welt! Hat da nicht Ihre Religion versagt?“

„O Königin, die unselige Bartholomäusnacht war ein Werk des französischen Hofes, nicht der Kirche. Der Papst ließ ein feierliches Tedeum anstimmen, als er hiervon erfuhr. Aber warum? Weil man ihn falsch informierte. Weil man ihm die Bartholomäusnacht als ein Attentat der Hugenotten auf den König schilderte, der dabei unverletzt geblieben sei. Als aber der Papst Wochen später den wahren Sachverhalt erfuhr, da protestierte er sehr energisch und mit Nachdruck gegen die Abschlachtung der Andersgläubigen. Und was Spanien betrifft, hat nicht der Papst selbst unter seinen Umtrieben gelitten? Darf ich den Sacco di Roma ins Gedächtnis rufen? Mußte nicht der Papst selbst aus der Engelsburg flüchten vor den plündernden Soldaten Karls V.? O Königin, die Kirche ist der mystische Leib Christi, und er wird durch alle Jahrhunderte bis heute immer wieder gegeißelt. Die aber die Geißel führen, sind weit öfter die Katholischen selbst und sie schlagen oft tiefe Wunden dem blutenden Leib Christi!"

Der Gesandte wippt unruhig mit den Fingern. Habe ich nicht zweimal das Wort ‚Christi' gehört? Ach, der Teufel hole die lateinische Sprache, die so viele ähnliche Worte hat wie wir, die aber ganz etwas anderes bedeuten! Wovon können sie sprechen? Gewiß von der schönen Literatur! Sie liest ja so gerne die Dichter!

Die Monarchin hat den Kopf gesenkt und schweigt.

„O Königin! Die englische Maria kämpfte nicht für die Kirche und in deren Namen. Ihr Kampf war die Rache einer Fürstin für die Schmach, die ihrer Mutter und ihr angetan worden war. Sie führte das blutige Schwert gegen anglikanische Bischöfe, weil sie die katholische Ehe ihrer Mutter für ungültig erklärten, weil sie ihrem Vater gestatteten, sich noch fünfmal zu vermählen, also fünfmal ihre Mutter zu verleugnen! O Königin! Nicht die Kirche versagte in den Jahrhunderten! Was versagte, das waren schlechte Katholiken, schwache Priester, vor der Staatsgewalt liebedienende Bischöfe. Sie werden gerichtet nach ihren Vergehen, und wenn sie die höchsten Würden bekleidet hätten. Sieht doch der berühmte Heilige in der Höllenvision, daß deren Schlund mit Priesterköpfen gepflastert sei. Fürwahr, die Menschen versagten oftmals in der Kirche. Woran erkennt man aber die Echtheit der Wahrheit, o Königin?"

Er führt das Wort, denkt der Gesandte. Das ist gut. Vielleicht sind sie schon mitten im Geschäft. Denn mit solchem Eifer redet er nicht über die Literatur. Und er reibt sich die Hände, in denen er schon die Taler klingeln hört.

Die Monarchin aber hat noch immer den Kopf gesenkt. Jetzt hebt sie ihn.

„Woran erkennt man also die Echtheit der Wahrheit?" fragt sie, und ihre sonst so beherrschte Stimme zittert. „Ist es nicht wie in jener orientalischen Ringparabel, in der der echte Reif nicht auseinandergehalten werden kann von seinen trefflichen Nachahmungen?"

„O Königin, die Wahrheit ist erfaßbar mit dem Geist und mit dem Herzen. Woran aber erkennt man sie? Es steht geschrieben: ‚Die Pforten der Hölle werden sie nicht überwältigen.' Daran erkennt man sie, daß sie bis heute noch nicht überwältigt worden ist. Schwache Bischöfe und Priester marterten sie, laue Gläubige und Sünder brachten sie in schlechten Ruf, sogar ein unwürdiger Papst schädigte sie. Aber ging sie nicht aus all diesen Stürmen von innen und außen nur noch gefestigter und herrlicher hervor? Funkeln nicht genauso strahlend wie einst auch heute noch an ihrem geistigen Diadem die Edelsteine unserer Märtyrer und Bekenner, die jede Zeit immer wieder hervorbringt? O Königin, mögen Throne kommen und wieder vergehen, Könige eingesetzt und wieder abgesetzt werden, mögen mächtige Reiche erstehen und vom Ozean wieder dahingespült werden, nur sie wird unverrückbar bestehen bleiben bis ans Ende der Tage, nur sie, die Kirche!"

„Sie sind Jesuit, man hört es. Ich muß gestehen, der portugiesische Gesandte hat einen redegewandten Seelsorger."

Diese vertrackten lateinischen Vokabeln, grübelt der Gesandte. Ich könnte wetten, ich habe ‚Jesuit' verstanden. Aber ich irre bestimmt. Gewiß sind sie schon mitten im Geschäft, weil sie so voll Eifer sind. Ob ich mich wieder einschalte?

Dieser Priester rührt in Christine ihre ehrliche Begeisterung für das Christentum auf. Aber sie ist auch noch immer beeinflußt von den Lehren des Descartes, sie, die von ihm das kritische Denken, den methodischen Zweifel gelernt hat. „Ist Christus für die Priester", wendet sie daher ein, „nicht oft nur der Gott der Stilkirchen, der harten Kanzelpredigten und der Bußwallfahrten?"

„Pater", schaltet sich der Gesandte wieder ein, „wie steht es also mit dem Handel? Nimmt die Königin nun unser gutes, billiges Salz?"

Wieder drängt sich in Christine jener Satz Ciceros auf, der sie seit Jahren nicht mehr losläßt und in ihr bohrt wie ein schlechtes Gewissen, der sie wie ein grausamer Jäger verfolgt und nirgends verweilen läßt: ‚Es können wohl viele Wahrheiten zugleich falsch sein, aber es kann nur eine einzige richtig sein.' Und da steht nun ein Mann vor ihr und behauptet, daß seine Religion die Verkörperung dieser einen Wahrheit sei.

Und noch etwas hat der Mann da in ihr aufgerührt: ihre Schwäche für die Altehrwürdigkeit der Kirche und die Zahllosigkeit ihrer Märtyrer. Schon als Kind hatte sie vor einem ihrer Vormünder ausgerufen, sie wolle katholisch werden, weil diese Religion viel älter sei als die eigene und so viele Heilige und Märtyrer habe. Der Erzieher drohte ihr daraufhin eine Tracht Prügel an. Seither hatte sie nie mehr solche Äußerungen getan. Aber in ihrer Seele blieben sie eingegraben.

Fürwahr! Man muß zur Stunde zurückkehren und darf die Pflicht nicht vergessen. Der Herr Gesandte ist unruhig und zupft seinen Dolmetscher dauernd am Ärmel des dunklen Wamses.

Da schaltet die Königin wieder um, von ihrem privaten religiösen Gespräch zu dem eigentlichen Zweck dieser Audienz.

Sie ist verwandelt. Die Königin, bei Wirtschaftsverhandlungen gefürchtet ob ihrer alles durchdringenden Kenntnis der Verhältnisse, ist auf einmal so rätselhaft großzügig. Sie ist mit allem einverstanden.

Und beim lebendigen Gott, bei allen Schutzheiligen Portugals! Sie bestellt wirklich und wahrhaft Salz, o du liebe Zeit, viel Salz! Dem Herrn Gesandten gehen die Augen über. Der König erst! Wird der sich wundern, wie man auf einmal mit Schweden ins Geschäft kommt! Und warum?

Nun, ganz einfach! Weil man einen tüchtigen, was heißt tüchtigen – einen genialen Gesandten hat!

In süßen Träumen wiegt sich der Herr Gesandte auf seinem für ihn zu kleinen Taburett, während in seinen Ohren die zu erwartenden Taler wie Kastagnetten klingen.

Nur der Dolmetscher, dem kein Sitz gebührt, steht unbeweglich neben seinem Herrn und blickt ungerührt zu Boden, als ginge ihn das alles, dieser kommerzielle Erfolg, nichts an.

‚Bravo, mein lieber Beichtvater', denkt der Gesandte weiter. ‚Er hat den goldenen Kelch für die Hauskapelle wahrlich verdient. Aber ein Glück, daß sie nicht gemerkt hat, daß er ein katholischer Priester ist! Ei bewahre! Das hätte böse Folgen haben können!'

Die Königin verabschiedet den Gesandten und seinen Dolmetscher äußerst huldvoll.

Sie reicht dem Übersetzer sogar die Hand zum symbolischen Kuß. Phantastisch! Das hat sie beim Legationssekretär, der ihr doch schon bekannt war, nicht getan. Nun redet sie den Übersetzer auch nochmals an. O Wunder über Wunder!

„Herr Dolmetscher", verabschiedet sie ihn lächelnd, „ich hoffe sehr, daß ich Sie jetzt öfter mit Ihrem Gesandten bei mir sehen werde."

Und zu Don Pereira gewandt: „Ich wünsche, Exzellenz, daß Sie in Zukunft nur diesen Mann als Übersetzer bei mir verwenden."

Und nochmals zu Don Mazedo: „Lieber Freund, ich segne diese Stunde nicht minder, als Sie sie segnen werden. Und dennoch: Sind unsere christlichen Religionen, die evangelische, calvinische, orthodoxe und katholische, nicht wie verschiedene Kostümierungen ein und desselben Gottes?"

Der Priester schüttelt den Kopf.

Die Monarchin beendet mit einer weiteren Frage begütigend das Gespräch: „Vielleicht entbietet Portugal mehr als Salz?"

„Das der Weisheit, hoffe ich."

Die Königin erwidert nichts. Aber ein seltsames Leuchten liegt in ihren Augen, auf ihrem Antlitz auch dann noch, als die hohen Flügeltüren längst hinter den Männern aus Portugal geschlossen sind.

Das also ist das Salz aus Portugal!

XIII

Man kommt dahinter

„Der Strom der Wahrheit fließt durch Kanäle von Irrtümern."
Rabindranath Tagore

Graf Axel Oxenstierna, der Großkanzler des Reichs, sitzt in seiner Kutsche und fährt nach Stockholm. Er hat eine ungeheure Entdeckung gemacht, deren Last er nicht allein tragen will.

So sucht er sofort den Prinzen Karl Gustav im Stadtpalais seines Vaters auf. Aber der Prinz ist natürlich nicht da. Wo kann der Prinz schon sein? Auf der Jagd. Da wirft sich der wuchtige Kanzler mit einem Fluch in seine Kutsche und jagt wieder der Hauptstadt zu.

Ein bitterer Zug legt sich um den breiten Mund des noch immer stattlichen Mannes. Das Haar des fast 70jährigen wird schon schütter. Über der Stirn sitzen noch einige Haare, die sorgsam bis zu den Anschlußkollegen gestrichen sind, die seitlich der Scheitelmitte noch dichtgereiht stehen. Die starke Nase verrät Energie, der bald genießerisch kostende, bald sich ernst versagende Mund wird verdeckt durch eine Art Tarnkappe, die sich in Form eines aufgedrehten Zwiebelbärtchens über die Oberlippe hängt und sich als breit, doch kurz herabwallender Knebelbart von der Unterlippe abwärtsneigt.

Aber alles beherrschen diese Augen, vergleichbar dem Blinken eines Leuchtturms auf einsamer See. Diese Lichter können listig glimmen, koboldhaft tanzen, romantisch schwärmen und abgeklärt weise alles durchwärmen; immer und in einem gleichbleibend: daß sie unentwegt wachen! Mögen andere schlafen, diese Augen wachen; mögen andere konspirieren, intrigieren und heimliche Geschäftchen drehen, diese Augen wachen, merken vieles, durchdringen vieles, gehen vielem auf den Grund.

Selten ist ein Mann in der Weltgeschichte so sehr ein wohlabgewogenes Gemisch extremster Charaktereigenschaften, die kaum je in Harmonie beisammen wohnen können. Denn dieser Mann ist verwegen und bedächtig zugleich, genial mitreißend und doch pedantisch überlegend. Seine Stärke ist sein Verstand, und doch, wie gefühlvoll kann dieser Mann sein! Seine Tugend ist die Treue, und doch, welche Winkelzüge kann seine Diplomatie gehen! Seine Waffe ist ein eiserner Wille, aber wie kann er ihn zähmen in zauderndem Verweilen, wenn es seine Weisheit verlangt!

Er tritt in die Politik als Jüngling, und das Schicksal gibt ihm auf seinem Weg drei volle Körbe mit. Der erste ist prall gefüllt mit dem köstlichen Erbe seiner Väter, das in die Anfänge des Hauses Wasa zurückreicht, das beste Beziehungen zu den ersten Geschlechtern und sogar Verwandtschaft zum Königshaus umfaßt, Reichtum und unermeßlichen Grundbesitz einbezieht.

Der zweite Korb ist gefüllt mit dem köstlichen Erbe des Blutes, das ihm zu einer unverwüstlichen Konstitution ein angenehmes Äußeres beschert, eine Vitalität, deretwegen ihn ein durchtrainierter Sportler beneiden könnte. Die Frauen strömen ihm zu wie dem König Gustav Adolf. Er erfreut sich an ihnen, ohne sich an sie zu verlieren. Liebe kann ihn nur anspornen, nie von seinen Plänen abhalten.

Der dritte Korb ist gefüllt mit den reichsten Gaben des Geistes, des Herzens und des Willens, wie die Natur sie in solcher Fülle an einen einzigen Menschen wohl selten verschenkt. Wo er auftritt, überall setzt er sich durch. Seine Persönlichkeit bestrickt Katholiken wie Protestanten, er beherrscht jeden Reichstag und jedes Konsilium durch die Wucht seiner Argumente und die Treffsicherheit seines logischen Denkens. Und er kennt die Schwächen und Stärken aller europäischen Staaten genau.

„Er nahm sich“, wird die Königin später über ihn schreiben, „der Staatsangelegenheiten mit unvergleichlicher Beständigkeit und Sorgfalt an, machte daraus sein Vergnügen und seine einzige Beschäftigung; und wenn er sich erholen wollte, waren seine Ergötzungen selbst Geschäfte. Er war mäßig, soweit man es in einem Land und einem Jahrhundert, in dem diese Tugend

Axel Oxenstierna, 69 Jahre alt; Großkanzler Schwedens unter Karl IX., Gustav II. Adolf und Königin Christine.

unbekannt war, sein kann, schlief lange und sagte, es hätte ihn nie eine Sache am Schlafen gehindert noch aufgeweckt, ausgenommen zweimal in seinem Leben: die erste sei der Tod des hochseligen Königs Gustav Adolf, die andere der Verlust des Treffens bei Nördlingen gewesen. Übrigens war er ehrbegierig, aber getreu, nicht zu bestechen, ein wenig langsam und phlegmatisch. (Das Tempo des 70jährigen ist der 26jährigen Königin nicht immer rasch genug.) Ich liebte diesen großen Mann als einen anderen Vater."

Mit 24 Jahren ist er bereits Großkanzler unter Karl IX., eine Karriere, die in der Geschichte Schwedens beispiellos ist. Gustav Adolf verkehrt mit seinem Kanzler freundschaftlich. Oxenstierna zieht mit ihm in den großen Krieg, teilt mit ihm das Lagerleben, wird gewürdigt, Anteil zu nehmen an den privatesten Bezirken Gustav Adolfs.

Nach dem Tod des Königs wird er gemäß dessen Testament der Vorsitzende der Regentschaft, die aus den fünf höchsten Würdenträgern des Reiches gebildet ist. Damit ist er faktisch Alleinherrscher. Denn von den fünf Mitgliedern gehören drei der Familie Oxenstierna an. Sechs Angehörige seiner Familie haben Sitz im Reichsrat, dem Parlament der Staaten, und die Mehrzahl derselben sind Verwandte, Freunde oder Günstlinge Oxenstiernas.

Die minderjährige Königin weiß er schon früh an sich zu ketten. Er gibt ihr seine Verwandten zu Hofmeisterinnen und unterrichtet persönlich Christine im Staatswesen. Keine Kammerfrau wird ihr zugeführt, die nicht von ihm bestellt ist.

Die Königin konnte infolge seiner königlichen Hofhaltung und Ehrbegierde leicht beeinflußt werden, er strebe nach alleiniger Macht im Staat. Und als Christine über Cromwells Erhebung zum Lordprotektor sprach, äußerte sie sich zu seinem Gesandten Whitelock in ähnlichen Anspielungen.

Aber auch bezüglich des Pfalzgräflichen Hauses, dem der Kanzler feind ist, ergeben sich mit der Monarchin Differenzen. Der ehrgeizige Pfalzgraf scheint nämlich sehr früh den Plan gefaßt zu haben, die Schwedenkrone an seinen Sohn zu bringen. Er nährt daher bei Christine die Mißstimmung gegen ihren

Kanzler und den alten Adel. Nun erreicht die Königin gegen den Willen aller, daß ihr Halbvettter Karl Gustav zum Thronfolger ernannt wird.

„Ich gestehe", erklärt der Kanzler hierzu, „daß ich mich lieber ins Grab legte, als daß ich unterschriebe, wenn es in meiner Macht stände, zu wählen zwischen meinem offenen Grab und der Unterzeichnung des Thronfolgeraktes."

Seither aber ändert der Kanzler seine Haltung gegen Karl Gustav. Wenn er schon Thronfolger ist, so soll ihn die Monarchin auch heiraten. Denn welche katastrophalen Folgen ergäben sich, wenn Christine auf einmal einen anderen Freier bevorzugte!

Dem alten Mann fällt ein Wort ein, das er einst seinem Sohn Johann, der auch im diplomatischen Dienst steht, schrieb: „Weißt Du nicht, mit wie wenig Verstand der Erdkreis regiert wird?"

Hier ist die Domkirche, in der Christine feierlich gekrönt wurde, weil sich für die Massen Uppsala als zu klein erwiesen hatte. Aber hatte man sich nicht damals abergläubisch zugeraunt: „Noch kein König behielt die Krone, dem sie nicht in Uppsala aufs Haupt gesetzt wurde?"

‚Noch bin ich da', denkt der Kanzler. ‚Soll sie kommen, die Brandung! An mir zerschellt sie.'

Und in solcher Siegesstimmung eilt der alte Staatsmann die Marmorstiege zur Königin empor und fühlt sich plötzlich so stark, daß er zwei Stufen auf einmal nimmt. Oben angelangt, blickt er so angriffslustig und drohend, daß ihn der eilfertige Sekretär sofort zur Königin einläßt.

Da steht er vor ihr, schnauft ein wenig, verbeugt sich knapp und will loslegen, was heißt loslegen — sie richtig verdonnern: der alte Lehrer die pflichtvergessene Elevin.

Doch sie lächelt, die königliche Schülerin lächelt fürwahr, reicht die Hand zum symbolischen Kuß dar und tut gar nicht erstaunt, ihn ungerufen auf einmal so hereinstürzen zu sehen.

„Mein lieber Kanzler", sagt sie vielmehr heiter, „ich habe eben an Sie gedacht. Ich habe etwas Wichtiges mit Ihnen zu besprechen, nur wollte ich Sie diesen Abend nicht mehr eigens herbemühen. Da führt Sie der Zufall selbst her."

Der Kanzler fühlt, wie die Erregung ihn übermannen will. ‚Zum Teufel', brüllt er sich innerlich an, ‚bin ich ein Schuljunge, daß ich vor ihr verlegen werde? Sie hat verlegen zu werden, nicht ich!'

Und er will loslegen, richtig energisch loslegen. Aber der sonst so harte Kanzler kann es auf einmal nicht. Statt dessen knurrt er mit merkwürdig belegter Stimme: „Ein schöner Abend heute."

„Ja, wirklich", sprudelt sie munter fort, „es wäre besser, im offenen Wagen eine kleine Ausfahrt entlang des Mälars zu machen, statt herinnen von Geschäften zu reden. Da uns aber der Zufall gerade um diese Stunde zusammengeführt hat, so sei es! Mein lieber Kanzler, wir müssen einen großartigen Empfang arrangieren. Es trifft in den nächsten Tagen in unserer Hauptstadt eine Persönlichkeit ein, die für unsere Politik eminent wichtig ist."

‚Eminent wichtig, soso,' denkt der Graf. ‚Du treibst Sachen, die unser ganzes Gebäude eines jahrzehntelangen staatsmännischen Bemühens zusammenbrechen lassen können, aber das dafür ist eminent wichtig.'

„Finden Sie nicht auch?" fährt sie fort.

„Gewiß, Majestät, gewiß", wirft er zerstreut ein und ärgert sich über sich selbst.

„Eben. Das denke ich auch. Ich spreche von dem neuen spanischen Gesandten, den König Philipp IV. an unseren Hof sendet. Es geht ihm der Ruf eines hochgebildeten Diplomaten voraus. Und im Augenblick ist für uns ein gutes Verhältnis zu Spanien und damit auch zum Kaiser in Wien sehr wichtig und würde eine Verbesserung unserer Position in Europa bedeuten. Sind Sie nicht auch der Meinung, Herr Kanzler?"

„Vollkommen, Majestät", pflichtet er bei und ärgert sich grün und blau über sich. ‚Bin ich deswegen so halsbrecherisch kutschiert, um ihr Echo abzugeben?'

Er wollte loslegen, aber jetzt legt sie los.

Daß es derzeit günstiger wäre, das schon Tradition gewordene Bündnis mit Frankreich nicht zu erneuern (ach, ihr lieber Freund Chanut ist nicht mehr hier, und Graf Magnus, der sich immer für Frankreich bei ihr verwendet hatte, steht in Ungnade). Wohl ist Mazarin an der Spitze eines deutschen Söldnerheeres aus dem Exil zurückgekehrt, aber er findet die Armee im Krieg mit Spanien vor. In Frankreich wütet nach wie vor der Bürgerkrieg, die Umtriebe der Fronde nehmen nicht ab. In Paris herrscht der Pöbel, und der 14jährige Ludwig XIV. irrt im Land umher, um der Gefangennahme durch den aufrührerischen Feldherrn Condé zu entgehen. Ist unter diesen Verhältnissen aber Frankreich ein Bundesgenosse? Außerdem ist der Nachfolger Chanuts, sein ehemaliger Legationssekretär Picques, ein Mann, den Christine nicht schätzt und der, darob verbittert, gehässige Berichte an seinen Hof verfaßt.

Wie anders dagegen wäre es mit Spanien! Noch immer erstreckt sich seine Herrschaft, abgesehen von den unermeßlichen amerikanischen Kolonien, über die südlichen Niederlande, das Herzogtum Mailand, die Königreiche Neapel und Sizilien. Außerdem steht es durch sein Herrscherhaus mit den österreichischen Erblanden in enger Verbindung und damit gleichzeitig mit dem Deutschen Reich sowie Polen, das durch die gemeinsame türkische Gefahr und durch Heirat mit dem Kaiser verbunden ist.

Durch ein Bündnis mit Spanien setzen wir Polen schachmatt. Und unser zweiter großer Gegner Dänemark ist isoliert und wird so ungefährlich.

‚Meisterhaft', denkt der alte Kanzler, ‚meisterhaft! Die Schülerin übertrifft den Lehrer. Ihr politischer Weitblick ist treffsicher. Sie verdient nicht umsonst die Bewunderung aller.' (Wird doch sogar der ewige Spötter Voltaire in seinem „Siècle de Louis XIV." schreiben: „Es gab damals in Europa nur ein gekröntes Haupt, das sich persönlichen Ruhms erfreute: Christine, die Königin von Schweden allein herrschte durch sich selbst und rettete die in anderen Staaten zerstörte oder unbekannte Ehre des Throns.")

‚Zum Teufel', hämmert es im Kanzler voll Wut, ‚sie hat recht, ich war immer den Franzosen abhold, aber bin ich deswegen schweißtriefend herkutschiert, um den Zuhörer einer staatspolitischen Vorlesung abzugeben? Zu dieser Stunde?‘

„Majestät“, hebt er mit einem tiefen Atemzug an, „ich habe eine fürchterliche Entdeckung gemacht.“

„Ach ja“, lächelt sie charmant und scheint seine fürchterliche Entdeckung nicht ernst zu nehmen, „Sie haben etwas auf dem Herzen, sonst kommen Sie nicht zu dieser Stunde. Aber wissen Sie, was für ein Tag heute ist?“

Ich kann nicht zu Wort kommen, denkt der Staatsmann grimmig. Übrigens, was für ein Tag ist heute wirklich?

„Heute ist“, klärt sie ihn freundlich auf, „der Tag der Konfirmation meines hochseligen Vaters.“

„Ach“, spricht er mit belegter Stimme, „Seine Majestät waren damals 16 und ich 27 Jahre. Ich hing am König wie an einem Bruder. Er war so edel und sah so schmuck aus. Alle Frauen waren verliebt in ihn.“

„Mein Vater mochte auch Sie sehr“, fährt Christine fort. „Sie sind ein richtiges Erbstück des Hauses Wasa.“

‚Ein Erbstück, ja, das kann man sagen. Und deshalb muß ich reden. Und zwar sofort!‘

„Majestät, ich habe eine fürchterliche Entdeckung gemacht! Majestät, ich muß Anklage erheben gegen eine höchst erlauchte Person.“

„Und wer ist diese Person?“

„Diese erlauchte Person ist Euer Majestät selbst.“

„Ich? Und wessen zeihen Sie mich?“

„Majestät führen Besprechungen mit einem papistischen Priester, der sogar die Frechheit hat, in dieses Schloß einzudringen.“

„Ach, Sie meinen wohl den neuen Dolmetscher des armen, sprachunkundigen Gesandten aus Portugal? Herr Kanzler, Ihre Späher hören scheinbar das Gras wachsen.“

Der Kanzler spielt in seiner Erregung so heftig mit den Fingern, daß sie laut krachen.

„Majestät, wenn dem so ist, gibt es in ganz Stockholm keinen anderen Mann, der für den Gesandten den Übersetzer abgeben könnte?“

„Möglich. Aber wenn einer sein Handwerk versteht, warum ihn durch einen anderen ersetzen?"

„Majestät! Das ist ein papistischer Priester!"

„Na und? Was interessiert mich der Privatberuf eines Dolmetschers?"

‚Sie verstellt sich', durchzuckt es den Kanzler. ‚Ich kenne sie gut. Sie ist mir vertraut wie eine Tochter. Aber jetzt verstellt sie sich.' – Und diese Tatsache erbittert den alten Herrn dermaßen, daß seine Erregung nur noch zunimmt.

„Majestät, wenn ein Dolmetscher papistischer Priester ist, dann verliert er in Schweden die Berechtigung, Dolmetscher zu sein! Ach, muß ich Euer Majestät heute nochmals eine Lektion erteilen wie in den Tagen der Kindheit?"

„Oh! Höre ich recht? Spricht zu mir mein Kanzler oder der Herr Erzbischof? Haben Sie am Ende die Absicht, in den geistlichen Stand überzutreten? Warum nicht? Der Bischof von Abo braucht in seinem Kampf gegen mich Helfer. Wenn der Herr Kanzler sein Dompropst werden will? Ich kann mich ja dafür verwenden."

„Majestät! O Majestät, erwachen Sie! Ich weiß, Sie sind viel zu großzügig und weitherzig, um nicht über Ihr engeres Vaterland hinauszusehen und ganz Europa in Ihr Wesen einzubeziehen. Ihr Thron steht zwar in Schweden, aber Sie schwingen in Ihrer Geistigkeit, die keine Staatsgrenzen und keine Religionsschranken kennt, das Zepter über ganz Europa. Wer weiß das nicht? Alle wissen es, die Gelehrten und Künstler aller Staaten entrichten Euer Majestät den schuldigen Tribut an Liebe und Verehrung. Aber Majestät, Ihr Thron steht in Schweden, und Schweden liegt zwar in Europa, aber es ist noch kein europäisches Land. Noch nicht! Majestät berufen zwar große Geister zu uns, die Bildung blüht auf, aber alles das wird erst Früchte tragen in späteren Generationen. Noch sind wir rauh wie unser Klima, ungeschliffen wie unsere Berge, eisig wie unser Mälar. Sie sind eine junge, schöne Königin, in Ihrem Blut ist durch Vererbung der Zauber des Südlichen, der Charme des Romanischen. Aber unsere Staatskirche hat dafür wenig Sinn. Unsere Kirche ist mehr schwedisch als lutherisch, und stände unser großer Martinus Luther noch einmal auf und wandelte nach Schweden, er müßte sich in Wort und Schrift sehr bemühen, erst einmal schwedisch zu werden!"

„Sie geißeln selbst die Zustände, die unhaltbar sind. Man muß sie ändern."

„Gott bewahre, Majestät, daß meine Worte solches ausdrükken wollten! Geißeln kann man die Zustände, aber noch nicht ändern. Noch nicht! Europa kämpft schon bald zwei Jahrhunderte, um das Mittelalter zu überwinden, und hat es immer noch nicht ganz erreicht. Bei uns wird es länger dauern, wir liegen abseits der Welt, und alles Neue findet bei uns doppelt schwer Eingang. Majestät, ich bitte Sie, ich flehe Sie an, entlassen Sie sofort diesen papistischen Popen, schicken Sie ihn zurück in sein Land! Und falls Sie künftig Lust zu theologischen Disputationen haben sollten, rufen Sie Ihren teuren Bischof von Strengnäs. Reverendissimus liebt ihn zwar nicht, aber was braucht das Sie zu bekümmern?"

„Sie fürchten also um mein Seelenheil? Daß mein Gewissen mich nötigen könnte, eine andere Religion zu erwählen? Und Herr Kanzler, wenn dem wirklich so wäre, was dann? Nun, was dann?"

Dem alten Herrn treten Schweißperlen auf die Stirn. Die Adern über den Schläfen springen hervor, als wollten sie auf der Stelle platzen. Und erst die Augen! Diese schreckhaft geweiteten Augen, welche die Königin anstarren, als spränge der Tod sie an!

„Majestät, habe ich recht gehört, Sie gut verstanden? Sie wollen, Sie haben die Absicht...?"

„Lieber Freund, nichts will ich. Wir unterhalten uns doch harmlos, nicht? Ich spiele nur mit Worten und meine, es kann doch sein, daß das Gewissen einem Menschen vorschreibt, sich für eine andere Überzeugung zu entscheiden als für jene, die man ihm aufzwingen will?"

„Haben die Papisten etwa einen anderen Christus, einen besseren? Sind die Augen des papistischen Christus gütiger? Seine Rede wahrer als die des evangelischen Herrn? Madame rühmen sich doch Ihrer Vorfahren, die auf die deutschen Könige

Albrecht I. und II. zurückgehen sowie auf die Herzöge von Sachsen! Wollen Sie vielleicht wie Ihr Ahnherr Heinrich IV. nach Canossa gehen und ganz Schweden zum Zeugen eines Kniefalls vor dem römischen Pontifex machen?"

„Ich lasse mir nichts aufzwingen. Frei bin ich geboren und frei will ich entscheiden, was ich glauben will. Auch fließt in meinen Adern nicht nur das Ungestüm der Fürsten von Kiew sowie der polnischen Jagellonenkönige, sondern auch das italienische Blut der Este und des Hauses Savoyen. Vielleicht lockt mich der Süden?"

„Der portugiesische Priester ist Jesuit. Majestät werden sich doch nicht von ihm behexen lassen?"

„Mir ist einerlei, woher einer kommt. Wenn seine Denkmodelle zutreffend sind . . ."

„Das sieht mir ganz nach einer Verschwörung der Jesuiten aus. An alle papistischen Königshöfe haben sie ihre Berater und Beichtiger eingeschleust, und jetzt greifen deren Hände besitzheischend nach Ihrer Seele, Madame."

„Das ist eine Utopie, Kanzler!"

„Ist nicht für jene Herren Religion gleich Machtpolitik und Machtausübung identisch mit Religion? Alles zur größeren Ehre Gottes, verkünden die Konstitutionen dieser Patres, und sie wollen jetzt zur größeren Ehre Gottes den Norden Europas unter die Tiara, unter das Zepter des Papstes bringen. Hat Martin Luther vergeblich unsere Augen geöffnet für ein entschlacktes Christentum, wiedergeboren aus den Evangelien, um es nunmehr leichtfertig aufs Spiel zu setzen für südländischen Jesuitensermon, für papistische Priestersuada?"

„Ich lehne aus tiefster Seele Gewissensterror ab. Und ich vertrete keine Tyrannei. Mein seliger Vater war kein Tyrann, und ich will auch keiner sein."

„Majestät, wir müssen diesen Papisten heimschicken", beharrt Oxenstierna.

„Nun, gesetzt den Fall, eine Person in Schweden will dem Gewissensterror entfliehen: das kann passieren, das kann sogar einem König zustoßen."

„Nicht in Schweden!"

„Und wenn es dennoch geschieht?"

„Das Beispiel des verbannten Laurens Skytte hält alle davon ab."

„Und wenn es dennoch geschieht, trotz Verbannung und Vermögensentzug?"

„Majestät, bei einem König macht man das anders. Pardon, ich meine nichts Konkretes, man spielt ja nur mit Worten. Jedoch, wenn jenes Gewisse in Schweden einem König zustieße, könnte ich mir vorstellen, daß die allgemeine Empörung hierüber, die von der Geistlichkeit gelenkte öffentliche Meinung, die Liebe zum Monarchen austilgten und eine Verfahrensweise anwenden ließe wie bei jenem ersten Karl von England."

„Dazu braucht dieses aufgestachelte Volk einen Cromwell, Herr Kanzler."

„Majestät, in Schweden gibt es noch andere Wege als in England. Darf ich in die Vergangenheit wandern? Der Großonkel Eurer Majestät, König Erich, wurde, als er unbequem ward, für wahnsinnig erklärt. Das galt zu jener Zeit als ein taugliches Mittel, sich eines rebellischen Königs zu entledigen und ihm hierbei keine Märtyrerkrone aufzusetzen. In diesem Reich hat man für unbotmäßige Könige ein verschwiegenes Schloß, von viel Wasser umgeben, Schloß Gripsholm heißt es und ist für den Aufenthalt eines Wahnsinnigen sehr geeignet. König Erich verbrachte dort acht Jahre, bis seine Richter es für gut befanden, ihn zum Wohl des Staates zu erdrosseln. Doch das ist nichts für die Ohren einer bezaubernden Königin. Ich bitte um Vergebung, daß ich auf das Spiel eingegangen bin. Man sollte mit Worten wirklich nicht tändeln."

„Herr Kanzler, ich danke für die Lektion aus der blutigen Geschichte Schwedens. Die Audienz ist beendet."

Der alte Herr verneigt sich stumm und geht den ach so weiten Weg zur Tür. Er ist ihm noch nie so lang erschienen wie heute.

Die Königin ist allein. Sie grübelt und überlegt, lange, die halbe Nacht. Dann setzt sie sich hin und schreibt Pater Mazedo.

Sie bittet ihn, sofort abzureisen, sich in ihrem Auftrag nach Rom zu begeben, Stillschweigen zu bewahren und nicht mehr nach Schweden zurückzukehren. Sie gibt ihm folgenden, in französischer Sprache geschriebenen Brief an seinen Ordensoberen, den Jesuitengeneral Piccolomini, mit:

„Die Meinung, die ich mit Recht für den berühmten Orden hege, zu dessen segensreicher Leitung Sie berufen sind, erweckte bereits vor mehreren Jahren in mir den Wunsch, mit Ihnen in Verbindung zu treten und Ihnen meine Ergebenheit zu bezeugen. Da ich nun so glücklich war, eine für meine Absichten so günstige Gelegenheit zu finden, wie es meine Bekanntschaft mit Pater Mazedo ist, wäre es eine unerträgliche Belastung für mich, wollte ich länger zögern, Sie kennenzulernen. Wollen Sie daher, mein Vater, gütig anhören, was Pater Mazedo Ihnen in meinem Auftrag mitteilt, und volles Vertrauen in ihn setzen . . . Ich bitte Sie inständig, mich so bald wie möglich wissen zu lassen, was ich von Ihnen erhoffen darf; und ob Sie die Vorschläge billigen, die Pater Mazedo Ihnen in meinem Namen unterbreiten wird . . ."

Johannes Holm, der Kammerdiener der Königin, der bereits ihrem Vater gedient hat und ihr vollstes Vertrauen genießt, übermittelt die beiden Schreiben persönlich dem Pater. Unverzüglich reist dieser nach Rom ab und kehrt nie mehr nach Stockholm zurück. Seine Mission ist beendet.

Die Königin bleibt allein zurück. Allein? Aber es kommt doch gerade jetzt jene bedeutende Persönlichkeit, von König Philipp IV. just hergesandt.

Da ist er auch schon, der seltsame Mann!

XIV

Der Spanier erscheint

„Alles Furchtbare und Verhängnisvolle tritt uns vor Augen, wenn wir im Begriff sind, ein großes Vorhaben auszuführen."
Königin Christine, Pensées

Und da steht er vor ihrem silbernen Thron. Das also ist der berühmte Musenhof von Stockholm! Der riesige Thronsaal ist gesteckt voll mit vornehmen Damen und Herren; Uniformen, prachtvolle Roben, buntgestickte Livreen beherrschen das Bild. Die kostbaren Wandgobelins werden angestrahlt von Tausenden Lichtern der schweren Kandelaber und Lüster. Rechts unterhalb des Throns steht der Prinz in der Uniform des Generalissimus, zur Linken drohend die wuchtige Gestalt des Kanzlers, ihm zur Seite der Reichsdrost, der Reichsschatzmeister, der Admiral und einige Bischöfe (Reverendissimus ist nicht erschienen. Ist doch der Angekommene ein Papist!).

Und da ist sie selbst! Die berühmte Königin, von deren Bildung und Weisheit man in den Salons von Madrid schwärmt, deren Charme und Intelligenz bis in den entferntesten Winkel Flanderns bekannt ist, deren Mut und Tollkühnheit bis zu den Farmern in den überseeischen Kolonien gedrungen ist.

Da ist sie selbst! Die anmutige Amazone, in deren Adern sogar das ‚kostbare' Blut der spanischen Könige fließt, deren Hand König Philipp selbst fürs Leben gern errungen hätte. Da ist sie selbst, die äußeren Ruhm so gering achtet, daß sie es lächelnd ausschlägt, Gemahlin der mächtigsten Könige des Jahrhunderts zu werden, zu deren Füßen die erlauchtesten Freier der Welt liegen; die keinen erhört, sondern als Vestalin eines genußfreudigen Jahrhunderts sich allem versagt und einen simplen Pfalzgrafen zum Nachfolger durchdrückt! O geheimnisumwittertes Mädchen, o Rätsel deiner Zeit!

Man wagt kaum hinzusehen. Da ist sie selbst, von der berichtet wird, daß sie wenig Wert auf Äußerlichkeiten und Toilette lege. Man hat daher wenig Staat gemacht, ein schwarzes Wams angelegt ohne jeglichen Ordens- oder Kettenschmuck, ist nur von kleinem, unauffälligem Gefolge begleitet. Damit man aber im äußeren Auftreten die Macht Seiner Majestät, des Königs von Spanien, nicht schmälere, fuhr man mit kostbaren Kutschen, reichgezäumten Pferden, zahlreichem Trabantenzug vor. Aber selbst tritt man einfach auf. Doch sie, diese unergründliche nordische Sphinx, hat sich heute herausgeputzt! In eine blaßgrüne Samtrobe gehüllt, ein funkelndes Diadem im blonden Haar, ein kostbares Smaragdkollier um den weißen Hals, wirkt sie heute königlicher, als man sie sich vorgestellt hat. Dazu ist der Glanz ihrer strahlenden blauen Augen derart faszinierend, daß man geblendet zu Boden sehen muß.

Also, das ist er, denkt die Königin, beobachtet den neuen Gesandten gründlich und vergleicht innerlich das Bild, das sie sich aus Berichten über ihn gemacht, mit dem Original, das vor ihr steht. Er ist 48 Jahre alt, ja, so sieht er auch aus, eher älter. Das einstens schwarze Haar ist vorzeitig ergraut. Die mittelgroße, ehemals schlanke Gestalt ist schon ein wenig vorgeneigt, ist auch voller geworden. Er hat bereits etliches hinter sich gebracht. Aus edelstem spanischen Geblüt, hat er seit frühester Jugend Kriegsdienste geleistet, war Kommandeur in Flandern, Gouverneur in Nieuport. Er ist hochgebildet, spricht etliche Sprachen, ist ernst, gelassen und verbindet die Tugenden des Soldaten mit denen des Hofmannes. Er ist katholisch und, wie berichtet wird, tief fromm.

Nun tritt Stille ein. Tiefe Stille. Die Begrüßungszeremonien sind beendet, und der ganze Hof, alle Anwesenden warten gespannt, daß nun der neue spanische Gesandte, Don Antonio Pimentel de Prada, einige Worte spricht.

Aber was ist? Der Spanier rührt sich nicht. Er blickt zu Boden und rührt sich nicht. Ist ihm nicht wohl? Hat den Herrn eine Schwäche befallen? Oder sonst etwas? Ist er so schüchtern und aufgeregt, daß dem alten Krieger der Boden unter den Füßen zittert? Er wird doch nicht aus Verlegenheit vor der jungfräulichen Königin stumm geworden sein?

Man beginnt zu tuscheln. Das Gefolge um den Spanier wird unruhig. Der Kanzler macht eine fahrige Bewegung und scheint dem Gesandten ein Zeichen geben zu wollen. Die Königin hebt ihr Haupt und blickt fragend über den Saal.

Da endlich! Eine Bewegung geht durch den Körper des Spaniers, er gibt sich gleichsam einen Ruck, sein Gesicht erwacht und nimmt die Bilder der Gegenwart wieder wahr. Er nähert sich mit kleinen, langsamen Schritten dem Thron, zaghaft und behutsam, wie es scheint. Dort angelangt, blickt er die Königin lange an, man kann fast sagen, er starrt sie an. Aber plötzlich, ohne etwas anderes als einen tiefen Atemzug, macht er eine ehrfurchtsvolle Verbeugung und zieht sich zurück.

Wahrlich! Er zieht sich zurück! Ohne ein Wort zu sagen! Das war noch nie da.

Was bleibt seinem Gefolge übrig, als ebenfalls abzutreten? Unerhört! Welch ein Affront! Welch ein diplomatischer Skandal! Welch ein Benehmen!

Den ganzen Tag spricht man bei Hofe über nichts anderes, trägt man in Stockholm von Haus zu Haus keine andere Nachricht, arbeitet man fieberhaft in den Gesandtschaftshotels über keinen anderen Berichten als: der neue spanische Gesandte ist stumm!

Die spanische Gesandtschaftskanzlei aber schweigt. Der königlich-schwedische Staatssekretär läßt mehrmals am Tag anfragen, aber man schweigt.

Andern Morgens bittet der neue Gesandte abermals um Audienz. Nun hält er vor der Königin eine wohlstudierte und schmeichelhafte Rede, spricht von der Bewunderung des Königs für sie, lobt ihr Einverständnis mit dem Haus Österreich und überbringt die artigsten Komplimente von der Infantin und dem Erzherzog.

Als die Königin ihn hierauf fragt, warum er sich gestern so seltsam benommen und stumm zurückgezogen habe, erwidert er, der Anblick Ihrer Majestät habe ihn so sehr ergriffen, daß er geraumer Zeit bedurfte, Mut zu fassen, um wieder vor ihr zu erscheinen.

Solche Künste, Listen oder Tatsächlichkeiten (ist es wirklich echt?) tragen doch wahrhaft dazu bei, ihm Christines Sympathie zu erwerben (sie ist eben doch auch eine Frau!). Natürlich versucht er in den folgenden Wochen, sie ganz auf die Seite Spaniens und des Hauses Österreich zu bringen (was ihm bei der diplomatischen Christine nicht gelingt); er bietet Dünkirchen als Stapelplatz für die schwedischen Produkte an, was ihm sofort das Wohlwollen des Kanzlers einbringt. Er betont die Vorzüge des spanischen Salzes gegenüber dem portugiesischen und macht als Probe der Königin 300 Last Salz zum Geschenk. Doch sie hat Charakter und arbeitet weiterhin mit der portugiesischen Handelskompanie zusammen.

Pimentel schlägt der Königin vor, von Holland freie Schiffahrt auf der Schelde zu begehren, und bietet ihr ein Bündnis Spanien-Schweden-England gegen Holland an, was die Gunst des Kaisers und große Vorteile für den Seehandel mit sich bringe.

Christine bindet sich nicht. Sie überhäuft den Spanier mit Artigkeiten, macht ihm eine Kutsche mit Pferden zum Geschenk, verleiht ihm den Amarantenorden, was ihm das Recht gibt, jeden Samstag bei ihr in Jakobsdahl zu speisen, wofür er ihr Treue und persönliche Unterstützung verspricht.

Braucht sie aber persönlichen Schutz?

Hilfe gegen wen?

Seit dem letzten Gespräch mit dem Kanzler ist der Königin bewußt geworden, welch gefährliche Zukunft sich ihr eröffnen würde, wenn sie jenen Weg der Gewissensfreiheit und Selbstentscheidung weiterginge.

Sie erkennt erschreckend, daß sie für den Fall dieses furchtbaren Kampfes allein dasteht, verlassen von ihrem Kanzler, ohne Unterstützung des Reichsrates, im Stich gelassen von den Ständen.

Es erscheint aber für eine 26jährige junge Frau, wenn sie noch so energisch ist, fast aussichtslos, einen Kampf gegen ein ganzes Reich zu führen, wenn sie allein ist, ohne Freund und Ratgeber.

Der Prinz war ihr immer ein Bruder. Er liebt sie. Liebt er aber nur Christine oder liebt er mehr die Königin in ihr, deren Herz man erobert und damit einen Thron gewinnt? Ist es nicht frevelhaft, solche Zweifel aufkommen zu lassen? Aber wie kann man diese untersten seelischen Tiefen erspähen, in die kein Weg hinabführt?

XV

Fieberträume

„Europa ist nicht christlich! Es betet den Mammon an."
Mahatma Gandhi

Es verrinnt die Zeit. Der Prinz fühlt sich nicht wohl auf dem höfischen Parkett, auf dem man ihn von allen Staatsgeschäften ausschließt. Man will nicht nach Öland zurückkehren, weil man immer noch auf eine baldige Verlobung hofft. Ach, er ahnt ja nicht, was gegenwärtig in ihrer Seele vorgeht, wie ihr Herz mehr nach Wahrheit als nach Liebe hungert. Wie sollte das auch ein so unkomplizierter junger Mann verstehen, der mehr Soldat als alles andere ist?

Also geht er auf die Jagd, die derzeit sein einziges Betätigungsfeld ist. Man jagt mit Leidenschaft, man jagt tagelang ununterbrochen, man braucht diese Art körperlicher Kraftanstrengung, weil der schon gedrungene Leib solchen Energieverbrauch geradezu gebieterisch fordert. Wenn er sich physisch hart verausgabt, fühlt sich dieser Körper am wohlsten.

Da kommt die Nachricht von der plötzlichen Erkrankung des Prinzen. Die Königin bricht sofort auf und reist nach Schloß Stegeborg, den kranken Karl Gustav zu besuchen. Am frühen Nachmittag trifft sie dort ein. Sein jüngerer Bruder, Graf Adolf Johann, empfängt sie an der Freitreppe.

„Wie geht es dem Prinzen?" ist ihre erste Frage.

Sie erfährt, daß er sich auf der Jagd durch sumpfiges Gelände eine schwere Erkältung zugezogen habe. Der Arzt verordnete strenge Bettruhe, aber der hohe Patient hält sich nicht daran. Tagsüber gehe es ihm leidlich, aber abends steige dann das Fieber jedesmal beträchtlich an.

Christine eilt sofort zu ihm.

Er sitzt im ersten Stock in seinem Zimmer, unmittelbar hinter der geschlossenen Balkontür, fröstelnd in warmen Pelz gehüllt.

Sie begrüßen einander herzlich. Er will sie küssen, sie weicht ihm geschickt aus.

Er will sofort von seiner Liebe reden und wann endlich die Verlobung stattfinden solle, doch sie lenkt ab. Sie berichtet, daß die Geschäfte gegenwärtig dringlicher denn je seien. Der Herrscher sei eben in erster Linie Politiker, sein Privatleben müsse allem untergeordnet werden.

Der Prinz sieht nicht krank aus, ein wenig blasser vielleicht als sonst, aber nicht richtig krank. Nur der unruhige Glanz der Augen verrät, daß in diesem Körper eine kleine Revolution vor sich geht.

Seine Hand ist warm, aber nicht heiß, und trocken.

So meint Christine, ihn nicht allzu schonungsvoll behandeln zu müssen, und erzählt ihm Neuigkeiten aus Stockholm, kleine Begebenheiten bei Hofe.

Er unterbricht sie jäh.

„Stinchen", mahnt er zärtlich, „ich habe eine Bitte, eine große Bitte. Versprich, daß du sie mir erfüllst."

Sie ist klug. Vielleicht, weil sie in diesem Augenblick mehr Königin als Christine ist. Sie gibt kein Blankoversprechen für den unausgefüllten Wechsel seiner zu allgemeinen Bitte.

Sie verspricht also nichts, und obwohl sie sich nicht bindet, eröffnet er ihr doch seine Bitte.

„Stinchen", lockt er weiter, „das Leben eines Landjunkers auf Öland befriedigt mich nicht auf die Dauer. Gib mir bitte endlich eine richtige Beschäftigung! Ich möchte arbeiten, hart arbeiten, sonst werde ich noch trübsinnig."

„Die Zeit wird kommen, gedulde dich!"

„So sagst du immer. Aber ich bin noch zu jung, um zu feiern. Ich bin jung und fühle Tatendrang in mir. Darum jage ich unruhig und tagelang, bis ich vor Erschöpfung umfalle, weil ich nichts habe, das mich richtig ausfüllt. Stinchen, gib mir einen ordentlichen Wirkungsbereich, der zu mir paßt!"

„Wie das? Ein Wirkungsbereich für einen Thronfolger? Was sollte das sein?"

„Ernenne mich zum Statthalter der deutschen Provinzen!"

Christine schließt die Augen. Statthalter der deutschen Provinzen? Darf sie sich die Hände binden lassen? Der Erzbischof konferiert oft mit dem Thronfolger, zu oft, findet sie. Soll sie indirekt die Position ihrer Gegenspieler stärken, indem sie den Thronfolger mit solcher Machtfülle ausstattet, die ihr eines Tages gefährlich werden könnte?

Sie öffnet wieder die Augen. Sie sieht ihn an. In dieser Sekunde ist er für sie nicht der brüderliche Vetter, dem sie sich einst in Liebe versprochen, nicht der Gefährte ihrer Jugend, sondern ein Mann, der von ihr Macht fordert. Es wäre immerhin möglich, denkt sie, daß er mehr die Macht liebt als sie. Sie ist klug und sie kann hart sein.

„Statthalter der Provinzen?" erwidert sie. „Nein. Der Herrscher bin ich. Die Untertanen dürfen ihre Zuneigung zum Monarchen nicht teilen, und darüber muß der König eifersüchtig wachen wie der Mann über die Ehre seiner Frau."

Der Prinz senkt das Haupt. Wieder nichts! Und wieder nichts! Zum Teufel! Auch in den eigenen Adern rollt das königliche Blut der Wasa, war doch die Mutter eine Tochter Karls IX.

Aber man ist zäh. Wenn es sein muß, kann man auch warten. Aber wird eines abgeschlagen, wird vielleicht ein anderes bewilligt.

„Stinchen", hebt er von neuem an, „der Lord-Protektor und das Parlament haben mir den Hosenbandorden verliehen. Du gestattest doch, daß ich ihn annehme?"

‚Den Hosenbandorden', überlegt sie. ‚Der nur an regierende Häupter verliehen wird? Betrachtet ihn England schon als König? Will man ihn heute schon kaufen und ihm die Hände binden für künftige Entscheidungen? Die Herren mögen sich in Geduld fassen! Noch bin ich da. Und noch entscheide ich. Andere Könige dulden solches auch nicht.'

„Es tut mir leid, Karl Gustav", sagt sie ernster, als sie will, „ich kann die Erlaubnis nicht erteilen."

„Aber, Stinchen! So eine Kleinigkeit! Das ist doch völlig harmlos. Sieh, der Orden würde so gut zu meiner Uniform passen. Auch finde ich, es ist eine Ehre für Schweden, daß sein Thronfolger von England königlich behandelt wird."

„Aber ich will nicht“, unterbricht sie ihn. „Ich will meine Schafe nicht von fremder Hand zeichnen lassen.“

Karl Gustav macht eine saure Miene. Also, ich bin ihr Schaf!

Es kommt an diesem Nachmittag zwischen den beiden keine richtige Unterhaltung mehr zustande. Christine zieht sich bald zurück. Abends betritt Graf Adolf Johann aufgeregt ihr Gemach.

Der Prinz! Der Prinz! Das Fieber sei wieder da und steige heute höher an als sonst. Der Prinz liege bereits im Delirium und phantasiere.

Christine eilt sofort an sein Lager.

Wie anders ist jetzt sein Anblick, als er nachmittags gewesen! Die Wangen hektisch gerötet, die Augen schmerzhaft geschlossen, die Hände fahrig über die Decke geisternd, der Mund aufgerissen; der Atem geht keuchend in wilden Stößen. Die große Krisis dieser Krankheit ist da! Die Stirn verdeckt halb eine kühle Kompresse, die man dem Patienten eben aufgelegt hat. Christine ergreift seine Hand.

Jetzt tut es ihr unendlich leid, daß sie nachmittags so hart zu ihm gewesen. Gewiß hat er sich darüber so aufgeregt, daß nun die Krankheit heftig zum Durchbruch kommt.

Sie ergreift seine nasse Hand und spricht gütig auf ihn ein. Doch er phantasiert, und ihre Stimme dringt nicht zu ihm. Er wirft sich auf seinem Lager wild umher, er streckt die Hände von sich und scheint erregende Dinge zu sehen. Kann man ihn verstehen? Jetzt formen sich seine Laute zu erkennbaren Worten.

„Die Krone“, stößt er hervor, „die Krone dort! Seht ihr sie nicht? Wie sie gleißt und glitzert! Weg! Hände weg! Wer ist der Unverschämte, der sie davontragen will? Weg, sage ich! Bindet ihn! Wo ist mein Schwert? Meinen Küraß her! Ich muß ihm den Schädel einschlagen. Ich muß ihn mit diesen Händen erwürgen.“

Christine versucht, ihn zu besänftigen.

„Karl Gustav, niemand ist hier, der dir etwas zuleide tun will. Beruhige dich doch, lieber Freund!“

Doch der Kranke hört sie nicht. Das Fieber rast in ihm und erzeugt erneut seine Hirngespinste.

„Dort steht einer in der Nische“, keucht der Fiebernde weiter, „dort, dort! Haltet ihn! Er greift nach mir, springt mich an. Fort, sage ich, fort! Du entreißt mir die Krone nicht, du nicht! Mir gehört sie, die Krone, mir allein und sonst niemand! Sagt doch, daß mir die Krone niemand nehmen kann! So sagt es doch!“

Der Kranke bäumt sich hoch, daß sein Kammerdiener Mühe hat, ihn im Bett zu halten.

„Niemand nimmt dir etwas“, beruhigt ihn Christine, „wir sind doch alle bei dir.“

Aber der Kranke läßt in seinen Delirien nicht locker.

„Ich bin der König“, schreit er, „wer mich tötet, der tötet den König.“

Christine beugt sich an sein Ohr und flüstert ihm zu: „Karl Gustav! Hörst du mich nicht? Ich bin es, ich, Christine, dein Stinchen!“

Aber er hört sie nicht; für ihn ist sie nicht da, ist sie nicht vorhanden. Nur ein einziges geistert in seiner Phantasie, nur ein einziges lebt in seinem fiebernden Hirn:

„Wo ist der Reif“, stößt er hervor, „wo ist er? Seht ihr, wie er funkelt und strahlt? Oh, nichts ist so herrlich wie er. Die Krone her, die Krone, die Krone!“

Da fällt ein Schwindel die Königin an, und sie verläßt das Krankenlager.

Sie hat keine gute Nacht. Der Kranke findet keine Ruhe. Auf Schloß Stegeborg gibt es diese Nacht keine Nacht. Andern Morgens betritt Christine wieder das Krankenlager.

Der Prinz scheint genesen zu sein. Seine robuste Natur hat das schwere Fieber bezwungen, und das Fieber die Krankheit. Er liegt wohl noch. Aber er ist wieder wie sonst.

Seine Augen wurzeln tiefer in den Höhlen, aber sie blicken wieder klar. Der trügerische Glanz ist von ihnen gewichen. Der Patient hat die Krise überraschend schnell überwunden.

Christine nimmt Abschied. Die Geschäfte in Stockholm dulden keinen längeren Urlaub.

„Stinchen, du weißt, daß ich dich liebe. Dich, nur dich.“

Sie blickt gedankenverloren geradeaus, ins Leere. ‚Liebst du wirklich mich‘, denkt sie. ‚Nur mich?‘

„Stinchen“, lockt er weiter, „was für schöne weiße Hände du hast! Ich liebe diese Hände.“

‚Wirklich?‘ grübelt sie weiter. ‚Vielleicht liebst du deswegen diese Hände, weil sie ein Zepter tragen?‘

Er lehnt seinen Kopf an ihre Schultern, die sich zu seinem Lager herabbeugen.

„Stinchen“, flüster er, „ich liebe dein süßes Gesicht, dein seidiges Haar.“

‚Vielleicht liebst du es deswegen‘, bohrt es in ihr, ‚weil es eine Krone trägt.‘

Sie erwidert nichts. Ihre Lippen schweigen. Sie lächelt ihm zu und schreitet lächelnd aus dem Krankenzimmer. Unverzüglich bricht sie auf nach Stockholm. Während der ganzen Fahrt aber singen zwei Sätze in ihrem Gehirn, bluten unentwegt zwei Fragen in ihrem Herzen: ‚Liebt er mich? Liebe ich ihn?‘

XVI

Stunde am Kamin

„Jedermann sucht nach Wahrheit; aber allein Gott weiß, wer sie gefunden hat.“

Philip Chesterfield

Der Alltag mit seiner Dringlichkeit und seinen Forderungen hüllt Christine wieder ein. Sie verbohrt sich geradezu in die Geschäfte, um sich von irgend etwas abzulenken. Sie arbeitet unermüdlich wie der angestrengteste Bauer in Finnland. In diesen Monaten gönnt sie sich nur vier Stunden täglichen Schlaf. Sie konferiert mit allen Gesandten persönlich, kein Akt kommt ungelesen aus ihren Kanzleien, jeder Untertan, auch der ärmste Landmann Livlands, der sie sprechen will, muß bei ihr vorgelassen werden. Ihre Audienzen nehmen kein Ende, ihre Korrespondenz schwillt ins Ungeheure an. Alle Briefe verfaßt sie selbst, sie beschäftigt gleichzeitig mehrere Sekretäre mit derartigen Arbeitspensen, daß sie nicht nachkommen. Sie kümmert sich um alles, und ihr entgeht nichts. Aber der Körper rächt sich für diesen Raubbau an seiner Gesundheit. Ein schleichendes Fieber befällt sie.

Aber es bricht nicht wie bei Karl Gustav mit Macht hervor, springt sie an wie eine gewaltige Sturzflut, um nach kurzer Zeit in sich selbst zusammenzubrechen. Nein! Dreißig Tage lang packt und schüttelt sie dieses geheimnisvolle Fieber, und dreißig Tage lang hält sie ihm stand mit einer Ausdauer, die den Helden in der Schlacht auszeichnet. Am Ende einer Tagung, die sich langwierig hinzieht, bricht sie ohnmächtig zusammen. Sie ist stundenlang bewußtlos. Aber sobald sie wieder bei sich ist, duldet sie keine Maßnahme einer Schonung. Sofort nimmt sie wieder die ungeheure Arbeitslast auf sich.

Aber die Zeit der Gelehrten findet eine Unterbrechung. Waren es bisher die Klassiker der Antike, denen sie ihre Freizeit opferte, widmet sie sich jetzt dem Studium der Kirchenväter.

Vorüber für lange Zeit sind die Tage, da Seneca, Sallust, Caesar und Livius ihre Mußelektüre waren, da sie im Tacitus täglich zu lesen pflegte, den sie ein Schachspiel des Geistes nennt. Wieviel verdankt ihr Schweden aus dieser Zeit der Gelehrten! Berief sie doch den Mediziner Conring nach Uppsala, den Historiker Scheffer, die Philologen Loccenius und Vossius. Ihr verdankt die Welt einen neuen Wissenschaftszweig, die Völkerrechtslehre des Hugo Grotius.

Der bekannte Gabriel Naudé versichert in einem Brief seinem berühmten Freund Gassendi, in den Unterredungen mit den Gelehrten behaupte die Königin ihren Platz besser als einer von ihnen. Pascal sandte ihr seine neu erfundene Rechenmaschine. Gassendi schrieb, sie habe Platos Wunsch, daß entweder die Philosophen Könige oder die Könige Philosophen sein möchten, vollkommen erfüllt, da sie beides in sich vereinige. Wie viele Dichter verfaßten Werke für sie und über sie! Gronov, Menage, Scarron, Desmarets, Garisolles, Scudery, Ferrarius, um nur einige von ihnen zu nennen. Der portugiesische Rabbiner Menasseh widmete ihr seinen „Conciliador", ein berühmtes Werk, das die in der Heiligen Schrift sich scheinbar widersprechenden Stellen zu vereinigen sucht. Sogar der Primas von Irland, Jakob Usser, schickte ihr seine Chronologie zu, die sie eifrigst studierte. Sie war selbst bei den anatomischen Sektionen des bekannten Rudbeck anwesend, so daß sich dieser zum Zeugnis für seine Entdeckungen auf sie berief.

Ihre Bibliothek wird berühmt in der ganzen Welt. Sie umfaßt allein 700 hebräische Handschriften, studiert doch Christine selbst eifrig das Hebräische für das Studium des Alten Testaments.

Über den Himmel Schwedens ziehen drohende Wolken. Bischof Terserus von Abo, den die Königin vor Jahren wegen seiner Gelehrsamkeit sehr auszeichnete, den sie beauftragte, das Alte Testament für sie ins Lateinische zu übertragen, läßt sich in eine Verschwörung ein und wird zum Hochverräter an Christine. Doch der Bischof muß ungeschoren bleiben. Reverendissimus suspendiert ihn nicht seines Amtes und hält seine schützende Hand drohend über ihn.

Christines Seelenzustand ist in dieser Zeit gespalten.

Unwillkürlich muß sie ihre zwei getreuen Paladine vergleichen: den Franzosen Chanut, der nur noch im Briefwechsel geistig vor sie hintreten kann, und den anwesenden Spanier.

Des Franzosen hat sich die Vorsehung bedient, wird Christine später berichten, um ihr „die ersten Lichtstrahlen der katholischen Kirche" zu übermitteln. Als sie aber Verlangen zeigte, Näheres über den alten Glauben zu erfahren, da glich er einem Mann, der zuerst ein Kind durch ein Schlüsselloch in ein geheimnisvolles Zimmer sehen läßt, es aber hernach am Eintreten hindert. Für den erzkatholischen Politiker war eine protestantische Verbündete wichtiger als eine zur Abdankung genötigte katholische Exkönigin.

Ob sich der Spanier an seiner Stelle ebenso verhielte? Beide sind ihr vertraute Freunde geworden, beide so an die Fünfzig, beide Gatte und Vater. Beide sind einander ähnlich: tief fromm, hochgebildet, unbestechlich, charakterfest, beide ernst und doch charmant.

Ob sie auch in diesem einen Punkt einander ähnlich sind? Sie brennt darauf, auch diese Erfahrung einzusammeln. Der Zufall — oder ist es mehr? — hilft ihr dabei.

Der Spanier ist bei ihr wie so oft — wohnt er doch mit seiner Familie im selben Schloß mit ihr, nur eine Stiege weit von Christine entfernt. — Man bespricht die neueste Politik des Kaisers. Die Königin möchte Anekdoten hören, und der Gesandte schildert ihr Begebenheiten an den Höfen zu Madrid und Brüssel.

Vielleicht ist es der Umstand, daß er der Frömmigkeit des residierenden Brüsseler Erzherzogs Erwähnung getan, vielleicht ist es eine flüchtige Bemerkung über die Infantin, was Christine veranlaßt, Pimentel zu fragen:

„Mein lieber Graf de Prada, Sie hängen an Ihrem Glauben?"

„Mit ganzem Herzen, Majestät."

„Ja? Vielleicht auch deshalb, weil es der Glaube Ihres Königs ist? Es gehört in Ihren Staaten zur Reputation, katholisch zu sein?"

„Vielleicht denkt man in Schweden so, in Spanien ist das anders. Seine Majestät sind nicht katholisch, weil es die Vorfahren waren. Seine Majestät sind es aus innerster Überzeugung heraus. Der König und seine Familie besuchen täglich die heilige Messe, bei der Hoftafel wird vor Beginn des Mahles gebetet, kein Tag wird beschlossen ohne nochmaligen Besuch des Herrn in der Hofkapelle. Sehen sich doch Euer Majestät gütigst im kulturellen Leben unserer Staaten um: der Maler Velázquez ist gläubiger Katholik, der Hofdichter Calderon ist katholischer Priester, der Lyriker Gongora des Königs Kaplan, der tief fromme Stilist Quevedo des Königs Sekretär. Nein, Majestät, Spanien könnte zehn andersgläubige Regenten erhalten, der Spanier bliebe katholisch, denn er ist es nicht äußerlich, sondern durch und durch bis ins innerste Mark."

„Meisterhaft vorgetragen, Don Pimentel. Ich sehe in ganz Europa jedoch ein Christentum, angefüllt mit Brandreden und Haßgeschrei. Wo ist das Christentum unseres Herrn und Heilands, des Gottes der Liebe?"

„Majestät, es steht mir nicht zu, über religiöse Zustände anderer Staaten zu urteilen."

„Aber vielleicht sagen Sie mir, wie man in dieser Angelegenheit über mich redet? Welche Meinung hat man von mir in dieser Sache?"

„Madame, es wäre von mir unklug, mich hierüber zu äußern. Als Diplomat soll man seine Karten nicht eher aufdecken, bevor sie nicht ohnedies allgemein bekannt sind."

„Ich pflichte Ihnen bei, Herr Gesandter. Wollen wir uns also wieder den Geschäften zuwenden?"

„Das heißt, Majestät, solange ich als Gesandter auf diesem Taburett sitze. Aber ich könnte mir vorstellen, daß ich es zuwege brächte, Eurer Majestät zuliebe, eine Sekunde lang zu vergessen, daß ich König Philipp vertrete."

„Lieber Freund, das ist zuviel! Ich kann solches nicht von Ihnen verlangen."

„Madame, müssen wir denn 24 Stunden am Tage ununterbrochen die sein, die wir zu sein verpflichtet sind? Jeder Geschäftsmann sperrt irgendwann sein Comptoir zu und hält

Feierabend vom Ich, jeder Krämer schließt einmal seine Läden und riegelt seinen Beruf ab vor der verdienten Gemütlichkeit."

„Sie haben recht. Nun, wagen auch wir dieses Spielchen?"

„Madame, in den Schlössern von Madrid und Brüssel raunt man sich zu — ich bitte um Vergebung, ich bin zu weit gegangen."

„Durchaus nicht, mon ami. Was raunt man sich zu? Ich erfahre ja nichts durch meine Kanzlisten."

„Man raunt sich zu, daß Euer Majestät imstande wären — bitte, entbinden Sie mich davon, weiter zu reden."

„Wozu wäre ich imstande? Nun?"

„Sich unserem Glauben zuzuneigen."

„So?"

„Pardon, Majestät! Es ist gewiß der Wunsch hierbei der Vater des Gedankens. Sicher irgendeine schändliche Indiskretion eines Bedienten . . ."

„Also, das raunt man sich zu an Ihren Höfen?"

„Seine Majestät waren voll des Zweifels und ließen anfragen in Wien und Compiègne."

„Und?"

„Auch dort will man von Gerüchten solcher Art vernommen haben"

„Ungeheuerlich, nicht wahr, Exzellenz?"

„Heroisch, Majestät! Als König Philipp hiervon hörte, brach er vor Rührung in Tränen aus."

„Also Spanien würde sich hierüber freuen. Aber, Exzellenz, gesetzt den Fall, das Gerücht beruhte auf Wahrheit, wozu ich mich weder zustimmend noch ablehnend äußern möchte; also gesetzt den Fall, es könnte wahr werden, wovon man sich zuraunt. Wissen Sie, welche Folgen ein solcher Schritt nach sich zöge?"

„Heroisch, Majestät, unfaßbar heroisch!"

„Ein solcher Schritt würde bedeuten: Abdankung der Königin, falls nicht ihre Gegner zuvorkämen."

„Die Königin müßte mit List und Klugheit vorgehen."

„Man würde die Königin für wahnsinnig erklären, sie in lebenslanger Kerkerhaft halten, unwahre Gerüchte über sie ausstreuen, Polen, das seinen Thronanspruch nie aufgab, bräche ein, Kriege im Innern und Kriege von außen wären die Folgen."

„Heroisch, Madame, heroisch!"

„Wie? Sie reden der Königin nicht ab? Der französische Vertreter Chanut, von Monsieur Picques zu schweigen, würde unbedingt dagegen sein, obwohl auch er überzeugter Katholik ist."

„Madame, ich bin Spanier, und uns geht, ich sagte es ja, der Glaube über alles. Madame, ich war Soldat und der Soldat ist gewohnt, der Gefahr nicht nur ins Auge zu schauen, sondern sie auch zu überwinden oder, falls man selbst überwunden wird, sie zu verachten. Madame, es ist also wirklich wahr, daß die lutherische Königin dieses unserem Glauben feindlichen Reiches katholisch werden will?"

„Ich habe nichts gesagt, Exzellenz, und ich habe mit Ihnen niemals ein derartiges Gespräch geführt."

„Nein, Majestät, niemals! Mit dem Gesandten Spaniens niemals!"

„Und mit dem Freund aus Spanien?"

„Den ließen Madame einen Augenblick lang – solange es währt, bis eine köstliche Speise am Gaumen zerstäubt – hineinschauen in einen wunderbaren Zauberwald."

„In einen Märchenwald."

„Märchen können Wirklichkeit werden, Majestät. Aus einem Zauberwald kann ein riesiger Dom erstehen."

„Oh, Spanien ist fürwahr ein Land der Dichter."

„Majestät, in Spanien dichten Calderon und Lope de Vega, in Schweden aber dichtet das Geschick durch seine Königin. Der Spanier dichtet aus dem Leben, aber Sie werden aus Ihrem Leben eine erhabene Dichtung formen."

„Genug der Komplimente, Graf! Also abgemacht: wir sprachen über nichts von Bedeutung."

„Abgemacht! Es war bedeutungslos, solange wir sprachen. Bedeutung wird es erst haben, wenn wir handeln."

„Sie glauben also, daß es zum Handeln kommt? Ich bin voller Zweifel, Freund."

„Majestät, die Zweifel werden verwehen wie der Sand im Wind."

„Überreden Sie mich nicht! Sie gewinnen nichts und verlieren alles. Wenn ich eines Tages nicht mehr auf diesem Thron säße, welchen Vorteil hätte dann noch Spanien?“

„O Madame! Noch ist Spanien groß und noch ist Spanien reich. Noch kann es sich Spanien leisten, als Preis für eine königliche Seele mit dem Verlust Schwedens zu bezahlen.“

„Soviel wäre Spanien eine einzige Seele wert?“

„Soviel, wenn es zur Ehre unseres Glaubens gereicht.“

„So spricht kein Diplomat.“

„Durchaus nicht. So spricht ein Katholik.“

„Spanien imponiert mir.“

„Uns imponiert Schwedens Königin.“

Christine ist bewegt. Wortlos reicht sie Don Pimentel zur Verabschiedung die Hand. Diesmal tauschen sie die Rollen. Diesmal ist sie nicht imstande, ihm noch ein Wort zu sagen.

XVII

Schach!

„Seid wachsam! Steht im Glauben fest! Seid mutig und stark! Durch Jesus Christus sind wir miteinander verbunden."

Paulus, 1. Korinther, 16; 13 und 23

„Der Bischof von Abo", meldet der Sekretär, ein junger, blonder, hünenhafter Predikant.

„Soll eintreten", orgelt mit seiner abgrundtiefen Stimme Erzbischof Lenäus.

„Reverendissimus haben mich herbeordert?" Ein großes Fragezeichen steht im Gesicht des Seelenhirten aus der finnischen Diözese Schwedens.

„Nehmt Platz, Terserus!" befiehlt der Primas und entfernt sich von seinem Schreibtisch zu den Sesseln, die seitlich bei dem hohen Südfenster des saalartigen Arbeitsraumes im erzbischöflichen Palast von Uppsala stehen. „Bischof, ich habe Euch hergebeten, um mit Euch etwas zu besprechen."

„Es ist mir eine Ehre, wenn Euer Ehrwürden..."

„Hört!" unterbricht ihn rasch der Erzbischof. „Wie Ihr wißt, ist die Stellung des Primas von Schweden nicht unproblematisch. Seit dem Westfälischen Frieden, der den unseligen Krieg beendet hat, ist der Grundsatz zur obersten Maxime erhoben worden, wonach der jeweilige Herrscher über die Religion seines Landes befindet. Cuius regio, eius religio. Vertritt der Regent die römische Religion, hat sein gesamtes Reich an diese zu glauben. Oder behagt Euch eine andere Doktrin besser? Etwa jene: Roma locuta, causa finita? (Rom hat entschieden, damit ist eine Angelegenheit erledigt)."

„Bei Gott, wahrlich nicht! " wehrt Bischof Terserus entsetzt mit beiden Händen ab.

„Eben, mein Freund", gibt Erzbischof Lenäus zurück. „Das Volk hat das zu glauben, was seine Herrscher glauben. Nicht das Gewissen des einzelnen darf den Weg des einzelnen vorzeichnen, sondern das Zepter des Monarchen wird letztendlich zum Zünglein auf der Waage der Konfessionen."

„Reverendissimus", fährt Bischof Terserus auf, „sollte am Ende unser großer Martinus Luther vergeblich gegen kaiserliche Willkür und Papsttum gekämpft haben? Oh, beim unendlichen Gott des Himmels und der Erde, der Sodom und Gomorrha zerstört hat! Das darf nie und nimmer geschehen!"

Eine steile Falte gräbt sich ins zerfurchte Gesicht des alten Primas. „Die Bischöfe von Linköping, Skara, Växjö und Västeraas haben mir eine Resolution übermittelt, in der sie ihre große Besorgnis um die innerkirchlichen Verhältnisse der Gegenwart ausdrücken. Sie haben den Eindruck, daß das Königtum derzeit ihre berechtigte Sorge um das Wohl der Kirche Schwedens zu wenig ernst nehme."

„Der neue spanische Gesandte", grollt Bischof Terserus, „geht bei der Königin ein und aus. Kaum ist man froh, der französischen Diplomateninvasion entronnen zu sein, macht sich der Spanier in unseren Landen breit. Haben wir deshalb den Einfluß der Calvinisten auf eine kleine Handelsenklave erfolgreich zurückgedrängt, um nun tatenlos zusehen zu müssen, wie dieser aufgeblasene Südländer den nordischen Bären nach seiner Pfeife tanzen läßt?"

„Abo, Ihr wißt, wie wir zu dieser Sache stehen", brummt der Primas. Er reibt seine steifen Hände aneinander. Er schreitet zum Schreibtisch und betätigt die Glocke.

Ein schwarzgewandeter Diakon erscheint.

„Laßt nachlegen!" befiehlt er dem jungen Mann. „Hier ist es erbärmlich kalt."

„Reverendissimus", erhebt Terserus wieder seine machtvolle Stimme, „unter dem Vorwand des Besuches der berühmten Kunstsammlungen der Königin sollen ausländische Agitatoren eingeschleust werden, die den Sinn der Monarchin auf alles unmögliche weltliche Flitterzeug lenken könnten, wie man munkelt."

„Wir gehen keinen leichten Zeiten entgegen", spricht ernst der Erzbischof. „Es gilt nun vor allem, uns emsig zusammenzuschweißen, um der drohenden Gefahr einer Aufweichung unserer geheiligten Konfession machtvoll begegnen zu können."

„Die heiligen Schriften der beiden Testamente", hebt Bischof Terserus wieder an, „werden vernachlässigt. Dafür studiert man bei Hofe die Klassiker der Antike. Was Plato schrieb, wird höher bewertet als die 95 Thesen, die unser erhabener Martinus Luther am Portal der Schloßkirche zu Wittenberg zur ewigen Ermahnung und Erleuchtung angebracht hat."

„Vergeßt Ihr denn, Wertester, daß der Philosoph René Descartes der erklärte Schriftenpapst der Königin ist?"

„Gott hat ihn ihr genommen und ihn vor zwei Jahren abberufen zum ewigen Gericht."

„Ja, das imponiert der gelehrten Königin", sinniert der Primas, „daß der Philosoph den Zweifel als Anfang aller Weisheit verkündete, daß Wissen ihm mehr bedeutete als Glauben, daß er lediglich die Grundmaxime gelten ließ: ‚Ich denke, also bin ich!' – Ein sogenannter systematischer Realismus, das ist es, was die Monarchin beeindruckt. Unsere Lehren lassen sie kalt. – Mein Gott, dieser Saal ist heute wieder nicht warm zu kriegen!"

„Gottes Strafgericht wird bald offenbar. Sein heiliger Zorn trifft alle, die seinen Willen mißachten, so steht es im Römerbrief, Kapitel 1, Vers 18. – Also wird auch ein König abzutreten haben, so er sich Gottes heiligem Zorn entgegenstellt."

„Ihr wißt, Bischof von Abo, Fürstenwillkür kann weit gehen. Vor vier Jahrzehnten starb der französische König Heinrich IV. Es ist Euch bekannt, daß er seine absolute Macht darauf gründete, daß er seinem Glauben abschwor und sich mit Spanien verbündete. ‚Paris ist eine Messe wert', schrie der Abtrünnige in die Welt hinaus. – Können wir vielleicht ermessen, wieviel dem spanischen Gesandten in Stockholm eine Messe wert ist?"

„Euer Ehrwürden, man munkelt, Spanien würde mit dem Papst eine Vermählung unserer Königin betreiben."

„Ich erhielt einen Geheimbericht. Was denkt Ihr wohl, wer könnte der Auserwählte werden?"

„Vielleicht der papistische König von Polen?"

„Euer Turm, Bischof, verfehlt die Königin des Schachspiels."

„Dann ist es gewiß dieser fanatische König von Spanien."

„Ihr irrt, Abo! Euer Bauer ist kampfunfähig."

„Am Ende gar der junge Ludwig XIV.? Wie oft wurden schon Kinderhochzeiten arrangiert, um einer Fürstin zu einem machtvollen Königreich zu verhelfen. Ich denke an diese Katholikin, die schottische Maria Stuart, die den fünfzehnjährigen rachitischen Knaben, Franz II. von Frankreich, ins Ehebett zerrte."

„Abo, Euer Pferd fängt die Königin des Schachspiels nicht ab."

„Dann kann es nur der frisch gebackene König von Portugal sein."

„Bischof, Euer Läufer verfehlt die Dame."

„Sie wird doch nicht den Sohn des verarmten calvinischen pfalzgräflichen Hauses nehmen?"

„Nun habt Ihr bald keine Schachfigur im Einsatz gegen die Dame des Brettspiels."

„Etwa gar ein Erzherzog aus Brüssel, Euer Ehren?"

„Terserus, es wird langsam warm in dem Saal."

„Wie, am Ende ein Habsburger aus Wien?"

„Es wird immer wärmer und wärmer."

„Oh, beim dreieinigen Gott! Sie wird doch nicht auf den Sohn des Kaisers verfallen?"

„Bischof von Abo, die Wahl gilt dem Kronprinzen des Kaisers."

„Möge eher Schweden von der Landkarte ausgelöscht werden, als daß solches eintritt!"

„Habt Ihr denn keine Figur mehr zur Hand?"

„Schach! Euer Ehrwürden, mit der Donnerstimme meiner ganzen Seele brülle ich in Schweden hinaus: Schach! Und nochmals Schach!"

„Bischof Terserus, Ihr habt schon einmal an einer Verschwörung gegen die Königin erfolglos teilgenommen, und ich hatte damals größte Schwierigkeiten, Euch zu schützen und im Amt zu belassen."

„Reverendissimus, das darf nie und nimmer geschehen, daß sie, die Jüngerin eines Descartes, die Freundin römischer, calvinischer, jüdischer und heidnischer Wissenschaftler sowie

Künstler, Kaiserin wird. Königin der Schweden, Goten, Wenden und gleichzeitig Kaiserin. Mich schaudert, Euer Ehrwürden, mich schaudert ganz entsetzlich. Wir dürfen nicht die Hände in den Schoß legen und untätig zusehen. Wir dürfen es um keinen Preis zulassen. Das muß verhindert werden, es muß!"

„Amen, Bischof von Abo. Laßt uns gründlichst beraten! Deswegen habe ich Euch ja hergebeten."

XVIII

Ein Brief stiftet Verwirrung

„Alle Moral muß aus der Fülle des Herzens kommen."
Gotthold Ephraim Lessing

„Kardinal, was sagt Ihr nun?" fragt Innozenz X. seinen Staatssekretär. „Königin Christine hat den Sohn des Kaisers ausgeschlagen. Ihr habt Uns beide Male vergeblich den Fürsprecher bei den Gesandten Frankreichs und des Kaisers spielen lassen."

„Euer Heiligkeit, darf ich mir die Bemerkung erlauben, daß die Ablehnung nicht in erster Linie von der Fürstin ausging, sondern von ihrem Großkanzler, der wiederum von der Kirche Schwedens unter Druck gesetzt worden sein soll."

„Habt Ihr anderes erwartet? Ist die Königin irgendeine Donna Anna, die einen Freier sucht, der ihr ein gesichertes Dasein bieten könnte? Sie richtet sich vor allem nach den Vorteilen für ihre Staaten."

„Auch Staatsmänner regieren durch Heirat. Die Habsburger zum Beispiel haben ihre Hausmacht und ihre Geldmittel wesentlich durch Vermählungen erweitert."

„O Madonna mia, bedenkt doch, die Königin ist nicht nur Staatsmann, sie ist weit mehr Philosophin."

„Auch Gelehrte schätzen eheliche Zweisamkeit und einen häuslichen Herd."

„Sappristi, Eminenz, glaubt Ihr im Ernst, diese Monarchin habe Lust, einem Ehegespons höchstpersönlich Rühreier zum Frühstück aufzutragen? Wir täuschen Uns nicht, wenn Wir annehmen, die Fürstin denkt noch länger nicht an den heiligen Ehestand, so sie überhaupt jemals Zeit finden sollte, sich damit zu befassen."

„Heiligkeit, sie wäre die erste Frau von Welt, die nicht entzückt wäre, unter vielen Freiern eine geeignete Wahl treffen zu können."

„Wir wissen nicht, woher Ihr diese Weisheit bezieht. Nun, Ihr könntet den Jahren nach Unser Sohn sein und seht den Globus noch mit einem lichteren Sehglas an als Wir."

„Augenlinsen kann man durch hellere austauschen lassen, Heiligkeit. Den Globus aber verändert weder der bloße Betrachter, noch die jeweilige Betrachtungsweise. Trotz allem wage ich untertänigst zu bitten, das Eheprojekt für die Königin nicht vorzeitig abzuschreiben."

„Ihr habt Ausdauer, wie man sie indischen Fakiren nachsagt. Aber Wir mögen es nicht, daß Ihr immer wieder ob der Allüren von Fürstinnen Unsere Nerven harpuniert."

„Heiligkeit, Frauen in der Weltpolitik können oft mehr bewegen als Feldherren und Diplomaten."

„Wir erinnern Uns dergleichen, auch wenn Wir an der Schwelle des neunten Lebensjahrzehnts stehen."

„Königinmutter Anna, die Regentin Frankreichs, sowie die Königin der Schweden, Goten und Wenden, die auch Sitz und Stimme bei der Wahl des künftigen Kaisers hat, können beide den Globus wesentlich verändern."

„Im Augenblick jedenfalls mehr als Wir, der Papst. Wie protestierten Wir gegen etliche Bestimmungen des Westfälischen Friedens! Wie verurteilten Wir einige Sätze des Jansenismus, der den menschlichen Willen für völlig verderbt erklärte! Doch hört die Welt auf Uns, den Stellvertreter Gottes auf Erden?"

„Durch abertausend kleine Schritte wird die päpstliche Diplomatie letztendlich ihre Ziele erreichen. Weltpolitik, Euer Heiligkeit, ist ein Mosaik aus zahllos vielen bunten Steinen. Unsere Waffen sind nicht Kriegsheere. Jedoch ein guter Wille, ein tapferer Mut und grenzenloses Gottvertrauen werden die heilige Kirche zum Sieg führen."

„Bleibt auf dem Boden der Wirklichkeit! Ihr kennt die Wurzeln des unseligen Dreißigjährigen Krieges: Einige deutsche Fürsten, die aus Besitzgier von der Kirche und vom Kaiser abfielen, ferner die Eifersucht Frankreichs auf die kaiserliche Macht, der Ehrgeiz des ruhmreichen Schwedenkönigs Gustav II. Adolf..."

„Heiligkeit", unterbricht ihn sein Staatssekretär, „im Vertrauen auf die göttliche Vorsehung darf man gläubig hoffen, daß des großen Schwedenkönigs Tochter Abbitte leisten wird für ..."

„Schnickschnack", wehrt Innozenz unwillig ab. „Meint nicht, nur weil Wir alt sind, haben Wir es verlernt, die Welt mit einer rosaroten Linse zu betrachten! Wir waren ein zwölfjähriger Knabe, als die dem Glauben abholde Königin Elisabeth von England die katholische Königin von Schottland hinrichten ließ. Wie können Wir in dulce jubilo triumphieren, wo Wir täglich die Not der katholischen Christenheit vor Augen haben? Die Irrlehren wuchern in Frankreich, Deutschland, den vereinten Niederlanden und in den nordischen Reichen. Nein, Eminenz, Unserer Seele liegt nicht die Schwärmerei. Wir vertrauen nicht blindlings auf Heiratsschacher und höfische Kabalen."

„Heiligkeit, das Nordlicht wurde schon oft von den Völkern als wahres Wunder betrachtet. Wenn das Polarlicht in Form eines faltigen Bogens, der im Wind wie eine flammende Draperie zu flattern scheint ..."

„Verschont Uns mit Eurer Lyrik! Zur Sache! Hatte nicht ein Bischof der schwedischen Kirche an einem Aufstand gegen die Fürstin teilgenommen?"

„Gewiß. Ein Oberhirte aus Finnland."

„Seht Ihr, das sind die Tatsachen. Ihr ergeht Euch in träumerischen Eskapaden, in romantischen Seiltänzen, während Wir die rauhe Wirklichkeit zu berücksichtigen haben."

„Heiligkeit, Ihr kennt den Brief, den Königin Christine nach Rom geschrieben hat?"

„Meint Ihr das Schreiben an den Jesuitengeneral? Wir beauftragten Euch, Uns eine Abschrift zu besorgen."

„Hier ist sie."

„Lest Uns den Inhalt vor!"

Der Papst schreitet mit langsamen Schritten zu seinem Schreibtisch und setzt sich nieder. „Nun, Eminenz, worauf wartet Ihr?"

Der Staatssekretär öffnet den Brief und liest mit dunkler Stimme und rascher Zunge:

„Monseigneur,

Die Meinung, die ich mit Recht für den berühmten Orden hege, zu dessen segensreicher Leitung Sie berufen sind ...“

Fabio Chigi hat geendet. Er senkt seine Linke, die den abgeschriebenen Brief hält. „Ist das nicht großartig, Euer Heiligkeit? Dieses Schreiben wird die Wende der Kirchengeschichte unseres Jahrhunderts nach sich ziehen.“

„Zuviel der Worte, Kardinal!“ weist ihn augenblicks der Papst zurecht. „Was ist das schon, ein Brief, ein paar Dutzend Buchstaben! Was schreibt denn die Fürstin? Höfliche Floskeln.“

„Es geht doch um einen eindeutigen Auftrag.“

„Ach was! Eine Fürstin schreibt dem Fürsten Piccolomini ein paar liebenswürdige Sätze. Papier ist ein geduldiges Lamm, mein Lieber. – Vom Wunsch, Ihnen meine Ergebenheit zu bezeugen, liest man da, oder: ich wäre glücklich, wenn Sie mich Ihrer Freundschaft für würdig hielten ... und so weiter.“

„Heiligkeit, die Königin unterbreitet regelrechte Vorschläge.“

„Sappristi, wie viele solche Höflichkeitsbriefe ließet Ihr Uns nicht schon des öfteren unterfertigen? Derlei Wortgeschmeide allzu ernst nehmen, wäre soviel wie aufgrund des Geschwätzes von Hofchargen Verträge abschließen zu wollen. Die Dame ließ sich den Brief wahrscheinlich von einer Person ihres Vertrauens aufsetzen.“

„Das Schreiben hatte jedenfalls zur Folge, daß der Jesuitengeneral unverzüglich zwei Patres in geheimer Mission nach Stockholm entsandte.“

„Und wenn die schwedische Kirche davon erfährt?“ braust Innozenz auf. „Kardinal, was stellt Ihr bloß an? An welchen Fäden zieht Ihr da wieder listenreich! Ihr bereitet Uns schlaflose Nächte. Ihr schafft Händel dem Ordensoberen der Gesellschaft Jesu, dem Primas von Schweden und nicht zuletzt der Fürstin selbst, zu deren Protektor Ihr Euch ja seit längerem ernannt zu haben scheint.“

„Darf ich gehorsamst Eurer Heiligkeit in Erinnerung rufen, daß die Jesuiten seit den Tagen ihres Gründers Ignatius von Loyola es sich zur Ehre anrechnen, die Soldaten Christi zu sein. Ein guter Krieger kämpft freudigen Herzens für eine gute Sache."

„Und dürfen Wir Euch das von Euch so geschätzte Schachspiel in Erinnerung rufen?" Der Papst schreitet zu dem Rauchtisch, auf dem das Brettspiel liegt. „Da habt Ihr die zwei gegnerischen Positionen auf einem Schachbrett: Hier der eine König mit seiner Dame, dort der andere mit seinen Kampftruppen. Die beiden Heerlager der Figuren des Spiels sind zu vergleichen mit dem Reich Gottes und dem Imperium des Fürsten dieser Welt. Hier die zehn Gebote vom Berge Sinai und die fünf Gebote der Kirche. Dort die aus Abgründen aufsteigenden, gesetzmäßig ablaufenden Zwänge der Fleischeslust, der Macht, der persönlichen Bereicherung, Korruption, Intrige und so weiter..."

Innozenz X. dreht eine dieser silbernen Figuren in seiner Hand.

„Welch ein treffliches Gleichnis!"

„Alles Leben ist Gleichnis, mein Lieber. Auch unser Herr und Heiland sprach in Gleichnissen, und ohne solche redete er nicht. Die Weltleute haben verderbliche Richtlinien. Doch um wieviel mehr erst die Mächtigen dieser Welt!"

Der Papst greift zur Karaffe, die vor ihm auf dem Tisch steht.

„Habt Ihr Lust auf ein Glas Wasser?"

„Tausend Dank, Euer Heiligkeit."

„Wir bekommen es frisch von den Albaner Bergen. Aber natürlich, Ihr bevorzugt wahrscheinlich die süßen Weine, wie man sie am Hof des Vizekönigs Beider Sizilien kredenzt. Ja freilich, die Herren ergötzen sich an anderen Köstlichkeiten als der Papst."

„Alle Welt ist entsetzt, wie grausam bedürfnislos Euer Heiligkeit gegen sich selbst sind."

„Und nüchtern! Darum erwarten Wir Uns auch kaum etwas von höflichen Briefen oder geschnörkelten Einladungen."

„Die Königin von Schweden ist gut für plötzliche Überraschungen. Sie könnte eines Tages doch tatsächlich deutsche Kaiserin werden, ja sogar Katholikin."

„Basta, basta! Unser Blutdruck steigt bedenklich, wenn Wir Euch länger anhören."

XIX

Zwei geheimnisvolle Fremde

„Wir bauen an dir mit zitternden Händen
und türmen Atom auf Atom.
Aber wer kann dich vollenden,
du Dom?“
Rainer Maria Rilke, Das Stundenbuch

Die Königin hebt bei der Tafel den Pokal und trinkt ihren Gästen zu. Es ist eine muntere Gesellschaft, denn die Anwesenheit Christines wirkt nicht bedrückend. Ist sie doch von Natur ein quicklebendiges Temperament, das alle ansteckt. Selbst den Erzpuritaner Whitelock, den Gesandten Englands, der ausgelassenen Trubel und Tanz (brrr! Ei bewahre davor!) grimmig ablehnt, bringt sie dazu, auf einer ländlichen Hochzeit mit ihr zu tanzen, was er hernach gar nicht als greulich empfindet, sondern mit lächelndem Schalk nach London berichtet.

Die Königin trinkt ihren Tafelfreunden zu, heiter, wie eine schöne Freundin, die Spaß versteht. Die Tafelfreunde ahnen ja nicht, daß in dem Pokal Christines, der öfter nachgefüllt wird, kein Weißwein etwa fließt, sondern simples, durch nichts vermischtes Wasser. Kein anderes Getränk wird jemals von ihr hinuntergespült werden, mit einer einzigen Ausnahme einmal. – Doch davon später!

Sie trinkt also Wasser und ist so fröhlich und beinahe ausgelassen, daß man ihre gute Laune dem Alkohol zuschreiben könnte. Das Mahl ist einfach, doch reichlich. Christine haßt jede Ausschweifung und duldet keine Völlerei.

Die Königin läßt ihre Blicke umherschweifen. Da entdeckt sie auf der ihr gegenüberliegenden Seite, schon gegen das linke Tafelende zu, zwei junge, dunkelhaarige Fremde.

Sie gibt einem um sie bemühten Lakaien unauffällig den Auftrag, den diensthabenden Kammerherrn zu senden.

Die Stimmung ist schon sehr ungezwungen, Christines Tischnachbar zur Rechten, der Landgraf Friedrich von Hessen, unterhält sich angeregt über die Tafel hin mit dem Großkanzler, ihr Sitznachbar zur Linken, Graf Uhlfeld, Schwager des dänischen Königs, plaudert mit der schönen Gräfin Ebba.

Es fällt niemandem auf, daß die Königin den herbeigerufenen Kammerherrn nach den beiden Fremden befragt.

Sie erfährt, daß es sich um zwei italienische Edelleute handelt, Kunstsachverständige, welche die königlichen Sammlungen zu besichtigen wünschen.

Christine hebt die Tafel auf und schreitet am Arm des Landgrafen aus dem Saal. Die Gesellschaft begibt sich in den italienischen Salon, der mit Gemälden des der Königin so werten Correggio geschmückt ist.

Hier bilden sich zwanglose Gruppen der Unterhaltung. Die Monarchin tritt bald zu diesem, bald zu jenem. Da steht sie auf einmal vor den beiden Unbekannten, die sie während des Mahles beachtet und beobachtet hat.

Die Gesellschaft ist abgelenkt. Sie lacht über die witzigen Anekdoten eines Venezianers.

„Haben Sie etwas für die Königin abzugeben?" flüstert Christine den beiden zu.

Sie nicken geheimnisvoll.

Da weiß sie, daß es sich um jene Männer handelt, die sie seit Monaten erwartet, um deretwegen sie Don Mazedo nach Rom gesandt, um deretwegen sie jenen verklausulierten Brief an Piccolomini geschrieben.

Tags darauf verschafft sie mit List den beiden eine erste geheime Unterredung mit ihr. Sie stellen sich der Königin vor:

„Majestät, Paolo Casati, Professor der Theologie und Mathematik zu Rom."

„Majestät, Francesco de Malines, Professor der Theologie zu Turin. Wir sind beide von der Gesellschaft Jesu und auf Wunsch Eurer Majestät und auf Befehl unseres Ordensgenerals hierhergekommen, um Euer Majestät in der katholischen Lehre zu unterrichten. Hier, mit gütigster Erlaubnis, ein Brief aus Rom."

Es ist ungeheuerlich! Aus den Wangen Christines weicht alles Blut, ihre Hände zittern. Monatelang wartete sie auf diesen Augenblick mit Sehnsucht und Ungeduld. Nun er aber da ist, klopft ihr Herz vor Angst, späht sie furchterfüllt nach den hohen Türen, durch die jeden Augenblick ein Spitzel eintreten könnte.

„Hochwürdige Herren", spricht sie ernst, „Sie werden wissen, daß in keinem Land der Erde die Vorschriften gegen Ihren Orden so streng behandelt werden wie in diesem Reich. Sie werden wissen, daß die so emsige Gegenreformation Ihres Glaubens nirgends auf stärkeren Widerstand gestoßen ist als hier, wo der Protestantismus zugleich mit einer neuen Dynastie eingeführt wurde. Sie werden auch wissen, daß in diesen Staaten katholisch sein heißt, die Dynastie meines Hauses zu stürzen und die Polen auf unseren Thron zu heben; daß in Schweden katholisch sein heißt, aus der Gemeinschaft ausgerottet zu werden."

„Majestät, wir sind erschüttert."

„Das war der Prolog zu Ihrem Beginnen. Haben Sie noch immer Lust zu Ihrer Mission?"

„Gottes Atem weht auf der weiten Welt. Warum sollte er in Schweden stocken?"

„Dann gut. Ich bin bereit."

Sie treffen einander oft, die beiden Jesuiten und die lutherische Königin. Doch jedesmal heimlich, unter größten Vorsichtsmaßregeln, wobei der alte Kammerdiener Christines, Johannes Holm, sie eifrig unterstützt.

Aber die Mönche sind von ihrer königlichen Elevin ein wenig enttäuscht. Denn sie finden in ihr eine etwas andere Art von Schülerin, als sie erwartet haben, wie Pater Casati Monate später an Bonelli schreiben wird.

Die Patres vermuteten in der Lutheranerin ein Gefäß, das noch keinen Tropfen katholischer Denkungsart zu sehen bekam. Hierin unterläuft ihnen der erste Irrtum. Denn Christine sucht ja nicht aus dem Gehege positiven Luthertums ihren Weg zur alten Kirche. Von dort kommt sie nur dem Namen nach her. Denn ihre geistigen Nährväter sind die Klassiker der Römer und Griechen; Cicero und Tacitus spenden ihr die Milch der Weisheit, Plato und Plotin sind ihr Religionsersatz. Aber dennoch — o welch Staunen für die Patres! — ist sie in der katholischen Lehre bestens bewandert. Sie beantwortet Fragen der Kirche mit derartiger Sicherheit, als entstamme sie einer erzkatholischen Familie.

Aber, o zweites Staunen der Söhne des Ignatius! Sie haben sich darauf eingestellt, der erhabenen Elevin die Unterschiede des Luthertums und des Katholizismus darzulegen.

Oh, diese nordische Sphinx interessiert das wenig!

Dogmatische Unterschiede der einzelnen christlichen Bekenntnisse studiert sie nicht, ihnen geht sie aus dem Weg. Eigenwillig, wie sie ist, äußert sie sogar – o welch Entsetzen für die Mönche! –, sie wisse dem Luthertum keine wesentlichen Irrtümer nachzuweisen (wobei sie den Ton auf das Wissen legt). Ihr geht es in tiefster Seele um das Ganze des Christentums. Sie, ein echtes Produkt der Erziehung des evangelischen Bischofs Mathiäi, ist unglücklich über die Spaltung in mehrere Konfessionen.

Es gilt nur noch, einige unbedeutende Zweifelsnebel zu zerstreuen. Da macht ihr doch einige Schwierigkeiten die Verehrung der Heiligen und der Reliquien.

Dazwischen disputiert sie mit den Patres über die Möglichkeiten einer Vernunftreligion, über die ethischen Probleme von Gut und Böse, die Unsterblichkeit der Seele, als säße sie mitten unter den Gelehrten ihrer Universitäten in Uppsala oder Abo, als wären die beiden Jesuiten nur deswegen nach Stockholm gereist, um mit ihr über Plato zu philosophieren.

Die Königin läßt sich Zeit. Sie bricht nichts übers Knie.

Eines Tages stellt Christine eine Frage so zwischendurch, als handle es sich um nichts von Bedeutung. Sie fragt die beiden Mönche, ob ihr der Papst gestatten könne, daß sie heimlich zum Katholizismus übertrete, aber einmal im Jahr öffentlich das Abendmahl nach lutherischem Brauch empfange (eine Forderung der schwedischen Kirche).

Die Jesuiten heben wie vom Donner gepackt ihre Häupter. Heimlich nur will sie übertreten? Schade, sehr schade. Aber immerhin! Sie kann auch so der Kirche große Dienste erweisen. Sie könnte allmählich Härten beseitigen, Gegensätze verkleinern, Erleichterungen schaffen, neue Möglichkeiten keimen lassen.

Aber was will sie noch?

Einmal im Jahr öffentlich das Abendmahl nach lutherischem Ritus empfangen? Ist nicht gerade die Kommunion zwischen beiden Konfessionen im 17. Jahrhundert etwas Grundverschiedenes?

Für die Katholiken wird Brot durch die Sakramentalskraft eines rechtmäßig geweihten Priesters kraft des seinerzeitigen Abendmahlsgeschehens in den Leib Christi verwandelt.

Jedoch der eucharistische Jesus, so das Luthertum jener Zeit, dürfe nicht als ein neuer Opferakt des Herrn verstanden werden, der die einmalige Unüberbietbarkeit des Kreuzesopfers verwässern könnte.

Die Eucharistie ist daher besonders in jenen Tagen ein wesentlicher Unterschied zwischen den einzelnen christlichen Konfessionen.

Pater Casati faßt sich als erster. Er blickt die Königin traurig an, wie ihr scheint.

„Majestät, es geht nicht. Das ist unmöglich."

Christine wird bleich. Sie fühlt, jetzt steht alles auf dem Spiel.

„Aber, hochwürdiger Herr, bedenken Sie doch! Es geht hier nicht bloß um meinen Thron, es ist der Friede aller meiner Staaten, vom Norden Europas bis nach Polen hin, in höchster Gefahr."

„Majestät, die Religion kann nicht feilschen. Gibt sie Wesentliches preis, gibt sie sich damit selbst preis. Hätte die Kirche Heinrich VIII. eine zweite Eheschließung gestattet, wäre für alle Zeiten die Unauflöslichkeit der Ehe gestürzt gewesen. Aber ist die Wahrheit noch sie selbst, wenn sie nur das wählt, was angenehm ist, und das ausscheidet, was Opfer fordert? Besser, ganz England verloren, als..." Er spricht nicht weiter. Aber es ist klar: Das gilt auch für sie. Was England band, was Heinrich VIII. band, bindet auch sie. Die Kirche konnte England entbehren, die Kirche kann auch Christine entbehren. Aber kann Christine die Kirche entbehren? Gibt es für sie noch ein Zurück?

„Ich stelle mir Christus vor", flüstert sie, „mit einem katholischen Gesicht, einer evangelischen Gestalt, orthodoxen Händen und calvinischen Füßen."

Die Mienen der beiden Patres drücken Mißbilligung aus.

Die Königin hebt ruckartig den Kopf. Eine energische Handbewegung scheint ihr Kleid glatt zu streichen.

„Dann", spricht sie ernst, „ja dann muß ich die Krone niederlegen, um zum Glauben meiner Ahnen zurückzukehren."

Christine blickt auf die beiden Jesuiten. „Ihre Mission ist zu Ende", sagt sie kurz.

Anfang Mai wird Pater Casati nach Rom gesandt, um den Ordensgeneral Piccolomini zu benachrichtigen und Erkundigungen wegen der Durchführung ihres Entschlusses einzuholen.

XX

Der Prinz ist eifersüchtig

„Die höchste Empfindung ist Religion und Kunst."
Egon Schiele

Karl Gustav ist unzufrieden, ungeduldig, eifersüchtig.

Auch er hat seine bezahlten Spitzel bei Hofe. Auch er ist informiert, was dort vor sich geht, wer bei der Königin aus und ein geht, wer von ihr ausgezeichnet behandelt wird. Der Prinz ist über all das unterrichtet, auch wenn er nicht bei Hofe weilt. Und die Nachrichten über den Alltag des Hofes werden ihm pünktlich von seinen Freunden zugestellt, ob er sich auf der Jagd in den dunklen Wäldern von Söderköping oder auf Öland befindet.

Der Prinz erfährt alles. Er erfährt auch umgehend, daß die Königin zwei junge Italiener empfangen habe, und das nicht einmal, sondern mehrmals die Woche, und das gehe schon einige Zeit so.

Zwei junge Italiener? Wer sind sie? Auch das wird sofort in Erfahrung gebracht.

Es sind zwei junge Edelleute, Kunstsachverständige, welche sich für die königlichen Sammlungen interessieren.

Und deshalb so oft bei der Königin? Wenn sie bei ihr sind, wird niemand anderer vorgelassen, keine noch so wichtige Meldung darf diesen Besuch stören oder abbrechen.

Sonderbar. Das ist mehr als sonderbar. Und das alles wegen der Sammlungen? Solche Rücksichtnahme, solche gewichtigen Maßnahmen für zwei gewöhnliche Kunstsachverständige?

Oh, der Prinz ist mißtrauisch, denn das Mißtrauen ist der ständige Begleiter der Eifersucht. Für den Prinzen ist es sofort offenbar, daß die Kunstsachverständigen in Wirklichkeit keine Kunstsachverständigen sind.

Was sind sie aber dann? Etwa neue Heiratskandidaten?

Zwei ausländische Prinzen, die inkognito in eigener Sache werben? Oder die für einen anderen freien, als seine Abgesandten?

Nichts fürchtet der Prinz mehr als einen neuen Heiratswerber um die Hand der Königin. Ihr Zögern ihm gegenüber erhöht seine Furcht. Denn in tiefster Seele weiß er, daß der Adel gegen ihn ist so wie der Kanzler und der Reichsrat. Daß seine väterliche Abkunft, sein Rang als armer Pfalzgraf ihnen zu unbedeutend ist, um ihn so erhöht als ihren künftigen König anzuerkennen. Was ihn hält, ist einzig und allein die Gnadensonne der Königin. Wenn sie aber verdunkelt wird, und ein erfolgreicher Heiratskandidat wäre der größte Sonnenfleck für ihn, dann wäre alles aus.

Daher kein neuer Heiratskandidat!

Der Prinz zieht Erkundigungen ein, heimlich, aber dafür emsig. Nichts. Nichts ist über diesen Gegenstand herauszubekommen. Der Prinz geht sogar an den Großkanzler heran, was für ihn eine ungeheure Überwindung ist. Aber auch er weiß nichts. Oder will er nur nichts wissen, verstellt er sich ihm gegenüber?

Der Prinz wird von Tag zu Tag unruhiger. Seine Unsicherheit und Angst nehmen dermaßen zu, daß er nach Uppsala aufbricht. Aber selbst das sonst so wohlinformierte Sekretariat des Erzbischofs, ja Reverendissimus persönlich tappen im Dunkeln. Und diesmal glaubt der Prinz nicht, daß sich der Erzbischof ihm gegenüber verstellt. Denn er weiß, der Kirchenfürst ist ihm gut gesinnt, seit er dem calvinischen Glauben seiner Väter abschwor und schwedisch-evangelisch wurde.

Nichts. Wieder nichts.

Der Prinz kann vor Unruhe nicht mehr schlafen. Da begibt er sich schnurstracks in die Höhle des Löwen. Und das ist diesmal – Christines Schloß!

Der Sekretär der Königin, Courtin, empfängt ihn devot, läßt ihn unverzüglich zur Königin ein.

Sie begrüßen einander herzlich wie immer. Oder nicht wie immer? Verstellt sie sich am Ende auch schon vor ihm? Ist sie nicht letzten Endes eine Frau? Und weiß er nicht zur Genüge, wie sich Frauen verstellen können? Er kennt sich zwar nur bei den Mägden der öffentlichen Schenken, auf den Gütern seiner adeligen Freunde, bei den Marketenderinnen der Feldlager aus. Aber können sich diese einfachen, ungehobelten Naturkinder schon fabelhaft verstellen, warum sollte nicht auch sie dazu imstande sein, die so höfisch geschulte, so vielseitig gewandte Königin?

Dem Prinzen wird heiß. Er fühlt auf einmal, daß ihm die Halskrause zu eng ist. Er fährt mit der Linken dagegen und sucht sie zu erweitern.

Die Königin mustert ihren Vetter. Gesund sieht er aus, vollkommen erholt von der schweren Grippe. Was mag er wollen? Er pflegt für gewöhnlich nicht ungerufen zu kommen.

Der Prinz lächelt sein charmantestes Lächeln, er macht Christine die schönsten Komplimente.

Sie lächelt ihm ebenfalls zu, sagt ihm Artigkeiten.

‚So kommen wir nicht weiter', denkt der Prinz. Da geht er in medias res.

„Übrigens, Christine", sagt er so nebenbei, „überbringe ich dir viele Grüße aus Uppsala."

Das hört sie nicht gern. Das heißt, daß er dort war! Dort residiert aber der Erzbischof. Und war der Prinz dort, so war er auch bei ihm. Das gefällt ihr aber nicht.

„Wie geht es Reverendissimus?" fragt sie leichthin, doch merklich kühl.

„Er entbietet Ihrer Majestät seine Ergebenheit und hofft, daß du dich wohl befindest."

‚Also doch', durchzuckt es sie. ‚Ich dachte mir doch gleich, daß er wieder bei ihm war. Vor dem alten Herrn macht er bei jeder nur möglichen Gelegenheit einen Kratzfuß. Vor dem Primas liebedienert er, ihn umschmeichelt er. Dabei weiß er, daß der Erzbischof den hochverräterischen Bischof Terserus unterstützt, daß er ihr Schwierigkeiten macht.'

Der Prinz merkt ihre Verstimmung.

„Stinchen, du weißt doch, der alte Herr meint es so gut mit mir. Sooft ich nach Uppsala komme, muß ich in seinem Palast wohnen. Er duldet nicht, daß ich woanders absteige."

Er sichert sich schon jetzt den künftigen König, er, der 80jährige Greis! Also hofft er, die Regierung Karl Gustavs noch erleben zu können. Wenn er wüßte! Wenn die beiden wüßten, der alte Herr und dieser junge Krieger hier, wie nahe sie dem Ziel sind! Sie mustert ihren Vetter. Eigenartig! Seit jener Nacht auf Schloß Stegeborg, da sie an seinem Krankenbett wachte, da sie unfreiwillig Zeuge seiner Fieberphantasien wurde, sieht sie ihn in einem anderen Licht.

Karl Gustav will sie heiter stimmen. Er versucht zu scherzen.

„Weißt du, Stinchen, daß ich deinetwegen in Uppsala war, daß ich deinetwegen den Erzbischof aufsuchte?"

Christine gibt es einen argen Ruck.

„Meinetwegen?" fragt sie unruhig und ungläubig.

„Ja, deinetwegen! Du mußt nämlich wissen, daß ich eifersüchtig bin. Eifersüchtig auf die beiden Edelleute aus Italien, und da zog ich in Uppsala Erkundigungen ein, weil nirgends sonst etwas zu erfahren war."

Christine überfällt ein Schauer. Um Gottes willen!

„Was hat der Erzbischof damit zu tun?"

„Nichts, Stinchen, du hast vollkommen recht. Aber ich war eben eifersüchtig, und da begeht man schnell eine Dummheit. Übrigens, du siehst, wie unklug ich bin, daß ich dir hiervon erzähle. Aber ich kann vor dir keine Geheimnisse haben. Nein, das kann ich nicht."

Christine sieht ihn ernst an. Ihre Gedanken flüstern ihr ein: Das kann er wohl. Hinterging er dich nicht mit seinen niederen Liebschaften, obwohl er angeblich so sehr dich liebt? Liebt er nicht angeblich seinen Vater auch sehr? Und dennoch hat er ihn verraten und seiner Religion abgeschworen. Sein Vater tat das nicht. Er blieb seiner Überzeugung treu und überließ es der Großmut Gustav Adolfs, ihn auch so in des Reiches Dienst zu nehmen. Ohne ein Zeichen des Bedauerns oder der Überwindung trat Karl Gustav zu den Lutheranern über, als es hieß, Thronfolger zu werden. Und heute? Keinen Finger rührt er mehr für die Reformierten, für den Glauben seines Vaters. Heute kann er nicht genug vor dem Erzbischof den braven Kirchenmann spielen!

„Verzeihe mir, Stinchen, ich weiß, die beiden Edelleute sind ja ganz harmlos und haben mit unserer Liebe nichts zu tun. Also bitte, verzeihe mir! Laß uns von anderem sprechen! Stinchen, teures Stinchen, wann heiraten wir? Verschiebe es nicht mehr! Laß es endlich, ach, endlich einmal wahr werden!"

Ihn heiraten, raunt ihr Inneres weiter. Weißt du auch, wen du heiratest? Gleicht er nicht in seiner Vitalität, in seinem kriegerischen Wesen, in seiner Unkompliziertheit Heinrich IV. von Frankreich? Auch er kam aus einem kleinen Land, leicht verbauert, ein verarmter Prinz. Und auch er griff gierig nach der Krone des großen Reiches und kletterte ohne religiöse Skrupel auf jenen herrlichen Thron. Wie dein Karl Gustav. – Nein, er ist besser. Er ist anders, ruft Christine der warnenden Stimme in sich zu.

„Nun, Stinchen", lockt der Prinz weiter, „sprich es aus! Wann heiraten wir?"

‚Ich will ihn wirklich heiraten', sagt sie in Gedanken zu sich, ‚wenn ich nur die Gewißheit habe, daß er mich liebt, wahrhaft liebt und an mir nicht nur die Krone sieht.'

„Gelt, Stinchen, die beiden Edelleute haben mit uns beiden nichts zu tun? Sie sind keine verkappten Heiratskandidaten oder Werber für irgendeinen Potentaten?"

Wenn er aber doch ein zweiter Heinrich IV. ist, raunt jene Stimme in ihr fort. Rief nicht jener Heinrich: ‚Paris ist eine Messe wert'? Könnte nicht dein Prinz auch rufen: ‚Schweden ist eine Christine wert'?

Christine ist nervös, sie ist sichtlich zerstreut.

„Was meinst du?" fragt sie ihn wie abwesend.

„Stinchen, die beiden Italiener, die bei dir jetzt aus und ein gehen, verstehst du mich?"

„Ach so, die beiden Italiener!"

Ein zerstreutes, verschämtes Lächeln umspielt ihren schönen Mund.

„Die beiden sind Kunstsachverständige. Wir schwärmen über Italien, über den Süden. Dort gibt es herrliche Kunstwerke, so herrlich, daß man es hier gar nicht erahnen kann. Dort gibt es die meisten Werke Michelangelos, und wenn mir die beiden von seinen Fresken der Sixtina erzählen, dann vergesse ich alles um mich."

„Aber bitte, vergiß dabei mich nicht!"

„Dich? Warum soll ich dich vergessen?"

„Also, Stinchen, wann heiraten wir endlich?"

„Du mußt dich entscheiden, Karl Gustav! Willst du mich oder die Krone?"

„Was dir einfällt, Stinchen! Dich will ich, nur dich."

„Du meinst, ich und die Krone sind eins. Höre, lieber Freund: vielleicht werde ich von hier fortgehen, nach Italien, zu den Fresken Michelangelos, zu den Bauten Berninis, zu den Gemälden Salvator Rosas und Poussins. Du wirst aber zurückbleiben müssen als König und Feldherr Schwedens."

„Stinchen, was für Zeug redest du da zusammen? Wir bleiben beieinander, hier, in Schweden. Hierher gehören wir, hier wollen wir auch bleiben!"

„Karl Gustav, ich werde von hier fortgehen, bald sogar! Wenn du meinst, daß du ohne mich nicht leben kannst, so komm mit mir! Du kennst doch den Grafen Clas Tott? Er stammt von König Erich XIV. ab. Ich ernenne ihn zum Herzog und mache ihn zum Thronfolger, und wir beide sind frei. Wir ziehen nach dem Süden und heiraten endlich."

„Stinchen, du scherzest wohl? Bitte, mach keine Witze mit mir!"

„Du willst mich doch heiraten?"

„Ja, und zwar bald! Aber wir bleiben in Schweden, du und ich!"

„Wenn du mich liebst, nur mich, das Mädchen Christine und nicht die Königin, so willigst du in meinen Vorschlag ein."

„Stinchen, ich liebe dich, das Mädchen und die Königin, da du nun einmal beides in einer Person bist."

„Und wenn ich nur das Mädchen allein wäre?"

„Wenn, wenn, wenn! Du bist es eben nicht. Ist es sinnvoll, darüber zu grübeln, wenn ..."

„Karl Gustav, ich warte auf deine Entscheidung. Ich heirate dich, aber nicht in Schweden."

„Stinchen, was hast du auf einmal? Haben dich die beiden Welschen so behext?"

„Nun, entscheide dich!"

„Wir gehören hierher."

„Du bist Deutscher. Dir kann es gleich sein, wo wir unsere Zelte einmal aufschlagen, da deine Familie auch ihr Vaterland verlassen und in Schweden ein neues gefunden hat."

„Stinchen, ich kann nicht."

„Du kannst nicht, weil du mich allein liebst, mehr als alles andere?"

„Du machst dich lustig über mich. Die beiden Italiener haben dich verzaubert. Man müßte sie wegen Hexerei vor das Hofgericht ziehen."

„Karl Gustav, ereifere dich nicht! Alles ist so einfach. Du beteuerst immer, du liebst mich mehr als die Krone. Du hast der Krone zuliebe dem Glauben deines Vaters abgeschworen. Du kannst mir zuliebe doch auch Schweden verlassen."

Sie will mich nur prüfen, denkt der Prinz.

„Gut", willigt er ein, „Hauptsache, wir heiraten so bald wie möglich."

„Es ist nicht viel zu tun. Ich danke ab, du trittst als Thronfolger zurück, und wir beide reisen sofort ab. Ich kann also dem Großkanzler hiervon Meldung machen?"

‚Mein Gott, ihr ist es ernst', durchzuckt es den Prinzen. ‚Sie spaßt also nicht? Ist sie wahnsinnig? Man müßte sie untersuchen lassen. Du liebe Zeit, was macht man da?'

„Karl Gustav", fährt Christine unbeirrt fort, „wenn ich mit dieser Glocke meinen Sekretär rufe, erfährt alle Welt von unserem Entschluß. Dann gibt es kein Zurück. Ich frage dich also zum letzten Mal: Willst du mich heiraten und mit mir außer Landes gehen, ja oder nein?"

Dem Prinzen treten Schweißperlen auf die Stirn, auf den Hals, sie springen auf die ganze Brust und den breiten Rücken über. Die Halskrause wird so eng, daß er zu schnaufen beginnt.

‚Mein Gott, sie ist wahnsinnig! So etwas kann sie doch nicht fordern, nicht im Ernst von mir wollen!'

In seiner Kehle würgt es, sie ist so trocken, daß er vermeint, kein Wort hervorzubringen.

„Nun?“ fragt sie unerbittlich, und nochmals: „Nun? Ich warte.“

„Christine“, stammelt er mühsam hervor und wundert sich, daß er überhaupt etwas sagen kann, „lassen wir alles wie bisher!“

„Ich danke dir“, spricht sie mit fester, klarer Stimme, „ich weiß jetzt, woran ich bin.“

Sie nickt ihm zu und dreht sich wortlos weg.

Da tritt der alte Kammerdiener durch eine kleine, unsichtbar in die Tapete eingelassene Seitentür ein. Er flüstert der Königin etwas ins Ohr.

„Laß ihn ein“, ruft sie lauter, als es sonst ihre Art ist, „der Edelmann aus Italien ist willkommen. Er bringt mir die Freiheit — endlich die Freiheit meiner Seele!“

Der Prinz verläßt hastig das Gemach.

Pater de Malines, in unauffälligem Zivil, verneigt sich vor der Monarchin.

XXI

Drei entscheidende Fragen

„Die Hoffnung ist der Regenbogen über den herabstürzenden Bach des Lebens."
Friedrich Nietzsche

Und dann verläßt auch er das rauhe Land.

Zurück bleibt eine entschlossene Kämpferin, die mit List zum entscheidenden Schlag ausholt. Es ist aber auch höchste Zeit. Die Stunde der Gefahr ist da. Wie gut, daß Malines ausreisen konnte. Jetzt wäre es nicht mehr möglich, jetzt wäre es zu spät. Man ist nämlich den beiden Jesuiten auf die Spur gekommen.

Reverendissimus bekam Wind von einem Brief Casatis an Malines. Der Brief wurde aufgefangen, erbrochen, und es ist erwiesen, daß beide dieselbe Angelegenheit betrieben. Man weiß nun Bescheid über die beiden italienischen „Kunstsachverständigen".

Casati ist mittlerweile, mit Instruktionen versehen, aus Rom aufgebrochen und in Hamburg angekommen. Christine läßt ihm augenblicks Bescheid zukommen, nicht nach Schweden weiterzureisen.

Was sie jetzt alles tut und äußert, verfolgt nur den einen Zweck, alles vorzubereiten für den unwiderruflichen Entschluß.

Sie eröffnet das Vorhaben, eine längere Reise nach den Inseln Gotland und Öland zu machen, und trifft Vorbereitungen hierfür. Davon erfährt Monsieur Chanut in Lübeck.

Und siehe da, Chanut kennt die Königin. Sofort fühlt er, weiß er es mit Bestimmtheit: Sie will abdanken! Und deshalb auf einmal die geplante Reise!

Die Insel Öland, gegenwärtig noch Domäne Karl Gustavs, ist die reizendste im ganzen Norden. Gotland hingegen hat eine befestigte Stadt und einen guten Hafen. Chanut überlegt: In Schweden will sie nach Niederlegung der Krone nicht bleiben, die deutschen Provinzen gewähren ihr aber bei Wechselfällen etwaiger Kriege wenig Sicherheit. Daher wird sie zwischen beiden Inseln einen Aufenthaltsort nach ihrer Abdankung wählen. Fürwahr! Durch den jahrelangen vertrauten Umgang mit ihr hat sich Chanut eine genaue Kenntnis ihrer Persönlichkeit erworben. Natürlich säumt Chanut keinen Tag, dies an seinen Hof zu berichten. Natürlich zeigt dieser sofort darüber Bestürzung, weil vorauszusehen ist, daß man mit dem künftigen König, der im letzten Krieg sein Vertrauen zu den Franzosen verloren hat, kein gutes Einvernehmen haben werde.

Chanut schreibt Christine sofort einen sehr langen Brief.

Er legt ihr dar, das Zepter ja nicht aus der Hand zu legen, obwohl er den wahren Grund dieses gigantischen Entschlusses ahnt. Er rät ihr, dem Prinzen Anteil an der Regierung zu gestatten, ohne sie ganz niederzulegen. — Als ob Halbheiten in Christines Charakter lägen! — Er macht ihr dringende Vorstellungen, nicht abzutreten, nicht den Frieden in Europa aufs Spiel zu setzen.

Er bittet sie inständig, er fleht sie an, er beschwört sie.

Doch kann ein Brief, und wäre er noch so lange, diese Kämpferin aufhalten?

Da erteilt sie ihren Kämmerern einen Befehl, einen so sonderlichen Befehl, daß nach Ausführung desselben ganz Stockholm auf die Beine kommt, daß eine einzige Woge der Bestürzung alle erfaßt.

Sie gibt den Befehl, die goldene Garbe, das Emblem des Hauses Wasa, aus dem Reichssiegel und dem Getäfel des Bodens im inneren Schlosse wegzunehmen.

Die goldene Garbe der Wasa, dieses Symbol für Fruchtbarkeit, Reichtum und Fleiß, das mehr als 130 Jahre über allen Geschicken Schwedens und seiner Länder, Provinzen, Einflußgebieten gehangen ist, läßt sie wegnehmen? Diese goldene Garbe, die der erste Wasa über das von ihm befreite Reich gesetzt hat, diese goldene Garbe, die sie alle einte von Dänemark bis Lappland, von Pommern bis Livland, von Finnland bis zu der Grenze des russischen Reiches, diese Garbe läßt sie wegnehmen?

Sie, ein heiratsfähiges Mädchen, läßt die Garbe wegnehmen, statt sie künftigen Kindern und Kindeskindern für Schweden zu vererben?

Ist sie denn altersschwach, daß ihr das Regieren schon zuviel Beschwer macht?

Nein, sie ist jung, energisch, vital.

Und da will sie abtreten? Da steckt doch etwas dahinter. Reverendissimus in Uppsala ahnt, was dahintersteckt, knistert doch irgendwo in einem Versteck die Abschrift eines Briefes.

Unmittelbar danach teilt Christine offiziell dem Großkanzler und dem Reichsmarschall ihr Vorhaben mit und trägt ihnen auf, es dem Prinzen zu eröffnen, damit er sich zum Antritt der Regierung bereithalte.

Karl Gustav ist verwirrt, sehr verwirrt sogar.

‚Das ist das beste', denkt er bei sich.

Denn er weiß, daß ihn nur die Abdankung der Königin in seinen Verhältnissen ganz sicher stellen kann. Denn immer befürchtete er, sie könnte eines Tages doch heiraten, und dann wäre alles aus. Daß sie ihn aber nicht ehelichen will, jedenfalls nicht unter diesen Umständen, ist ihm klar geworden.

In diesen unruhigen Tagen jagt der Prinz nicht.

Er sitzt unruhig im Stadtpalais seiner Familie in Stockholm und wartet auf immer neue Nachrichten aus dem Königsschloß.

Wie ist der neueste Stand? Was wird die Königin jetzt wieder sprechen? Welche neuen Pläne aushecken? Wird sie beim Entschluß der Abdankung bleiben, oder wird sie sich umstimmen lassen? Je mehr er aber im Innersten danach fiebert, daß sie ihren Entschluß nicht umstoße und tatsächlich schon jetzt abdanke, um so mehr hütet er sich, dies nach außen zu zeigen oder zu jemand ein Sterbenswörtchen in dieser Richtung fallen zu lassen.

Da wird ihm der Großkanzler gemeldet. Beim Eintritt des wuchtigen, alten Mannes weiß er, daß sein Schicksal entschieden ist.

„Hoheit", meldet der Kanzler bleich und übelgelaunt, „Ihre Majestät beauftragt mich, nicht ohne Ihre Einwilligung zur Regierungsübernahme zurückzukehren. Habe ich die Ehre, unseren künftigen König begrüßen zu dürfen?"

Dem Prinzen schießt alles Blut in den Kopf.

Das, das ist fürwahr die Stunde seines Lebens!

‚Mutter, wenn du das hören könntest! Ach, was mußtest du so früh sterben! Wie stolz wärest du, könntest du sehen, wie man deinem Erstgeborenen die Krone bringt, diese kostbare Krone eines mächtigen Reiches, nach der all unsere Pläne seit Jahrzehnten zielten.‘

Dem Prinzen wird heiß und kalt. Ein Schwindel erfaßt ihn, die Knie zittern ihm vor Aufregung. Aber nur jetzt nicht zeigen, wie man tatsächlich empfindet! Nur jetzt nicht merken lassen, wie sehr man diesem Augenblick entgegengefiebert hat! Ist sie, in deren Händen die Krone noch ist, nicht wechselhaft? Und sind seine Feinde nicht zahlreich wie Sand am Meer? Wohl, er steht nur noch einen letzten, kleinen Schritt vor der Macht. Es ist fünf Minuten vor zwölf für ihn. Wenn die Stunde um ist, kann er König sein.

Aber er ist klug geworden, dieser vorzeitig gealterte, früh gereifte Krieger, in dessen Adern nicht nur das Draufgängerblut der Wasa pulst, sondern auch das vorsichtig abschätzende Erbe einer heimatlos gewordenen Seitenlinie eines unbedeutenden Duodezfürstenhauses.

Der dicke Mann, dessen Beruf im letzten Lebensjahrzehnt geradezu das Sich-Gedulden geworden ist, dessen Schicksal bisher einem Warteraum eines Miniaturbahnhofes gleicht, dieser unruhige Ehrgeizling hat es meisterhaft gelernt, den ergebenen Staatsdiener zu spielen. Die Klugheit wird auch augenblicklich Sieger über die Begeisterung der Stunde.

Der Prinz nimmt Platz, sein Haupt senkt sich sorgenvoll, die vorher noch so nervösen Finger verkrampfen sich ineinander. Karl Gustav holt tief Atem und blickt den Großkanzler an. Lange, schweigend und würdevoll.

„Graf“, spricht er leidenschaftslos und bedächtig, „ich bitte Sie inständig, alles in Ihrer Macht Liegende anzuwenden, um die Königin von ihrem Plan abzubringen.“

Der Großkanzler tut überrascht. Er ist wahrlich nicht überrascht, aber er tut so. Er ist eben kein schlechterer Schauspieler als der Prinz. Hat nämlich der Prinz seine Erfahrungen gesammelt in der langen Wartezeit seines Geschicks, so der alte Kanzler nicht minder im Erleben eines fast 50jährigen Diplomatenberufes. So lange schon dient er bereits drei Königen von Schweden und kennt all die Schliche, Intrigen und Taschenspielerkünste, die ein Leben unter der Sonne der Macht nun einmal mit sich bringt. Der Großkanzler hat nichts anderes erwartet. Er kennt die Klugheit des Prinzen, wie gleichermaßen seinen rastlosen Ehrgeiz. Natürlich muß er zurückhaltend und zögernd tun. Denn in letzter Minute könnten die Großen des Reiches dem armen Pfälzer einen Prügel in den Weg werfen, über den er straucheln müßte. Was aber dann? Spott wäre die ‚Gloriole' seiner Niederlage. Das will sich der Prinz ersparen. Der Großkanzler nickt vor sich hin. Er ist befriedigt und möchte am liebsten aufstehen, um seiner Königin die Ablehnung des Prinzen zu hinterbringen. Aber dieser Altmeister der Politik ist zu schlau, um sofort aufzubrechen. Einen solch billigen Sieg gibt er dem Prinzen nicht. Wohl bezeigt er nach außen dem Pfälzer Ergebenheit, denn er könnte am Ende wirklich noch König werden, und er, Oxenstierna, es erleben! Aber er will sich lieber den Schein geben, als hülfe er ihm, statt ihn wirklich zu unterstützen. Der Großkanzler blickt den Prinzen frei an.

„Hoheit, der Entschluß Ihrer Majestät ist unabänderlich. Ich bitte Sie im Namen der Königin, im Namen Schwedens, nehmen Sie die Krone Schwedens an!"

Der Prinz muß heftig atmen, ob er will oder nicht. Die Leibesfülle setzt dem Herzen zu. Und diese Worte erst recht! Ist der Entschluß der Königin wirklich unabänderlich? Wenn er das wüßte! Kann man diesem Oxenstierna trauen? Am Ende steckt doch eine Falle hinter dem Ganzen?

Unwillkürlich drängt sich Karl Gustav die Erinnerung an Plutarchs Lebensbeschreibung Caesars auf. Als Jüngling auf Schloß Stegeborg hat er sie mit glühenden Wangen und fiebrigen Augen studiert. Was aber steht dort zu lesen?

Marc Anton bietet Caesar eine Krone an, aber Caesar schiebt sie beiseite. Doch nach der Meinung Cascas hätte er sie gar zu gern gehabt!

Karl Gustav schlägt das Buch der Jugenderinnerungen zu. „Herr Kanzler“, tut er gelassen, „ich habe für mich nur den einen Wunsch, die Vorsehung möchte meine teure Kusine noch lange das Zepter, welches sie bisher zum Ruhm des Vaterlandes geführt, in Händen halten lassen, und die Königin möge bis ans Ende ihrer Tage der Regierung nicht müde werden.“

Oxenstierna schließt verdrießlich die Augen. ‚Ach, wozu dieses Theater? Stimm ein, deutscher Jüngling, daß du dich freust, und ich kann gehn.‘ Aber der alte Weltmann beherrscht sich. Doch monoton wie bei einem Kind, das nur widerwillig ein Gedicht hersagt, kommt es abermals von seinen Lippen:

„Hoheit, ich bitte Sie nochmals, nehmen Sie die Krone an!“

Karl Gustav wischt sich mit der dicken Hand über die fettige Stirn. Da ist sie wieder, die Jugenderinnerung! Wie steht es doch im Plutarch?

Es bietet Marc Anton ihm nochmals die Krone an, und Caesar schiebt sie nochmals zurück. Aber nach Cascas Bedünken kommt es ihn hart an, die Finger wieder davon zu tun.

Abermals klappt der Prinz das Buch der Jugenderinnerung zu. „Graf“, spricht er sanft, „mein höchster Wunsch ist, daß die Königin eine lange und glückliche Herrschaft führen möge. Ich für mein Teil werde mein Leben lang gegen Ihre Majestät die anhänglichste Ergebenheit und den vollkommensten Gehorsam als Untertan bewahren, und verlange für mich nichts weiter.“

Den alten Kanzler ekelt. Er hat den Pfälzer nie gemocht, und er mag ihn in dieser Stunde weniger denn je. Aber dennoch hebt er noch ein letztes Mal an:

„Hoheit, ich bitte Sie abermals, nehmen Sie die Krone an!“

Der Prinz fühlt, wie seine Knie zittern. Wie schreibt doch Plutarch?

Und dann bietet er ihm zum dritten Mal die Krone an. Caesar aber schiebt sie zum dritten Mal zurück, und jedesmal, da er sie ausschlägt, kreischt das Gesindel, klatscht in die rauhen Fäuste und wirft die schweißigen Nachtmützen voller Lust in die Höhe.

„Lang lebe Königin Christine", murmelt er dumpf, und diesmal beben seine Finger so sehr, daß er sie nicht mehr im Zaum halten kann.

Der alte Kanzler sieht ihn forschend an. Sein Blick gleicht dem scharfen Skalpell eines Pathologen, der kunstgerecht eine Leiche seziert. Und da packt Oxenstierna eine diabolische Lust, jenem, und sei es nur für eine Sekunde, die Maske vom Antlitz zu reißen. Er spricht kalt, als wäre sein Schwedenblut eingefroren:

„Wenn Sie, Hoheit, nicht annehmen, kann ich mir vorstellen, daß die Wahl Ihrer Majestät auf den Grafen Tott fällt. Er stammt direkt von König Erich ab, und die Königin trug sich schon einmal mit dem Gedanken, ihn zum Herzog zu ernennen."

So, nun ist es heraußen. Das Gift ist eingeträufelt, nun möge es seine Wirkung tun.

Und es tut seine Wirkung. Der Prinz reißt die Augen auf, als wollten sie jeden Augenblick aus ihren Höhlen kollern. Er japst sogar richtig nach Luft, daß man glauben könnte, der dicke Mann müsse ersticken. Aber er erstickt schon nicht daran, sinniert der alte Herr und freut sich spitzbübisch über den gelungenen Streich.

„Graf", keucht der Prinz mühsam hervor, „schließlich bin ich der einzige legale Nachfolger, wie das Gesetz es vorsieht. Sie selbst haben die Thronfolgeakte unterschrieben."

„Gewiß", nickt der Kanzler bedächtig, „gewiß."

Oh, wie heißt es doch bei Plutarch? Wie erzählt er weiter? Caesar schlägt die Krone aus, aber fast erstickt er daran, denn er wird ohnmächtig und fällt zu Boden. Er hat Schaum vor dem Mund und schlägt wild um sich. Aber bevor er fällt, wie er merkt, daß der Pöbel sich freut, weil er die Krone ausschlägt, da reißt er sein Wams auf und bietet dem Volk seinen Hals zum Abschneiden dar.

Karl Gustavs Rechte umklammert schutzsuchend die Armlehne und umkrampft sie.

„Herr Kanzler, ich empfehle mich Ihrer Majestät", bringt er mühsam hervor.

Karl X. von Schweden, Halbcousin Königin Christines, von ihr als Nachfolger eingesetzt. Geboren 1622, König mit 32 Jahren, gestorben 1660 an den Folgen eines Sturzes vom Pferd.

Der alte Politiker erhebt sich. So hat er sich die Szene vorgestellt. Genauso. Er streicht wie glättend an seinen Beinkleidern herunter. Scheinbar ganz nebensächlich, schon zum Gehen gewendet, den Kopf bereits auf die Tür geheftet, sagt er gelangweilt:

„Sie nehmen also an, Hoheit?"

„Ich bin der gehorsame Diener Ihrer Majestät", preßt er mühsam hervor. Seine Augen stieren glasig in den Saal.

Der alte Kanzler eilt davon, so leichtfüßig, als drückten ihn keine siebzig Lenze.

XXII

Es wird brenzlig

„Es gibt zwei Tragödien im Leben. Die eine besteht darin, nicht zu bekommen, was das Herz begehrt. Die andere ist die, es zu bekommen."
George Bernard Shaw

Die Königin empfängt beruhigt die Nachricht. Aber sie ordnet daraufhin nichts an, sie gibt keine neuerlichen Befehle. Welch harte Probe für die Ungeduld eines Thronprätendenten!

Doch in Benehmen und Reden läßt die Monarchin immer häufiger ihren Plan durchblicken und bereitet so den ganzen Hof auf ihren Entschluß langsam, aber stetig vor. Sie läßt den von der Königin-Mutter früher bewohnten Palast einrichten und ihre Gemälde und Büchersammlungen dorthin bringen, als werde sie dort künftig ihre Wohnung nehmen.

Das 17. Jahrhundert ist nicht nur das Zeitalter des heraufdämmernden fürstlichen Absolutismus, sondern auch des Widerspruchs dagegen in Form von anonymen Pasquillen oder Pasquinaden, sogenannten Schmähschriften. Es sind dies mit Karikaturen versehene Witzblätter, in denen fürstliche Persönlichkeiten aufs Korn genommen werden. Die boshaftesten Verfasser solcher Zeitungen, die Pasquillanten, arbeiten auf Bestellung und Rechnung einflußreicher Adeliger in Paris und Rom.

Nun ist, wie bereits berichtet, Christines Oberhofmarschall, Graf Magnus de la Gardie, dem sie ihre Kusine Marie Euphrosyne zur Frau geben und den sie damit zum Schwager Karl Gustavs sowie zu einem Mitglied der Königsfamilie gemacht hat, durch eine gemeine, selbst ins Werk gesetzte Verleumdungskampagne bei Hof in allerhöchste Ungnade gefallen.

Graf Magnus wird daraufhin vom einheimischen Adel, der seit jeher gegen den aus der Gascogne stammenden Ausländer eingenommen war, wie die Pest gemieden. Dergleichen ist ein hochmütiger, ehrgeiziger Herr nicht gesonnen, ungestraft hinzunehmen. Er rächt sich auf seine Weise... an der Königin.

Graf Magnus hat aus der Zeit seines Paris-Aufenthalts – die in ihn seinerzeit verliebt gewesene Christine hatte ihn als Gesandten nach Frankreich geschickt, weil ihr seine körperliche Nähe mit der Zeit zu gefährlich zu werden schien –, also aus dieser Zeit hat der Graf noch einige gute Bekannte in Paris sitzen. Diese adeligen Herren aus dem Kreis der klatschsüchtigen und intrigenreichen jungen Leute gehen am französischen Hof und im berüchtigten Hôtel de Rambouillet aus und ein, keine andere wesentliche Tätigkeit ausübend, als Tratschgeschichten zu erzeugen und genußreich zu verbreiten. Im Pariser ‚Salon bleu' (blauer Salon) werden diese unter dem Deckmantel der Anonymität gerichtlich schwer zu verfolgenden Pasquillen mit Bosheit rezitiert, mit höllischer Schadenfreude aufgenommen und weitgestreut kolportiert.

Gewisse, dem sich zurückgesetzt fühlenden Grafen Magnus nahestehenden Kreise um die 46jährige, galante Gesellschaftsromane schreibende Madeleine de Scudéry, erhalten von dem rachedürstenden Schwager Karl Gustavs pikanten Stoff für ihre Pasquinaden.

Wie, eine 27jährige Königin weist alle ihre Freier ab? Wie, diese Monarchin zeigt sich der Ehe gegenüber abhold? Schien sie nicht in ihre Jugendfreundin Ebba Sparre widernatürlich verliebt zu sein? Fand sie nicht Gefallen am französischen Gesandten Chanut? Warum wurde er über Nacht nach Lübeck versetzt? Und erst der neue spanische Gesandte! Ist er nicht auffallend oft mit der Königin allein? Und ihr französischer Arzt Bourdelot? Gibt sie sich nicht zu vertraulich mit ihm ab?

Magnus de la Gardie versorgt die Pasquillanten in Paris eilfertig mit hinterhältig aufgebauschten und verdrehten ‚Intimitäten' aus dem Leben der ‚jungfräulichen' Königin, der urplötzlich widerwärtige Perversitäten aller Art angedichtet werden. Christine liebe verbotenerweise den verheirateten Spanier, trompeten die phantasiereichen Pasquillanten in die Welt hinaus.

Die Reichsräte, die Bischöfe Schwedens werden beim Großkanzler vorstellig. Der Handelsvertrag mit Schweden ist unterschrieben. Die Mission des Gesandten kann damit als beendet angesehen werden. Der Spanier muß weg, ist der Tenor aller diesbezüglichen Vorsprachen bei Oxenstierna. Don Antonio Pimentel bringe die Königin, bringe den schwedischen Hof in argen Verruf. Er überrede gewiß die Monarchin abzudanken, damit Spanien Schweden um so leichter überfallen und so mit Gewalt katholisch machen könne.

Das Volk wird unruhig. Es kommt zu Zusammenrottungen, zu Aufläufen vor der spanischen Residenz. Der Gesandte wird verspottet, verflucht. Es wird zu seinen Fenstern hinaufgeschrien, er wolle die Königin zum Verrat an der Konfession des Protestantismus verführen.

Die Unruhe wird immer größer. Schon droht ein Aufstand in Stockholm. Der Spanier entschließt sich unter dem Druck der Massen zur Abreise.

Die Monarchin versucht, ihn zum Bleiben zu bewegen. Der Spanier zögert, Christine verstärkt ihre Bitten. Vergeblich.

Um eine Revolte zu vermeiden, um die Königin nicht noch schlimmeren Verdächtigungen und Angriffen auszusetzen, sticht Don Antonio Pimentel schließlich heimlich bei Nacht und Nebel in See.

Christine ist außer sich. Ihr Zorn über den politischen Druck der aufgewiegelten Massen ist groß. Die überstürzte, erzwungene Flucht des Gesandten empfindet sie als schwere persönliche Demütigung, als äußerst empfindliche Niederlage.

Da... zehn Tage später... steht Don Antonio Pimentel wieder vor der Königin. Seine Fregatte hat kläglich Havarie erlitten.

Der Schiffbrüchige wird von der Monarchin abermals mit höchster Huld aufgenommen. Die mutige Christine zeigt damit vor aller Welt, daß sie nicht gewillt ist, sich dem Terror, woher er auch immer kommt, zu beugen.

Doch diese politische Affäre beraubt die Königin vieler Illusionen bezüglich der Liebe und Treue so mancher Untertanen.

Das alles beschleunigt nunmehr den Entschluß Christines zur Abdankung.

Am 25. Oktober 1653 beruft sie eine Versammlung des Reichsrates in das Königsschloß von Stockholm.

XXIII

Aufruhr in der Versammlung

„Vieles Gewaltige lebt auf Erden; nichts ist gewaltiger als der Mensch."

Sophokles

In dieser Versammlung erklärt die Königin nun feierlich vor den vollständig anwesenden, ergriffen lauschenden Räten, sie sei entschlossen, die Regierung niederzulegen und dem Prinzen zu übertragen, um sich in das Privatleben zurückziehen zu können. Nach reiflicher Erwägung habe sie kein besseres Mittel gefunden, um das Wohl des Landes zu sichern und ihre Untertanen zu befriedigen. Die Thronfolge müsse nun einmal durch Erben befestigt sein. Da der Prinz zum König durch die Thronfolgeakte bestimmt, sie aber entschlossen sei, niemals zu heiraten, so werde jener verpflichtet sein, eine Gemahlin zu wählen, wie man sie ihm aussuche. Er sei nicht dagegen, die Vermählung mit einer Prinzessin von Mecklenburg werde erfolgreich betrieben, so daß die Angelegenheit bald zum Abschluß kommen werde. Sie drückt ferner die Hoffnung aus, Gott werde ihm Kinder schenken und dadurch die Nation von der Furcht befreien, in die alten Übel einer Königswahl zu verfallen. Sie rühmt mit großem Lobe die Vorzüge des Prinzen und die besten Aussichten auf eine glückliche Regierung unter seinem Zepter.

Nun ist alles klipp und klar ausgesprochen, kein Zweifel mehr möglich. Sie hat in aller Entschlossenheit dargelegt, nie heiraten zu wollen und die Krone niederzulegen.

Alle Anwesenden sind erschüttert. Alle sitzen wie vom Schlag gerührt auf ihren Stühlen und sind fürs erste keines Gedankens, keiner Erwiderung fähig.

Man munkelte schon seit einiger Zeit, aber jetzt, in dieser Stunde, ist die Entscheidung da!

Und wie immer, wenn etwas Gewaltiges hereinbricht, ist man fürs erste erstarrt. Was aber alle verwirrt und völlig vor den Kopf stößt, ist ferner die Eröffnung, daß der Prinz einverstanden sei, eine Mecklenburgerin zu heiraten. Bisher war immer die Rede davon, er vermähle sich nur mit der Königin, sonst mit niemandem auf der Welt. Und jetzt auf einmal, urplötzlich, diese Kehrtwendung, diese völlige Sinnesänderung!

Worauf ist noch Verlaß, wenn nicht auf die Worte eines Mannes!

Aber können diese adeligen Räte denn nicht fassen, daß im Herzen eines ehrgeizigen Mannes selbst so ungeheure Werte wie Glaube und Liebe in nichts zerrinnen, wenn eine herrliche Krone winkt? Gut, man war calvinisch, gut, man liebte Christine, aber ist der Thron Schwedens nicht wert, daß man sich seinetwegen – na, wenn schon! – auch mit einer Mecklenburgerin vermählt? Gut ist für diesen Mann, was die Krone bringt, schlecht, was von ihr entfernt.

Aber das Ungeheure dieses Augenblicks sitzt zu sehr in den Köpfen und Herzen dieser Herren, als daß sie sofort fähig wären, der Königin etwas zu erwidern. Die ersten, die sich fassen, sind der Drost, der Marschall und der Kanzler.

Sofort bemühen sie sich durch vielfache Vorstellungen, die Königin von ihrem Plan abzubringen. Sie würden nie einen anderen Herrn anerkennen als sie, die ihnen von Gott gegeben sei, solange er ihr das Leben erhalte. Außerdem sei der Reichsschatz erschöpft, so daß man die Kosten für die Krönung gegenwärtig nicht aufbringen könne, zumal die Vermählung des Prinzen in Kürze wieder eine große Ausgabe erfordern würde.

Die Schlauen! Sie schützen finanzielle Nöte vor, um das Vorhaben zum Scheitern zu bringen. Endlich beschwören sie die Königin im Namen des Reichsrates und aller Stände, die Zügel der Herrschaft nicht aus den Händen zu geben.

Allein: nichts vermag Christine umzustimmen. Sie erklärt, ihr Entschluß stehe unabänderlich fest, und sie möchten sich ihm fügen. Die vorgeschützten finanziellen Nöte des Staates pariert sie in feiner Ironie. Die Kosten für die Krönung würden nicht so hoch sein, daß der Staat sie nicht tragen könnte. Für diesen Fall aber besitze sie selbst persönlich genug, um hier beizusteuern. Außerdem könne man die Krönung mit der Vermählung zusammen vornehmen.

Der Reichsrat muß die Festigkeit ihres Entschlusses hinnehmen. Einzeln treten die Räte vor und beschwören sie. Doch nichts kann sie umstimmen. Unterdessen hat man die Großen des Hofs und die Günstlinge herbeigerufen. Auch sie bemühen sich um die Königin; manche fallen ihr zu Füßen und betteln unter Tränen. Aber nichts kann sie erweichen und ihren Entschluß ändern.

Mittlerweile sind fünf Stunden vergangen. Man hat Kerzen entzündet.

Die Nacht bricht an. Die Königin ist wie gefangen. Man hat sie auf den Thronsessel geleitet und dort listig umschlossen. Immer wieder treten neue Abordnungen herzu, immer wieder dringen neue Bittreden an ihr Ohr. Da schreitet abermals eine Gruppe durch den Saal und nähert sich dem silbernen Thron. Es sind Abgesandte der Stände, an ihrer Spitze der Großkanzler. Mitternacht ist nicht mehr fern. Diesmal ist der herrliche Saal mit den Prachtgobelins aus Schwedens Heldengeschichte nicht in so gleißendes Licht gehüllt wie sonst zu den feierlichen Empfängen, Redouten und Maskeraden.

Heute schimmern gespenstisch nur die vorderen Kandelaber, und die Königin in ihrer dunkelbraunen Samtrobe wirkt reifer und ernster denn je. Sie, die sonst die längsten Sitzungen ohne Abgespanntheit übersteht, ist müde. Schon seit Wochen quält sie die innere Unruhe, die einem so gewaltigen Entschluß nun einmal vorangeht. Nun die Stunde der Entscheidung da ist, merkt sie, daß die Spannkraft ihrer überbeanspruchten Nerven nachläßt. Sie hat nur den einen Wunsch, diese Szene möchte endlich versinken wie der verwehende Tag in die flackernde Mitternacht.

Aber sie kommen und gehen, all diese nordischen Helden und Diplomaten, all diese Höflinge und Günstlinge, die unter ihren Vorfahren reich, all diese Bürger und Bauern, die unter Christine unabhängig geworden sind.

Der Großkanzler, der ihre Wege begleitet hat seit ihrer zartesten Kindheit, der ihr vertraut ist wie ein Vater, er steht in diesem Augenblick vor ihr und blickt sie forschend an. Aber dieser alte Diplomat, der die Welt kennt mit ihren Schwächen, der auf seine alten Tage keine Umstürze mehr erleben will, der in seinem langen Erdenwallen den Krieg liebte, aber jetzt in seinen Wintertagen nur noch den wärmenden Frieden für sein Vaterland will, dieser alte Politiker holt für diesen Augenblick alle Beredsamkeit aus seiner ermüdenden Seele.

„Majestät", beginnt er behutsam und leise, als gälte es, eine Schlafende zärtlich zum Erwachen zu bringen, „Majestät, im deutschen Krieg war's, einige Wochen vor dem Ableben Ihres königlichen Vaters, als der große Gustav Adolf vielleicht eine Vorahnung seines nahen Heldentodes hatte."

Es ist, als brächten diese langsam dahingesprochenen Worte neues Leben in die Seele der Königin. Sie hebt ihr Haupt und blickt geradeaus vor sich hin, als dächte sie angestrengt über etwas nach.

„Ihr Herr Vater", spricht Oxenstierna weiter, „sieht mich auf einmal so sonderbar an, abends war's, und wir saßen vor dem Zelt. Der König legt seine Hand auf meine Schulter und flüstert mehr, als er sagt: ‚Mein lieber Kamerad, vielleicht komme ich aus diesem Kampf nicht mehr heim.' – ‚Aber, meine teure Majestät', darauf ich bestürzt, ‚wie kann man solches nur denken? So jung und so zukunftsreich!' – ‚Oh, mein Freund', darauf der König, ‚der Sturm fällt junge Bäume gleicherweise wie alte. Falls ich also meine geliebte Tochter nicht mehr wiedersehe, gelobe mir bei allem, was dir heilig ist, daß du meinem Kind das Reich mit aller Kraft erhaltest und nicht zuläßt, daß man es ihr raube! Gelobe mir das!' – Ich tat es. Meine Königin, ich tat es."

Irgendwer in der Umgebung der Monarchin weint auf. Vielleicht eine Hofdame, vielleicht ein empfindsamer Page.

Die Königin sitzt unbewegt und starr. Zu starr, um wirklich unbewegt zu sein.

‚Ich muß weitersprechen', denkt der Kanzler, ‚ich darf nicht aufhören.' „Majestät, in dieser Stunde ist es mir ein Bedürfnis, im Namen des Reiches Ihnen zu danken für die Mühen, womit Sie für die Größe und Ruhe desselben gewirkt haben."

Schmeicheleien, durchzuckt es die Monarchin, nichts als Schmeicheleien.

„Majestät", fährt der Kanzler fort, „wenn Sie heute abtreten, so wäre es besser gewesen, daß irgendein Schattenfürst in den Hinterstuben der Achtung seines Volkes gehaust hätte, als daß heute eine so erhabene Herrscherin ihr Reich verlassen wollte. Heute, nachdem sie es auf eine solche Höhe geführt, daß alle Völker dies mit Staunen betrachten."

Christine hebt abwehrend ihre Hand gegen den Sprecher. Aber er läßt sich nicht abhalten fortzufahren. „Ihr Rücktritt", ruft er jetzt hallend durch den Saal, „wird das Verderben des Staates nach sich ziehen. Ich fordere alle Anwesenden zu Zeugen auf, daß dem so ist. Ist ein Schwede im Saal, der anderer Meinung ist, er melde sich!"

Stille liegt über dem riesigen Saal.

„Ich war ein Jüngling", spricht der Staatsmann unbeirrt weiter, „als ich vor Ihrem Großvater König Karl kniete, da er die Regierung übernahm. Sieben Jahre später beugte ich meinen Nakken vor Ihrem Vater, als er das Zepter ergriff. Es war schon in den Herbsttagen meines Lebens, als ich vor seiner Tochter kniete, da Sie den Thron bestiegen. Heute bin ich ein Greis und das Knien wird mir schon beschwerlich. Aber dennoch, ihr gichtigen Knie, fallt noch einmal nieder vor eurer Königin und beschwört sie, da meine Worte keinen Eingang in ihre Seele finden!"

Ist es die Magie des einmaligen Augenblicks, ist es Massensuggestion, was alle urplötzlich packt, daß diese unübersehbare Menge in dem Saal wie auf Kommando mit dem alten Kanzler in die Knie sinkt?

Christine preßt die Lippen aufeinander, als müsse sie sonst aufschreien. Sie bedeutet den Anwesenden, sich zu erheben. Aber sie knien unentwegt weiter.

Da ruft eine laute Stimme von hinten, mitten aus dieser Menschenwoge heraus: „Wir wollen nicht den Vorwurf der Nachwelt erdulden, zu solchem Verderben des Vaterlandes unsere Zustimmung gegeben zu haben."

Sie knien noch immer. Ja, wollen denn diese Menschen sich überhaupt nicht mehr erheben? Damals knieten sie auch. Es war Oktober wie heute. Sie knieten ebenso unbeweglich vor ihr: Schweden, Abgesandte aus Livland und Pommern, Männer aus Riga, Stettin und Stralsund. Alle Glocken Stockholms läuteten, und sie leistete den Eid der Könige von Schweden, welchen der Kanzler ihr vorlas. Darauf salbte sie der Erzbischof von Uppsala und setzte ihr die Krone aufs Haupt. Wie furchtbar schwer sie doch war! Es war nämlich nicht die Krone der Königinnen, sondern die der Könige. Die Großwürdenträger überreichten ihr das Schwert, das Zepter, den goldenen Reichsapfel und den goldenen Schlüssel. Ein Herold verkündete dem Volk mit lauter Stimme: „Die großmächtigste Königin Christine ist gekrönt worden, sie und niemand anders." Dann setzte sie sich unter einen Baldachin, der von ihren berühmtesten Generalen getragen wurde. Da leisteten sie ihr alle den Eid, die Prinzen Karl Gustav und Johann, der Kanzler, der Drost und Marschall, die Reichsräte, Generale und Statthalter. Und jeder kniete vor ihr. Damals genau wie jetzt!

Christine scheint Beklemmung zu fühlen. Mühsam stößt sie hervor:

„Bitte, erheben Sie sich!" – Und da dies nichts nützt, nochmals: „Herr Kanzler, bitte erheben Sie sich!"

Der alte Mann steht ächzend auf, tritt ganz nahe an ihren Thron heran. „O Majestät, spricht nicht aus allen Ecken, aus dem letzten Winkel Stockholms, aus allen Himmelsrichtungen Schwedens das Haus Wasa zu uns? O großer Gustav Adolf, der du deine Tochter über alles liebtest, senke herab deinen Geist auf sie, die dein Zepter fortgeben will, flöße ihr die Kraft ein, das zu bleiben, was sie ist: Gustav Adolfs große Tochter, Gustav Adolfs Vermächtnis!"

„Gustav Adolf", brandet ein Schrei im Saal auf und pflanzt sich mächtig fort: „Gustav Adolf, Gustav Adolf!"

Christine streckt beide Hände der lawinenartigen Menge entgegen. „Ich bleibe", flüstert sie, „ich bleibe."

Niemand hat es gehört, so leise kam es von ihren Lippen. Doch einer hat es gehört, der Kanzler.

Der alte Mann dreht sich mit einem heftigen Ruck den Anwesenden zu und ruft mit einer Heldenstimme, die niemand seinem Alter zugetraut hätte:

„Ihre Majestät bleibt! Schweden, die Königin bleibt!"

Der ganze Saal gerät in heftige Bewegung.

Die Masse springt auf, die Männer fallen einander um den Hals, besonders Empfindsame schluchzen auf, pressen die Hände vor die Augen. Einige Bauern werfen in übermütiger Lust ihre Hüte so hoch in die Luft, daß sie auf anderen Häuptern landen, als es ihnen zusteht.

Die Masse schiebt sich nach vorn, und sprängen nicht einige Beherzte in die Bresche, die Monarchin würde erdrückt werden.

Das ist ein Stoßen und Zwängen, jeder will möglichst nahe an den Thron heran, die Fingerspitzen ihrer ausgestreckten Hände berühren, den Saum ihres Gewandes oder wenigstens die Unvergleichliche aus nächster Nähe sehen, einen Blick ihrer Augen zu erhaschen.

Die Pagen und Trabanten kommen gelaufen, stecken Lichter auf den weitausladenden Lüstern an und hüllen in wenigen Augenblicken den Riesensaal in gleißende Helle.

Niemand kommt auf den Gedanken, daß Mitternacht schon vorüber ist und draußen die Kälte eines schwedischen Spätherbstes klirrt. In den Herzen dieser Menschen ist Frühling, ist funkelnder Tag.

Die Glocken der Riddarholmkirche beginnen zu läuten, und schon stimmen die Glocken aller Kirchen Stockholms ein. Die Bürger springen aus ihren Betten, nur notdürftig bekleidet, eilen sie aus ihren Häusern. Einer gibt dem andern mit Windeseile die Botschaft weiter, daß die Königin abdanken wollte, aber vom Kanzler umgestimmt wurde.

Man eilt aus den Gassen vor das Königsschloß, man schreit sich die Kehlen heiser, bis man es im Thronsaal oben trotz allem Tumult und aller Bewegung hört.

Der Kanzler geleitet seine wiedereroberte Königin zu einem der hohen Balkone, ein Kammerherr wirft den hermelingefütterten Krönungsmantel um ihre Schultern. Das Volk tobt vor Begeisterung. Der Jubel kennt keine Grenzen.

Schweden hat seine Königin wieder.

„Königin Christine! Christine! Christine!" schreit es aus Tausenden Kehlen vor dem Schloß, der Ruf pflanzt sich fort in den Palast hinein, in die weitläufigen Gänge des riesigen Steinkastens, in den Thronsaal.

Die Monarchin ist ermattet, aber sie lächelt und lächelt, immerzu.

Endlich gelingt es dem Kanzler und einigen Kämmerern, für sie eine Gasse zu bilden, durch die sie sich in ihre Gemächer zurückziehen kann.

Da reißt irgendein Höfling seinen Mantel ab und legt ihn auf den Boden jener Gasse, darüber die Königin im nächsten Augenblick kommen wird. Sein Beispiel macht Schule. Und Christine muß, ob sie will oder nicht, über die Umhänge ihrer Untertanen, die verehrende Liebe unter ihre Füße gelegt, hinwegschreiten.

XXIV

Eine unerwartete Wendung

„Die Menschen deuten oft nach ihrer Weise
die Dinge, weit entfernt vom wahren Sinn."
William Shakespeare, Julius Caesar

Andern Morgens eilt sogleich der Prinz zu ihr. Er bezeigt ihr mit lebhaftesten Worten seine Freude über die Änderung des Entschlusses. Dann reist er sofort ab und begibt sich wieder auf seine Insel Öland. Auf Schloß Borgholm von Freunden und Glücksrittern umgeben, die ihm tagtäglich in den Ohren liegen, unter seiner Regierung werde in Schweden das Paradies eintreten, lebt er wieder das Dasein eines reichen Landjunkers. Er veranstaltet Parforcejagden, schmiedet hochfliegende Pläne. Abends leert man reihum die vollen Becher köstlicher Weine und erfreut sich an den Bauerndirnen der weiten Insel.

In Stockholm machen bei der Königin ein Gesandter nach dem andern ihre Aufwartungen und überbringen die Glückwünsche ihrer Regierungen. Der französische Legationssekretär Picques, den Chanut als Stellvertreter zurückgelassen hat, versichert ihr mit vielen Schmeichelworten das außerordentliche Vergnügen, welches seine königlichen Gebieter und ganz Frankreich über die angenehme Nachricht empfinden. Auch der polnische Abgeordnete Leszczynski spricht sich sehr erfreut darüber aus, indem Polen bei der Fortdauer ihrer Herrschaft eher den Frieden zwischen beiden Staaten erhofft. Dem dänischen Gesandten erklärt sie bei der Glückwunschvisite, ihr Entschluß beziehe sich vorzüglich auf das Bestreben, für Schweden einen sicheren Frieden mit allen seinen Nachbarn zu gewinnen. Aber Chanut, der ihr ein Huldigungsschreiben voll Begeisterung schickt, antwortet sie: „Es war mein fester Vorsatz, die Regierung dem Thronfolger zu übergeben; und nur den dringenden Bitten meiner Untertanen glaubte ich diese Genugtuung nicht versagen zu dürfen; allein ich habe auf meinen Entschluß nicht so völlig verzichtet, daß nicht ein Tag kommen könnte, wo ich ihn ausführte."

Dem spanischen Gesandten aber klagt sie, daß sie unwürdig sei, den Glauben ihrer Ahnen anzunehmen.

Hat sie nicht in jener Szene, da sie endgültig abtreten wollte, zuviel auf die Worte ihrer Untertanen gehört? Hat sie sich nicht in jener entscheidenden Stunde erweichen lassen durch Schmeichelreden, durch romantische Vorstellungen, durch historische Sentiments? Hat sie nicht in jenem Augenblick zurückgeschaut in die Vergangenheit, auf den rauschenden Pomp der Krönung, auf die überschwengliche Huldigung der Untertanen, auf den betörenden Glanz ihrer Krone? Wie steht es doch geschrieben bei Lukas, Kapitel 9: „Wer seine Hand an den Pflug legt und wieder zurücksieht, taugt nicht fürs Reich Gottes."

Sie hat zurückgesehen! Sie konnte ihre Blicke nicht losreißen von dem glorreichen Thron des Vaters und Großvaters! Sie taugt daher nicht fürs Reich Gottes. Sie taugt nicht für die göttliche Liebe, sie taugt nicht für die irdische Liebe. Sie taugt überhaupt für nichts.

Eine Mutlosigkeit befällt die Königin, eine tiefe Traurigkeit überschattet ihr Gemüt. Das entgeht nicht ihrer engeren Umgebung. Das entgeht nicht dem hellhörigen Oxenstierna.

Und jetzt verändert sich der alte Kanzler. Er, dessen Außenpolitik sein Leben lang getreu den Grundsätzen des Hauses Wasa prolutherisch war, mithin auf einem Bündnis evangelischer Mächte gegen den alten Erzfeind des Protestantismus, gegen den Kaiser und damit gegen Österreich-Spanien, dessen Außenpolitik sich zu diesem Zweck sogar mit dem katholischen Frankreich, dem harten Rivalen Habsburgs, einließ, dieser Mann verändert sich jetzt auf einmal. Dieser in festen Grundsätzen ergraute Diplomat, der erst unlängst erklärte, Gustav Adolf würde sich im Grab umdrehen, wenn jemals Schweden mit Österreich-Spanien konspirierte, färbt seine Denkungsart auf einmal um.

Und alles das, um seine Königin zu erhalten, um zu verhindern, daß dieser Pfälzer den Thron erklimmt.

Was niemand für möglich hielte, was kein Politiker der Oxenstiernaschen Partei, was kein europäischer Gesandter glauben könnte, das geschieht mit einem Schlage.

Oxenstierna nähert sich Österreich-Spanien. Oxenstierna zeichnet Pimentel vor allen Gesandten aus, Oxenstierna betreibt gegen den Widerstand der Geistlichkeit eine neue Politik.

Fürs erste beginnt er damit, daß er den Plan der Königin, den Prinzen mit einer mecklenburgischen Prinzessin zu vermählen, verzögert, aufs diplomatische Eis schiebt und damit praktisch auch schon vereitelt. Und das — man staune! — gegen die Meinung seiner Königin.

Oxenstierna hofft, den unvermählten Pfälzer leichter im Zaum halten zu können als einen Thronfolger, dessen Macht durch mecklenburgische Familienbeziehungen bedeutend zunimmt.

Das nächste und ungleich schwierigere Ziel des Kanzlers ist es, die Königin zu vermählen. Ist das Unglaubliche aber geschehen, wie leicht kann man dann den Thronfolgeakt annullieren und den Pfälzer mit Grundbesitz abspeisen!

Die Königin will unvermählt bleiben! Aber waren ihre Bewerber nicht hauptsächlich Lutheraner? Und die Freier etwa katholischer Konfession, hat man sie ihr nicht immer sofort als unmöglich, als der Verfassung widerstreitende Partien hingestellt? Wie, wenn man sich ab sofort anders verhielte? Vielleicht ändert auch sie dann ihre Einstellung?

Der Kanzler läßt Don Pimentel zu sich bitten. Er weiß, die Königin hört viel auf den Spanier, er hat bei ihr großen Einfluß.

„Exzellenz“, sagt der Großkanzler zum spanischen Gesandten, „wir Schweden machen uns große Sorgen um unsere Königin.“

Don Pimentel nickt. Don Pimentel versteht.

„Graf“, spricht der Kanzler weiter, „Sie wissen, nichts gefährdet die Politik eines Reiches mehr als eine unbeständige Regierung. Darin liegt meiner Ansicht nach der gewaltige Vorteil des monarchischen Prinzips. Ein Konsul, ein Lordprotektor, ein Usurpator oder Diktator, sie kommen und treten ab wie Schauspieler hinter irgendeine Kulisse. Aber ein Monarch ist keine flüchtige Erscheinung, er ist der soundsovielte auf der Sprosse einer hohen Leiter. Und eine solche Leiter führt in die Höhe, mag eine einzelne Sprosse gleich untauglich sein und ausbrechen. Ich bitte, meine Worte nicht Lord Whitelocke zu hinterbringen. Ich habe eine bald 50jährige Erfahrung hinter mir, und weiß Gott, ich kann nicht anders sprechen."

Der spanische Gesandte studiert die Finger seiner Hand. Was mag der alte Fuchs von ihm wollen? Wohin mag seine Beredsamkeit heute zielen?

„Sie wissen", fährt der Kanzler fort, „ich hatte die Ehre, Ihre Majestät in der Kunst der Staatsführung zu unterrichten. Ich habe mich bemüht, die Königin zu einer großen Herrscherin heranzubilden, ich habe mich bemüht, aus ihr eine zweite Elisabeth zu formen. Immer habe ich ihr die englische Königin als erhabenes Vorbild hingestellt."

Der Spanier hebt den Kopf. Die englische Elisabeth als Vorbild? Nun, staatspolitisch mag es angehen. Aber menschlich?

Es ist, als errate Oxenstierna die Gedanken des Spaniers. Daher beeilt er sich, seinen Standpunkt zu begründen:

„Die englische Elisabeth trug auch als Frau die Krone der Könige, wie das bei uns heute der Fall ist. Elisabeth stand einer Welt von Feinden gegenüber, allein auf sich gestellt, nur von wenigen Räten umgeben. Aber diese zerbrechliche Frau wuchs über sich selbst hinaus, trotzte in ihrer Einsamkeit der ganzen Welt und schuf aus ihrem Inselreich eine Großmacht. Das war es, wozu ich unsere Königin anspornen wollte, diese Eigenschaften waren es, die ich ihr unermüdlich immer wieder vor Augen stellte."

Vielleicht muß man ein Vorbild lieben, ehe man von ihm lernen kann, denkt der Spanier.

„Unsere Königin will nicht heiraten", spricht Oxenstierna weiter. „Nun, Elisabeth hat auch nicht geheiratet. Aber sie hielt bis zu ihrem Tod das Heft fest in der Hand. Sie flirtete mit den Männern, doch sie teilte mit ihnen nicht die Macht. Als sie starb, mußte erst ein Eilbote abgesandt werden, um den Thronfolger in das Reich zu holen. Vergleichen wir aber nun unsere Königin: sie flirtet wenig mit den Männern, aber was schlimmer ist, sie flirtet mit ihrem Abgang. Vorgestern wählte sie einen Nachfolger, gestern wollte sie abdanken, heute will sie bleiben. Wissen wir, was ihr morgen in den Sinn kommt? Exzellenz, jetzt verstehen Sie mich, warum wir uns Sorgen um unsere Königin machen."

Der Spanier hat nach dem ersten Wort schon verstanden.

Er begreift nur noch immer nicht, welche Rolle der Kanzler ihm in dieser Angelegenheit zuschanzen möchte. Doch er ist Diplomat. Je länger der Kanzler spricht, um so mehr Zeit hat er, sich alles gut zu überlegen. Daher hütet er sich, den Schweden zu unterbrechen.

„Gesetzt den Fall, Exzellenz", fährt Oxenstierna fort, „Sie hätten eine Tochter, bereits über die Zwanzig, von einem Heer von Freiern umgeben. Dieses Mädchen aber wollte heute dieses und morgen jenes. Welchen Rat würden Sie dieser Tochter erteilen?"

„Das kommt darauf an", wirft kurz der Spanier ein.

„Natürlich. Auf die Umstände kommt es an. Exzellenz, dieses Mädchen ist König! Ich verstehe, unsere Fürstin kann sich in der Liebe nicht so vertändeln wie die englische Elisabeth. Das war eine Seele, die für ihre Macht alles opferte: Herz, Frauenehre, Treue. – Aber unsere Königin ist romantisch, idealistisch, feinsinnig. Ich sehe nur einen Ausweg, um sie am Thron zu erhalten: sie muß heiraten! Aber sie kann sich nur entschließen, wenn sie liebt. Wir Schweden brauchen nun jemanden, der auf unsere Königin soviel Einfluß hat, daß er sie ..."

Der alte Mann bricht ab und blickt den Spanier unsicher an. ‚So hilf mir doch weiter', sagt dieser Blick, ‚du weißt doch, was ich meine.'

Der Spanier erwidert die stumme Augensprache des alten Mannes. ‚Ich verstehe dich', reden seine dunklen Augen zurück, ‚doch mutest du mir nicht zuviel zu?'

Oxenstierna fühlt, er muß das schier Unmögliche möglich erscheinen lassen.

„Man müßte", spricht er behutsam, „die Königin bei ihren Idealen packen. Man müßte sie beeinflussen, sich für ihre Ideale nötigenfalls aufzuopfern. Es ist schwer. Sie denkt leider von der Ehe nicht sehr erhaben."

„Oder zu erhaben, um sie als ein weltlich Ding aufzufassen."

Der Schwede überhört absichtlich den Einwurf des Spaniers.

„Man müßte", setzt er hinzu, „in Ihrer Majestät den Opfergeist anrufen. Vielleicht schwindet dann in der Ehe sogar die Last des Opfers und wird zur Süße."

Der Spanier nickt. „Mit wem?" fragt er kurz. „Mit wem will Sie Ihre Politik vermählen? Man hat doch alle ihre Freier ausgeschlagen. Wer hat heute den Mut, noch einmal anzufragen?"

„Das, Exzellenz, wäre der zweite Punkt der delikaten Aufgabe. Man müßte einen abgewiesenen Freier erneut ermutigen."

Der Spanier macht eine bedauernde Geste. Und das heißt diesmal: ich bin Katholik und als Spanier nur an einem habsburgischen Erzherzog interessiert.

Doch jetzt lächelt der alte Fuchs sogar. Er lächelt sein am meisten gewinnendes und werbendes Lächeln.

„Exzellenz", hebt er wieder an, „wäre nicht der Kaisersohn ein Gemahl für unsere Königin?"

„Sie hat ihn ausgeschlagen."

„Gewiß. Das war einmal. Wir redeten ihn ihr aus. Er ist Katholik. Das war für uns Schweden unannehmbar."

„Und heute? Er ist noch immer Katholik."

„Heute, Exzellenz? Heute sind wir Schweden bereit, ein großes Opfer zu bringen, um unsere Königin zu erhalten. Aber bitte, alles streng geheim! Wenn Uppsala vorzeitig davon erführe, nicht auszudenken!"

Jetzt wird der Spanier eifrig. Das wäre ein Weg, ein herrlicher Weg! Als Diplomat versteht er sofort, aus der Sache Kapital zu schlagen.

„Zuvor müßte man aber den Kaiser versöhnlich stimmen. Er ist im Augenblick abgekühlt gegenüber Schweden."

„Es ist nicht unsere Schuld. Sachsen und Brandenburg intrigieren beim Kaiser gegen uns und vereiteln immer wieder die Investitur mit unseren deutschen Besitzungen."

„Es gibt einen Ausweg: Die Wahl des römischen Königs steht unmittelbar bevor. Aller Wahrscheinlichkeit nach wird sie auf des Kaisers Ferdinand III. Sohn, den König von Böhmen und Ungarn, fallen. Nun sind mehrere Reichsfürsten gegen diese

Wahl, auch Frankreich sucht diesen Plan auf jede Weise zu verhindern."

„Auch ich bin dagegen, sehe aber die Erfolglosigkeit voraus."

„Nun gut, Herr Kanzler. Sie gestatten, daß ich Ihre Majestät überrede, sich zugunsten des Kaisersohnes zu erklären. Sie beschränken Ihre Gegnerschaft auf Ihre Person und versprechen, die Königin nicht umzustimmen. Hat sie aber einmal den böhmischen König empfohlen, was die Wahl nicht wesentlich beeinflussen, aber den Kaiser sehr huldvoll stimmen wird, dann kommt Punkt zwei der heiklen Aufgabe: Der abgewiesene Freier wird erneut ermutigt."

Oxenstierna springt begeistert auf und schüttelt dem Spanier gerührt die Hände.

„Exzellenz, Sie geben meinem alten Herzen wieder Hoffnung", ruft er aus.

„Ist das nicht gegen die Prinzipien Ihrer Politik, Herr Kanzler?" fragt der Spanier listig zwinkernd.

„Ich glaube", scherzt der alte Diplomat, „eine gute Politik soll mitunter die besten Prinzipien über Bord werfen."

Der Spanier ist ein Kavalier. Mit der vollendeten Grandezza seines Volkes verabschiedet er sich.

„Ich danke für die Lektion eines großen Staatsmannes. Ich eile sofort zur Königin."

Pimentels Bemühungen haben Erfolg.

Christine erläßt ein Schreiben an die Kurfürsten, ein zweites an die deutschen Fürsten und Stände. Sie hebt in beiden Briefen die Verdienste des Hauses Österreich um das deutsche Reich, seine langjährige Regierung und seinen Glanz hervor. Sie spricht die Hoffnung aus, daß der zu erwählende Herrscher, mit großen Tugenden ausgestattet, Frieden, Glück und nachbarliche Freundschaft aufrechterhalten werde.

Diese Gefälligkeit der schwedischen Königin kommt natürlich für viele unerwartet und unangenehm. Doch Christine läßt sich überzeugen, daß die Kaiserwürde am besten beim Haus Österreich bleibe. Sie will nicht wie Frankreich durch eine zwiespältige Wahl Deutschland in Unruhe bringen. Außerdem ist der König von Böhmen und Ungarn, Erzherzog Ferdinand, ein wirklich hoffnungsvoller Prinz, in dessen Person man mit Recht die schönsten Erwartungen für die Zukunft legen kann. So schreibt Christine zum Schluß ihrer lateinischen Briefe:

„Wenn Wir uns erinnern, daß das Römische Reich schon einige Jahrhunderte lang von dem erlauchten Österreichischen Haus... auf lobenswerte Weise verwaltet, geblüht hat und nicht zweifeln, daß Seine Hoheit, in die Fußstapfen seines Herrn Vaters und seiner Vorfahren und Ahnen tretend, mit höchstem Eifer, Streben und Bemühen alles beobachten und befördern wird, was die Wohlfahrt des Reiches, die Erhaltung des allgemeinen, zu Osnabrück und Münster geschlossenen Friedens, und die Befestigung der aufrichtigen und beständigen Freundschaft mit den benachbarten Königen, Staaten und Gemeinwesen, und unter ihnen mit uns vorzüglich anbetrifft: so scheint bei der bevorstehenden Wahl der König von Böhmen und Ungarn besondere Rücksicht zu verdienen."

Natürlich fühlen sich Kaiser Ferdinand III. und sein Sohn der Königin für diese „ciceronischen" Barockbriefe sehr verbunden, und sie statten ihr in freundlichen Schreiben ihren Dank ab.

Kurz danach wird der Kaisersohn gewählt, und er trägt nun den neuen Titel „König von Rom".

Es kommt der nächste Punkt der Aufgabe für Pimentel.

Er muß die Königin für eine Heirat begeistern, und noch dazu mit dem ihr persönlich unbekannten Kaisersohn. Fürwahr, eine Gigantenarbeit!

Eines schönen Morgens begibt sich der Spanier zu diesem Zweck zu der Königin.

Er legt heute ausnahmsweise nicht ein in traditionellem Schwarz verfertigtes Wams an. Er wählt für diesen besonderen Tag und seine besondere Mission die Farbe grün. Grün ist das Symbol der Hoffnung. Heute legt er große Sorgfalt auf sein Äußeres und der Kammerdiener hat viel Mühe mit ihm. Heute wird sogar das Haupthaar gekräuselt und mit duftenden Wassern betaut.

Die Gattin des Gesandten, eine rundliche Matrone, beobachtet alle Vorbereitungen dieser ausgewählten Toilette mit Umsicht. Sie hat Verständnis für die Besonderheit diplomatischer Aufgaben, und als sich der Gatte zum Gehen anschickt, legt sie ihm persönlich den Amaranten-Orden um den Hals, den er vergessen hätte und der ihn der Königin gegenüber als Bevorzugten empfiehlt.

Der Gesandte hat keinen weiten Weg.

Er hat nur die Treppen der Ambassadorstiege hinabzusteigen, im Schloßhof ein paar Schritte vorzugehen und kann sich sofort durch das Hauptportal zur Königin begeben.

Und während dieses kurzen Weges überlegt der Gesandte, wie er am besten das Gespräch mit der Monarchin einfädeln werde. Er ist sonst ein Meister der Improvisation und liebt es nicht, sich im vorhinein auf eine bestimmte Konversationslinie festzulegen. Der Augenblick und seine Eingebung sind ihm immer noch die besten Lehrmeister einer guten Unterhaltung.

Doch heute ist es anders.

Heute harrt seiner eine so delikate und besondere Aufgabe, daß er ihr mit gemischten Gefühlen entgegensieht. Zwar ist er ein geborener Optimist und als solcher geneigt, an eine glückliche Erledigung seiner Mission zu glauben. Doch das Wie dieser Erledigung steht nebelhaft vor ihm.

Er hat schon viele Aufträge in seinem Leben bewältigt. Als Regimentskommandeur, als Gouverneur in Flandern hat er sich stets bewährt. Doch das waren die Pflichten eines Soldaten, die jeder gewandte Durchschnittsoffizier auch gemeistert hätte. Er blickt unschlüssig umher, sein Blick fällt auf ein Rosenboskett, das sich vor einer allegorischen Statue ausbreitet. Die Rose als Symbol, das ist gut! Wie singt doch der persische Sänger Hafis von ihr? Oh, du Schönheitspflästerchen auf der Wange der Welt! – Wie nennt sie Anakreon? Der Erdgeborenen Wonne, des Dichters Lustgedanke, der Musen Lieblingsblume!

Hier kommt ein Page. ‚Ob ich ihn ersuche, mir von dort eine Rose zu pflücken? Ich bringe sie der Königin, lege sie ihr wortlos auf den Schreibtisch. Das wird sie lyrisch stimmen. Das ist der Nährboden für mein Gespräch.' Doch ehe er sich entschließt, ist der Page auch schon vorüber.

So stürmt denn der Gesandte die breite Marmorstiege empor. Er betritt hastig die Anticamera, und schon steht der Sekretär der Monarchin vor ihm. Was ihm dieser Mann aber zu sagen hat, jagt dem Spanier einen argen Schreck ein.

Monsieur Courtin spricht nämlich nichts weiter als: „Bedaure, Exzellenz, Ihre Majestät sind heute nacht schwer erkrankt."

Der Spanier steht wie erstarrt, tritt wortlos einen Schritt zurück.

Don Pimentel kehrt unendlich langsam in seine Wohnung zurück, zu Gattin, Kindern und Dienerschaft. Er legt das grüne Wams ab und streift wieder das schwarze über, wie es sich für einen Iberer ziemt.

Sofort werden in allen Kirchen Bittgottesdienste für die Genesung der Königin abgehalten. In ganz Schweden, in Finnland, Estland, Livland, in Bremen, Verden und Wismar, in Vorpommern, auf Rügen, Gotland und Öland, auf den Alands-Inseln, überall im weiten Reich betet man um die Erhaltung der Monarchin.

An ihrem Krankenlager wachen Tag und Nacht die französischen und niederländischen Doktoren, die als die besten Mediziner des Jahrhunderts gelten. Doch der erste Leibarzt, Dr. Bourdelot, verjagt sie aus dem Konsilium und duldet sie neben sich nur als Handlanger seiner Anordnungen.

Dieser Monsieur Bourdelot ist unbestritten der medizinische Diktator bei Hof. Burgunder, Sohn eines Wundarztes, der sich nach einem Oheim nannte, welcher beim Prinzen Condé Leibarzt gewesen war, genießt er einiges Ansehen. Ein lebensbejahender, witziger Mann, ist er eine seltsame Mischung von Genie und Scharlatan. Genie seinem Geist und der Verarbeitung seiner Kenntnisse nach, ist er Scharlatan durch Eitelkeit und Selbstbetrug. Indem er sich die tollsten Zukunftsaussichten vorgaukelt, erscheint er Freunden genialer und Feinden scharlatanischer, als er tatsächlich ist. Seine Angabe, Papst Urban VIII. habe ihn zu seinem Leibarzt machen wollen, wird von der Königin erst später als Prahlerei durchschaut. Für seine Zeit aber ist er ein guter Diagnostiker. Auf dem Globus der medizinischen Welt hat man noch wenig Land zu verzeichnen. Anatomie, Pathologie, Chirurgie sind noch mit antiken Vorstellungen belastet. Der Stein der Weisen ist für den Internisten ein Aderlaß, die Säftetheorie der alten Griechen feiert noch immer fröhliche Urständ.

Die Königin hat in dieser schicksalsschweren Nacht einen völligen Zusammenbruch erlitten. Allerdings leidet sie schon seit sieben Jahren an Appetitlosigkeit, schlechtem Schlaf, Ohnmachtsanfällen, Krampfzuständen, heftigen Unterleibsschmerzen und oftmaligen Fieberschauern hektischer Art.

In dieser Nacht bricht hohes Fieber aus, verbunden mit schwerer Atemnot, daß man das Schlimmste befürchtet. Es dürfte sich um eine Lungenentzündung verbunden mit einem Nervenzusammenbruch handeln.

Im Hofbulletin dagegen heißt es:

„Ihre Majestät leidet an einem sehr heißen und trockenen Temperament, ihr Körper hat sehr scharfe Säfte. Durch anhaltende Nachtwachen, Sorgen und Studien ist dies sehr verschlimmert, durch unpassende, allzu karge Speisen ein großer Überfluß an schlechten Säften angehäuft: alle Funktionen des Leibes sind gestört ..."

Im Volk verbreitet sich große Furcht. Man erzählt, Leichenzüge seien nachts in den Wolken gesehen worden. Ja, selbst im Park der Königin will man tanzende Gespenster erblickt haben.

Die Monarchin, unerschrocken wie ein Krieger, meint ernstlich, ihre letzte Stunde rücke heran.

Doch Bourdelot gelingt das Wunder. Der Königin erscheint er als rettender Engel, was den Haß der eifersüchtigen Höflinge auf sein Haupt zieht.

Für Bourdelot ist aber die Heilung noch nicht abgeschlossen. Hat er bis jetzt den Körper der Königin behandelt, hält er es für notwendig, auch auf ihre Seele einzuwirken. Selbst ein glänzender Gesellschafter, verordnet er der Rekonvaleszenten lustige Hoffeste. Sein Einfluß steigt beträchtlich.

Der Prinz nähert sich sofort Bourdelot, umschmeichelt ihn und schenkt ihm sein in Brillanten gefaßtes Bildnis. Bourdelot, ein überzeugter Katholik, politisch ein Feind des herrschenden Frankreich und Freund des Prinzen Condé, der gegenwärtig in spanischen Diensten Krieg gegen sein Vaterland führt, schmälert am Hof den französischen Einfluß.

Er wird ein mächtiger Bundesgenosse des spanischen Gesandten.

Der sucht sofort nach der Wiederherstellung der Königin diese in Jakobsdahl, dem Landsitz Christines, auf.

Sie empfängt ihn in einer blaßrosa Seidenrobe, heiter, ausgeruht. ‚Die richtige Stimmung', denkt er, ‚für meine sonderbare Mission.'

XXV

Das Schicksal greift ein

„Was kann der Mensch im Leben mehr gewinnen, als daß sich Gott ihm offenbare."
Johann Wolfgang von Goethe

Er sitzt ihr gegenüber und blickt sie strahlend an. Die Atmosphäre ist hier ungleich gemütlicher als in dem steifen Marmorkasten Stockholms.

„Mir erging es wie dem Jüngling von Naim", beginnt die Königin das Gespräch. „Auch ich wurde von den Toten auferweckt."

„Wir haben alle gebetet, daß Gott Euer Majestät uns erhalten möge!"

„Ich muß Ihnen gestehen, ich hatte furchtbare Angst. Stellen Sie sich vor: ich wäre wirklich gestorben, ohne Gelegenheit..." Sie bricht ab. Stille. Blickt gedankenverloren vor sich hin, fährt nach einer kleinen Pause zögernd fort: „Aber ich habe ein Gelübde getan. Wenn es Ihm gefällt, mich noch einmal genesen zu lassen, will ich nicht länger zögern und..."

Sie spricht nicht zu Ende. Sie blickt auf Pimentel, welche Wirkung ihre Worte bei ihm auslösen.

„Majestät sind also noch immer bereit?"

„Ich brenne vor Ungeduld, mein Vorhaben endlich ausführen zu dürfen!"

Jetzt ist der Augenblick gekommen, durchzuckt es den Gesandten. So ist es! Ich brauche keine Dichter und keine Rose. Das ist die Gelegenheit!

„Welcher Weg schwebt Euer Majestät nun vor?" fragt er behutsam.

„Die Abdankung, es gibt nichts anderes", fällt sie schnell ein.

„Ich wüßte noch einen Weg."

„Noch einen?" fragt die Königin voll tiefen Staunens und blickt wie geistesabwesend auf den Spanier.

„Einen besseren sogar, Majestät! Durch die Abdankung nützen Euer Majestät Ihrer Seele, nicht aber Schweden! Durch den anderen Weg jedoch wäre unserem Glauben viel mehr geholfen, vielleicht ganz Schweden könnte zu ihm heimgeführt werden!“

„Nein!“ Die Königin haucht es in grenzenlosem, ungläubigem Staunen.

„Doch, Majestät. Sie brauchten nur sich zu überwinden und etwas zu tun, was Ihnen noch schwerer fällt als die Abdankung, nämlich . . .“

„Heiraten“, flüstert sie tonlos.

„Ja, Majestät! Heiraten als Opfer für die Kirche und für Schweden. Wenn Sie den Kaisersohn ehelichen, wird eine solche gewaltige Macht hinter Ihnen stehen, daß es sich die schwedische Kirche nicht wird leisten können, Ihnen das katholische Bekenntnis übelzunehmen. Das erhabene Beispiel aber wird Wunder wirken, und nicht nur in Schweden, nein, im ganzen Norden wird die Liebe zur alten Kirche neu erblühen.“

„Oh, mein lieber Gesandter, Sie zeigen mir ein so deutliches Zukunftsgemälde, daß ich versucht bin, daran zu glauben. Den Kaisersohn zu ehelichen? Er soll ein edler Prinz sein, dieser Mann, der die Titel König von Rom, Böhmen und Ungarn trägt, und einmal ausersehen ist, römisch-deutscher Kaiser zu werden. Ich habe ihn noch nie gesehn, und er kennt mich nur vom Hörensagen. Aber die Politik erwägt, uns ehelich zu verbinden. Der Kaiserhof wird uns einen außerordentlichen Gesandten entbieten mit dem in Brillanten gefaßten Bildnis des Fürsten. Wir senden daraufhin einen Reichsrat, vielleicht Adler Salvius, nach Wien, ebenfalls mit einem Konterfei von mir. Die zwei jungen Leute, die es eigentlich betrifft, sagen unter dem Druck der Machtpolitik ja und schließen ein Geschäft ab mit der großen Unbekannten X. Und das nennt man dann Ehe: Bei unserer Kirche ein weltlich Ding, im römischen Glauben ein Sakrament. O Exzellenz, mir graut vor solch einem Kuhhandel, mir graut entsetzlich davor!“

„Majestät, ich verstehe. Sie sind ein Mädchen mit reiner Seele, und die Liebe ist Ihr höchstes Ideal. Sie wären für das

Glück wie geschaffen, wenn Sie ein Bürgermädchen wären. Sie könnten Ihr Herz sprechen lassen, Ihre Welt wäre makellos, aus Ihrem Familienleben sprössen die Rosen edler Harmonie. Verzeihen Sie mir, wenn ich offen spreche: Ihre Tragik besteht darin, daß Sie kein Bürgermädchen sind. In Gottes Ratschluß ist es begründet, daß Er Sie ausgerechnet Königin werden ließ. Und eine Königin in unserem Jahrhundert kann das Herz nicht sprechen lassen. Das wird verschachert, das wird vermählt, und wenn es ein gütiges Schicksal will, findet sich irgendwo die Liebe auch ein. Aber auf die Liebe warten, sie zur Bedingung stellen, kann sich eine Bürgertochter leisten, ein regierender König nicht! Mag sein, daß einmal andere Verhältnisse kommen werden. Wir sind Kinder dieses Jahrhunderts, wir können unserer Zeit nicht allzusehr vorauseilen."

„Sie haben recht, Exzellenz. Aber ich finde es dennoch grausam. Heiraten ohne Liebe ist widernatürlich, ist tierisch, ist gegen Gottes Wille und Plan. Aber Sie werden einwenden: der Zweck heiligt die Mittel."

„Majestät, sprechen wir nicht mehr davon! Ich sehe, Sie sind zu idealistisch für solch einen politischen Zweck. Das konnte man zumuten einer Katharina von Aragonien, einer Elisabeth von Valois, einer Anna von Österreich. Aber Ihnen, Majestät, nicht! Sie thronen wie ein reiner Engel über der irdischen Sphäre! Ihr erhabener Musenhof kann sich nicht beflecken lassen. Ich bitte um Vergebung, daß ich dies einen Augenblick vergessen konnte."

„Nicht so, mein lieber Graf! Sie haben recht. Es steht mir nicht zu, mehr zu verlangen, als Gott uns gibt. Wenn es sein Wille ist, wenn ich weiß, daß es wirklich sein Wille ist, nun gut, dann füge ich mich und heirate den Kaisersohn. Aber ist es tatsächlich sein Wille? Können Sie mir das sagen, kann das überhaupt jemand?"

„Gott spricht durch die Umstände. Durch sie verlangt er von einem dies, vom andern das. Man kann nicht mathematisch beweisen, Gott will nur das und das nicht! Aber wenn man in sich hineinhorcht, wenn man sein seelisches Ohr geübt hat in den Satzungen der göttlichen Offenbarung, dann wird man eines Tages befähigt sein, aus diesem und jenen Umstand ein heimliches Flüstern des Herrn zu vernehmen; ein Flüstern, das unserem Gewissen zuraunt: das will ich, das tue du!"

Die Königin steht auf und schreitet unruhig auf und ab. Fieberhaft arbeiten ihre Gedanken.

Aha, denkt der Spanier, sie geht auf die Sache schon ein. Das ist ein gutes Zeichen!

„Der Kaisersohn?" fährt Christine überlegend fort, „gesetzt den Fall, ich opfere mich und heirate diesen unbekannten Mann, an dessen Seite mein Leben vielleicht zur Hölle wird, vielleicht auch nicht. Nun gut. Gesetzt also, ich tue es. Einfach um des heiligen Zweckes willen. Aber was dann? Was wären die Folgen eines solches Schrittes?"

Der Spanier springt erregt auf.

„Majestät", sprudelt er in echter Begeisterung hervor, „das wäre der Sieg der Gegenreformation. Schweden, das bisherige Haupt des Protestantismus, von diesem abgefallen und ehelich verbunden mit dem römisch-deutschen Imperium, das wäre einmalig und herrlich! Vom Norden der zivilisierten Welt bis zum Süden ein geeintes katholisches Lager, das brächte die letzten Wurzeln der Andersgläubigen zum Verdorren. O Majestät, erhabene Majestät, Sie gehen in die Weltgeschichte ein als die große Retterin unseres Glaubens! O Majestät, Ihr Name wird die Jahrhunderte überdauern wie ein unvergänglicher Stern. O Majestät, Alexander der Große und Caesar werden neben Christine von Schweden nur noch kalte Lichter sein, die nicht mehr wärmen. Majestät, es bewegt mich zutiefst, wenn ich Ihre Hände betrachte. In ihnen ruht die Zukunft der Kirche."

Sein Gesicht glüht vor Begeisterung, die einfallende Sonne läßt sein Haar aufleuchten.

Die Königin hält in ihrem Rundgang inne. Sie blickt den Grafen wie gebannt an.

„Exzellenz", spricht sie leidenschaftslos, „ich teile Ihre heilige Begeisterung, aber nicht Ihren Optimismus. Ich bin nebenbei Politiker. Als solcher denke ich real und nüchtern. Die geplante Verbindung würde meine Macht stärken, zweifellos. Sie würde aber auch den Widerstand der Gegner entfachen. Ich habe den

Eid der Könige geschworen. Das heißt, ich habe mich eidlich verpflichtet, die schwedische Kirche zu schützen. Ich müßte also fürs erste einen Eid brechen. Ferner: das ganze weite Reich ist protestantisch. Ich müßte gegen viele Widerstände meines Volkes ankämpfen, wollte ich es nicht grausam wie ein Tyrann unterdrücken. Die Staatskirche wäre mein erklärter Feind, den ich durch keine Versprechungen umstimmen könnte. Die polnischen Wasa als die ältere Linie meines Hauses erhöben berechtigte Ansprüche auf den Thron, da ja nur ihr katholisches Bekenntnis das Hindernis war, das sie von unserer Krone ausschloß. Die geplante eheliche Verbindung brächte jedenfalls Krieg, Krieg und wieder Krieg. Aufruhr im Inneren, Kämpfe von außen, neue Religionskriege, abermaliger konfessioneller Streit! Und das alles: aus Liebe zu Christus, weil Gott es so will? Glauben Sie wirklich, daß es aus Liebe zu Christus geschähe, nur weil Gott es angeblich so will?"

„Madame sehen zu schwarz!"

„Gut. Stellen wir also die Sache dem Herrn anheim! Ich ermächtige Sie hiermit, die Angelegenheit zu betreiben. Vorerst inoffiziell, versteht sich. Will es Gott wirklich, so wird er alle Hindernisse und Schwierigkeiten aus dem Weg räumen. Ich aber opfere mich dann und füge mich in ein Los, das nicht aus meinem Herzen kommt. Wenn es Gott aber nicht will, wenn er die Ruhe meiner Staaten und die Liebe meiner Völker mir erhalten will, wenn er nicht zulaßt, daß ich meinen Königseid brechen muß, dann wird er uns ein Zeichen geben und machtvoll in das Schicksal eingreifen."

Damit ist diese bedeutsame Unterredung beendet. Der Gesandte eilt in fliegender Hast nach Stockholm.

Eilberichte werden verfaßt, Eilkuriere jagen in den nächsten Wochen zwischen Stockholm und Wien, Stockholm und Madrid, Stockholm und Brüssel. Natürlich bekommt durch den diplomatischen Spitzeldienst bald Frankreich Wind von einer Annäherung Schwedens an den Kaiser. Der französische Hof gibt daraufhin seinem Residenten in Stockholm Befehl, der Königin mancherlei über schlimme Pläne des Kaisers gegen sie einzuflüstern. Allein sie erwidert, ihre Gesandten in Deutschland, die ihr alles sorgfältigst berichteten, hätten ihr davon nichts mitgeteilt, und sie müsse daher an der Wahrheit des Gerüchts zweifeln.

Die Saat Pimentels beginnt zu reifen.

Kaiser Ferdinand III. schickt einen außerordentlichen Gesandten an den schwedischen Hof, um die Königin seiner besonderen Zuneigung zu versichern. Es ist dies kein Geringerer als der nachmals so berühmte Graf Raimund Montecucculi, der mit den Talenten des Feldherrn eine große Gewandtheit und hervorragende Bildung in sich vereinigt.

Christine nimmt ihn auf höchst ehrenvolle Weise, sehr zum Verdruß mancher Kreise, in ihrem Schloß auf. Sofort gewinnt er durch seine Persönlichkeit bei ihr Gunst und Einfluß in hohem Maß. Auch verbündet er sich infolge der Freundschaft Österreichs zu Spanien eng mit Pimentel und Bourdelot.

Der alte Kanzler sieht mit Vergnügen die ersehnte Situation herannahen. Er zeichnet, wo er nur kann, den Österreicher aus und behandelt Pimentel wie den Doyen des diplomatischen Korps. Bei einer festlichen Parade läßt er die Kutsche des Spaniers entgegen dem Protokoll vor den gesamten Großwürdenträgern der Krone und vor allen anderen Gesandten auffahren.

Die Engländer in Stockholm sind die ersten, die das Gerücht von einer Vermählung Christines mit dem jungen König von Rom, Böhmen und Ungarn ausstreuen. Der englische Geschäftsträger schreibt mit Brief vom 18. Februar 1654 an Cromwell, es sei mehr als wahrscheinlich, daß der Kaiser diese Heirat betreibe, in der Hoffnung, die Lockspeise, Kaiserin zu werden, sei für Christine allzu verführerisch. Man glaube, Pimentel sei dabei hauptsächlich der Vermittler, Montecucculi aber gekommen, um die Sache zum Abschluß zu bringen. Man gehe jedoch ganz geheim vor, damit der Reichsrat nicht eher als nach abgemachter Sache etwas davon erfahre. Der Kaiser hoffe durch diese Verbindung, seine in den letzten Kriegen verlorenen Länder wieder zu erhalten, und der ehrenvolle Empfang, den der Graf bei Hofe gefunden, lasse glauben, daß die Königin an diesem Plan besonderen Geschmack finde.

Cromwell ist über diese Nachricht natürlich entsetzt. Fürchtet er doch, das bis dahin gute Einverständnis mit Schweden werde durch diese Verbindung wesentlich getrübt werden. Auch hat er eine grimmige Abneigung gegen alles Katholische, und ist daher zutiefst bestürzt, daß ein solcher Erzkatholik wie der Kaisersohn der Gemahl der lutherischen Christine werden solle.

Die Königin bleibt während dieser Wochen fieberhaftester diplomatischer Tätigkeit vollkommen gelassen. Chanut bemüht sich brieflich aus Lübeck gleichermaßen wie sein am Hof anwesender Vertreter Picques, Christine eine solche Vermählung als trügerische Lockung des Kaisers darzustellen.

Die Königin kümmert sich um derlei Geschwätz und all die heimlichen wie pseudoheimlichen Tuscheleien wenig, fährt jedoch fort, den Gesandten des Kaisers mit hohen Auszeichnungen zu beehren. Unter anderem gibt sie ihm zu Ehren ein glänzendes Fest und hier, in Gegenwart des ganzen Hofes, erhebt sie ihn zum Ritter des Amaranten-Ordens, der höchsten Ehrenspende unter ihrer Regierung. Auch schenkt sie ihm eine kostbare, mit Diamanten besetzte Dose mit ihrem Portrait.

Sofort wird auch dies mit Eilboten von Whistler an Cromwell berichtet.

Da platzt die Bombe.

Aber anders, als alle Beteiligten und die diplomatischen Zaungäste es erwartet haben.

Da greift das Schicksal ein. Da spricht Gott durch einen Umstand. Nicht durch heimliches Flüstern für ein lauschendes Gewissen, nein, er spricht durch einen Donnerschlag, durch die Posaune seines unerforschlichen Ratschlusses.

Plötzlich und unerwartet stirbt der junge König von Rom, Böhmen und Ungarn. Plötzlich und unerwartet beruft ihn die Vorsehung ab. Plötzlich und unerwartet muß Kaiser Ferdinand III. den Tod seines hoffnungsvollen Sohnes den Höfen Europas in offiziellen Schreiben bekanntgeben.

Der alte Kanzler ist erschüttert. Don Pimentel ist erschüttert. Graf Montecucculi ist entsetzt.

Doch die Franzosen und Engländer freuen sich.

Chanut und Picques senden Glückwunschadressen an ihren Hof. In den Depeschen der englischen Geschäftsträger versichern Thurloe und Whistler, nur dieser plötzliche Tod des jungen Königs habe den Plan einer Heirat vereitelt. Denn die Königin sei zu dieser Verbindung wirklich entschlossen gewesen.

Christine selbst empfängt die Nachricht ohne Zeichen einer anderen Gemütsbewegung als des Mitgefühls mit dem Kaiser. Für sie bringt diese Botschaft die so ersehnte Klarheit. Jetzt erkennt sie Gottes Willen deutlich, daß Er eine friedliche Lösung allem anderen vorzieht. Jetzt erkennt sie ernstlich, daß Er nicht will, daß sie ihren Königseid brechen muß. Jetzt glaubt sie zu erkennen, daß Er die Abdankung, die sie Ihm während ihrer schweren Erkrankung versprochen, annimmt. Nun gibt es für sie keinen anderen Weg mehr. Und diesmal geht sie ihn, gegen den Widerstand aller, bis ans Ende.

XXVI

Eros auf dem Prüfstand

„Die Liebe ist das Wunder der Zivilisation. Bei Wilden und Barbaren findet man nichts weiter als rohe Formen einer nur körperlichen Liebe."

Stendhal

Was hat Christines Abdankung mit dem Eros zu tun? Auf den ersten Blick nichts. Aber auf den zweiten, dritten, vierten Blick schon etwas, und zwar sehr viel.

Bei großen Handlungen unseres Lebens, mögen sie auch noch so unerotisch scheinen, steht dennoch der Eros im Hintergrund, alles überschattend, lenkend, dirigierend.

Eine Biographie ohne die Brille des Eros zu betrachten, hieße, die Seele des betreffenden Menschen nur unzureichend zu analysieren. Der Eros nämlich begleitet ein Menschenleben von dessen Geburt an.

Nach dem ersten Kind, einer Tochter, die mit vier Jahren stirbt, und einem totgeborenen Knaben, wird als drittes und damit letztes Kind Gustav Adolfs Christine geboren.

Die Hofastrologen prophezeiten einen Jungen, und es wurde ein Mädchen. Nach langem verzweifeltem Hin und Her der enttäuschten Hofleute, wagte es endlich des Königs Stiefschwester Catherina, Gustav II. Adolf die Mitteilung zu machen, daß es ‚nur' ein Mädchen sei.

Aber er zeigt keine Enttäuschung und sagt lachend: „Danken wir Gott, meine Schwester; ich hoffe, dieses Mädchen wird mir gut einen Jungen aufwiegen. Möge sie mir Gott erhalten, wie er sie mir geschenkt hat."

Er segnet das Kind, läßt in den Kirchen das Te Deum singen und Salutschüsse wie bei der Geburt eines Erbprinzen abfeuern.

„Er zeigte sich", schreibt Christine in ihrer Selbstbiographie, „bei dieser Gelegenheit so groß wie bei allen anderen Gelegenheiten seines Lebens."

Der König liebt sein einziges Kind innigst. Er läßt seine Tochter wie einen Knaben erziehen, das ist ein strenger Befehl.

Meistens weilt der Monarch im Feld. In den kurzen Zeiträumen seines Aufenthalts in der Residenz befaßt er sich viel mit dem Kind, nimmt es auf Inspektionsreisen zu seinen Truppen mit. Als der Gouverneur von Calmar aus Rücksicht auf das kleine Mädchen die üblichen Salutschüsse nicht abgeben will, sagt der König lachend: „Lassen Sie nur schießen; sie ist die Tochter eines Soldaten."

Und tatsächlich! Die dreijährige Christine erschrickt nicht, sie klatscht lebhaft Beifall.

Vor seiner letzten Abreise in den Krieg bestimmt der König peinlichst genau die Richtlinien für die Erziehung der Thronfolgerin. Falls er stürbe, muß die Königinwitwe sowohl von der Regentschaft als auch von der Erziehung der Tochter ausgeschlossen bleiben. „Ihre Majestät ist krank", gibt der König seinem Kanzler Axel Oxenstierna als Begründung hierfür an.

Diese ‚Krankheit' kann sich nach allen glaubwürdigen historischen Fakten nur auf die Psyche beziehen.

Der König verlangt, daß die Armee und die Generalstände seinem Kind den Treueeid als Reichserbin und künftigem Herrscher von Schweden leisten. Er führt die Kleine in die Versammlung des Reichsrates und empfiehlt sie diesem zum Schutz in einer so tiefempfundenen Rede, daß den meisten Räten die Tränen über die Wangen laufen.

Die Erziehung der Tochter, wiederholt der König, habe die eines Mannes zu sein, der zum König berufen ist.

Am 19. Mai 1630 zieht der Monarch zum letzten Mal in den Krieg. Der Abschied fällt der Tochter furchtbar schwer: Drei Tage lang weint das dreieinhalbjährige Kind ununterbrochen, daß man schon um sein Augenlicht fürchtet.

Der König scheint Vorahnungen seines baldigen Todes zu haben. Im Dezember 1630 schreibt er an Axel Oxenstierna: „Ich beschwöre Sie, sich ... meiner Familie Wohl anzunehmen und für mich und die Meinen zu tun, was nach Ihrem Wunsch Gott für Sie und die Ihren tun möge, und was ich in gleichem Fall für Sie und die Ihren tun werde, wenn es Gott gefällt, daß ich Sie überlebe und daß Ihre Familie meiner bedarf. Begegnet mir etwas Menschliches, so sind die Meinen des Mitleids wert... Sie gehören zum schwachen Geschlecht, die Mutter ohne Rat, die Tochter im zartesten Alter, unglücklich, wenn sie selbst regieren, gefährlich, wenn andere sie regieren. Natürliche Liebe diktiert mir diese Zeilen..."

Der König fällt in der Schlacht bei Lützen.

Christine ist einen Monat weniger als sechs Jahre alt. Sie wird in Bewunderung für ihren Heldenvater erzogen. Sie liebt ihn nach wie vor mit hingebungsvoller Zuneigung. Die Mutter lebt jahrelang fern im Ausland.

Nach dem frühen Tod der Tante Catherina sieht Christine nur noch Männer als Erzieher um sich. Einzige Bezugspersonen werden der 48jährige Kanzler und der 37jährige Hofprediger Johannes Matthiäi, Theologe, Philologe, Professor der Dichtkunst. Ein gütiger, toleranter, weltoffener Geist.

Allzeit wird dem Kind, dem heranreifenden Mädchen, der geniale Heldenvater als Vorbild hingestellt: Er, der Schweden zur Großmacht erhoben, der siegreiche Kriege gegen Dänemark, Rußland und Polen focht und der Livland eroberte! Er, der aus Furcht über die Ausbreitung der Macht des Kaisers an der Ostsee und aus Sorge über eine Rekatholisierung dortselbst in den Dreißigjährigen Krieg eingriff! Er, der sich mit Frankreich gegen Habsburg verbündete und mehrere schwer bedrängte Fürsten Deutschlands durch seine Siege bei Breitenfeld und bei Rain am Lech rettete! Er, der selbst noch durch sein heldenhaftes Sterben in der Schlacht bei Lützen Schweden zum Sieg verhalf!

Ein Kind, ohne Nestwärme aufgewachsen, die Mutter bis zur Thronbesteigung der Tochter im Ausland, in seelischer Fremdheit, in Unverständnis der Tochter begegnend; der über alles geliebte Vater dem sensiblen Kind von klein auf entrissen: Da braucht es kaum noch weitere seelische Belastung, um nicht psychisch schwer geschädigt zu werden.

Dabei ist das Naturell des Kindes dem des verewigten Vaters sehr ähnlich. Wie dieser mutig bis zur Verwegenheit, leidenschaftlich, an eine große Idee hingegeben bis zur Selbstaufopferung; heftig, von schnellen Entschlüssen, weltoffen, geistig vielseitig interessiert, gebildet und hochbegabt; bisweilen aber auch von fast wahnwitzigem Unabhängigkeitsdrang beseelt!

Einziger Unterschied zwischen beiden: Gustav Adolf, aus einem intakten Elternhaus stammend, ist physisch und seelisch kerngesund.

Anders die Tochter: Schon unmittelbar nach der Geburt von der eigenartigen Mutter instinktiv abgelehnt, ist bereits das Baby schweren ‚Angriffen' ausgesetzt. Über ihrer Wiege löst sich auf rätselhafte Weise ein schwerer Gewölbebalken, der haarscharf daneben zu Boden donnert. Der wenige Wochen alte Säugling wird mehrmals ‚irrtümlich' fallengelassen, was eine schiefe Schulter bei Christine zur Folge haben wird. Alles mysteriöse ‚Unfälle', die den Verdacht aufkommen lassen, ein feindlicher Geheimdienst (man munkelt, der polnische) habe hierbei seine Hand im Spiel gehabt, um den schwedischen Thron dem polnischen Zweig der Wasa zurückzugewinnen.

Dem Kind werden nach des Vaters allzu frühem Tod diese Begebenheiten hinterbracht.

Der psychische Untergrund für schwere seelische Schädigungen ist damit bei Christine vorprogrammiert. Dies äußert sich auch bald im Körperlichen. Das heranwachsende Mädchen, die junge Frau wird immer wieder in gewissen Zeitabständen von rätselhaften Fieberanfällen heimgesucht, die nach einiger Zeit so plötzlich, wie sie auftauchten, auch wieder verschwinden.

Dabei werden gewaltige Anforderungen an das Kind, das heranreifende Mädchen gestellt. Alle erwarten von Christine, daß sie dem Vater nacheifere, daß sie das Haupt des Luthertums im Norden werde, daß sie das Reich wie ein Mann regieren könne.

Als man sie mit achtzehn Jahren offiziell den Thron besteigen läßt, nimmt man ihr den Eid, wie nachher bei der feierlichen Krönung, nicht als Königin, nein, als König von Schweden ab. Die Gesandten Schwedens im Ausland sprechen von Christine immer als ihrem König. In diesbezüglichen Démarchen findet sich stets die Anführung ‚rex meus' (mein König) und niemals ‚regina mea' (meine Königin). Damals ist noch Latein die offizielle Kanzleisprache der europäischen Höfe.

Alle diese ‚maskulinen' Umstände legen sich schwer auf die Seele eines feinsinnigen, äußerst sensiblen, geistig hochstehenden, aber gleichzeitig sehr gefühlsbetonten, idealistischen Mädchens, das nach den Erkenntnissen moderner Seelenanalyse und Tiefenpsychologie als psychisch gestört bezeichnet werden kann. Daraus resultieren auch manche Widersprüchlichkeiten in Christines Charakter.

Allein, solche schweren seelischen Behinderungen wirken sich auf die erotische Entwicklung eines Menschen aus. Das übermächtige ‚Vater-Ich' in Christine kann nicht so ohne weiteres durch ein liebendes und geliebtes ‚Du' abgelöst werden. Diese alles überflutende Vater-Bindung wird infolge der psychischen Gestörtheit in Christines Seele zum schweren Hindernis gegen den Aufbau einer harmonischen Ich-Du-Beziehung auf dem Gebiet des Eros.

Daher auch dieses Sich-Hingezogen-Fühlen Christines zu väterlichen Freundschaften: zuallererst zu ihrem Erzieher Matthiäi, den sie später zum Bischof von Strengnäs erhebt, zu ihrem Kanzler, zu dem kinderreichen Gesandten Chanut, zu dem fünfzigjährigen Mehrfachvater Don Pimentel.

Nur allmählich und mit zaghaften Schritten beginnt sich die Jugend in Christine ihr Recht zu verschaffen.

Die kindliche, noch erotikscheue Jugendliebe zu Karl Gustav könnte in das Gleis einer ganz ‚normalen' erotischen Beziehung einmünden, ihre Sympathie für den eleganten, von französischer Hochkultur beleckten Grafen Magnus de la Gardie könnte die Frau in Christines Seele zum Erblühen bringen, wenn, ja wenn man dieser psychisch Angeschlagenen nur etwas Zeit zu einer glückhaften Entwicklung des Eros ließe.

Aber diese schwedischen Reichsräte, diese Hocharistokraten, die Führer der Reichsstände, sie überfallen Christine dauernd mit immer neuen Vorschlägen und zur Eheschließung antreibenden Vorhaltungen.

Die Macht des Adels ist durch die zwölfjährige Vakanz des Throns, durch die lange Dauer der aristokratischen Vormundschaftsregierung, gefährlich angeschwollen. Die einflußreichsten Adelsgeschlechter rivalisieren miteinander, bespitzeln einander und beargwöhnen sich gegenseitig. Ein neues Wahlkönigtum könnte im Raum stehen. Dem kann am wirksamsten Abhilfe geschaffen werden durch eine tunlichst rasche Vermählung Christines. Solange sie ledig bleibt, ist die Gefahr offen, daß eine der mächtigen Adelsdynastien, wie einstens die Wasa, sich der Krone bemächtigt.

Kaum sitzt die achtzehnjährige Christine auf dem Thron, wird sie auch schon von allen möglichen Seiten bestürmt, sich raschest zu verheiraten.

Ein halbes Jahrhundert zuvor vollendete die englische Königin ihre historische Bahn. Der Adel Schwedens, die Höfe Europas vergleichen Christine immer wieder mit Elisabeth I.

Wie viele Komplotte, Attentate, Verschwörungen, konfessionelle Verstrickungen hatte die englische Herrscherin durchzustehen! Aus dem fernen Schottland mußte nach ihrem Ableben erst der Thronfolger ins Land geholt werden. Nein, das soll, das darf sich in Schweden nicht wiederholen! Mit dem Trauring Christines aber kann das kaum erstarkte Luthertum im Norden, in Deutschland gefestigt oder zu Fall gebracht werden.

Man setzt daher Christine immer und immer wieder diesbezüglich zu. Sie aber hat nicht die stählernen Nerven des angebeteten Vaters, nicht die kalt berechnende Staatsräson der englischen Königin. Christines dünnhäutiges Temperament, ihr äußerst hochgespannter Idealismus verleiten sie zu der voreiligen Zusage, sollte sie unvermählt sterben, werde ihr Halbcousin Karl Gustav ihr Nachfolger sein. Das heißt, sie setzt gegen den Widerstand des Kanzlers und seiner Oxenstierna-Partei durch, daß der siebenundzwanzigjährige Sohn des Pfalzgrafen, eines Calviners außerdem, sehr zum Ärger des alteingesessenen Adels, zum Thronfolger ernannt wird. Und das nicht von einer altersschwachen, schon resignierenden, müden, kinderlosen Königin, sondern von einer äußerlich kraftstrotzenden, unerhört aktiven und dynamischen dreiundzwanzigjährigen Herrscherin.

Das ist so unglaublich und einmalig, daß nicht nur die schwedischen Adelsdynastien und die Höfe Europas die Köpfe schütteln. Auch mit der Brille der Gegenwart ist solches schwer verständlich. Einzig und allein durch das Spektrum des Eros kann derlei eine Erklärung finden.

Denn die sonst so herrlich weltoffene, aufgeschlossene, mit der Gegenwart gehende, äußerst moderne und ihrer Zeit voraus eilende Christine, ist *in eroticis* mit ihren dreiundzwanzig Jahren eine tolpatschig Unwissende, auch wenn ihr hie und da unter dem Einfluß der Franzosen an ihrem Hof recht eigenartige Aussprüche von den Lippen kommen, deren schlüpfriger Unterton ihr kaum bewußt wird. Aber wenn man analytisch tiefer in ihre Seele hineinleuchtet, fällt diese gewaltige Diskrepanz zwischen solchen gelegentlichen Bonmots und ihrem tatsächlichen Verhalten auf. Von daher ist auch ihre, eine Zeitlang fast lesbisch anmutende Neigung zur schönen, jungen Ebba Sparre zu sehen.

Eine Dreiundzwanzigjährige, die sich gar nicht erst die Möglichkeit offen läßt, doch noch zur Ehe und damit auch zum Kindersegen zu kommen, die unablässig ihren Willen zur Ehelosigkeit bekundet, die oftmals beteuert, sie könne sich nicht vorstellen, daß ein Mann mit ihr umgehe wie ein Bauer mit seinem Acker, eine solche junge Frau ist hinsichtlich des Eros zumindest vorübergehend seelisch schwer gestört.

Die Wurzeln hierfür sind in der mangelnden Nestwärme ihrer Kindheit, in der kaum geglückten Ehe ihrer Eltern, in dem überdimensionalen Vater-Ich, in dem maßlosen Anspruch ihrer Umgebung an sie, in dem unerträglichen Zwang, meistens jemand anderer zu sein, als man ist, zu suchen.

Ein solcher, alles überbordender Seelenstau kann sich nur gewaltig entladen in die Flucht einer Psychopathie, einer Geisteskrankheit oder in die Möglichkeit, all dieses Beengende und Erdrückende zu kompensieren in der Dimension einer höheren Geistigkeit, in der Aufopferung für eine glorreiche Idee.

Dem Vorbild des geliebten Heldenvaters folgend, geht Christines Psyche diesen Weg. Ihrem Hang zur Ehelosigkeit entsprechend, entscheidet sich diese Seele für eine Religion, die in der Ehelosigkeit ein hehres Ideal erblickt, das diese Konfession ihren Priestern auferlegt, das bei den Ordensleuten dieses Glauben in das Gelübde der Keuschheit einmündet und darin seine höchste Bestimmung erfährt.

Das ist, tiefenpsychologisch betrachtet, die wesentlichste Motivation, die Christine veranlaßt, sich für den Katholizismus zu entscheiden.

Denn Christines Begründung, weil die katholische Kirche so viele Märtyrer habe, ist weniger stichhaltig, da solche auch die evangelischen Konfessionen aufweisen können. Desgleichen das Argument des hohen Alters der Kirche.

Bleibt die Kardinalsursache der Ehelosigkeit. Es ist unschwer zu erkennen, wie sehr hierfür der Eros Pate gestanden hat.

XXVII

Das Ungeheure geschieht

„Es liebt der Mensch, das Strahlende zu schwärzen
und das Erhab'ne in den Staub zu ziehn."

Friedrich von Schiller

Und da ist der Tag der tiefsten Selbsterniedrigung Christines. Da ist der Tag, der auch nach Jahrhunderten noch Kopfschütteln auslöst.

Da ist der 6. Juni 1654.

Aber hat Uppsala auf die Anwesenheit der Königin verzichten müssen an jenem Tag, da ihr Reverendissimus die Krone aufs Haupt setzte, hat Uppsala damals infolge der gewaltigen Popularität der Monarchin hinter Stockholm zurücktreten müssen, heute ist das anders. Jetzt ist endlich wieder Uppsala die erste unter den Städten des Reiches. Heute ruft Uppsala, und Stockholm muß folgen.

Stockholm – das ist das schwedische Reich. Uppsala – das ist die schwedische Kirche.

Reich und Kirche stritten oft miteinander, wer der Stärkere ist. Dieser 6. Juni ist ein Sieg der Kirche. Denn die heute die Krone in die Hände Uppsalas zurückgibt, ist ein Kind der Kirche nur dem Namen nach.

Schon Tage zuvor ist der ganze Hof, sind alle ausländischen Gesandten von Stockholm aufgebrochen. Nun ist Uppsala überfüllt wie ein Haus, das allzu viele Gäste nicht mehr beherbergen kann. Auch der alte Großkanzler bricht auf zu der historischen Fahrt von Stockholm nach der alten Universitätsstadt. In der Ecke seiner Kutsche sitzt er und sinniert, während draußen vor den schmalen Fenstern die dunklen Wälder sich hinziehen.

Da sprengt ein einsamer Reiter heran, will an der Kutsche vorbeigaloppieren, sieht aber das Wappen des Kanzlers am Wagenschlag und hält an. Der Kutscher und die Trabanten müssen den Mann kennen, denn sie bringen ihr Gefährt zum Stehen.

Unwillig zieht der Kanzler den Vorhang zurück, blickt hinaus. Da erkennt der alte Mann den Fremden. „Mathiäi“, ruft er, „Bischof Mathiäi.“ Der Staatsmann lädt den Kirchenfürsten ein, bei ihm Platz zu nehmen. Ein Lakai übernimmt draußen das herrenlose Pferd. Die Reise nach Uppsala geht weiter. Die beiden Männer im Fond der Kutsche schweigen. Der 60jährige Bischof bricht zuerst das Schweigen. „Daß es dazu kommen mußte!“ brummt er.

Der Kanzler nickt nur stumm.

„Hat denn niemand mehr versucht, sie abermals von diesem Schritt abzuhalten?“ fragt nun Mathiäi.

„Und ob wir es versucht haben!“ preßt der alte Politiker hervor. „Der Reichsrat hat sie mehrmals beschworen, der ganze Hof ward vorstellig, die Polen schickten einen eigenen Gesandten, um ihr anzudeuten, daß sie ihren Nachfolger nicht anerkennen und daß es dann Krieg gebe. Was hat sie geantwortet? Ihr Vetter werde sein Recht auf die Thronfolge nötigenfalls durch 30.000 Zeugen beweisen.“

30.000 Zeugen, das heißt 30.000 Krieger.

„Die Zeit der Musen ist vorbei“, sagt der Kanzler hart. „In Uppsala dankt nicht nur Christine ab. Es dankt mit der Königin die Kunst und die Wissenschaft ab. Kein Menage, kein Pascal wird mehr seine Werke nach Stockholm schicken, kein Cooper wird mehr für Schweden malen, die berühmte italienische Musikkapelle geht fort. Bernini, Gassendi, Cassini werden nicht mehr nach Stockholm schreiben, und bei Hofe wird man nicht mehr philosophieren. Das goldene Zeitalter der Kunst, der Gelehrten, des Friedens ist vorbei. Jetzt bricht ein eisernes an.“

Der Bischof grübelt vor sich hin. Übertreibt der alte Kanzler nicht? Als errate Oxenstierna die Gedanken des Kirchenmannes, fährt er fort: „Ich wollte, ich wäre jünger. Ich könnte an den künftigen König und sein Genie glauben. Denn er ist ein hervorragender Heerführer. Er wird das Schwert ziehen gegen Polen, er wird in Dänemark einfallen und Brandenburg bekriegen. Wir werden Land gewinnen, wir werden oft Siege feiern. Aber dabei werden wir kulturell verwaisen. Wo bei Christine die Diplomatie sprach, wird bei ihm das Eisen reden. Ich habe mich begeistert an Karl IX., ich habe geschwärmt für Gustav Adolf, ich habe unsere Christine geliebt. Aber ich bin zu alt, um Karl X. zu bewundern."

Der Bischof sitzt und schweigt. So saß er stundenlang vor Gustav Adolf, während der König in jugendlichem Ungestüm die protestantischen Bekenntnisse unieren wollte. So saß er stundenlang im Kreis der Theologen, während Streitreden für und wider die Calviner geführt wurden, und schwieg.

Der alte Kanzler hat noch einiges, was er sich von der Seele reden muß. „Bischof, wir nähern uns Uppsala. Das letzte große Schauspiel unseres Lebens erwartet uns. Eine Königin legt freiwillig ihre Krone ab wie eine Dame ihren Pelz, wenn es zu warm wird. Heijo! Ein grandioses Ballett, das den doppelten Eintrittspreis wert ist! Eine treffliche Komödie, würdig, daß man den berühmten Scarron aus Frankreich für diese Rolle hole! Eine Königin steigt gelassen vom Thron, der mit den Seelen ihrer Ahnen gepflastert ist. Oh, über diesen 6. Juni werden noch die Jahrhunderte nach uns spotten!"

Ruckartig erhebt sich der Bischof aus der gepolsterten Ecke und schaut dem Staatsmann drohend ins Gesicht. „Ihr habt die Königin beschworen zu bleiben", spricht er hart, „mit den Zungen der Politik und der kalten Vernunft. Ich aber will mit ihr reden allein in jener Sprache, die ihr Gewissen anrührt und ihre Seele bewegt. Und auf diese Sprache wird sie hören, Herr Kanzler!"

Dem alten Diplomaten bleibt vor Staunen der Mund offen. Hat er recht gehört? Der Bischof will wirklich? Jetzt? Wo es gewissermaßen eine Minute vor Mitternacht ist?

Da kommt ein Dorf und noch eines. Die Vororte Uppsalas sind erreicht. Jetzt geht es über bretterbelegte Straßen dem auf dem Hügel thronenden Königsschloß entgegen.

Die Stadt, die einen verträumten Kleinstadtcharakter hat, ist heute ein zweites Babylon. Die Straßen sind überfüllt und so verstopft, daß die Kutsche nun jede Minute stehenbleiben muß. Die beiden Insassen des Wagens haben die Vorhänge fest zugezogen. Je näher es dem Königsschloß zugeht, um so bedrohlicher wird der Menschenstrom.

Das berühmte Universitätsgebäude liegt wie ausgestorben da. Die Handwerker, welche die Tribünen vor dem Dom errichtet haben, sind eben fertig geworden. Schon eilen andere Arbeiter herbei, die Holzbänke und Stiegen mit Stoffen und Teppichen zu belegen. Da und dort werden Girlanden angebracht und Fahnen an den Masten aufgezogen. Die Plätze vor dem Königsschloß, vor dem Palast des Erzbischofs und vor der Domkirche, all die Straßen, durch die morgen der Krönungszug gehen wird, sind bereits von den wartenden Menschen dicht besetzt.

Die Kutsche schiebt sich langsam an dem erzbischöflichen Palais vorbei, das unbeleuchtet und drohend auf die weltlich erregte Menge herabblickt. Nichts scheint an diesem Steinkasten auf den morgigen Tag hinzudeuten, wenn nicht zwei riesige Fahnen herabhingen, die Fahne Schwedens und die Fahne der Staatskirche. Weiter geht es, an durcheinander rufenden, hastenden Menschen vorbei.

Hier ist die Domkirche. Vor dem Hauptportal hat man einen hölzernen Vorbau errichtet, mit scharlachroten Stoffen verkleidet und den Insignien des künftigen Königs geschmückt. Berittene Stadtpolizei und Heer machen hier den Ordnungsdienst und riegeln den Domblock vor der Menge ab. Die Kutsche mit dem vornehmen Wappen am Wagenschlag wird ausnahmsweise eingelassen, von der Garde zu Pferd umschlossen und zum Königsschloß durchgeschleust.

Der Bischof und der Kanzler eilen sofort zu den Gemächern der Königin. Aber sind dies noch die Gemächer der Königin? Überall fremde Gesichter, fremde Livreen, neue Uniformen. Überall schon fremde Embleme, fremde Namen, neue Würdenträger. Da endlich! Ein bekanntes Gesicht!

„Man melde uns Ihrer Majestät!“ sagt erregt der sonst so sanfte Bischof. Aber welch Bedauern! Der Kanzler und der Bischof werden nur in die Anticamera geführt. Hier wartet bereits eine schwarzgekleidete Frau. Der Kanzler erkennt sie sofort. Es ist eine Hofdame der Königinmutter. Aus dem angrenzenden Salon tritt eine tiefverschleierte Dame in Trauer heraus. Das heißt, sie wankt heraus. Die Gestalt ist mittelgroß, sehr zierlich, das aschblonde Haar schimmert dumpf hinter der schwarzen Spitze hervor. Die Hofdame sieht sie kaum und versinkt auch schon in einem tiefen Hofknicks vor ihr.

Der Kanzler und der Bischof verneigen sich stumm.

Aber die Dame beachtet die Ehrenbezeigungen nicht. Sie sinkt auf den nächsten Stuhl und flüstert der Hofdame etwas zu. „Wasser", ruft diese sofort, „schnell Wasser für Ihre Majestät!"

Ein Lakai in einer dieser neuen Livreen erscheint unwillig und bringt das Gewünschte.

Da kauert sie nun in der Ecke wie ein Häufchen Elend, diese schöne, stolze Frau, die Witwe Gustav Adolfs und Mutter der Monarchin, deren Königtum in wenigen Stunden zu Ende geht. Da kauert sie nun, eine tief Gebeugte, eine schwerst Verwundete.

O welch Schicksal! Welch Abendgesang eines seltsamen Lebens! Welch Kontrast einer dunklen Stunde gegenüber Tausenden Lichtertagen!

XXVIII

Die schwarze Dame

„Der Mensch ist ein Gaukler von Natur und spielt eine fremde Rolle."

Immanuel Kant

Da kauert sie mit ringendem Atem, schwachem Herzen und versucht, aus armseligen Wassertropfen letzte Kraft zu schöpfen. Denkt sie zurück in diesem Augenblick? Denkt sie zurück an den Mai ihres Lebens? Denkt sie zurück an die Tage, da der gleiche Kanzler, der jetzt dort drüben steht, damals am Hofe ihres Vaters in Brandenburg auftauchte? Als Brautwerber für den schönen jungen Schwedenkönig, dem ihre ersten Backfischträume gegolten hatten und den sie lieben mußte, ob sie wollte oder nicht! Aber sie wollte ja. Und wie sie wollte!

Man tuschelte zwar, er heirate sie nicht aus Liebe, denn sein ganzes Herz hatte er bereits an die schöne Ebba Brahe verloren. Aber er durfte sie aus Staatsraison nicht ehelichen. Aber um sie, die Tochter des Kurfürsten, durfte er freien. Was kümmerten solche Probleme den süßen Backfisch aus Brandenburg? War sie nicht schön? Oh, sie war ätherisch schön.

Diese zierliche Gestalt, dieses schmalgeschnittene, ebenmäßige Gesicht mit den feinen Zügen, diese herrlichen Augen, dieser träumende Mund, diese zarten Hände und Füße! Dieses blonde Fürstenkind war wie geschaffen für die Liebe!

Gustav Adolf liebte sie auch, wie er nun einmal schöne Frauen lieben mußte. Gewiß liebte er sie nicht mit jener Ausschließlichkeit wie seine Jugendfreundin Ebba, aber er liebte sie wie ein bestrickendes Abenteuer und später als Mutter seiner einzigen Tochter. Er schenkte ihr einen Teil seines Herzens, und sie war gottlob zu unerfahren, um zu merken, daß es nur ein Teil war. Aber ihr beider Kind, das liebte er mit ganzer Seele, mit allen Plänen seines genialen Geistes.

Was Wunder, daß diese übersensible, zerbrechliche Frau, dieses kapriziöse Eva-Weibchen eifersüchtig auf ihr eigen Fleisch und Blut wurde? Was Wunder, daß diese Gattin, mehr Frau als Mutter, uneingeschränkte Freundin ihres Gatten sein wollte? Man muß den hohen Gemahl täglich aufs neue erobern, denn sein Reich, seine Kriege, seine Freunde und Probleme entziehen ihn ihr stets. Und man hat schließlich auch Geist, nicht einen genialen wie ihr Gemahl und ihre Tochter, aber den Geist einer schönen Dame, die viel Phantasie hat. Den Geist einer Königin, die malt, zeichnet, stickt und ein geborener Architekt ist. Sie entwirft Pläne für ein neues Königsschloß, Pläne, daß allen Hören und Sehen vergeht! Die Pläne sind berauschend, monumental und prachtliebend, nur leider, leider! Wer soll das bezahlen? Dieser Bau verschlänge mehr Geld als alle Schlösser Schwedens zusammen gekostet haben! Vielleicht einmal später, wenn man Kaiser ist. Denn der Herr Gemahl will Kaiser werden, und Maria Eleonora wäre dann Kaiserin. Oh, diese Krone müßte hundertmal teurer sei als die Krone der Königinnen Schwedens, die man so gern trägt und bei jedem Gastmahl in deutschen Landen, im Feldlager an der Seite des Soldatenkönigs aufsetzt.

Man mag diesen schönen Heldenkönig, diesen Charmeur und Frauenliebling, diesen ritterlichen Herrn Gemahl furchtbar gern. Man überströmt in südlicher Kleopatra-Liebe zu ihm, doch wenn er abwesend ist, auf Inspektionsreisen oder auf einem seiner Kriegszüge, dann springt man sofort ins andere Extrem über. Man weint tagelag, man will nicht essen, empfängt niemanden. Dem Herrn Gemahl wäre natürlich eine wohltemperierte Zuneigung lieber als diese ständig moussierende Champagnerglut, die nur deshalb nie ins Gegenteil umschlägt, weil der königliche Gatte ein großer Liebesdiplomat ist. Er flieht eher vor seinem „Hauskreuz", wie er zu Oxenstierna scherzend sagt, auf eine dringliche Reise, als der Gattin irgendeinen Unmut zu bezeigen. So ist nach außen hin ihre Ehe harmonisch, und für sie auch restlos glücklich, wenn er nur mehr daheim wäre!

Aber das einzige Kind, das mag die Mutter nicht recht. Das Kind gleicht ihr wenig, hat nichts von ihrer Art, ist mehr ein

Maria Eleonora, geb. Prinzessin von Brandenburg, Gemahlin Gustavs II. Adolf, Mutter Königin Christines; 34 Jahre alt. Geboren 1599, gestorben 1655.

Bub als ein Mädel, und außerdem, es hat einen Schönheitsfehler: eine schiefe Schulter! Später wird die Mode und die Haltung der erwachsenen Königin diesen Mangel vorzüglich verdecken. Aber das Kind hat eben einen körperlichen Makel. Und Maria Eleonora, die nur das lieben kann, was körperlich sinnlich-schön ist, weicht diesem ihrem einzigen Kind aus. Der König nicht! Er liebt es abgöttisch.

Da rafft der Tod den Gatten hinweg, in der vollen Blüte seiner Jugend!

Maria Eleonora ist untröstlich. Zwei Jahre lang weigert sie sich, den einbalsamierten Leichnam der Bestattung zu übergeben. Jahrelang schließt sie sich in schwarz verhangenen Räumen ein und läßt nur die Tochter zu sich. Das 6- und 7jährige Kind zwingt sie, an ihren exaltierten, übertriebenen, hysterischen Schmerzensausbrüchen teilzuhaben.

Ihr Gatte und Geliebter ist tot. Der Schmerz wird ihr neuer Geliebter. Ihn hätschelt sie und päppelt ihn groß, ihm dient sie die künftigen Jahre ihres Witwenstandes. Ihre Eitelkeit, der es nicht vergönnt war, Kaiserin zu werden, kostet bis zur Neige das makabre Vergnügen aus, Kaiserin der Trauer zu sein. Ihren Witwenschmerz trägt sie wie eine Filmdiva zur Schau. Ihre Absonderlichkeit entfremdet ihr die Tochter, bringt sie mit der Vormundschaftsregierung in Schwierigkeiten. Schließlich erträgt ihr gekränkter Stolz die Lage nicht mehr. Sie flieht nach Dänemark, zum Erzfeind Schwedens. Sie konferiert heimlich mit Polen. Das wird ihr furchtbar übel genommen. In Schweden spricht man daraufhin von ihr wie von einer Hochverräterin. Erst nach dem Regierungsantritt ihrer Tochter kehrt sie zurück. Man liebt sie in dem Reich, in dem sie einst Königin gewesen, nicht. Die Tochter bringt ihr Dankbarkeit, Diensteifrigkeit und vornehme Herzenshaltung entgegen. Liebe – wegen zu großer Fremdheit der Charaktere – kaum!

Maria Eleonora ist eine Fanatikerin. Dem Gatten zuliebe wurde sie, die calvinische Hohenzollerin, lutherisch. Heute ist sie ein ergebenes Kind der Staatskirche und möchte am liebsten ganz Schweden in eine Aufbahrungshalle verwandeln. Kein Fest, an dem sie nicht Anstoß nähme, keine neue Persönlichkeit bei Hof, die ihr nicht zu weltlich erschiene, kein Empfang, der ihr nicht zu sündig wäre. Auf einem ihrer drei Witwensitze residiert sie in düsterer Melancholie und kommt nur ab und zu an den Hof, um ihrer königlichen Tochter zwecklose Vorhaltungen zu machen. Heute erscheint sie das letzte Mal. Nie mehr wird sie nach jener Nacht an den Hof reisen.

Sie richtet sich auf, befreit sich von der um sie bemühten Dienerin. Mit großen, leicht wankenden Schritten erreicht sie die hohe Tür. Und so tritt sie, innerlich zutiefst aufgewühlt, vor ihre Tochter, vor dieses ‚pflichtvergessene' Kind, innerlich zutiefst getroffen, vor ihres Gatten Fleisch und Blut.

Da stehen sie auch schon voreinander: Mutter und Tochter. Jene eine gewesene Königin, auch im Witwenstand noch in Haltung und Auftreten geborene Herrscherin, und diese, ein regierender König, der in einer kurzen Spanne Zeit eine Krone verschenken wird an irgendeinen Dingsda, einen entfernten Vetter, der kaum gut genug zu einem Prinzgemahl befunden wurde.

Da stehen sie voreinander: Die Frau in der Trauerrobe, die ihr Gewand als Mahnmal verblichener Würde und Größe trägt, und die ‚kindische' Tochter, die den Königspurpur abstreift wie ein Hemd vor dem Zu-Bett-Gehen.

Die Königinmutter tastet nach einem Stuhl und klammert sich an ihm fest. Aber sie setzt sich nicht. Hocherhobenen Hauptes, gewaltsam aufrecht starrt sie ihrer Tochter ins erbleichende Antlitz.

„Also, es bleibt dabei", ruft sie ihr zu, „daß Sie, meine Tochter, morgen früh die heilige Krone Schwedens zu Boden schleudern?"

Christine preßt die Lippen aufeinander. Alles Blut fließt aus ihrem Gesicht. ‚Mein Gott', hämmert es in ihr, ‚auch das noch!' Sie kennt ihre Mutter und befürchtet mit Recht einen der schlimmsten Auftritte ihres Lebens.

„Wollen Sie nicht Platz nehmen, meine Mutter?"

„Nein, meine Tochter, ich nehme nicht eher Platz, bis Sie mir erklären, daß Sie noch im allerletzten Augenblick diese ganze Komödie widerrufen, bevor es wirklich zu spät ist."

„Aber meine Mutter, das kann ich nicht."

„So, das können Sie nicht? Das wagen Sie mir zu sagen, die ich Sie in diese Welt gesetzt und dadurch erst in den Stand gebracht habe, diesen Thron zu besteigen? Schämen Sie sich nicht vor diesen ehrwürdigen Hallen, mir solche Antwort zu geben? Ich hoffe, ich habe schlecht gehört."

„Nein, Sie haben richtig gehört", haucht Christine mehr, als sie spricht.

„Ich will Ihnen etwas sagen, mein Kind. Hier will ich stehen und nicht eher fortgehen, bis Sie alles widerrufen haben. Wenn Sie nicht Ehrfurcht vor meinem Alter haben, wenn Sie vergessen können, daß man seiner Mutter Gehorsam schuldet, so muß ich zum äußersten Mittel greifen, um Sie zur Vernunft zu bringen. Wie, Sie mein und meines verewigten Gemahls einziges Kind, die Hoffnung meines Witwenstandes, der alleinige Stab meines alternden Leibes, Sie also wollen nicht verstehen, worum es hier geht? Sind Sie nicht eine Christin? Hat Ihnen Ihr Bischof Mathiäi vergessen beizubringen, daß das vierte Gebot Sie genauso verpflichtet wie alle anderen? Mein Vater hat mir einst befohlen, den König von Schweden zu heiraten. Ich hatte Glück, denn ich liebte Ihren Vater, meinen Gemahl. Aber ich hätte ihn auch geehelicht, wenn ich ihn nicht geliebt hätte. Einfach deshalb, weil es meine Eltern wünschten. Sie sind König, aber gleichzeitig sind Sie auch mein Kind. Und ich fordere von Ihnen, daß Sie gehorsam sind, wie Ihr Vater und Großvater gehorsam waren. Ich fordere von Ihnen, daß Sie dort verbleiben, wohin man Sie berufen hat."

„Ich kann nicht, liebe Frau Mutter. O glauben Sie mir, ich kann nicht!"

„Ich bin entsetzt. Welche Anmaßung! Hat man mich gefragt, ob ich es ertragen kann, den schönsten und teuersten Gemahl zu verlieren, in der Blüte meiner Jugend den Witwenschleier zu nehmen und meine besten Frauenjahre in Einsamkeit zu vertrauern? Wer fragt uns, ob wir mit unserem Geschick fertig werden oder nicht? Ich frage Sie, woher nehmen Sie solche Ansichten? Von uns, Ihren Eltern und Ahnen nicht! Hat Ihr verehrungswürdiger Vater gejammert, daß er diesen schrecklichen Krieg nicht ertragen könne? Klagte Ihr Großvater etwa, daß er nicht mehr weiter könne, da das Reich zersplittert war in Echtgläubige und Götzendiener, in Knechte dieser falschen polnischen Verwandten? Oh, meine unkönigliche Tochter, Sie können noch viel lernen von Ihren Vätern und Vorvätern! Ein Wasa kämpft und ein Wasa siegt! Besiegt wird er nur durch den Tod, sonst durch nichts und niemand! Und Sie wollen eine Wasa sein?"

„Meine Mutter, ich bitte Sie, einmal nicht weltlich zu denken! Vielleicht können Sie mich dann verstehen."

„Wollen Sie mich verhöhnen? Ich soll nicht weltlich denken? Denke ich etwa weltlich, wenn ich Sie an das vierte Gebot mahne? Denke ich weltlich, wenn ich Sie erinnere, daß der Christ so etwas wie Standespflichten hat, die unbedingt zu erfüllen sind? Hat Gott gewollt, daß Sie König werden, ja oder nein? Er hat es gewollt, sonst hätte er Sie nicht auf diesen Thron berufen. Wie das? Da ist einer ein Schneider und sagt plötzlich: ‚Ich will nicht mehr Schneider sein, ich habe es satt. Ab morgen will ich Feldherr sein.' Würde man einen solchen Menschen nicht für verrückt halten? Was soll aber die Welt von Ihnen annehmen? Auf einmal wollen Sie nicht mehr König sein, dann wieder ja, und nun endgültig wieder nein! Entweder man ist König oder man ist es nicht! Zum König wird man geboren und berufen, das Königsein wird einem eingebrannt wie das Geschlecht, dem man angehört. Reißen Sie sich die Krone aus Ihrem Haar! Und dann rufen Sie Ihre Frauen und lassen Sie sich den Nacken scheuern, bis er wund ist! Trotzdem werden Sie nicht imstande sein, das heilige Salböl fortzuwaschen, mit dem Sie gesalbt wurden am Tag Ihrer Krönung!"

„Ich beschwöre Sie, werte Frau Mutter, hören Sie auf! Ich bitte Sie um alles in der Welt!"

„Oh, ich habe Sie gewarnt! All die Jahre habe ich geredet und geredet! Doch Sie haben nicht auf mich gehört. Sie haben sich von diesen Rattenfängern von Gelehrten und Künstlern verführen und in Bezirke locken lassen, in denen ein König nichts verloren hat. Sein Platz ist der Thron! Das Zepter ist sein Kunstwerk, der Reichsapfel seine Wissenschaft! Wenn aber ein König herabsteigt und zum Kammerherrn den Harlekin wählt und zum Bedienten den Pulcinell, dann schwinden Würde und Größe. Dann steigt die Macht herab und der Pöbel hinauf. Dann wird die Krone eingehandelt für Bücher und Bilderbögen, und das Geschäft macht allein der niedrige Haufe. Hat man Sie nicht lange genug Fürstenstolz und Haltung gelehrt? Wie können Sie auf einmal den Purpur vertauschen mit dem Narrengewand und statt der Krone der Macht über das Haupt die Schellenkappe stülpen?"

„Das ist es, Madame! Jetzt sind wir deutlich. Sie können nicht einsehen, daß ich die Macht von mir gebe."

„Natürlich, mein Kind, das ist es! Die Macht! Sie haben nie verstehen können, daß ich in meinem Gefolge Zwerge und Riesen gehalten habe, übrigens nach dem Brauch der deutschen Fürstenhöfe. Aber diese Zwerge und Riesen sind ein Symbol des Lebens. Wir Könige, und damit wir Auserwählte, können nicht hinabsteigen und gewöhnliche Menschen werden wie die andern, auch wenn wir es gleich wollten. Denn wir tragen ein Zeichen an uns. Sie können es Kainszeichen nennen, ich nenne es die Würde der Einmaligkeit. Solange wir oben sind und damit an der Macht, sind wir für dieses Geschlecht die Riesen, zu denen man aufsieht und die man vergöttert. Wenn wir aber hinabsteigen, meine Tochter, wehe, wenn wir hinabsteigen! Dann sind wir die buckligen Zwerge für sie, die man verachtet und anspeit!"

„Man muß Gott mehr gehorchen als den Menschen. Wo das Gewissen ruft, Frau Mutter, muß alles andere verstummen."

„Ja, das sind Ihre Sprüche, mit denen Sie mich jahrelang abgespeist haben! Sie haben sich zugestanden, was kein König Schwedens vor Ihnen sich zugestanden hätte! Sie haben in den Reichsrat Männer erhoben, die bürgerlich sind. Sie haben Ausländer berufen, die unsere Bräuche anglotzen wie das Vieh. Sie haben unsere heilige Religion vernachlässigt und Männer beordert, die der protestantischen Sache nicht ergeben sind. Sie haben korrespondiert mit Heiden, Rabbinern, Papisten und Reformierten! Sie haben die Ketzerei gesät und nun geht in Ihrem Innern die böse Saat auf. Heute haben Sie nur den einen

Gedanken, so rasch wie möglich hinwegzukommen, weit hinaus in die sündige Welt, in mondäne Badeorte, in freie Gesellschaften!"

„Frau Mutter, indem Sie Ihr Kind beschmutzen, beschmutzen Sie sich selbst."

„Sie werden noch an mich denken. Noch sind Sie das erlauchte Symbol der Monarchie. Dann werden Sie das Symbol der Lächerlichkeit sein. Die Verleumdung wird Ihr Kammerherr, die Bosheit Ihre Zofe. Die Geschichtsbücher werden strotzen von Unwahrheiten über Sie. Das Haus Wasa wird verunglimpft werden, und wenn man sich seiner erinnern wird, wird man sagen: Die Letzte dieses Geschlechts war die Närrischste!"

„Sie mögen recht haben, Frau Mutter, aber haben Sie noch nie bedacht, wie die Macht die Menschen entehrt? Der Mensch ist von Gott geschaffen zu Seinem Ebenbild, aber die Macht dörrt ihn aus wie einen brechenden Blütenast. Überall, wohin die Macht tritt, werden aus freundschaftlichen Seelen verhärtete Herzen. Die größte Weisheit hat nicht jener, der die Macht weise zügelt, denn nicht der Mensch bändigt die Macht, sondern die Macht bändigt den Menschen. Darum hat die größte Weisheit allein jener, der die Macht von sich wirft wie ein stinkendes Aas."

„So, meine Tochter, meine Worte genügen also nicht, um Sie zur Räson zu bringen? Nun, dann müssen mir eben Ihre alten Lehrer helfen. Der Großkanzler und der Bischof Mathiäi warten draußen. Sie sollen eintreten in dieses Gemach, in dem der Wahnsinn regiert!"

Die Königinmutter reißt wie besessen an dem Glockenzug. Und da stehen sie auch schon in dem Salon: die beiden, stumm und betreten.

„Herr Kanzler, Herr Bischof", ruft die Königinmutter ihnen entgegen: „Sie sind gekommen, um Ihrer Majestät abzuraten, in letzter Stunde sozusagen. Helfen Sie mir also!"

Die beiden stehen ratlos. Der gewandte Oxenstierna findet als erster eine Antwort. „Euer Majestät", spricht er behutsam zu Maria Eleonora, „fühlen sich nicht wohl. Darf ich Ihnen meinen Arm leihen?"

Aber kaum hat er sie angesprochen, fährt sie ihn flammend an: „Haben Sie nicht Ihre Majestät erzogen nach dem Beispiel Elisabeths von England? Nun bekräftigen Sie, ob sich diese Fürstin jemals so aufgeführt hätte?“

„Die Königin von England war ein berechnender Herrscher“, erwidert er ausweichend und zweideutig.

„Da haben Sie es, meine Tochter! Sie war berechnend. Und das ist eine Tugend für einen Monarchen, meine ich. Kanzler, Sie sind in der Weltgeschichte bewandert, hört man. Gibt es für das Vorhaben meiner Tochter irgendwo ein Beispiel?“

„Majestät“, erwidert er kühl und unwillig, „es gibt eines, sogar ein erhabenes.“

„Daß ich nicht lache!“ fährt die alte Dame schrill dazwischen.

„Es war vor fast einem Jahrhundert. Kaiser Karl V. war der mächtigste Herrscher der Welt. In seinem Reich ging wahrlich die Sonne nicht unter. Er erwarb zu den riesigen Besitzungen seines Hauses Mailand, Sizilien und Neapel, ihm gehörten die neu entdeckten Kolonien mit ihren sagenhaften Reichtümern. Aber er vermochte nicht glücklich zu werden. Die religiöse Zersplitterung seines Reiches, die zahllosen inneren und äußeren Kämpfe enttäuschten ihn sehr. Vorzeitig gealtert, dankt er mit 56 Jahren ab und zieht sich in das Kloster San Just zurück, wo er zwei Jahre später stirbt.“

„Ha, er dankte ab! Grotesk! Aber dieser Karl V. hatte doch Kinder?“

„Der Kaiser resignierte zugunsten seines Sohnes Philipp.“

„Da haben wir's. Die Erbfolge seines Hauses wurde nicht zerstört. Nehmen Sie sich ein Beispiel, meine Tochter! Heiraten Sie und schenken Sie Ihrem Volk Nachkommen, dann können Sie meinetwegen einmal abdanken, wenn die Krone gar zu sehr Ihr armes Haupt drückt.“

Maria Eleonora schnappt nach Luft. Ihr Gesicht ist hektisch gerötet. Der Kanzler macht einen Schritt auf sie zu.

„Euer Majestät, darf ich Ihnen meinen Arm leihen?“ fragt er sie abermals. „Ich bringe Sie an die frische Luft.“

Doch sie winkt ab und eilt zu einer dieser hohen Türen. Schon hat sie die vergoldete Klinke in der Hand, schon will sie grußlos aus dem Saal hasten, da wendet sie sich noch einmal um. „Meine Tochter, nur noch dieses allerletzte Wort! Dürfen Sie diese Krone verschenken, an der das Herz Ihres Heldenvaters hängt?"

„Meine Frau Mutter", stammelt Christine, „meine Mutter!"

„Oh, meine Tochter, in Ihnen pocht das gleiche alles umfassende Herz, wie es Ihr herrlicher Vater besaß. Geben Sie nach, mein Kind, widerrufen Sie!"

„Ich kann nicht, ich kann nicht!"

„Ich sehe ihn wieder, den Tag von Lützen, an dem Ihr Vater fiel. Ich spüre den Sand der Ebene im Gesicht, der Wind peitscht ihn von Leipzig her. Da, da sprengt Ihr unvergleichlicher Vater auf einem Schimmel heran, er jagt vorüber: zu rasch, viel zu rasch, seine Getreuen können ihm nicht folgen. Der König eilt allen voran, seinem linken Heeresflügel zu Hilfe, den der böse Pappenheim bedrängt. Da ist er, unser heldenhafter Freund, die Pappenheimer stürmen auf ihn ein, wehe, sie sind so viele, und er ist allein! Sie schleudern eine Bleikugel gegen ihn, er stürzt vom Pferd, fällt in den Sand, färbt ihn blutigrot. Oh, meine Tochter, in diesem königlichen Blut verströmte sich alles Heldentum der Welt. Mit diesem einmaligen Mann ging alle Größe Schwedens zu Grabe. Aber unser großer Freund hat uns ein Testament hinterlassen. Sie sind das Vermächtnis unseres unvergleichlichen Toten, der für Schweden fortleben muß und in Ihnen fortdauert. Schauen Sie Ihre Krone genauer an! Der Rubin, der so strahlend glitzert, ist der letzte Blutstropfen Gustav Adolfs. Geben Sie ihn nicht fort, meine Tochter, geben Sie ihn nicht fort!"

„Meine Mutter, ich muß gehen."

„Kanzler, Ihren Arm!" ruft schauerlich hallend die alte Frau. „So gehen Sie, mein Kind! Schreiten Sie hinaus aus Schweden über die Leiche Ihres Vaters, über das gebrochene Herz Ihrer Mutter! Diese Stunde tötet mich. Ich kann nicht mehr. Fort, fort, Herr Kanzler, nur fort!"

Christine ist erschüttert. Auch Bischof Mathiäi, der bei ihr verharrt, glaubt, daß der Boden unter ihm wankt.

Nun ist sie weg, die stolze Frau. Bald wird sie wieder auf ihrem stillen Witwensitz auf Nyköping sein. Sie wird die leeren

Säle ihres Schlosses durchwandern, ruhelos immer wieder. Sie wird geistesabwesend zu den Sternen starren und ihrem Gewissen immer wieder die Frage stellen: ‚Warum gerade mir solch ein Schicksal? Warum gerade mir den Mann entreißen, wo so viele Frauen ihre Gatten behalten dürfen? Warum gerade mir die Tochter stehlen, da ich nur sie allein besitze und sonst nichts auf der Welt? Andere Frauen haben ein Dutzend Kinder, und sie bleiben willig im Schoß der Familie. Und heiraten sie einmal fort, so kommen sie wieder, und ihr Abschied tötet nicht. So aber... sie, meine Einzige, geht fort, und wer weiß, ob sie jemals zurückkehrt? Und wenn, ob ich es noch erlebe?‘

Und die Königinmutter wird weiterhin ihre Wanderschaft durch die kalten Säle aufnehmen, und in ihrem Herzen wird Gram sein, bis er es zerfleischt.

XXIX

Ein väterlicher Freund

„Meine Gedanken sind nicht eure Gedanken und meine Möglichkeiten nicht eure Möglichkeiten."

Jesaja, 55,8

Da steht der alte Bischof und wartet auf ein Wort.

„Wollen Sie mich auch überreden? Alle versuchen es seit Wochen."

„Nein, meine Königin, ich versuche es nicht. Ich gestehe, als ich dieses Schloß betrat, wollte ich es noch. Aber jetzt nicht mehr. Ich sehe ein, Sie müssen so und nicht anders handeln."

„Das sprechen Sie, obwohl Sie gar nicht wissen, warum ich es tue? Wie heißt es doch: die Königin dankt ab, um in Spa die Bäder zu gebrauchen, um sich künftig ganz ihren Studien widmen zu können.

Ach, was wissen die von mir! Aber ich kann nicht sprechen. Noch kann ich nicht sprechen."

„Ich glaube, ich kenne Sie besser als die andern, Majestät! Ich kenne Ihre Seele nun bald ein Vierteljahrhundert lang und habe oft Gelegenheit gehabt, sie zu erforschen. Natürlich danken Euer Majestät nicht ab wegen der Bäder in den Niederlanden oder wegen der Studien. Meine Königin, Ihre innerste Seele heißt Religiosität. Oder irre ich?"

„Sie irren nicht."

„Man munkelt, Sie wollen katholisch werden. Ein gefährliches Gerücht."

„Ach, mein lieber Bischof, wie leicht hatte es Karl V.!"

„Er war schon fast ein alter Mann. Sie aber sind eine blühende Königin."

„Er konnte sich die Abdankung leisten als ein Vergnügen, das seiner Weisheit entsprang. Ich werde getrieben wie jener römische Papst Coelestin V., den die Intoleranz der Menschen dazu brachte."

„War es nur die Intoleranz der Menschen? War es nicht auch seine persönliche Heiligkeit?“

„Ich bin nicht heilig, Herr Bischof. Ich bin eine unbotmäßige Tochter, eine mittelmäßige Fürstin, ein lauer Christ, dennoch muß ich abdanken.“

„Und niemand weiß, warum Sie es tun.“

„Es darf kein Schwede den Grund kennen. Denn kennte ihn einer...“

„Sie haben recht, Majestät. Wir haben ein fürchterliches Beispiel in der Geschichte Ihres Hauses. Sie gehen also ins Ausland. Sie werden keine protestantische Kirche mehr besuchen, und Martin Luther wird nicht mehr zu Ihrem Herzen sprechen.“

„Wenn die Stunde gekommen ist, werden Sie von mir hören, mein lieber Bischof. Vielleicht werden Sie über mich wie über eine Verräterin urteilen? Sie werden mich nicht verteidigen dürfen.“

„Meine teure Majestät! Was weiß die Welt von uns? Ich bin der Bischof der Kirche Jesu Christi. Die Welt nennt mich Bischof unserer Staatskirche. Vielleicht gibt es da heute noch einen feinen Unterschied.“

„Sie haben versucht, mich zu Gott zu führen. Auf einem bestimmten Weg. Aber wie ein übermütiges Kind hüpfte ich ab und fand dabei einen neuen. Schelten Sie mich aus, daß ich nun auf einem anderen Pfad als dem Ihren weiter wandern will!“

„Ich schelte Sie nicht aus, mein Kind! Sie sind überzeugt, daß die neue Bahn die richtigere ist. Sie glauben es, Ihr Gewissen sagt es Ihnen, Sie bringen unendliche Opfer hierfür. Nun ist eben dieser neue Weg für Sie der richtige.“

„Dabei ist aber dieser neue Pfad gar kein neuer, sondern ein uralter.“

„Mein Kind, ob alt, ob neu, was besagt das? Was ist für Gott alt, was neu? Für Ihn gibt es nur die Liebe, und sie ist ewig alt und ewig neu.“

„Sie sind vielleicht der einzige Schwede, der mich versteht.“

„Ich bin vielleicht der einzige Schwede, der auch die Gefahr erkennt. Sie sind noch nicht im Ausland, Majestät. Noch sind

Sie nicht sicher. Einige Würdenträger der Oxenstiernaschen Partei wollen verhindern, daß der Prinz den Thron besteigt, und sich Ihrer Person bemächtigen. Man will Sie gewaltsam entführen, in sicherem Gewahrsam halten und so Ihre Abdankung verhindern. Es soll diese Nacht geschehen, für den Fall, daß man den Großkanzler für den Plan gewinnt."

„Ist das alles, Herr Bischof?"

„Nicht alles, Majestät! Eine andere Gefahr droht von den künftigen Machthabern, die nach der Thronbesteigung des Prinzen das Sagen haben werden. Sie wollen vereiteln, daß Sie ins Ausland gehen. Sie könnten dort eine Stimmung gegen Schweden erzeugen, sich beispielsweise der katholischen Gegenreformation anschließen und mit deren Hilfe Ihre Krone zurückerobern."

„Wie sagt doch Martin Luther? ‚Ein' feste Burg ist unser Gott, ein' gute Wehr und Waffen.' – Kommen Sie, Herr Bischof!"

Und sie macht mit Mathiäi einen Rundgang durch das Schloß, als wolle sie von jedem Bild, von jedem Möbelstück einzeln Abschied nehmen. Hier saß sie oft, hier träumte sie von Karl Gustav, als er in Deutschland weilte. Hier studierte sie, hier empfing sie fremde Gesandte und Würdenträger.

Auf einmal überfällt die Königin das Verlangen, das Schloß zu verlassen, durch die lärmende Stadt zu pilgern, in der heute niemand ein Auge zumacht. Sie läßt sich einen dunklen Mantel bringen, wirft einen dichten Schleier über ihr Gesicht. Nur von Mathiäi begleitet, eilt sie aus dem Schloß durch eine Hintertür.

Da gehen sie durch dunkle Gassen, vorbei an lärmerfüllten Schenken, über geschmückte Plätze und girlandenbehangene Brücken.

Und da stehen sie vor einem verlassenen Denkmal.

Sie bleiben stehen. Stille umfängt sie. Christine schließt die Augen. Und da sieht sie ihren Vater. Da sitzt er hoch zu Roß im Sattel, das stolze Haupt zu den Sternen erhoben.

All seine Liebe hatte er auf sie, sein einziges Kind, vereinigt, nachdem seine Gattin vorher einen toten Knaben geboren hatte.

Schon hatte der Vater befürchtet, Maria Eleonora werde nie mehr gebären können. Da erwartete sie doch noch ein Kind.

Die Astrologen verkünden, die Mutter werde bei der Geburt dieses Sprößlings sterben, aber es werde ein Sohn sein. Sie irren, die Gemahlin bleibt am Leben, aber die Entbindung ist so schwer, daß die Königin nicht mehr empfangen darf.

Die Astrologen irren abermals: Es ist ein Mädchen!

Aber es hat die gleiche Konstellation der Gestirne wie der Vater. Schon in den ersten Lebensjahren stellt man eine starke Ähnlichkeit zwischen Vater und Tochter fest.

Bischof Mathiäi blickt Christine verstohlen von der Seite an, doch wagt er nicht, sie in ihren Gedanken zu stören. Sie fühlt, daß er sie betrachtet. Energisch reißt sie sich los.

Von der Domkirche hallen dumpf die Glockenschläge der Mitternacht. Christine wendet sich um und schaut Mathiäi voll ins Angesicht.

Er ist der erste Mensch, dem sie an diesem 6. Juni gegenübersteht. Er ist der erste und er ist der edelste Mensch dieses 6. Juni. Auch er wird ein Opfer dieses Tages werden, sie fühlt es.

Denn dieser 6. Juni ist eine weite Opferschale, auf die sie mehr hinlegen muß als nur diese schwere Krone: das Herz der Mutter, die Vitalität des Kanzlers und die Laufbahn des Bischofs. Sie alle sind ein gigantischer Reigen, ein Opferreigen, gewidmet diesem Tag.

„Gehen wir, lieber Freund, zurück ins Schloß! Wenn es Gott gefällt, komme ich noch dazu, die Krone darzubringen."

Und Christine kommt dazu. Der alte Kanzler bleibt ihr treu, wie er es sein Leben lang gewesen ist.

Die Uhr hat nicht mehr viel zu tun. Ein paar Schläge, ein paarmal noch das Zifferblatt mit den bronzenen Zeigern umkreist, und da ist auch schon die Stunde, in der das Ungeheure geschieht.

XXX

Drei Stufen hinab

„Gott sortiert Gebete sicherlich
nicht nach Konfessionen."
Johann Gottfried Herder

Ein kühler Morgen.

Sieben Glockenschläge hallen von der Domkirche auf die dichtgedrängte Menge. Sieben Glockenschläge hallen von der Schloßuhr über den von Menschen ausgefüllten Platz. Sieben Glockentöne klingen vom Kaminsims zum bebenden Herzen Christines.

Da steht sie in dem Raum in ihrem weißen, goldbestickten Gewand, das sie an ihrem Krönungstage trug.

Und da steht er, der kommende König, in gut gespielter Demutspose, dessen Stirn schon heftig nach der Krone juckt.

Da steht der Kanzler, und seine Miene ist eingefroren. Er kann Christine bei all seiner Liebe nicht verzeihen, was sie an diesem Tag anrichtet. Und da steht der Senator Schering Rosenhane und ersucht, sie in den Saal des Reichsrates geleiten zu dürfen.

Schmucklos setzt sich der kleine Zug in Bewegung. Es geht über den endlos langen Marmorgang mit diesen riesenhohen Flügeltüren, die sich scheinbar selbsttätig öffnen und schließen.

Da ist der Saal des Reichsrates. Man tritt ein. Stehend erwarten die Reichsräte ihre Herrin. Ihre Verbeugungen, mit die letzten vor dieser Königin, sind heute tiefer als sonst. Zum letztenmal nimmt sie Platz in ihrem brokatbelegten Stuhl.

Auf dem großen Beratungstisch liegen bereits die beiden Dokumente: die Abdikationsurkunde der Königin und die Garantieurkunde des Prinzen für Christine. Beide Akte bedürfen nur noch der Unterschriften. Nach dem Protokoll hat der Großkanzler die Abdankungsurkunde an sich zu nehmen und der Versammlung noch einmal vorzulesen.

Aber Oxenstierna will nicht. Er streikt. Er weigert sich, eine Handlung vorzunehmen, die ihm befohlen wurde. Beide Hände streckt er abwehrend von sich. Nicht einmal berühren will er diese beiden Akte, die seiner Seele tödliches Leid zufügen. Er weiß, es ist alles zu spät, und er ist nicht imstande, noch irgend etwas zu verhindern. Aber eines kann er wenigstens: vor aller Welt gegen dieses Schauspiel protestieren! Laut und hallend spricht er: „Ich habe König Gustav Adolf geschworen, seiner Tochter das Reich zu erhalten. Diese Handlung läuft meinem Eid zuwider."

Raunen und Gemurmel in dem Saal.

Der Prinz wird um eine Spur blässer und kaut nervös an der Unterlippe.

Die Königin sitzt wie eingesunken auf ihrem Fauteuil und scheint nichts zu hören, nichts zu sehen.

Der Kanzler wäscht mit dieser Geste vor allem Volk, vor der Nachwelt seine Hände in Unschuld.

Da ergreift Schering Rosenhane die Abdankungsurkunde. Einer muß es tun. Und somit ist er der erste, der sich vor der neuen Macht verbeugt. Wie der Priester bei einem Begräbnis, liest er mit dumpfer Stimme, nicht zu laut, um nicht die andächtige Ergriffenheit der Anwesenden zu stören.

„Ihre Majestät, Christina, König der Schweden, Goten und Wenden, Großherzog von Finnland, Herzog von Karelien, Estland, Livland, von Pommern, Bremen, Verden, Wismar und der Kassubei, Prinz von Rügen, Herr von Ingrien, Halland, Jütland und Meredal, Graf von Gotland und Ösel etc. etc.... verzichtet durchaus und für immer auf ihr ganzes Recht an die Krone Schwedens zugunsten Karl Gustavs; ihr bleibt für ihre Person völlige Unabhängigkeit und Freiheit, so daß sie niemand als Gott Rede zu stehen braucht über alle vergangenen und zukünftigen Handlungen. Ihr Eigentum ist frei von aller Belastung. Zu ihrem Unterhalt sind bestimmt..."

Nun folgt eine Aufzählung der Güter, deren Erträgnisse für ihren künftigen Unterhalt dienen. Es handelt sich unter anderem um Güter in Pommern und Mecklenburg, deren Einkünfte bei einem drohenden Krieg gegen Polen, Dänemark oder Brandenburg sofort ausfallen.

Sie behält vollkommene Souveränität, Vergehen der Diener ihrer Person kann sie selbst bestrafen.

Nun ist ihr Königtum zu Ende. Zehn Jahre lang herrschte sie über ihre Länder mit Weisheit. Pufendorf, der große Historiker dieses Jahrhunderts, hat ihre Regierung als „ganz besonders glänzend für Schweden" bezeichnet. Er urteilt über ihr Dezennium: „Unter der Herrschaft der Königin Christine verbreitete sich der Ruhm der schwedischen Nation über die ganze Welt. Die militärische Disziplin wurde vervollkommnet. Die Herzogtümer Bremen, Verden, Wismar, die Provinzen von Halland, Jütland und Meredal, die Inseln Rügen, Gotland und Ösel kamen durch ihre Klugheit an Schweden und wurden ein Bollwerk gegen ihre Feinde. Die schönen Künste blühten dank ihres beispielhaften Einsatzes auf; sie veranlaßte gute Gesetze und kluge Verordnungen; sie interessierte sich für die Hebung des Überseehandels, der sich nicht nur auf die Häfen Europas erstreckte, sondern auch auf Afrika und Amerika; sie förderte alle Handwerke und den Fortschritt der Technik."

Der Prinz hat die Augen halb geschlossen und blinzelt vor sich hin.

Noch eine halbe Stunde, und die Untertanenzeit ist zu Ende. Noch ein rasch verwehender Augenblick, und die Krone mit ihrem hypnotischen Glanz ist sein. Ach, es ist so schwer, bei einem Begräbnis Trauer zu zeigen, wenn man selbst der lachende Erbe ist.

Der Sprecher legt die Abdankungsurkunde zurück und ergreift das zweite Dokument.

Abermals liest er mit unbeteiligter Stimme: „Seine königliche Hoheit, der Thronfolger und Generalissimus etc. . . . verspricht der Königin Freiheit und Unabhängigkeit in allen Handlungen, ferner Erhaltung ihrer Güter und aller Vorbehalte, sagt ihr Schutz und Sicherheit zu. Er spricht ihr persönlich seinen Dank aus für die großen Wohltaten und versichert sie immerwährender Dankbarkeit und Verehrung wie des Sohnes gegen die Mutter." Der Königinmutter, deren Einkünfte Christine noch verbessert hat, verspricht er auf der Königin Verlangen Gewährung dieser Bewilligungen.

Karl Gustav nennt in dem Dokument Christine mehrmals seine Frau Mutter (um die Legitimität seiner Kronübernahme darzustellen) und verspricht ihr jeglichen Sohnesrespekt.

Die Schrift ist zu Ende. Rosenhane legt das Pergament zurück. Nun folgt der Höhepunkt dieser Grablegungszeremonie.

Man bringt die Abdankungsurkunde der Königin. Man beugt vor ihr das Knie, reicht ihr den Federkiel, legt ihr das Pergament vor. Draußen auf den hallenden Gängen schmettern die Herolde in ihre silbernen Trompeten. Die baumlangen Gardisten rühren dumpf die Trommeln.

Christine setzt mit schnellen Zügen ihre Unterschrift auf das so gewichtige Pergament. Keine Träne, keine Bewegung, keine pathetische Geste. Nichts. Nur eine kleine kurze Unterschrift!

Nun ist es geschehen. Nun kann sie niemand mehr überreden, niemand mehr abhalten, niemand mehr von diesem Schritt zurückreißen, den sie eben mit ihrem Namenszug getan.

Vor dem Schloß geht die Königsstandarte auf halbmast.

Die Flaggen, Banner, Fahnen und Wimpel all der vielen Regimentsabordnungen aus den deutschen Provinzen, aus den schwedischen Statthaltereien senken sich wie zum Gebet. Die tausendköpfige Menge auf dem Schloßplatz, vor dem Dom, in den Gäßchen und auf den Brücken, all die tausend und abertausend Untertanen sinken in die Knie. Ein unheimliches Schweigen liegt in der Luft, unter dem Himmel Uppsalas. Die Menschen wissen: jetzt hat sie dort droben in einem der Säle unterschrieben. Jetzt haben sie keine Königin mehr.

Man bringt im Reichsratssaal das Dokument dem Prinzen. Man beugt bereits vor ihm das Knie, reicht ihm den gleichen Federkiel, legt ihm das Dokument vor.

Der Prinz setzt mit langsamen, genießerisch langsamen Zügen seine Unterschrift auf das Pergament. Diese Unterschriftsetzung hat er in der Phantasie bereits an die hundert Male getan. Er hat sie geübt, diese langen Striche und Kurven!

Carolus Gustavus!

Diese Schnörkel und ornamentalen Abschlußstriche, er hat sie seit Jahren in seinen Wunschträumen, in seinen Studierzimmern auf den Schlössern Borgholm, Stegeborg und in Stockholm geübt. Er hat sie geprobt wie die schwerste Rolle eines Tragöden, er hat sie feierlich zelebriert wie das Pontifikalamt eines Erzbischofs.

Jetzt ist es erreicht! Das heißersehnte Ziel ist da. Die reiche Erbschaft ist gewonnen! Die Krone, die fiebrig erwartete Krone, ist endlich sein!

Hier bringt man sie auch schon. Das samtrote Kissen, auf dem sie liegt, glüht wie Blut. Ist es nicht das Blut der Kalmarer Union, ist es nicht das des Stockholmer Blutbades, ist es nicht das Blut des Königs Erich? Dreimal Blut. Bedeuten das nicht die drei roten Stufen, die zu dem silbernen Thron Schwedens emporführen?

Die Königin Christine ist tot. Lang lebe der König!

Er heißt jetzt Carolus Gustavus!

Er wird sich aber Karl X. nennen. Nach dem Großvater Karl IX., um den legitimen Anspruch kräftig zu unterstreichen. Es geht nichts über die Legitimität, die gerade der so sehr betont, dem sie mangelt.

Da schreiten sie schon heran: die obersten Reichsbeamten; mit würdigen, todernsten Begräbnisgesichtern, die nur ab und zu ängstlich nach dem neuen Herrn hinüberschielen, auf daß er ihre Trauer nur ja nicht mißdeute. Man ist traurig, versteht sich. Aber man darf wieder nicht zu traurig erscheinen, denn der neue Herr könnte das übelnehmen. Daher gemischte Trauer, bei der ein Äuglein sozusagen heimlich lustig sein darf.

Da schreiten sie heran in höfischer Feierlichkeit: Sie bringen den kostbaren Krönungsmantel Christines, den Umhang aus himmelblauem Samt, mit goldenen Krönchen besät, mit Hermelin gefüttert.

Die Königin erhebt sich, die Würdenträger verneigen sich vor ihr und legen ihr den himmelblauen Vespermantel um. Der Krönungsmantel ist nachgebildet dem hohenpriesterlichen Ornat.

Die Reichsräte reichen der Königin kniend den goldenen Reichsapfel, den sie in die linke Hand nimmt.

Die Reichsräte reichen der Königin kniend das juwelenbesetzte Zepter, das sie in die rechte Hand nimmt.

Da ist die Krone. Die Krone auf dem blutroten Samtkissen, die bereits einem anderen gehört und die man ihr leiht für das Begräbnis einer lebendig Toten.

Sie beugt noch einmal das Haupt, wie sie es an jenem 20. Oktober ihrer Krönung vor dem Erzbischof getan hat. Man setzt ihr zum letztenmal diese schwere, von Juwelen funkelnde Krone der Könige Schwedens auf.

Man formiert sich zu einem feierlichen Zug.

Die Trabanten, Lakaien und Herolde mit ihren silbernen Trompeten, der Obersthofmeister, der Zeremoniär mit seinem goldenen Stab, Vertreter der Geistlichkeit, der Stände, der Universitäten, Würdenträger und Kämmerer, die Reichsräte, der Großkanzler, die Minister und Senatoren bilden die lange Reihe dieses Bestattungszuges.

Zum Schluß Christine im Krönungsornat mit den königlichen Insignien. Zwei Reichsräte tragen der Königin das Schwert und den goldenen Schlüssel voran.

Der Zug setzt sich in Bewegung. Vom inneren Schloßhof hallen die Kommandos, die letzten Ehrenbezeigungen herauf. Die Glocke der Schloßkapelle beginnt zu läuten, tief grollend antworten die mächtigeren Schwestern der Domkirche. Die Trommeln der Gardisten schlagen dumpf, die Schloßwache auf den langen Korridoren präsentiert das letztemal vor der scheidenden Monarchin.

Der Zug führt hinüber in den großen Thronsaal, in dem die Stände, die ausländischen Gesandten und der gesamte Hofstaat versammelt sind. Die silbernen Trompeten schmettern, der Zeremoniär klopft dreimal laut hallend auf das Intarsienparkett. Zum letztenmal schreitet Christine als regierender König durch die erlauchte Gasse den Weg bis zum Thron. Ach, wie ist der Weg zum Thron heute lang! Dort oben steht er, wie in weiter Ferne, und drei Stufen führen zu ihm empor.

Nun zum letztenmal Platz genommen auf diesem kalten Thron! Der Prinz (pardon! Der neugebackene König) setzt sich unterhalb zu ihrer Rechten.

Was nun folgt, ist nur eine Wiederholung.

Schering Rosenhane verliest nochmals die beiden Urkunden. Dann erhebt sich die Königin und tritt an den Rand der Thronerhöhung vor. Sie hält eine halbstündige Rede mit edler Selbstbeherrschung.

Alle Versammelten starren sie an wie ein achtes Weltwunder. Warum geht sie nur bloß? So jung, so schön, so im Vollbesitz aller geistigen und körperlichen Talente! Wie kann sie nur abdanken? Da muß doch ein wichtiger Grund dahinterstecken, den sie allen verschweigt!

Oh, sie ist nicht von Sinnen! Sie sprach nie klarer als heute. Sie weiß genau, was sie will. Diese geistvolle Fürstin dankt nicht ab wegen einer Grille, wegen einer körperlichen Beschwerde, wegen einer politischen Mißlichkeit. Diese Königin, die sich oft nur vier Stunden Schlaf gönnte und sich verzehrte im Dienst um das Reich, soll heute scheiden aus Bequemlichkeit oder genießerischer Beschaulichkeit? Dieser umfassende Geist, das Staunen der in- und ausländischen Politiker, dieser Kraftquell diplomatischer Virtuosität, soll heute abtreten aus Sehnsucht nach dem Pensionistenstand?

Nimmermehr! Jede Handlung eines Menschen paßt irgendwie zu dem Allgemeingefüge seines Charakters. Zu dieser Frauenpersönlichkeit paßt jeder große Zug, nur nicht das! Daher muß etwas Gewaltiges, Einmaliges hinter dieser geheimnisvollen Abdankung stecken.

Die Königin spricht noch immer. Sie rühmt die Verdienste ihres Vaters und die vorzüglichen Gaben ihres Nachfolgers, die zu den schönsten Hoffnungen berechtigen.

Sie spricht frei wie immer. Sie liest nichts ab, jedes Wort trägt unverkennbar das Siegel ihrer Individualität. Ihre Wangen sind gerötet, ihre Augen blitzen, ihre Stimme schwankt keinen Augenblick.

Alle fühlen es: Schweden verliert ungeheuer viel. Ein kraftvoller Geniefunke knistert in allen Wasas, aber in dieser Vertreterin ihres Hauses ward er zum lodernden geistigen Feuer.

Da auf einmal wird ihre Stimme weich, mädchenhaft zart.

„Meine lieben, guten Schweden! Ich habe euch geliebt wie eine Mutter ihre Kinder, und es fielen mir meine Regierungsgeschäfte leicht, da ich in euren Herzen auf die edelste Gegenliebe stieß. Dafür kann ich nicht genug danken und bleibe dennoch ewig euer Schuldner. So laßt mich denn euch meinen herzlichsten Dank sagen für die mir erwiesene Treue und Ergebenheit, wovon ich jetzt alle meine Untertanen entbinde. Ich werde immer für euch beten, für euch, für Schweden!"

Diese Rede macht den tiefsten Eindruck auf die Anwesenden. Bei vielen sieht man Tränen, und die meisten schämen sich ihrer nicht.

Jetzt spricht Schering Rosenhane im Namen der Stände den großen Schmerz aus, daß sie Thron und Volk verlasse. Nur ihr entschiedener Wille habe ihnen die Notwendigkeit zu gehorchen auferlegt. Trost gewähre einzig die Wahl eines trefflichen Nachfolgers (man sichert sich bereits die Gunst des neuen Herrn) und die zuversichtliche Hoffnung auf dessen glückliche Regierung. Er fügt Danksagungen hinzu für ihre lange Mühewaltung um das Reich und die Bitte um Verzeihung, wenn einer ihrer Untertanen das unglückliche Geschick gehabt haben sollte, der schuldigen Ehrfurcht gegen sie nicht zu genügen.

Schering Rosenhane ist zu Ende.

Die ersten der vier Stände treten vor, die Königin reicht ihnen die Hand zum Kuß, zum Abschiedskuß.

Dann gibt sie den höchsten Reichsbeamten ein Zeichen, das verabredete Zeichen. Sie treten vor, steigen die drei Stufen hinan.

Und nun geschieht, was vielen im Saal den Atem stocken läßt. Sie entkleiden Christine der königlichen Insignien. Der Reichsapfel, das Zepter kommen auf die Samtkissen zurück. Noch warm von den Händen der Königin, werden sie noch heute in die dicken, fleischigen Hände Karl Gustavs gelegt.

Graf Brahe, als dem Drost des Reiches, fällt die Aufgabe zu, ihr die Krone vom Haupt zu nehmen.

Es herrscht eine unheimliche Stille in dem Riesensaal. Totenstille.

Jetzt – jetzt!

Aber der Drost nimmt ihr nicht die Krone vom Haupt.

Nein! Er weigert sich. Der Drost weigert sich. Genauso wie der Großkanzler vorher im Saal des Reichsrates will auch er anzeigen, daß ihre Entsagung gegen seinen Willen ist. (In den Memoiren der Familie Brahe wird man stolz auf diese Haltung hinweisen.)

Die Stille, diese atembeklemmende Stille wird immer länger, unerträglich lang. Tausende Augenpaare starren nach der Königin vor dem Thron und dem widerspenstigen Drost.

Da – sie selbst!

Sie hebt ihre zarten, entblößten Hände, die einst der Erzbischof gesalbt, und mit diesen Händen, die ihrem Reich stets Frieden und Gerechtigkeit gebracht, mit diesen schneeweißen Händen fährt sie behutsam ans Haar und nimmt sich selbst die Krone ab, die heilige Krone Schwedens!

Da löst sich mit einem Schlag die Erstarrung von den Anwesenden. Da geschieht etwas, gegen alles höfische Zeremoniell, gegen das diplomatische Protokoll, etwas, das sich noch nie im Thronsaal des Schlosses ereignet hat.

Die Menge der erlauchten Anwesenden, der Minister, Gesandten, der Stände schiebt sich plötzlich mit elementarer Gewalt nach vor, der Krönungsmantel wird dem Würdenträger, der ihn an sich genommen, entrissen und in tausend Stücke zerfetzt. Jeder der Zeugen dieser historischen Stunde will ein Andenken mit nach Hause nehmen, ein kleines Etwas, das materiell an die Geistigkeit dieses Augenblicks erinnert. Ein Fleckchen vom Krönungsmantel Christines wird als Reliquie aufbewahrt und kommenden Generationen überliefert. Ein vergilbtes, verwittertes Fleckchen wird in späteren Jahren zu den Nachkommen sagen: Sei stolz darauf, einer unserer Vorfahren war auch dabei, damals, an jenem 6. Juni ...

Und dann steigt sie hinab vom Thron.

Nur drei Stufen steigt sie hinab, und es geht ganz leicht. Nur drei Stufen, und dahin ist ein Reich, dahin ist die Macht, dahin ist der Glanz.

XXXI

Und nachher?

„Zählt doch nicht auf Menschen! Sie sind nichts als ein Hauch und mehr sind sie auch nicht wert."

Jesaja, 2,22

Am gleichen Tag wird Karl X. im Dom von Uppsala gekrönt. Es ist einmalig, daß ein Herrscher am Tag der Thronbesteigung auch gleichzeitig gekrönt wird.

Christine hat mit ihrer Krönung jahrelang zugewartet. Erst mußte dieser furchtbare Krieg beendet, erst die Steuerlast gemindert sein, bis sie sich entschloß, sich krönen zu lassen.

Anders bei Karl X. Ihm und der schwedischen Kirche sitzt seit dem aufgebrochenen Brief Pater Casatis an seinen Jesuitenkollegen Malines der Schreck in den Gliedern, Christine könnte im katholischen Ausland Verbündete gewinnen und mit ihnen in Schweden einfallen, um das Land gewaltsam katholisch zu machen.

Daher die überstürzte Krönung. Der Thron, von dem Christine herabstieg, ist noch warm, und schon sitzt Karl X. breit auf ihm. Die Bürger Uppsalas, deren Augen noch naß sind durch die schmerzvolle Abdankung, müssen einen Augenblick später schon zujubeln dem neuen Herrn in seiner Staatskarosse.

Niemals in der Weltgeschichte wird auf dem frischen Grabhügel einer Ära so rasch aufeinander der Willkomm getanzt für eine neue Epoche. Begräbnis und Neuvermählung können nicht schneller aufeinanderfolgen als hier.

Aber Karl X. zeigt weithin sichtbar, daß er Pietät hat, daß er dankbar ist. Die ersten paar Tage seines jungen Königtums unterzeichnet er die Akte mit: Karl Gustav, König von Gottes und Christines Gnaden. –

Er läßt eine Schaumünze prägen mit seiner Krone und darunter setzen: Von Gott und von Christine. – Er gibt der Scheidenden ein prächtiges Ehrengeleit, vor Verlassen der Reichsgrenzen läßt er ihr durch einen Abgesandten nochmals seine Hand und sein Herz bieten.

Man soll nicht sagen, er hat in Christine nur die Königin geliebt! Auch jetzt, ohne Krone nimmt er sie. Aber als sie, wie nicht anders zu erwarten, dankend ablehnt, zieht er mit echter Wasa-Energie den Schlußstrich. Raschest wird geheiratet, nicht mehr eine Mecklenburgerin, wie einstmals gewünscht, sondern auf Empfehlung Christines eine Holsteinerin. Raschest wird die Macht gefestigt, nach innen hin gegen störrische Überbleibsel der Oxenstiernaschen Partei, gegen ewig Gestrige und auch gegen Reverendissimus. Raschest klopft er dem alten Herrn auf die Finger und zeigt ihm, daß selbst er ein Untertan ist – der Krone!

Christine bricht nach hastigem Abschied von Karl Gustav und von der Mutter auf. Man hält auf ihren Wunsch 12 Schiffe in Kalmar bereit. Aber die Furcht vor Feinden, die sie unterwegs verschwinden lassen könnten, ändert ihren Plan. Hals über Kopf, in rasender Eile, ohne sich nachts Ruhe zu gönnen, in männlicher Kleidung mit Perücke, unter dem Pseudonym eines Grafen Dohna, jagt sie den Grenzen ihres ehemaligen Reiches zu.

Als sie Schweden hinter sich hat, als sie auf deutschem Boden und außer Reichweite ihrer Gegner ist, lösen sich alle Unruhe und Fahrigkeit von ihr. Und in dieser Stunde befreiter Seelenstimmung trinkt sie zum ersten und letzten Mal in ihrem Leben ein Glas Wein.

Sie hebt freudestrahlend den funkelnden Pokal und ruft blitzenden Auges ihrem Gefolge zu: „Auf das schöne Feuer!"

Der Ausspruch und die Tatsache, daß sie Wein trinkt, machen blitzschnell die Runde. In einem Brief gelangt die Anekdote an den schwedischen Hof.

Da haben wir's! Natürlich wußten alle, daß Christine nicht leichtfertig abgedankt hat! Natürlich war allen klar, daß etwas Großes hinter ihrem Entschluß steckte. Da haben wir's! Aus Liebe hat sie abgedankt! Denn was bedeutet ihr Trinkspruch „auf das schöne Feuer" anders als „auf die Liebe"! Das Feuer, das ist die Glut der Leidenschaft, die Christine erfaßt hat. Daher auch die Ablehnung der Werbung Karls X. Wer aber ist der Auserwählte? Na klar! Niemand anderer als Don Antonio Pimentel de Prada, der knapp vor ihr Schweden verließ und dessen Abschiedsworte waren: „Zwei Monate nach meinem Scheiden wird man wissen, was ich in Schweden erreicht habe." Das also hat er erreicht! Daß sie ihn liebt!

Aber da der schwedische Hof nun einmal in Liebeskombinationen um die Person Christines schwelgt, wäre es zu dürftig, in der Phantasie nur einen Mann zum Zug kommen zu lassen. Warum soll es nur Pimentel sein? Warum nicht ihr ehemaliger Stallmeister Graf Steinberg? Hat sie sich nicht oft von ihm begleiten lassen? Aber auch des Kaisers Gesandter Montecucculi ist abgereist. Gewiß nur, weil auch er ihr Liebhaber ist.

Ist nicht auch deswegen nur Graf Magnus bei ihr in Ungnade gefallen, weil er sich ihr nicht hingeben wollte? Oh, wie sonnenklar! Und der Tratsch findet urplötzlich eine einfache Formel: Jeder einstige Würdenträger, der von Christine ausgezeichnet wurde, war ihr Liebhaber. Wer es nicht wurde, den hat sie eben verschmäht oder er sie!

Gewissen Kreisen sind diese Tratschereien, die bereitwillig an ausländische Höfe weitergegeben werden, höchst willkommen.

Daß aber diese Kreise sehr wohl ahnen, was der wirkliche Beweggrund Christines ist, geht daraus hervor, daß sie ununterbrochen den Reichsrat und Karl X. bestürmen, es möge eine Verfügung erlassen werden, wonach Christine alle Einkünfte aus ihren Gütern verliere, falls sie katholisch werden sollte.

Karl X. sind diese Quengeleien lästig. Erstens will er Ruhe für seine großen Pläne, für den kommenden Feldzug gegen Polen haben, und zweitens sind ihm konfessionelle Streitereien zuwider. Er ist ein biederer Christ nach dem Muster einer weitmaschigen Gottgläubigkeit, aber kein Eiferer. Um aber doch etwas zu tun, macht er eine nichtssagende Geste. Er schickt den Grafen Todt, den sie einmal als eventuellen Nachfolger ins Auge faßte, als seinen Abgesandten zu Christine. Diesen Todt schickt er ihr also mit dem Ersuchen, niemals katholisch zu werden.

Christine gibt dem Grafen Todt auf dieses Ansinnen keine Antwort.

Eines Tages erhält sie die Nachricht, daß Axel Oxenstierna tot ist. Der große alte Mann hat ihre Abdankung nicht verwinden können. Aber er hat seine Königin zu gut gekannt, als daß er ein Wort über ihre Liebschaften geglaubt hätte! Noch auf dem Totenbett weilen seine Gedanken bei ihr. Er kann und will es nicht fassen, daß sie, die Tochter Gustav Adolfs, katholisch werden will. „Sie ist wahnsinnig", flüstert er, bevor ihn die Agonie und der Todeskampf wegholen.

Er ist außer ihr das erste Opfer, das dieser 6. Juni fordert.

Christine reist nach Antwerpen. Hier heißt sie der Statthalter der Niederlande, Erzherzog Leopold, im Auftrag Philipps IV. herzlich willkommen und geleitet sie feierlich nach Brüssel.

In dieser Stadt, im Schloß des Statthalters, im Kabinett Christines legt sie am 21. Dezember 1654 das katholische Glaubensbekenntnis ab. Als Zeugen dieser Handlung fungieren: Erzherzog Leopold, Graf Montecucculi als Delegierter des Kaisers, Don Pimentel als Gesandter König Philipps.

Aber dieser Akt wird streng geheimgehalten. Spanien befindet sich mit Frankreich im Krieg, und die Niederlande sind Frontgebiet.

Karl X. ist in Polen eingefallen. Eine Veröffentlichung des Ereignisses von Brüssel würde als Parteinahme Christines für die katholischen Polen, für die ältere Wasa-Linie, gedeutet werden, und damit gegen Karl X. Daher vorderhand noch alles geheim!

Natürlich erfahren es durch Spitzel gewisse Kreise in Schweden und laufen sofort Sturm um eine Sperrung der Einkünfte Christines. Aber diese sind durch den Krieg in Polen ohnedies blockiert.

Christine ist sich über ihre Zukunft noch nicht recht im klaren. Aber ihre geheime Sehnsucht geht nach dem Süden, nach Rom.

Da erhält sie die Nachricht, daß ihre Mutter tot ist.

Die ehrgeizige Witwe, die den Traum der Kaiserwürde zerrinnen sah, hat die Abdankung ihrer Tochter nicht verwinden können. Der 6. Juni war ihre Todeskrankheit gleichermaßen wie bei Oxenstierna. Sie ist nach dem Kanzler das zweite Opfer, das dieser 6. Juni noch fordert.

Aber auch mit Bischof Mathiäi geht es bergab, nicht gesundheitlich, aber in seiner Laufbahn.

Er ist einer der unbeirrbaren Getreuen um Christine, also muß er gehn. Man enthebt ihn seines Amtes, dafür bleibt Bischof Terserus weiterhin in Würden. Mathiäi verliert Stellung und Einkünfte.

Christine erfährt es, aber hier kann sie helfen. Obwohl sie selbst mit ihren Einnahmen in der Luft hängt, setzt sie sofort ihrem alten Lehrer bis an sein Lebensende eine Rente aus, und nach seinem Tod noch seinen Angehörigen. Dennoch, das verlorene Amt kann sie ihm nicht wiedergeben. So ist er das dritte Opfer, das dieser 6. Juni fordert.

In Rom gehen die Tage Innozenz' X. zu Ende. Der 81jährige Greis bereitet sich auf das Sterben vor. Da er seinen Tod nahen fühlt, läßt er drei Tage lang alle Türen seines Palastes offen stehen, damit jedermann ihn sehen und die Nichtigkeit aller irdischen Größe betrachten kann.

Fabio Chigi, der Kardinal-Staatssekretär, der durch Chanut mit der Königin in Verbindung treten wollte, der durch Casati und Malines Christines Seelenhaltung miterlebt hat, dieser Fabio Chigi wird nun Papst. Er hat den Mut und die Demut, sich nach seinem Landsmann Alexander III. Alexander VII. zu nennen und so an den Borgia-Papst nicht anzuknüpfen, aber diesen Namen zu reinigen.

In einem ehrenvollen Schreiben lädt nun Alexander VII. Christine herzlich ein, in Rom ihren ständigen Aufenthalt zu nehmen.

So verläßt sie Brüssel und reist über Köln gegen Frankfurt. Vor der Stadt steht eine einsame Straßenschenke.

Da bekommt Christine Lust, auszusteigen und etwas zu trinken. Mit ihrer Begleitung, den beiden Gelehrten Vossius und du Fresne und ihrem Kammerdiener Holm, betritt sie das Rasthaus, über dessen Haustor eine Fahne weht.

„Warum beflaggt man hier?" will Christine von dem herbeieilenden Wirt erfahren.

„Ja, wißt Ihr es denn nicht?“ fragt er zurück. „Die Königin von Schweden muß heute mit ihrem Gefolge hier vorbeikommen, und da trifft man denn in Frankfurt Vorbereitungen für ihren Empfang. Da habe auch ich mir erlaubt, wo sie doch hier vorüberfährt, sie mit einem Flaggenschmuck zu ehren, mit Verlaub. Wo man doch hauptsächlich der Königin den Friedensschluß verdankt, denn ohne sie wäre noch heute Krieg, mit Verlaub.“

Der Wirt wittert sofort vornehme Gäste in den Ankommenden. Daher führt er sie nicht in den rauchgeschwärzten Gastsaal, sondern in seine bessere Extrastube.

XXXII

Ein Herr aus England

„Der Mensch hat keinen anderen
Wert als seine Wirkungen."
Friedrich von Schiller

„Mit Verlaub, die Herrschaften, es sind schon zwei drinnen. Zwei feine Herren aus England, die hier den Einzug der Königin erwarten wollen, mit Verlaub."

Man betritt die bessere Stube.

Richtig! Dort in der Ecke sitzen die beiden Männer. Sie sind Mitte Zwanzig, schlank, vornehm und mustern die Eintretenden kritisch.

Christine nimmt mit ihrem Gefolge Platz. „Die beobachten uns aber scharf, die Herren Engländer", flüstert sie ihren Begleitern zu. „Was eigentlich in dieser Gegend Engländer treiben?"

„Majestät", gibt Vossius leise zurück, „wir sind vor Frankfurt. In dieser Stadt weilt seit einiger Zeit der englische Thronprätendent, der Sohn des ermordeten Königs von England. Haben Majestät nicht Lust, ihn in Frankfurt zu empfangen?"

„Sie wissen, Vossius, ich gehe feierlichen Empfängen nach Tunlichkeit aus dem Weg. Was sollten wir beide auch miteinander besprechen? Er, ein reisender Kronanwärter, der sich die Unterstützung der europäischen Höfe ergattern will, und ich, eine zigeunernde Exkönigin! Ja, als ich noch auf dem Thron saß, mag ich für ihn interessant gewesen sein, aber heute?"

Der Wirt tritt ein und stellt die gewünschten Getränke auf den Tisch. Da erheben sich die beiden Engländer und treten zu Christines Platz. Sie verbeugen sich vor den Fremden.

„Verzeihen Sie, Mylady, die Störung", spricht der Vornehmere der beiden Christine an, „wissen Sie vielleicht, wann die Königin von Schweden hier vorbeikommt?"

„Ist diese Dame so wichtig?" fragt sie den Sprechenden mit schalkhaftem Lächeln. „Wir sind froh, wenn wir ihr nicht begegnen. Königinnen sind langweilig, finden Sie nicht auch, Vossius?"

„Ich bedaure, Ihnen widersprechen zu müssen", darauf der vornehme Fremde. „So kann sich nur äußern, wer die Königin nicht kennt."

„Und Sie kennen sie!" gibt Christine staunend zurück.

„Leider nicht persönlich. Nur nach Berichten und einem Portrait. Und ich muß feststellen, Mylady, daß Sie der Königin sehr ähnlich sehen."

„Ich?" darauf erschrocken Christine. „Wie komme ich dazu? Sehe ich etwa aus wie eine Königin? Übrigens bin ich froh, daß ich keine bin. Königinnen sind nicht nur langweilig, stelle ich mir vor, sie sind auch Sklavinnen Tausender Verpflichtungen, und ich für meinen Teil schätze die Freiheit als das höchste Gut."

„So spricht vielleicht eine Frau, aber kein Mann. Wessen Horizont über die tägliche Tretmühle von Essen, Schlafen und sonstigem Krimskrams hinausgeht, der fühlt eine Sehnsucht in sich, eine unstillbare Sehnsucht nach einmaligen Taten, nach Unsterblichkeit und wahrhafter Größe. Sehen Sie, Mylady, und dazu ist es gut, wenn man König ist. Dann wandelt man auf solch schwindeligen Pfaden, zu denen der gewöhnliche Sterbliche nur bewundernd aufschauen, die er aber nie erreichen kann."

„O edler Jüngling, sehnen Sie sich nicht nach solchen Pfaden! Sie sind nicht nur schwindelig, wie Sie selbst erwähnten, sondern ungeheuer gefahrvoll!"

„Ein wahrer Mann liebt die Gefahr. Nur ein Kümmerer weicht ihr ängstlich aus wie ein flüchtiger Hase."

„Wissen Sie aber, was für eine Art von Gefahr das ist? Die Pfade eines Königs umsäumen links und rechts Schlangenseelen, Vipernherzen, Intriganten, Schmeichler, Zuträger und was Gott sonst noch an Schändlichkeiten in seiner Schöpfung zuläßt. Der König aber ist einsam und auch nur ein Mensch. Wie soll er immer abwägen können zwischen echt und unecht? Wo ist das Scheidewasser, das hier untrüglich anzeigt, wessen Herz golden ist und wessen nur glänzender Tand? Oh, ich bemitleide die Könige, ich beneide sie nicht."

„Das mag jeder halten, wie er will. Übrigens, Sie sehen der Königin frappant ähnlich!"

„Schauen Sie mich genauer an! Vielleicht bin ich sogar die Königin?"

„Sie? Mylady, das ist ein guter Spaß! Nun, Sie können das nicht wissen, Sie waren sicher noch nie bei Hofe. Die Königin wird natürlich nicht mehr die Krone auf ihrem Haupt tragen, weil sie diese ja abgelegt hat. Aber an ihren kostbaren Juwelen wird man sie erkennen, in ihrer Begleitung werden nebst der Obersthofmeisterin mindestens sechs Ehrendamen sein, einige Kammerherren, Sekretäre. Vielleicht wird ein spanischer Erzherzog ihr das Geleit geben. Immerhin war sie eine souveräne Königin. Außerdem wird sie nie und nimmer in dieser Kaschemme absteigen."

„Wieso denn, Sir? Sie sind ja auch hier."

„Nun ja, ich . . . ich bin inoffiziell hier. Wieso vergleichen Sie mich mit ihr? Für wen halten Sie mich denn?"

„Sie? Für – na, sagen wir . . . für einen Königssohn! So sehen Sie aus. Ehrgeizig, verwegen, unternehmungslustig, als ob Sie eben auf Jagd nach einer Krone wären!"

„Sie sind eine Wahrsagerin!"

„Eine Zigeunerin, wollen Sie sagen."

„Woher wissen Sie das, Mylady? Ich bin wirklich ein Königssohn, aber bitte Stillschweigen, es darf niemand erfahren, daß ich mich in dieser gewöhnlichen Schenke bei allerlei Volk aufhielt. Wenn Sie, meine Dame, aber Verborgenstes erraten können, dann sagen Sie mir, wie wird meine Zukunft sein? Werde ich den Thron meiner Väter besteigen können?"

„Das liegt in Gottes Hand, Mylord! Mag sein ja, mag sein nein. Cromwell ist auch nur ein Mensch. Wie man hört, ist seine Gesundheit nicht die beste. Vielleicht entscheidet man sich nach seinem Hintritt wieder für die Monarchie, und damit für Karl II."

„Was wissen Sie noch alles, meine Dame? Sie werden mir unheimlich. Über Cromwell wissen Sie Bescheid und über die englischen Verhältnisse? Wer sind Sie, wenn ich fragen darf? Bitte, verraten Sie mir, wer Sie sind!"

„Gut. Wenn Sie mir erklären, warum Sie die Königin sehen wollen! Aus Neugier?"

„Natürlich. Ich sammle in meinem Gedächtnis Berühmtheiten ein wie andere Münzen oder alte Bücher. Sehen Sie, ich war in St. Germain beim König von Frankreich. Viele himmeln ihn bereits an, und er selbst tritt auf wie ein Gott. Aber ich kenne ihn besser. Er ist in Wahrheit ein schüchterner Jüngling mit Minderwertigkeitskomplexen, und feig ist er obendrein auch noch."

„Ich verstehe. Und jetzt wollen Sie die Königin von Schweden auch einsammeln wie ein abgegriffenes Geldstück. Damit Sie hinterher sagen können: ich kenne sie besser. Sie ist in Wahrheit ein affektiertes Frauenzimmer, das abgedankt hat, um sich interessant zu machen. Und hysterisch ist sie auch noch."

„Davon begreifen Sie nichts, sage ich Ihnen, rein gar nichts."

„So? Verstehen Sie es etwa besser, Mylord? Können vielleicht Sie Verständnis aufbringen für eine Monarchin, die eine Krone wegwirft wie einen abgetretenen Fußabstreifer? Ich kann an dieser Frau nichts Besonderes finden."

„Es ist schwer zu begreifen, meine Dame, da mögen Sie recht haben. Mir selbst erscheint es ungeheuerlich. Ich bin wie der Prinz Condé. Ich jage mit allen Gluten meines Herzens nach einer Krone und kann nie und nimmer den verstehn, der freiwillig eine zurückstößt. Aber bei der Schwedenkönigin ist das anders. Da steckt etwas Großes dahinter."

„Vielleicht eine Liebschaft. Frauen sind oft so. Aus Laune sind sie unberechenbar. Es ist eine Schande um unser Geschlecht."

„Halt, meine Dame! Falsch geraten! Sie sind doch keine Wahrsagerin. Sonst wüßten Sie, daß das bei jeder anderen zutreffen kann, nur bei einer nicht: bei Christine! Ich verfüge auch über Informationen. Allerdings ist ihre Abdankung rätselhaft. Aber ich mache mir einen bestimmten Reim darauf."

„Und welchen, Mylord?"

„Ich verrate es Ihnen, wenn Sie schweigen können. Die Tochter Gustav Adolfs hat abgedankt, weil sie den Glauben ändern will, und weil sie das als Schutzherr ihrer Landeskirche niemals ohne Blutvergießen gekonnt hätte. Das wollte sie aber nicht. Bedenken Sie doch! Die Tochter Gustav Adolfs und katholisch! Nein! Eher geht ein Kamel durch ein Nadelöhr, als daß solches in Schweden geschehen könnte!"

„Wir sind schließlich alle Christen und können jeder selig werden, wenn wir nur nach unserem überkommenen Glauben leben. Deswegen hätte sie nicht ihren Thron verlassen müssen.

„Meine Dame, Sie wissen nichts. Natürlich können alle selig werden, jeder nach seinem Glauben. Das trifft für uns zu, aber nicht für Christine! Dazu ist sie viel zu gründlich, viel zu tief, viel zu ehrlich. Ich bin da anders. Sehen Sie, meine Frau ist französische Prinzessin und daher katholisch. Meine Schwester war Gattin des Winterkönigs und daher calvinisch. Mein Vater und ich sind Anglikaner, weil es das Reich so will. Aber wir haben seit eh und je katholische Neigungen in uns. Das liegt uns gewissermaßen im Blut. Denn unsere Ahnen waren alle Katholiken. Meine Urgroßmutter Mary Stuart bekannte sich bis zu ihrer Hinrichtung als Katholikin. Mein Ahnherr Heinrich VIII. erhielt vom Papst sogar den Titel Verteidiger des Glaubens. Er war es auch, bevor ihn die Lust zu Anne Boleyn erfaßte. Aber in den Tudors ist ein berechnender Funke. Wir haben auch etwas von Queen Elizabeth in uns, die sich mit dem Sultan gegen die Feinde des rechten Glaubens verband. Er meinte damit die Christen, sie die Katholiken. Sehen Sie, ich bin meiner Vererbung nach vielreligiös oder, wenn Sie wollen, überreligiös. Ich muß so sein. Will's der Himmel, bin ich eines Tages anerkannt als König und damit Papst in einer Person. Aber dennoch bewundere ich die Schwedenkönigin."

„Das besagt nicht viel, Mylord. Sie sind ein einzelner. Aber der Durchschnitt, daraus sich die Nachwelt rekrutiert, wird anders urteilen. Wissen Sie, wie die Geschichte über diese Frau richten wird? Die Weltgeschichte wird versuchen, sie totzuschweigen."

„Das wird sie nicht können."

„Nun, dann wird man sich begnügen zu erwähnen, daß Gustav Adolf eine exzentrische Tochter hatte. Daß sie aus Bigotterie die Krone wegstieß, aber dabei gar keine religiöse Natur war, weil ihr die Wissenschaft viel näher stand als die Gebetbücher. Man wird hinzufügen, daß ihre Sehnsucht nach dem Süden, nach den Werken eines Michelangelo und Bernini sie nach Rom getrieben habe und nicht Kirchenfrömmigkeit, wie Katholiken so gern weismachen wollen. Man wird sagen, ihre Religiosität war ästhetische Hypersensibilität, schöngeistige Hysterie, pseudowissenschaftlicher Erotik-Ersatz."

„Es ist genug, Mylady, ich würde Ihre Begleiter zum Duell fordern, wäre mir nicht bekannt, wer eben gesprochen hat. Ich weiß nämlich die ganze Zeit über, wer Sie sind. Willkommen vor Frankfurt, Madame! Englands angestammter König begrüßt Schwedens große Königin!"

„Seit wann haben Sie mich erkannt, Sire?"

„Sofort bei Ihrem Eintritt, Madame. Und wann Sie mich?"

„Nach Ihren ersten Worten! So also treffen wir uns! Das ist unsere heutige Welt. Eine Schenke ist unser Königshof, ein Wirt unser Kämmerer. Dennoch freut mich, daß wir uns gesprochen haben. Wären wir einander bei einem feierlichen Empfang in Staatsgewändern begegnet, was hätten wir uns zu sagen gehabt! Unsere Kronen wären gleich geschlossenen Visieren zwischen uns gestanden, und wir wären einander fremd geblieben. So sah ein Mensch einen Menschen! Sire, ich hoffe, eines Tages wird mir ein Bote melden, daß Karl II. in Whitehall vom Parlament feierlich bewillkommt wurde."

„Ich danke, Madame, für diesen Wunsch. Möge er bald wahr werden! Was darf ich Ihnen wünschen, Majestät?"

„Daß ich so zufrieden bleiben möge, wie ich heute bin, und daß ich nie bereue, was ich getan!"

„Madame, es ist mein Schicksal, daß ich Karl II. bin. Ich bin nicht klein genug, um Ihre erhabene Tat nicht bewundern zu können, aber ich bin nicht groß genug, um sie nachzuahmen. Ich will diese Stunde dankbar hinnehmen als eine Lektion: daß man nicht König ist, wenn man eine Krone trägt, sondern daß das Königsein einzig der unzerstörbare Zustand einer königlichen Seele ist."

„Sire, leben Sie wohl!"

„Gute Fahrt, Madame, recht gute Fahrt!"

Sie reist weiter nach Augsburg. Dort zeigt man ihr die Tafel, an der Gustav Adolf nach der Eroberung von Bayern gespeist hat. Christine kann sich dabei der Tränen nicht erwehren.

XXXIII

Der 3. November

„Immer wenn ich an den lieben Gott denke, hüpft mir das Herz vor Freude im Leibe."

Joseph Haydn

Vor Innsbruck, der Landeshauptstadt Tirols, kommt der Königin Ferdinand Carl, Erzherzog zu Österreich, mit Erzherzogin Anna und einem zahlreichen, prächtig geschmückten Gefolge entgegen und geleitet sie mit größter Feierlichkeit in die Stadt.

Hier in der Innsbrucker Hofburg empfängt sie den Kanonikus von St. Peter in Rom, den ihr Papst Alexander VII. eigens als Internuntius entgegengesandt hat.

Es ist eine feine Aufmerksamkeit, daß ihr der Pontifex gerade diesen Mann schickt: steht sie doch mit Lucas Holstenius seit langem in persönlichem Briefwechsel. Ist er doch, ein gebürtiger Deutscher, selbst evangelisch gewesen und zum katholischen Glauben konvertiert.

Der Internuntius übergibt Christine ein Handschreiben des Papstes, in dem er in Lobpreisungen ihren Übertritt zur katholischen Kirche erwähnt und sie bittet, denselben vor Betreten des Kirchenstaates hier in ‚Ynsprugg' jetzt öffentlich zu bekennen. Erzherzog Ferdinand Carl wird in einem eigenen päpstlichen Breve ersucht, die feierliche Handlung mit äußerem Glanz zu verherrlichen.

Dieses Ereignis findet am 3. November 1655 statt.

Unter dem Geläute aller Glocken der Stadt, unter Salutschüssen der Garnison, mit einer imposanten Eskorte der Gardisten des Erzherzogs holt man Christine aus ihren Gemächern in der Hofburg ab.

Die ganze Stadt ist auf den Beinen. Denn in Windeseile hat sich herumgesprochen, daß die Schwedenkönigin katholisch wird. Aus den umliegenden Dörfern strömte daraufhin das Volk in seine Landeshauptstadt. Wie viele Tiroler kämpften doch auf deutschem Boden im 30jährigen Krieg! Wie viele erlebten noch am eigenen Leib die Kriegsgreuel! Die Heftigkeit des schwedischen Feindes, den sein Heldenkönig Gustav Adolf anführte! Und sein einziges Kind weilt jetzt hier. Das begeistert die biederen Tiroler unerhört. Die Straßen der Stadt sind vollgestopft von Menschen, auf Dächern stehen sie und winken, auf Bäumen sitzen sie, um einen Blick auf diese nordische Königin zu werfen.

Die bretterbelegten Straßen, durch die sich der Festzug bis zur Hofkirche bewegt, sind mit bunten Teppichen geschmückt. Der gesamte Hofstaat ist festlich gekleidet.

Die Hauptperson dieses 3. November aber, Christine selbst, ist einfach in schwarze Seide gehüllt. Ihr einziger Schmuck ist ein diamantenes Kreuz, das sie auf der linken Seite, über dem Herzen trägt.

Unter Pauken und Trompeten wird der Psalm ‚Jubilate Deo omnis terra' gesungen. Der Hofprediger, der Jesuit Staudacher, hält die Festpredigt. Seine Ansprache rankt sich um den Psalm 45: ‚Höre, Tochter, sieh mich an! Vergiß dein Volk und die Familie deines Vaters, so wird der König Lust an deiner Schönheit haben.'

Was mag Christine wohl bei dieser Predigt empfinden? Wie leicht ist das alles gesagt, wie schwer ist es getan! Nun hat sie nur noch die Briefe zu unterschreiben, in denen sie die Könige offiziell vom vollzogenen Glaubensübertritt verständigt. Ihrem Vetter Karl X. schreibt sie:

„Mein Herr Bruder ... Sie müssen die Tat billigen, selbst wenn Sie der Überzeugung sind, daß ich falsch gewählt habe, weil dieser Entschluß für Sie vorteilhaft ist und weil er meine Liebe zu Schweden und die Gefühle der Freundschaft für Sie nicht mindert."

Noch an ihrem Lebensabend wird sie ein wichtiges Dokument mit dem eigenwilligen Vermerk datieren: „Im 34. Jahr meiner Abdankung und meines glorreichen Bekenntnisses", so wie etwa die Römer der Antike ihre Zeitrechnung mit der Gründung der Stadt Rom begannen oder die Französische Revolution mit der Erstürmung der Bastille.

Ein Kind wird von der Menge vorgeschoben: ein weißgekleidetes Mädchen mit einem riesigen Blumenstrauß.

Die Kleine überreicht der Königin die Blüten und haspelt ihr Gedichtlein herunter.

„Unerhört“, zischt da hinter Christine einer der goldbetreßten Adjutanten des Erzherzogs.

Die Königin überhört es absichtlich und nimmt dankbar die Blumen entgegen.

„Majestät“, murrt da lauter der Adjutant, „es ist unerhört. Das ist das Kind eines Lutheraners.“

Christine streichelt dem Mädchen die Wange und gibt ihrem Sekretär einen Wink, der Kleinen ein Goldstück zu schenken.

Das bringt den erzherzoglichen Adjutanten aber vollends aus der Fassung. „Madame“, spricht er erregt auf die Königin ein, „das ist das Kind eines Protestanten.“

„Und?“ fragt Christine leichthin: „Sind sie nicht auch unsere Brüder?“

„Ketzer sind sie, Madame, Abtrünnige!“

„Schon Sophokles sagt: ‚Ich bin gekommen, nicht mitzuhassen, sondern mitzulieben.‘ – Sollen nun wir Christen weniger Liebe aufbringen können als die Heiden in der Antike?“

Der Herr Oberst antwortet nicht mehr. Er wendet sich errötend ab und ist auf einmal sehr beschäftigt mit irgend etwas.

Die Königin schreitet lächelnd weiter.

Da kommt ein silbergraues Wölkchen herangesegelt und zieht grüßend über Innsbruck. Es reist lustig weiter gegen Süden.

Vielleicht zieht an diesem 3. November eine duftige Wolke bis nach Rom.

Wird sich dort der Sturm im Herzen Christines besänftigen? Es wäre sehr zu hoffen.

Doch kommt es meist anders, als man denkt . . .

ZWEITER TEIL

Der weite Weg nach Rom

„An den engen Toren, die ins Gebiet der Geschichte führen, sehe ich die Lügen sich drängen und sich zusammen mit der Wahrheit den Einlaß erzwingen."

Samuel Butler

I

Eine schicksalhafte Begegnung

„Wir alle liegen in der Gosse, aber einige blicken zu den Sternen empor."

Oscar Wilde

Rom, 19. Dezember 1655:

Das neue Oberhaupt der katholischen Christenheit, Alexander VII., der als ehemaliger Staatssekretär Fabio Chigi seinem Vorgänger Innozenz X. auf den Stuhl Petri gefolgt ist, hat noch einen späten Besuch, mit dem er Schach spielt.

Der Papst ist 56 Jahre alt und entstammt einer sehr reichen Patrizierfamilie aus Siena.

„Euer Heiligkeit", spricht der Gast, „ich muß Euch einen Bauern entführen."

„Tut das, mein Freund", erwidert gut gelaunt Alexander VII. „Allein, wo verweilten Wir im Gespräch? Ja, Wir disputierten über Plutarch. Ihr kennt seine 46 Parallelbiographien bedeutender Griechen und Römer?"

„So gut wie mein Reitpferd."

„Wir hören, Ihr seid ein eminent hervorragender Reiter. Ihr studiertet Cicero?"

„Seine staatstheoretischen und philosophischen Schriften sind mir vertraut wie mein Brevier."

„Aus dem Ihr täglich betet, wie Wir hoffen. Und Tacitus? Wie steht es damit?"

„Heiligkeit, seine ‚Annales', ‚Historiae' und ‚Germania' sind mir geläufiger als die Schriften unseres Kirchenlehrers Thomas von Aquino."

„Nicht doch, teurer Freund! Unterschätzt nicht dessen ‚Summa theologiae'! Also für die Scholastik scheint Ihr weniger übrig zu haben."

„Heiligkeit, ich nehme mir die Freiheit, Euch abermals einen Bauern zu entführen."

„Das sind Wir gewohnt. Unser erhabener Vorgänger, Innozenz X., raubte Uns in seinen letzten Lebensjahren so viele Bauern, daß Uns dergleichen nicht mehr verwundern kann. Wir vermuten, Ihr selbst seid noch keine dreißig Jahre alt, Azzolino."

„Zweiunddreißig."

„Ihr sprecht fließend französisch?"

„Euer Heiligkeit hörten gewiß schon von Racine?"

„Dem großen Tragiker des französischen Klassizismus. Wir lasen seinen ‚Britannicus'.

„Ich übersetzte seine ‚Phädra' bloß für mich privat, ins Lateinische."

„Ihr seid ein beschlagener Geist, mein Freund. Wir hören, Ihr besuchtet gestern die Premiere von Monteverdis ‚La Maddalena'."

„Der Hof Eurer Heiligkeit war dabei sehr zahlreich vertreten. Aber dennoch muß ich Euch jetzt Euer Pferd rauben."

„Raubt nur, Eminenz! Was Wir sagen wollten: Derzeit ist kein Vorsitz einer Kardinalskongregation vakant, dessen Amt und Sprachrohr Wir Euch übertragen könnten. Man hört, Ihr geht im Palazzo der Fürstin Rossano aus und ein. Ihr saht das Ballett ‚Der Tanz der Spröden', das dort unlängst uraufgeführt wurde?"

„Prächtige Kostüme!"

„Trinkt Ihr mit Uns ein Glas Wein? Unser erlauchter Vorgänger servierte Uns Wasser aus Castel Gandolfo. Wir finden aber, einem lieben Gast dürfte selbst ein Papst ein Glas sizilianischen Rebensaft nicht vorenthalten."

„Zu gütig." Der junge Kardinal erhebt das gefüllte Glas. „Auf viele Jahre segensreicher Regierung Eurer Heiligkeit!"

„Wir danken Euch, Eminenz. Man erzählt Uns, Ihr karikiert mit kundiger Hand die Köpfe einflußreicher Persönlichkeiten. Wir betrachteten einige Blätter aus Eurer Hand."

„Unbedeutende Kleinigkeiten..."

„Wir sahen eine Zeichnung über Unseren Vor-Vorgänger Urban VIII. Bei der heiligen Jungfrau von Loretto! Ihr hattet dessen Vollbart auf dem Blatt ganz gehörig zerzaust und eine Binde über die Augen des Portraitierten gelegt. Ihr seid ja der reinste Kopfjäger!"

„Nicht der Rede wert...“

„Gregor XV. zeichnetet Ihr mit Filzpantoffeln und einer Schlafmütze auf dem Haupt. Paul V. setztet Ihr Ohrenschützer auf. Man warnte Uns vor Eurer Spottlust. Vor Euch wäre kein Papst sicher.“

„Ich muß Eurer Heiligkeit das zweite Pferd wegnehmen.“

„Kardinal, wollt Ihr Euren Pferdestall vergrößern? Nun, nehmt! Man spricht, Ihr wäret in den Salons vornehmer Römerinnen ein gern gesehener Gast.“

„Ich habe kein Talent zum Säulenheiligen.“

„Beim Löwen von San Marco! Ihr seid auch rein äußerlich der Typ eines sehr modernen, weltoffenen Klerikers, dem die Askese völlig fremd zu sein scheint.“

„Man kann mit Tanz und Heiterkeit ebensogut dem dreieinigen Gott dienen...“

„Beim Herrn ist kein Ding unmöglich, lieber Freund! Übrigens: Wir hätten ein Amt für Euch, das zwar äußerlich weltlichen Anstrich aufweist, jedoch aus der Seele heraus...“

„Heiligkeit, Euer Läufer ist dahin.“

„So sei es, Eminenz! Was Wir sagen wollten: Die Königin von Schweden...“

„Die abgedankte Majestät...“

„Ganz recht. Die Königin zieht morgen in Unser heiliges Rom feierlich ein. Wir haben sie eingeladen, in Unserer Residenzstadt ständigen Aufenthalt zu nehmen. Diese Rückgewinnung einer fürstlichen Seele zum heiligen Glauben ist ein Werk, an dem Anteil genommen zu haben, Wir Uns zur besonderen persönlichen Ehre anrechnen dürfen.“

„Eine heroische Leistung, eine heroische Tat!'“

„Die Königin betritt eine neue Heimat, in der sie sich zu Hause fühlen soll. Wir brauchen nun einen Mann, der nicht nur Cicero liest, sondern auch einen trefflichen Cicerone abgeben sollte für die erhabene Heimatlose.“

„Und da soll etwa ich...?“

„Kardinal, Ihr seid jung, habt ein gewinnendes Äußeres, seid sehr gebildet, sprachengewandt, kunstbegeistert, höfisch versiert...“

„Heiligkeit, ich bin ein Sohn der Kirche, kein Fürstenknecht."

„Kardinal, Unsere heilige Konfession braucht Euch: Die Königin wird auch weiterhin eminenten Einfluß auf die Weltpolitik ausüben. Sollen Wir die Fürstin ganz ohne Rat und Schutz der heiligen Kirche den verderblichen Einflüssen der Welt ausliefern?"

„Ich bin kirchlicher Würdenträger und kein diplomatischer Höfling."

„Eminenz, können Wir die Königin beamteten Weltleuten oder ausländischen Gesandten einfach blindlings überantworten? Rom ist das Haupt des Papsttums, die Metropole des Kirchenstaates. Hier laufen viele Fäden der Weltpolitik zusammen. Wie könnten Wir fortan ruhig schlafen, wenn Wir nicht wüßten, welchem jeweiligen politischen Kräftespiel die Tochter Gustav Adolfs ausgesetzt ist? Reformation und Gegenreformation laufen symbolisch in der Person der Königin zusammen. Unsere Gegenreformation steht mit dieser Fürstin siegreich da. Schwankt ihre Person, schwanken sofort auch die Erfolge Unserer Rekatholisierungsbestrebungen."

„Ich bin für die mir zugedachte Rolle ungeeignet."

„Versteht Ihr nicht? Die Welt blickt gebannt auf Uns. Nimmt die Biographie Unseres königlichen Schützlings ein unrühmliches Ende, wird auch sofort Unser Pontifikat sowie der Verlauf der Kirchengeschichte dieses Jahrhunderts abgewertet."

„Als Beichvater einer Monarchin fühle ich mich noch zu jung, als deren Causeur zu wenig weltlich."

„Begreift Ihr nicht? Die Königin wurde katholisch, recht schön und gut. Sie ist 29 Jahre alt. Sie kann 80, 90 Lebensjahre erreichen. Was dann? Ist nicht die Seele oft ein Produkt von Umwelteinflüssen? Gesetzt den Fall, die Fürstin gerät in antiklerikale Machtströmungen, man will sie vielleicht gar einmal mit einem Anglikaner, Calviner oder Lutheraner vermählen? Nein, Wir müssen sie in unsere Obhut nehmen, behutsam, versteht sich! Pflanzt man eine kostbare Blume in einen gepflegten Garten oder unter wild wucherndes Unkraut?"

„Ihr wart abgelenkt. Ich sage Schach."

„Nehmt nur die Dame, lieber Freund! Nehmt sie! Noch bleibt Uns ja der König."

„Heiligkeit sind mit den nächsten zwei Zügen schachmatt."

„Unser erhabener Vorgänger war ein schlechter Schachspieler. Wir sind scheinbar ein noch schlechterer."

Alexander VII. erhebt sich schnell. Geht lächelnd auf den jungen Mann zu. „Kardinal!" Er reicht Azzolino die Hand zum Kuß des Fischerringes. „Gestattet, daß Wir Euch mit Eurem Vornamen ansprechen. Ihr heißt Giuseppe?"

„Dezio."

„Also, guter Dezio, macht in den nächsten Tagen der Königin Eure Aufwartung und überbringt ihr von Uns herzliche Grüße! Seid Euch bewußt, Ihr erweist der Kirche einen großen Dienst..."

„Bin kein Causeur", knirscht Azzolino zwischen den Zähnen.

„Wenn Ihr das Seelenheil der Königin nicht außer acht laßt..."

„Ich gehorche auf Befehl, nicht aus Neigung."

„Tut das, trefflicher Dezio! Dann wird aus Gehorsam eines Tages..."

„Versuchung, Euer Heiligkeit?"

„Friede und Freude! Wenn man seine Pflicht erfüllt, führt das zu innerer Gelassenheit. Mein Sohn, der Friede sei mit dir!"

„Und mit Eurem Geiste!"

„Gute Nacht, Dezio. Der dreifaltige Gott möge Euch segnen!"

Der Einzug Christines nach Rom, hoch zu Roß, gestaltet sich höchst feierlich. Tausendfacher Fackelschein umgibt ihre abendliche Ankunft, umhüllt vom Jubelgeschrei der spalierbildenden Römer.

Aber bereits 42 Stunden später muß der feierliche Willkomm wiederholt werden. Das begeisterte Volk will die Königin am hellichten Tag einziehen sehen.

Unter dem Salut der Geschütze, unter dem Glockengeläute aller Kirchen Roms wird Christine wie eine siegreich heimkehrende Kaiserin von der hohen Geistlichkeit, dem Adel und der Beamtenschaft des Kirchenstaates feierlich vom Vatikan eingeholt. Sie fährt auf dem rechten Ufer des Tiber bis zum Ponte Molle, dann auf dem linken Ufer zur Villa des einstigen Papstes Julius III. vor der Porta del Popolo. Mittels einer prächtigen Scheinarchitektur wurde dieses Tor von dem größten Künstler seiner Zeit, dem päpstlichen Baumeister und Bildhauer Giovanni Lorenzo Bernini, als Ehrenpforte errichtet. Die Reliefs im Inneren dieser Triumphpforte zeigen den grandiosen Einzug, für dessen gesamte Durchführung Bernini verantwortlich zeichnet. Der Papst ist hierüber so entzückt, daß er dem Künstler den Auftrag erteilt, die Reliefs in Stein zu hauen, um damit ein unvergängliches Denkmal für die Nachwelt zu schaffen. Von hier erfolgt der triumphale Einzug.

Die Geschäfte sind geschlossen, die Häuser festlich beflaggt, die Arbeit ruht.

Die Kardinäle Medici und Landgraf Friedrich von Hessen (‚Il cardinal Langravio'), ebenfalls ein Konvertit, empfangen Christine. Sie besteigt die päpstliche Prunkkarosse und fährt nach Rom ein. Der feierliche Zug führt sie nach dem Petersdom. In der Sixtinischen Kapelle empfängt Alexander VII. die Konvertitin. Auf ihren Dank für den festlichen Empfang erwidert er, ihre Bekehrung habe so hohen Wert, daß im Himmel noch viel größere Feste darüber gefeiert würden.

Als Christine am 25. Dezember 1655 im Petersdom vom Papst gefirmt wird und zu Ehren des Pontifex den Firmnamen Alexandra annimmt, prangt bereits unter der Kuppel des Michelangelo der Tabernakel Berninis sowie der von prächtig gewundenen Säulen über dem Hochaltar majestätisch getragene bronzene Baldachin dieses Meisters.

Der Papst läßt zur Erinnerung an den glanzvollen Einzug der Schwedin mehrere Medaillen schlagen, die Christine vor der Porta del Popolo zeigen.

Die wissenschaftlichen Institute Roms feiern die Königin auf ihre Weise. Beispielsweise empfangen die Studenten des Kollegiums de propaganda fide die gelehrte Frau in zweiundzwanzig Sprachen mit Begrüßungsreden, die ihr dann in Buchform überreicht werden. Der berühmte Orientalist Athanasius Kircher übergibt ihr einen Obelisk en miniature, der in dreiundzwanzig Sprachen Inschriften zu ihrem Lob aufweist.

Bernini widmet ihr seine Statue ‚Die Wahrheit', die ihr so gefällt, daß sie begeistert ausruft: „O la bella cosa!"

Ein anwesender Kardinal erwidert darauf: „Gott sei gelobt, Madame, daß Eure Majestät die Wahrheit lieben, die Personen Ihres Ranges sonst nicht leiden können."

Darauf antwortet die Schwedin: „Ich glaube es wohl, aber alle Wahrheiten sind nicht aus Marmor."

Christine reitet täglich aus, stattet aber nur dem Papst und dem Kardinalältesten einen Besuch ab, sonst niemandem.

Die Damen des Adels machen ihr ihre Aufwartungen und überhäufen sie mit Geschenken. Doch sie befaßt sich wenig mit ihnen, da sie förmliche Unterhaltungen langweilen.

Wenn sie ausgeht, ist sie immer auf der Suche nach Kunstwerken. Sei es in den Ateliers der Maler, in den Werkstätten der Bildhauer oder in der Rotonda, in der zum ersten Mal in Rom Gemälde früherer oder noch lebender Meister ausgestellt werden, immer ist sie von einer Schar von Gelehrten und Künstlern, von Kunstsachverständigen, von weltlichen und geistlichen Würdenträgern, von Höflingen und Schaulustigen umgeben.

Kaum ist sie ein paar Tage in Rom, ist sie schon unbestrittener Mittelpunkt der Gesellschaft, ob sie es will oder nicht. Kaum hat sie die ersten Schritte außerhalb ihres Wohnsitzes getan, wird bereits jedes ihrer Worte bewundert, kritisiert und weiterverbreitet. Obwohl sie eine Königin ohne Land, eine Fremde ohne Heimat, eine Ausländerin ohne Angehörige ist, hat sie auch in Rom eine öffentliche Rolle zu spielen, eine Frau zu sein, der jegliches Privatleben versagt zu sein scheint, da es andernfalls zur Staatsaffäre werden könnte.

Dezio Azzolino ist in den nächsten Tagen nicht ohne Groll in seiner Seele. Ein junger, vitaler Mann, nicht ohne Ehrgeiz und voll Tatendrang, wünschte er sich ein anderes Amt im Dienst der Kirche als dieses, ihm verstohlen zugedachte. Mit seinem Geist und seiner hohen Bildung, in vorderster Reihe der Kirchenhierarchie stehend, scheint es ihm nicht erstrebenswert, den Fremdenführer einer ihm völlig Unbekannten spielen zu müssen.

Zudem wird ihm in den nächsten Tagen allerlei über Christine zugetragen.

Olimpia Aldobrandini, die Fürstin von Rossano, die Gattin des ehemaligen Kardinalnepoten Innozenz' X., die für Azzolino eine amouröse Schwäche hat und ihre Rolle als First Lady Roms nicht verlieren will, macht sich über die Einwanderin aus Schweden lustig. Spottend erzählt sie Azzolino, der venezianische Gesandte habe ihr Köstliches über Christine berichtet. So soll sie in Schweden bei einem kleinen Empfang in einem Kleid erschienen sein, dessen Spitzenbesatz an einem Ärmel zerrissen war. Ein andermal sollen Tintenflecken an ihren Händen und an ihrer Garderobe sichtbar gewesen sein. Die ‚Aussteigerin' sei meistens kaum frisiert, kleide sich unmöglich, habe schlechte Manieren und benehme sich wie ein Mann. Ihr Französisch sei so hart und unverständlich, daß einem die Ohren wackeln. Sie soll von Zeit zu Zeit ihre Dienerschaft prügeln. Sie rauche schwere Zigarren, fluche wie ein Stallknecht und sei alles in allem ein Mannweib.

In den römischen Salons kichern die Damen der vornehmen Gesellschaft über die Schwedin und tuscheln, sie habe bis jetzt noch niemanden besucht. Gewiß deshalb, weil sich die Bärin nicht unter zivilisierte Menschen wage.

Azzolino wird es ungemütlich. Denn einen Wunsch des Papstes brüsk abzuschlagen, der nicht nur geistliches Oberhaupt, sondern auch Herrscher des Kirchenstaates ist, das ist selbst für einen von der Gunst des Schicksals frühzeitig verwöhnten Karrieremann schwer denkbar.

Mit einem seelischen Katzenjammer sondergleichen schickt der junge Kardinal schließlich und endlich seinen Sekretär, einen athletischen Neupriester, in den Palazzo der Nordländerin. Deren Schreiber setzt einen Termin für die erbetene Antrittsvisite fest. Und dann ist es soweit.

Dezio Azzolino erscheint – nolens volens – in großer Ausgehtoilette: in rotem Talar, die scharlachrote Seidenpelerine lose umgehängt. Das schwere Bischofskreuz, mit erlesenen Rubinen besetzt, thront unübersehbar über seiner Brust. Das blühende, volle Gesicht mit den funkelnden Braunaugen von schwarzen, dichten Locken umrahmt, den breitkrempigen Kardinalshut in der Linken, so betritt der junge Mann lässig den Palazzo Farnese.

Unverzüglich wird er, da pünktlich erschienen, angemeldet und vorgelassen.

Kaum eine Minute später tritt Christine ein.

Der blutjunge Kadinal neigt das Haupt kaum merklich zum Gruß, da er der Ansicht ist, er, als Kirchenfürst, stehe rangmäßig über einer Exkönigin.

„Ich bin überrascht", spricht sie ihn lebhaft an. „Ich vermutete, eine Eminenz in reiferen Jahren mache mir die Aufwartung. Sie sind ein Neffe des Papstes?"

„Warum?" preßt Azzolino ungehalten über ihre Worte hervor.

„Nun ja", erwidert sie leichthin, „sonst wird man wohl kaum in Ihrem Alter das, was Sie jetzt schon sind."

„Auch anderswo sind verwandtschaftliche Beziehungen vorteilhaft", meint der Jungkarrierist, den Nepotimus verteidigen zu müssen.

„Natürlich", nickt sie, „wäre ich Königin geworden, wenn ich nicht die Tochter Gustav Adolfs wäre?" Sie lacht. „Kommen Sie, setzen wir uns!"

Sie spricht völlig ungezwungen. Sie nimmt Platz und bedeutet ihm, dasselbe zu tun.

„Monseigneur", leitet sie ohne die geringste Befangenheit das Gespräch ein, „ich nehme an, Sie sind nicht ganz freiwillig bei mir erschienen."

„Natürlich nicht", erwidert er, schon beinahe unhöflich. „Ich war verhindert, an dem Empfang teilzunehmen, den Sie zu Ehren des Kardinalskollegiums gaben."

„Da ist also Ihr Besuch bei mir eine Art von Bußwallfahrt."

„So würde ich es nicht nennen", fertigt er sie kurz ab, denkt aber gleichzeitig: ‚Sie spricht ein kultiviertes Französisch, ihre Aussprache ist geradezu elegant.'

Kardinal Dezio Azzolino. Geboren 1623 (oder 1622?), gestorben 1689.

„Haben Sie mir etwas zu bestellen?“ horcht sie ihn aus.

‚Mein Gott, ist sie mißtrauisch‘, geht es durch sein Gehirn. Laut sagt er aber: „Madame werden gewiß die Sehenswürdigkeiten Roms besichtigen wollen? Wenn ich mich als Cicerone anbieten darf...“

„Nicht erforderlich, Kardinal“, gibt sie mit fröhlichem Lachen zurück. „Ich tat die letzten Tage nichts anderes, als durch die Stadt zu streifen, zu schauen und immer nur zu schauen: Die antiken Bauten, die Ausgrabungen, die Katakomben an der Via sacra!“

„Wenn ich also nicht Ihr Cicerone sein darf“, murmelt er verwirrt, da sie scheinbar sein Konzept über den Ablauf der Visite durcheinandergebracht hat, „vielleicht gestatten mir Euer Majestät, daß ich Sie demnächst ins Theater begleite.“

„Beginnt nicht bald die Fastenzeit?“

„Ja, doch. Aber...“

„Da wird es wohl keine Lustbarkeiten geben?“

„Keine freizügigen Ballette. Jedoch Madrigale werden szenisch aufgeführt.“

„Von welchem Komponisten?“

„Monteverdi. Majestät werden diesen Namen noch nicht vernommen haben.“

„Wo denken Sie hin? In unserem Hoftheater in Stockholm bringen wir seine Opern öfters groß heraus. Kennen Sie seine letzte Oper ‚Die Krönung Poppäas‘?“

Er kennt sie nicht. „Pardon, ich dachte...“ Er ist abermals überrascht über die musikalische Informiertheit Christines. Jetzt wird er zu einem Jungen, der ihr einen Streich spielen will. „In einigen Tagen findet hier ein Gastspiel Lullys statt. Jean Baptiste Lully. Madame werden ganz gewiß diesen Namen noch nicht...“

Sie lacht schallend. „Kardinal, was halten Sie von mir? Sie meinen wohl, ich käme geradewegs vom Nordpol.“ Lacht sie ihn am Ende aus? „In Stockholm weiß man natürlich, wer dieser Komponist ist. Unser französischer Gesandter arrangierte vor zwei Jahren ein Konzert mit ihm. Ein hervorragender Geiger! Er trug unter anderem eine selbstkomponierte Suite vor.“

Azzolino kommt aus dem Staunen nicht heraus. Diese junge Frau, die äußerlich mehr einem Mädchen gleicht, ist so ganz anders, als man über sie sprach, als man sie sich vorstellte.

„Ist Monteverdi in Venedig begraben?“ fragt sie ihn jetzt.

„Ich weiß es nicht, Madame.“

„Sie kennen gewiß seine ‚Scherzi musicali‘?“

„Ich bedaure, Majestät. Zu Ostern bringt man hier Monteverdis Oper ‚Die Liebe von Diana und Endymion‘ heraus. Darf ich Sie zur Premiere abholen?“

„Ich werde verhindert sein zu kommen.“ Sie erhebt sich. „Eminenz, ich danke für Ihren Besuch und empfehle mich Seiner Heiligkeit. Der Papst hat Ihnen gewiß Grüße für mich aufgetragen.“

Azzolino schlägt sich auf die Stirn. „Madonna mia! Daß ich das vergessen konnte! Natürlich, Madame. Besonders herzliche Grüße.“

„Man dankt. Kardinal, au revoir!“

„Wann darf ich wiederkommen, Majestät?“

„Wiederkommen? Ich denke, die Grüße sind bestellt.“ Sie lächelt hintergründig.

„Ja, wiederkommen! Majestät einladen zu einer Wagenpartie nach Trastevere etwa.“

„Welchen Zweck verfolgen Sie damit?“

„Mon dieu, Madame, Zweck! Was ist Zweck? Majestät werden doch nicht in dieser zauberhaften Stadt vor Langeweile sterben wollen?“

„Langeweile ist ein Fremdwort für mich.“

„Darf ich wiederkommen zu einem geistreichen Dialog? Ich könnte mit Madame über Plutarch disputieren. Oder wäre Ihnen Ovid lieber? Tacitus vielleicht?“

„Oh, man hat Sie eingeschult!“ Sie lacht abermals glockenhell. „Eminenz, ich kann einem Kardinal der heiligen römischen Kirche nicht zumuten, mir als Maître du plaisir zur Verfügung zu stehen.“

„Ich bitte Sie, einer solch zauberhaften Königin!“

„Sie werden mir doch nicht Avancen machen?“

„Ich darf wiederkommen?“

„Ich ersuche Sie, davon Abstand zu nehmen."

„Warum? Bin ich Ihnen so unsympathisch?"

„Kardinal, Sie sind zu jung. Zu jung für mich als Begleiter, als Gesprächspartner, als Gast."

„Was haben Sie gegen die Jugend? Kann bei Ihnen nur das Alter bestehen?"

„Eminenz, guten Tag!"

„Majestät, weisen Sie mich nicht ab! Ich muß Sie unbedingt wieder aufsuchen."

„Bestellen Sie Ihren Auftraggebern, die Königin pflegt sich ihren Umgang mit Freunden und Bekannten selbst auszuwählen."

„Was habe ich verbrochen, daß Sie mich ausschlagen? Ich bin nicht weniger gebildet als andere."

„Braucht ein junger Kardinal nicht edlere Aufgaben, als dem bloßen Zeitvertreib nachzujagen?"

„Carpe diem, sagt der Lateiner. Aus Zeitkonsumation kann Zeitveredelung werden."

„Wenn man sich um mein Seelenheil sorgen sollte, könnte man mir dann nicht einen älteren Beichtvater senden statt eines... eines..."

„Schönlings, wollten Sie sagen, nicht wahr? Ich sehe, Majestät sind sehr wesentlich. Blicken Sie doch bitte hinter die Fassade! Auch ich habe eine Seele, vielleicht auch Geist, mag sein, auch Herz. Geben Sie mir ein Thema Ihrer Wahl! Ich bin bereit, über alles und jedes mit Ihnen zu disputieren."

„Kennen Sie Platons Phaidon? Über die Unsterblichkeit der Seele?"

Er ist überrumpelt. Davon war nicht die Rede. Daran hatte man nicht gedacht.

„Ich kenne natürlich Plato", stammelt er unbeholfen. „Aber dieses Werk... . Ich werde es studieren und mich hernach bei Ihnen melden, Madame."

„Vielleicht steht dann mein Sinn bereits nach anderem."

„Und sollte Ihr Geist noch so lebhaft sein, ich werde mich bemühen, mit Ihnen Schritt zu halten."

„Lohnt sich das?"

„Das tut es, Majestät. Zum Wohl der Kirche und nicht zuletzt auch . . ."

„Sprechen Sie weiter!"

„Auch zu meiner seelischen Reifung. Ich sehe, ich kann von Madame unendlich viel lernen."

„Kardinal, ich muß Sie bitten, sich zu verabschieden."

„Wenn ich wiederkommen darf!"

„Studieren Sie den Phaidon!"

„Sie erlauben mir wiederzukommen?"

„Mein Terminplan wird das nicht zulassen."

In seiner Residenz angekommen, erwartet Azzolino bereits sein Sekretär.

„Euer Eminenz, Sie waren lange bei dieser Wilden aus dem Norden. Wie ist sie?"

„Giovanni", erwidert er, „du hast keine Ahnung, wer das ist. Eine Frau, ein Mädchen, eine Sphinx? Eine Philosophin, Charmeurin, Verführerin? Oder eine Vestalin, Heilige? Madonna mia, ich kenne mich nicht aus bei ihr."

„Signor Cardinale, Ihr seid so aufgekratzt. Euer Gesicht glüht."

„Padre", spricht Azzolino zu dem hünenhaften Longinus, der zehn Jahre jünger ist als er selbst, und packt den breiten Athleten fest an der Schulter. „Ich soll Plato studieren."

„Tut es nicht! Sagt dem Papst, Ihr wollt das nicht!"

„Giovanni, wenn ich wüßte, was ich will! Mag ich diese nordische Hexe eigentlich wiedersehen oder nicht?"

„Neulich badete im Tiber ein nackter katholischer Junge mit einem nackten evangelischen Mädchen. Als er sie näher betrachtete, meinte er: ‚Da sieht man, was euch Evangelischen fehlt!'"

Azzolino muß lachen. „Bei der Madonna von Loretto! Es gibt keine Frau im ganzen Kirchenstaat, die gebildeter wäre als sie."

„Na und? Wozu braucht man das? Wenn meine Großtante zu uns auf Besuch kam, rief mein Großvater jedesmal lautstark: Gott der Gerechte!"

„Ich habe bis jetzt", spricht Azzolino weiter wie zu sich selbst, „noch mit keinem einzigen richtigen Menschen geredet. Denn sie . . ."

Er bricht ab. Sieht zum Fenster hinaus und in den Garten, in dem die letzten Rosen blühen.

Der junge Riese von einem Priester aber murmelt: „Der Zölibat ist auch nicht mehr das, was er einmal war.“

„Greta“, sagt Christine zu ihrer Zofe, „der Mann ist zu jung für einen Kardinal!“

„In Schweden dürfte ein Jüngling nicht schon Bischof sein“, mault die Vertraute. „Wie ist er? Ein Geck?“

„Er ist dreißig, sieht sehr gut aus, hat ein Auftreten wie ein Mann von Welt und scheint hervorragend gebildet zu sein.“

„Daß ihm Euer Majestät nur nicht den Kopf verdrehen!“

„Denkst du etwa, ich will in das heilige Kardinalskollegium Verwirrung bringen?“

„Madame haben so leuchtende Augen! Am Ende löste er Gefallen aus?“

„Er trägt eine Soutane und hat folglich für unsereins tabu zu sein.“

„Und ist er es auch? Haben Sie ihm ein Wiedersehen verboten?“

„Eigentlich schon.“

„Und uneigentlich, Majestät? Sie kennen doch die Geschichte von der Klosterschwester, die mit einem Kinderwagen spazierengeht. Jemand fragt sie: ‚Ah, gewiß ein Klostergeheimnis!‘ – ‚Nein‘, erwidert sie, ‚ein Kardinalfehler.‘“

Christine errötet tief, muß aber dennoch lachen. „Ach, Greta, sieh nach, ob du im Garten noch Rosen findest!“

„Nur die roten blühen noch.“

„Dann bring mir eine! Du weißt, der Winter überfällt uns rasch.“

„Majestät, wir sind nicht mehr im finsteren Norden. Wir leben ja jetzt im heiteren Süden. Da ist die Zeit der Rosen besonders lang. Und sie duften nirgends köstlicher als hier.“

„Greta, ich glaube, wir werden uns in Rom sehr wohl fühlen.“

„Nur wegen der Rosen?“

II

Die fliegende Schwadron

> „Religion ist das unverrückbare Etwas im Menschen, das die Seele nicht ruhen läßt, bis sie sich selbst gefunden, ihren Schöpfer und die wahre innere Beziehung zwischen ihm und sich selbst erkannt hat."
>
> Mahatma Gandhi

Padre Giovanni, der riesenhafte Jungpriester, betrachtet seinen Herrn mit Sorge.

„Eminenz, Ihr sitzt wieder hinter den Büchern. Seit langem seid Ihr nicht mehr ausgeritten. Wegen dieser Schwedin!"

„Giovanni, sie ist der großzügigste Mensch. Sie überhäuft alle Welt mit Geschenken. Nur für ihre Person ist sie anspruchslos."

„Hm", brummt der Jungpriester. „Ist sie wenigstens fromm?"

„Sie hält nichts von langen Zeremonien, Wallfahrten, Vespern, Bußandachten. Aber sie ist dem Christentum treu ergeben. Ihr Beichtvater liest in ihrem Palazzo täglich die Messe für sie. Ihre Sehnsucht geht nach einer Wiedervereinigung zwischen Katholiken und Protestanten. Ihre Frömmigkeit beruht hauptsächlich auf grenzenlosem Gottvertrauen."

„Könige sind doch nur fürs Kartenspiel zu gebrauchen", stellt der junge Kleriker fest. „Mir wäre diese Frau zu anstrengend."

„Sie wäre auch nichts für dich", wehrt Azzolino mit einer raschen Handbewegung ab.

„Und für Euch, Eminenz?" fragt neugierig der Jüngling, den der lange, schwarze Talar noch riesenhafter erschienen läßt, als er ohnehin schon ist. „Ich bin mir noch immer im unklaren: Leitet Ihr sie oder sie Euch?"

„Amico mio", gibt der Kardinal nachdenklich von sich, „wenn ich das nur selber wüßte!"

„Gebt acht, Eminenz, daß es Euch nicht so ergeht wie Innozenz X!."

„Was soll das wieder, du Schelm?"

„Der heilige Petrus führt den verstorbenen Papst durch den Himmel. Aus einem Saal dringt ohrenbetäubender Lärm.

‚Das ist die Abteilung für die einfachen Priester', erklärt der heilige Petrus.

Bei der nächsten Tür verkündet er: ‚Und hier ist die Abteilung für die Kardinäle.'

‚Warum ist es hier so unheimlich still?' fragt Innozenz X.

„Weil bis jetzt noch keiner da ist."

Kaum ist Christine ein paar Tage in Rom, versucht schon jede der dort herrschenden politischen Strömungen, die noch immer sehr einflußreiche Fürstin auf ihre Seite zu ziehen.

Christine als echter homo politicus erfaßt rasch die schwierige außenpolitische Situation des Kirchenstaates. Offen nach Osten und Westen gegen zwei Meere, in der Mitte des Festlandes durchzogen von damals noch unwegsamem Gebirge, das einem organisierten Räuberwesen zugute kommt, hat dieses Staatsgebilde noch wesentlich größere Schwierigkeiten. Es ist eingekeilt zwischen zwei großen Machtblöcken, und zwar zwischen spanischem Hoheitsgebiet und französisch beeinflußten kleineren Staaten. Denn selbst das Ansehen des Papsttums bei den katholischen Nationen ist nicht imstande, den Besitz des Kirchenstaates auf Dauer zu sichern, sondern das schafft einzig und allein die Eifersucht der beiden gegeneinander rivalisierenden katholischen Großmächte, welche den Kirchenstaat umklammern. Wohl ist das Königreich Neapel päpstliches Lehen, doch Spanien verwaltet es uneingeschränkt und absolut. Das Herzogtum Mailand nördlich des Kirchenstaates ist spanischer Besitz.

Andererseits stehen die übrigen geographischen Nachbarn, nämlich Parma, Modena und Savoyen, praktisch unter der Vormundschaft des aufstrebenden, machthungrigen Frankreich und seines bald großjährigen Königs Ludwig XIV. Auch das dem Kirchenstaat zugehörige, aber in Frankreich liegende Avignon, der Sitz der Päpste im 14. Jahrhundert, kann jederzeit zum Faustpfand dieser Nation gegen das Oberhaupt der katholischen Kirche werden.

Seit den Wirren des 30jährigen Krieges liegen Frankreich und Spanien miteinander in offenem Konflikt. Die katholische Welt ist demnach politisch in zwei feindliche Blöcke gespalten, in eine österreichisch-spanische Machtsphäre und in eine französische. Diese Spaltung lähmt denn auch den Erfolg der Gegenreformation und bringt ihren anfänglichen Siegeslauf in Europa zum Stillstand.

Alexander VII., der wie sein Vorgänger Innozenz X. seine Wahl zum Papst spanisch-kaiserlichem Einfluß verdankt, lehnt die expansionistische Politik Frankreichs ab und neigt sich Spanien zu. Das Volk des Kirchenstaates aber liebt die Spanier nicht, die den kürzlich stattgefundenen Aufstand in Neapel grausam unterdrückt hatten und die es als freche Eindringlinge betrachtet.

So bilden sich bald im Kardinalskollegium zwei Parteien, eine spanisch-österreichische und eine französische.

Welcher Partei wird sich nun die dynamische, staatsmännisch äußerst begabte Schwedin zuwenden? Man weiß, sie steht noch immer bei den Staatsoberhäuptern hoch im Kurs und in regem Briefwechsel mit ihnen.

Die Spanier, die seinerzeit in Schweden wesentlich an Christines Religionswechsel beteiligt waren, betrachten sie als eine der Ihren und erhoffen sich durch sie eine Stärkung des spanischen Einflusses bei der Kurie und damit automatisch eine Schwächung der Franzosen.

Da veranstaltet der französische Gesandte zu Ehren Christines in seiner römischen Residenz eine Aufführung des zeitgenössischen französischen Dichters Pierre Corneille, des späteren weltberühmten Klassikers, und zwar seines ‚Heraclius'.

Doch Christines Oberstallmeister, der spanische Marquis della Cueva, und ihr Getreuer aus Schweden, Don Pimentel, versuchen, sie davon abzubringen, weigern sich, sie dahin zu begleiten, und verlangen von ihr sogar, daß sie jede Beziehung zu den Franzosen abbreche.

Allein, die spanischen Höflinge haben das feurige Temperament Christines, ihren Stolz und Unabhängigkeitsdrang unterschätzt.

Die Königin läßt sich eben nicht bevormunden. Wütend verlassen daraufhin die Spanier samt der spanischen Leibwache Christines Rom. Sie werden ihre Feinde und später einmal Material für hetzerische Schriften gegen Christine liefern. In ihren Augen hat sie die gesamte spanische Nation beleidigt. Man rächt sich an ihr, indem zwei Kastilier Schmähschriften gegen Christine verfassen und verbreiten. Diese Machwerke sind so ungeheurlich, daß sich Alexander VII., obwohl selbst der spanischen Partei zugeneigt, gezwungen sieht, die Verfasser anklagen und zu Gefängnis verurteilen zu lassen.

Christine hat seit den Tagen, da Chanut Gesandter in Schweden war, eine Vorliebe für die französische Sprache, Kunst und Lebensart. Dennoch tritt sie nicht zur französischen Partei über.

Seit jeher hatte auf die Schwedin die reine Idee der Unabhängigkeit des Oberhauptes der katholischen Kirche von ausländischen Mächten Eindruck gemacht. Seit jeher hatte ihr eine rein national ausgerichtete Kirche widerstrebt und ihr am Papsttum dessen eigenständige Hierarchie imponiert. Ein Papst hat nach ihren Idealvorstellungen unabhängig von den jeweiligen politischen Machtblöcken zu sein, um sich voll und ganz den rein kirchlichen Belangen hingeben zu können.

Nun gibt es innerhalb des Kardinalskollegiums seit einigen Jahren eine aufstrebende Gruppe von Männern, welche die politische Unabhängigkeit des Pontifex durchsetzen wollen und bald der französischen, bald der spanischen Partei ihre Unterstützung geben, je nach der jeweiligen politischen Situation, wie es eben der Vorteil der Kirche gerade erfordert.

Die Spanier nennen diese Gruppe spöttisch die ‚fliegende Schwadron' (Squadrone volante), eine Bezeichnung, welche die betreffenden Kardinäle nun jedoch als Ehrentitel führen.

Die Häupter der spanischen Partei sind die Medici-Kardinäle und Kardinal Colonna (ein Colonna ist ja auch Vizekönig von Neapel), jene der französischen die Kardinäle d'Este und Barberini.

Kein Zweifel, Christine empfindet sofort Sympathie für den Kreis der Squadrone volante. Aber um welchen Kardinal schart sich alsbald diese ‚fliegende Schwadron'?

III

Seelenfreund oder ...?

„Die wahre Liebe verlangt nichts, als zu lieben. Sie dauert fort, mag sie glücklich oder unglücklich sein; sie ist unsterblich, wenn Wertschätzung sie erzeugt hat."

Königin Christine, Pensées

Die Kardinäle Rospigliosi, Odescalchi, Ottoboni, Gualtieri, Imperiali, Albizzi, Aquaviva, Borromeo und de Retz erkennen bald, daß ihr blutjunger Amtsbruder Dezio Azzolino ihrer Bewegung, der Squadrone, sehr nützlich werden könne. Er wird daher so etwas wie ihr Haupt.

Denn dank des Einflusses Azzolinos auf die Schwedenkönigin erlangt der Kreis der fliegenden Schwadron rasch zunehmende Bedeutung.

Wie beschaffen ist nun die Beziehung zwischen Christine und Azzolino? Ist sie rein platonisch, wie es der Vorliebe der Schwedin für Plato entspricht? Oder ist sie so, wie es unter anderem die Pamphlete der Kastilier ausdrücken, die enttäuscht waren, weil sich Christine von der spanischen Partei abwandte?

Neunzig Briefe sind der Nachwelt aus dieser zwischenmenschlichen Beziehung erhalten. Briefe, die erst fast drei Jahrhunderte später auftauchen und deren Codestellen bis zur Gegenwart nicht völlig entziffert sind. Neunzig Briefe Christines an den Kardinal, aber kein einziger Azzolinos an sie! Seine Schreiben, Antwortschreiben sind vermutlich vernichtet worden. Man kann sie jedoch aus den jeweiligen Reaktionsbriefen Christines bisweilen recht gut rekonstruieren.

Es ist überliefert, daß Christine ein Miniaturportrait Azzolinos besaß, das sie überallhin, auch auf weite Reisen, mit sich führte.

Der Kardinal entstammt einer italienischen Kleinadelsfamilie und ist am 11. April 1622, 1623 oder 1633 geboren. Wahrscheinlich ist es 1623 gewesen.

Azzolino wird als literarisch hochgebildeter Geist geschildert, als geschickter Diplomat, als Gesprächspartner mit Esprit. Auch schreibt er lyrische Gedichte und Komödien. Er ist groß gewachsen, mit angenehmen Gesichtszügen, mit einem lebhaften Blick voll Verstandeskraft.

Der italienische Geschichtsschreiber Pietro Sforza Pallavicino beschreibt ihn folgendermaßen: „Er war jung, geistreich und gewandt, aber weder empfohlen durch lange Dienste (für die Kirche) noch durch mustergültige Sitten." Dies berichtet er über ihn anläßlich dessen Kardinalsernennung durch Innozenz X. im März 1654.

Der anonyme Autor der ‚Histoire des Intrigues Galantes' schildert Azzolino so: „Er war ein schöner Mann, groß und stark, mit schwarzem Haar, mit lebhaften und glänzenden Augen. Die Nase war etwas stumpf, aber im ganzen hatte er ein anziehendes Äußeres. Seine geistigen Eigenschaften waren außerordentlich vielseitig; er besaß... mehr Verstand als irgend jemand, um sich in die Wissenschaften zu vertiefen. Er besaß auch Heiterkeit... sprach und schrieb vorzüglich über alle möglichen Themen, glänzte in der Unterhaltung; und obschon er nicht ganz die Persönlichkeit war, die er der Königin gegenüber hervorkehrte, war dieses lebhafte Naturell doch sehr wichtig, um sich in ihren Geist einzuschmeicheln. Er hatte auch seine Fehler: er war listig und mißtrauisch, geschmeidig, geizig und eigennützig, wenn es seine Geschäfte verlangten, aber geschickt in der Führung schwierigster Angelegenheiten und in der Aufdeckung geheimster Ränke."

Der deutsche Papsthistoriker Ludwig von Pastor urteilt scharf über Azzolino, der „keine Reinlichkeit der Sitten" habe.

Angelo Corraro, einer der bedeutendsten Geschichtsschreiber jener Zeit, schreibt im Jahre 1663 über Azzolino, „er verschwende seine Zeit auf Liebesverhältnisse... Er scheint nie Zeit genug für seine Vergnügungen gehabt zu haben."

Kardinal de Retz, ein Parteigänger Azzolinos aus dem Kreis der Squadrone, nennt ihn „einen der feinsten und klügsten... Menschen der Welt".

Die fliegende Schwadron ist die geistige Elite des Kardinalskollegiums. Sie hat wie Christine eine ausgesprochene Neigung für umfassende Bildung, für Literatur, Theater, Architektur, Plastik und Malerei.

Azzolino teilt auch Christines Beschäftigung mit der Naturwissenschaft, Astronomie und Alchimie. Er befaßt sich sehr zur Freude der Schwedin mit dem Projekt, den Tiber schiffbar zu machen.

Christine ist erst drei Monate in Rom, und schon machen Azzolinos Besuche bei ihr zu allen möglichen und unmöglichen Zeiten so großes Aufsehen, daß am 22. März 1656 der Kardinal dem Ratgeber des Papstes, Monsignore Sforza Pallavicino, schreibt, seine Freundschaft mit der Königin sei „völlig unschuldiger Natur".

Alexander VII. ernennt Azzolino zum Intendanten Christines. Dieser ordnet daraufhin sofort ihren Haushalt, entläßt den größten Teil der Dienerschaft, den er ausnahmslos durch seine Landsleute ersetzt. Die ihm treu ergebenen Schwestern Ottavia, Francesca und Porzia Passaglia macht er zu Christines Hofdamen, den ihm wohl gesinnten Abbé Santini zu ihrem Ersten Sekretär. Françoise Landini wird Kammerfrau.

So sind bald in Christines engster Umgebung nur Vertrauensleute Azzolinos.

In ihm sieht sie das Idealbild eines Menschen. Sie schwärmt, ihrem feurigen Wesen gemäß, von ihm als „einem göttlichen und unvergleichlichen Mann". Sie nennt ihn „den größten Kardinal und größten Menschen der Welt". Er besitzt nach ihren Worten „den Geist und die Geschicklichkeit eines Dämons, die Tugend eines Engels und ein Herz, groß und edel gleich dem Alexanders des Großen".

Azzolino veranlaßt die Übersiedlung der Königin nach dem Palazzo Riario (jetzt: Palazzo Corsini).

Hier kann Azzolino als Christines Intendant ungehindert jederzeit aus und ein gehen, ohne Argwohn zu erregen, wie noch vor kurzem im Palazzo Farnese.

Dennoch wird weiter getratscht. Der berühmte Chansonsänger des Boulevard, de Coulanges, verfaßt ein Couplet, das alsbald die Runde macht:

„Mais Azzolino dans Rome
Sait charmer ses ennuis.
Elle eût sans ce grand homme
Passé de tristes nuits."
(Aber Azzolino aus Rom
weiß sich seine Langeweile
angenehm zu gestalten.
Sie hätte ohne diesen großen Mann
traurige Nächte verbracht.)

Eine bösartige Schmähschrift wird bald darauf mit dem Titel verbreitet: ‚Il concubinato scandaloso e publico in Roma del Cardinal Azzolino con la Regina di Svezia'.

Dem Kardinal gelingt es, den Verfasser dieses Pamphlets ausfindig zu machen. Dennoch ist historisch nicht feststellbar, wer er war und warum ihm nicht der Prozeß gemacht wurde.

Stand vielleicht eine hochgestellte Persönlichkeit dahinter?

IV

Das neapolitanische Drama

„Wir machen Versprechungen aus Hoffnung, und wir halten sie ein aus Furcht."
François La Rochefoucauld

Die drei Barberini-Kardinäle, Francesco, Antonio und Taddeo, Prinzen von Palestrina, die Neffen des Papstes Urban VIII., mußten nach dem Tod des Onkels ins Exil gehen. Erst mit der Thronbesteigung Alexanders VII. konnten sie im Jahre 1655 nach Rom zurückkehren.

Noch zu Lebzeiten seines Oheims verschafft Kardinal Antonio Barberini dem blutjungen Neupriester Azzolino die Stelle eines Sekretärs bei Kardinal Panciroli. Diesen begleitet er, als er Nuntius in Madrid wird. Mit ihm kommt er später wieder nach Rom zurück. Hier protegiert ihn Kardinal Antonio abermals.

Azzolino wird in das päpstliche Staatssekretariat als Sekretär der Chiffrierabteilung berufen (daher ist auch der spätere Briefwechsel mit Christine so gut chiffriert).

Der elegante Weltpriester, der sich ausnehmend gern in Damengesellschaft bewegt, versteht es bald, sich mit der einflußreichen, verwitweten Schwägerin des Papstes, mit der geldgierigen, bestechlichen Olimpia Maidalchini gut zu stellen. Azzolinos Feinde berichten, er hätte mit ihr ein intimes Verhältnis unterhalten, seine Freunde sprechen von einem ‚bloß guten Einvernehmen'.

Ein Barberini-Kardinal ist also der erste Förderer des Neupriesters Azzolino.

Nun ist die allmächtige Maidalchini tot. Der modische Jung-Kirchenfürst hat damit seine große Protektorin, die ihn auf der Karriereleiter bis auf die vorletzte Sprosse hinaufgeschoben hatte, verloren.

Azzolino ist zwar dem Namen nach Kardinal, aber ohne wirkliches Amt. Den ehrgeizigen Kleinadeligen Anfang Dreißig drängt es zu einem gehobenen Wirkungsbereich.

Da schickt der Himmel dem jungen Mann wie gerufen die drei Barberini-Kardinäle. Auch sie treibt es nach der ein Jahrzehnt dauernden, durch Innozenz X. erzwungenen Ruhepause zu außerordentlichen Aufgaben.

Diese drei Brüder, gute Sechziger, sind immens reich. Sie kauften noch zu Lebzeiten ihres Onkels Urban VIII. das Fürstentum Palestrina, das seit dem Jahre 1572 päpstliches Lehen und nur 40 km östlich von Rom gelegen ist. Ihr Palazzo Barberini in Rom, von Bernini gebaut, ist prächtiger Sammelpunkt der vornehmen Gesellschaft. Francesco Barberini gründet die größte Privatbibliothek der Hauptstadt.

Dieses Triumvirat fördert nicht nur die schönen Künste, nein, diese drei Männer sind auch kirchenpolitisch sehr dynamisch. Sofort nach ihrer offiziellen Wiedereinsetzung in Rom planen sie mit Azzolino eine ‚action directe' gegen Spanien. Ihnen sind die Spanier wie den meisten Italienern verhaßt, weil sie das Königreich Beider Sizilien, bestehend aus der Stadt Neapel, Unteritalien und Sizilien, besetzt halten und durch einen Vizekönig kolonialisieren.

Das patriotische Feuer in den drei Barberini-Kardinälen veranlaßt sie zum Handeln. Die Unzufriedenheit der Neapolitaner gegen die ausländische Besatzungsmacht ist groß. Wieder einmal bricht eine Revolte aus. Die Barberini-Eminenzen versprechen den Aufständischen rasche Hilfe. Sie stellen unverzüglich ein Söldnerheer von 12.000 Mann auf die Beine. Den jungen neapolitanischen Marchese Gian Rinaldo Monaldesco machen die drei Kirchenfürsten zum Befehlshaber des Freikorps.

Von Frankreich aus eilt der Vetter Ludwigs XIV., Herzog Heinrich II. von Guise, sofort den Neapolitanern gegen Spanien zu Hilfe.

Die geplante Befreiung vom spanischen Joch schlägt fehl.

Monaldesco kommt nun nach Rom.

Azzolino, der als Intendant Christines bereits das meiste Dienstpersonal der Königin durch Personen seines Vertrauens ersetzt hat, nimmt unverzüglich den Neapolitaner als Christines Oberstallmeister in ihren Dienst.

Das Triumvirat Barberini handelte impulsiv. Azzolino aber geht nach einem ausgefeilten Plan vor. Wenn die Befreiung Neapels wirklich gelänge, was dann? Das Reich dem Kirchenstaat einverleiben? Dazu ist Alexander VII. zu wenig entscheidungsfreudig, auch wären sofort Spanien und Frankreich gegen einen solchen Entschluß. Das Imperium Beider Sizilien müßte neutralisiert werden, weder der spanischen noch der französischen Einflußsphäre zugeordnet.

Ein Reich mit einem allmächtigen Kardinal wie Richelieu oder Mazarin als Alleinherrscher an der Spitze, unter dem Zepter eines Monarchen, der den allgewaltigen Minister herrschen läßt und zumindest Frankreich nicht zu ungelegen wäre? Demnach könnte der König ... Christine sein, der Kardinal ... Azzolino.

Neapel und Sizilien waren einst von den Normannen und Vandalen erobert worden. Waren die Normannen nicht die Vorfahren der Schweden? War Christine nicht auch die Königin der Wenden (Vandalen)? Wurde das neapolitanische Reich nicht schon früher von Königinnen regiert? Spanien hatte es widerrechtlich okkupiert. Für das spanische Imperium ist dieses Land abgelegen, eine Kolonie, nur zur Ausbeutung bestimmt. Es kann der Christenheit im Kampf gegen die Osmanen, die bereits auf dem benachbarten Kreta gelandet sind, unter diesen Umständen nicht nützlich sein. Aber unter dem Zepter einer Regentin als treu ergebener Nachbarin des Kirchenstaates, als neutralisierende Pufferzone zwischen den beiden rivalisierenden Machtblöcken Spanien und Frankreich, könnte ein sizilianisches Reich unter einer Königin Christine, der kampferprobten Tochter des großen Gustav Adolf, der Christenheit von starkem Nutzen werden.

Aber Christine sucht seit ihrem Aufenthalt in Rom nur rein wissenschaftliche und künstlerische Betätigung.

Sie widmet sich ganz ihrer Aufgabe, ihre umfangreiche Handschriftensammlung ordnen und katalogisieren zu lassen. Zu diesem Zweck nahm sie ihre beiden Bibliothekare aus Stockholm, den 48jährigen Gelehrten Johannes du Fresne und den 38jährigen Philologen Isaac Vossius, ja mit nach Italien.

Doch Azzolino lockt Christine aus ihrem Gelehrtenbezirk, aus ihrem Kunstrevier hervor.

„Christine, Sie sind geschaffen, eine Krone zu tragen", spricht der Kirchenfürst zu ihr.

„Mein Freund", entgegnet sie ihm, „ich habe eine kostbare in Schweden niedergelegt."

„Um des Glaubens willen sollten Sie den Thron des Königreiches Beider Sizilien besteigen."

„Dezio, müßte ich mich dann nicht von Ihnen trennen? Nein, niemals!"

„Aber wieso, teure Freundin? Braucht eine Königin denn keinen Reichskanzler? Trauen Sie Kardinal Azzolino nicht zu, ein zweiter Kardinal Richelieu, ein anderer Kardinal Mazarin zu werden?"

„Sie wissen, guter Freund, daß ich das Höchste für Sie wünsche, das Beste für Sie erhoffe und das Größte von Ihnen halte."

„Nun, Christine, dann greifen Sie nach der neapolitanischen Krone! Wenn Glaube und Politik Hand in Hand gehen, wird das Gewissen der Staatskunst zum guten Gewissen der Nation werden. Ich nehme an, liebste Freundin, Sie haben Ihre weltberühmte Kühnheit aus Schweden mitgebracht und fürchten nichts."

„Mon ami, ich liebe die Begeisterung und fürchte nur die Lauheit der Herzen."

„Sie geben mir also freie Hand, nicht nur als Ihr Intendant, sondern auch als Ihr Kanzler in spe!"

Da bricht in Rom die Pest aus.

Azzolino bestürmt die Schwedin, die Stadt zu verlassen. Durch den Einfall Karl X. in Polen und Dänemark erhält die Königin aus Schweden keine Unterhaltszahlungen. Frankreich schuldet aus dem Westfälischen Frieden vertraglich festgelegte Subsidiengelder, die der Monarchin seinerzeit überschrieben wurden.

Azzolino rät Christine, sofort nach Paris zu reisen, um die Schulden in der gigantischen Höhe von 900.000 Talern einzufordern und dort gleichzeitig ihren politischen Einfluß zugunsten der neapolitanischen Angelegenheit gegen Spanien geltend zu machen.

Ist nicht jetzt der Ausbruch der Pest, die Notwendigkeit, aus finanziellen Gründen die Reise zur französischen Regierung zu unternehmen, ein Wink des Schicksals? Eine treffliche Argumentation, den hintergründigen, wahren Zweck des Aufbruchs nach Frankreich nicht vorzeitig sichtbar werden zu lassen?

Aber Christine steht bereits ohne finanzielle Mittel da. Sie verpfändet ihren Schmuck. Kardinal Antonio Barberini leiht ihr für einen Diamanten als Pfand 3000 Taler.

Jedoch, Christine soll nach Azzolinos Willen in Frankreich nicht als Bittstellerin ankommen.

Nein, als zukünftige Königin Beider Sizilien soll sie der dortigen Regierung ihre Thronanwartschaft auf das neapolitanische Reich durch eindrucksvolles äußeres Auftreten schmackhaft machen.

Die Barberini-Kardinäle stehen sich gut mit Frankreich. Sie bereiten über diplomatische Geheimkanäle die kommende Mission Christines vor.

Azzolino gewinnt den Papst dafür, Christine Geld für diese Reise vorzustrecken.

Während die abermals im Aufruhr befindliche Stadt Neapel von der spanischen Flotte beschossen wird, träumt Frankreich bereits davon, die Krone Neapels eines Tages, wenn auch durch Umwege über Christine, an sich zu bringen.

Der sparsame Alexander VII. ermöglicht aufgrund der geschickten Vorstellungen Azzolinos der Schwedin die geplante Reise. Er rüstet für sie eine unter päpstlicher Flagge segelnde Flotte aus vier der bestens bestückten Galeeren aus. Er überreicht der Königin einen Wechsel über 10.000 Scudi sowie 10.000 Taler in bar. Die betreffenden Münzen enthalten eine Darstellung ihres feierlichen Einzugs in Rom durch die Porta del Popolo.

Azzolino stellt für Christines Begleitung nach Frankreich ein prächtiges Gefolge von 85 Personen zusammen.

Bei der Verabschiedung von ihrem Kardinal weint Christine bitterlich.

Zur Begrüßung bei ihrer Ankunft in Marseille sendet ihr Ludwig XIV. seinen Vetter, Herzog Heinrich II. von Guise. Es ist dies niemand anderer als jener Mann, der sich vor nicht geraumer Zeit den neapolitanischen Aufständischen militärisch zur Verfügung gestellt hatte, natürlich mit wohlwollender Duldung Frankreichs, das heißt in diesem Fall des listenreichen Kardinals Jules Mazarin.

Christines Einzug in Paris am 8. September 1656 muß nach Augenzeugenberichten einmalig gewesen sein.

In Conflans empfängt sie der Großzeremonienmeister mit dem Gardecorps und den Zünften, und in der Vorstadt Saint-Antoine erwarten sie 15.000 Mann Milizsoldaten. 200.000 Menschen drängen sich auf den Straßen, um die Königin zu sehen.

Auf der Place Louis XIII. wird sie von der verwitweten Königin von England, dem Herzog von York, den Prinzessinnen Oranien und Conti sowie dem gesamten Hochadel begrüßt. In einer sechsspännigen Karosse, von Fackelträgern umgeben, geht es nach einem feierlichen Te Deum in Notre Dame in den Louvre.

Hier empfängt sie den päpstlichen Nuntius und die ausländischen Gesandten sowie Abordnungen der Geistlichkeit, des Parlaments, der Sorbonne und der Académie Française.

Einige Tage darauf fährt Christine nach Compiègne, dem gegenwärtigen Aufenthaltsort des achtzehnjährigen Ludwig XIV. und der Königinmutter Anna von Österreich. Kardinal Mazarin, der allmächtige Minister, der Christine bis Chantilly entgegengekommen ist, übernimmt die Vorstellung.

Ludwig und sein jüngerer Bruder Philipp lassen sich beim feierlichen Empfang vom Kardinal als einfache Hofleute vorstellen. Doch Christine ist schwer zu täuschen.

„Die Herren scheinen mir geboren, eine Krone zu tragen", sagt sie mit feinem Charme.

Dann finden Christines Geheimverhandlungen mit Mazarin statt.

Mazarin (eigentlich Giulio Raimondo Mazzarino) ist in Pescina, der italienischen Provinz L'Aquila, am 14. Juli 1602 geboren, also zur Zeit der Begegnung mit Christine 54 Jahre alt. Sie steht im dreißigsten Lebensjahr. Vor zwei Jahren, als sie in

Brüssel, vorerst noch heimlich, zur katholischen Kirche übergetreten war, hatte ihr zu Ehren Mazarin ein französisches Opernensemble nach Brüssel geschickt, um jene Tage besonders festlich zu gestalten.

Mit 22 Jahren beginnt Mazarin seine Karriere im päpstlichen Militärdienst und wird schon bald mit diplomatischen Aufgaben betraut. Mit 32 Jahren ist er bereits Vizelegat von Avignon und außerordentlicher Nuntius in Paris. Mit 38 Jahren tritt er in den französischen Außendienst ein und wird Mitarbeiter Kardinal Richelieus, des allmächtigen Ministers. Ein Jahr später bereits wird er von Papst Urban VIII. zum Kardinal erhoben, obwohl er nie zum Priester geweiht worden war. Ein Jahr darauf stirbt Richelieu, und Mazarin rückt an seiner Stelle in den Kronrat nach. Wieder ein Jahr später ist er als Günstling der Königinmutter Anna der neue starke Mann, da Ludwig XIV. zwar dem Namen nach König, aber erst fünf Jahre alt ist.

Mazarin leitet nicht nur die französische Politik, er leitet auch die Erziehung des minderjährigen Königs. Durch die Fronde, eine mächtige Adelsbewegung, die gegen den drohenden Staatsabsolutismus ankämpft, wird der Kardinal zweimal zur Flucht ins Ausland gezwungen. Aber die Adelsherrschaft erleidet eine vernichtende Niederlage, und 1653 kann Mazarin von seinem Exil in Rom siegreich nach Frankreich zurückkehren. Nun ist er mächtig genug und baut sein absolutistisches Regime aus. Sein Ruhm beruht auf seinen außenpolitischen Erfolgen. 1658 gelingt ihm die Einsetzung des Rheinbundes westdeutscher Fürsten, der den Kaiser empfindlich schwächt und damit Frankreich wesentlich stärkt.

Mazarin ist also der Schöpfer des französischen Absolutismus und damit der Weltmachtstellung Frankreichs, das dem Kaisertum des Heiligen Römischen Reiches der Habsburger an Machtfülle ebenbürtig wird.

Bald wird Ludwig XIV. ‚Roi soleil‘, der Sonnenkönig genannt werden. Im Jahre 1661 stirbt Mazarin. Und nicht lange hernach schon wird Ludwig XIV. stolz von sich behaupten: ‚L'état c'est moi‘ (Der Staat bin ich).

Aber noch ist es nicht ganz soweit.

Mazarins Absolutismus bringt ihn in Gegnerschaft zur Kirchenpolitik Alexanders VII., der ja durch die Partei der spanischfreundlichen Kardinäle erwählt wurde. Auch ist Mazarin, der sich eher als Herzog von Nevers und erst in zweiter Linie als Kardinal fühlt, der Verfechter einer französischen Nationalkirche, die de facto mehr auf den französischen König hören soll als auf den Papst.

Mazarin ist äußerlich der Typ des echten Südländers. Sein Gesicht ist eine Mischung aus Verschlagenheit, Mißtrauen und höfischer Förmlichkeit. Seine dunklen Augen können hypnotisieren, seine kräftige, lange Nase verleiht ihm einen energischen Zug. Sein Schnurrbart ist an den Enden weitgezogen und höfisch modisch. Sein herabfallendes, gewelltes Schwarzhaar verrät Eleganz und Gefallsucht. Seine langen, fleischigen Hände zeugen von Durchschlagskraft.

Mazarin ist ein Diktator mit parfümierten Samtpfoten. Er ist überaus höflich und kleidet seine Befehle in freundliche Floskeln. Für seine Person ist er höchst empfindlich und vermeidet daher offene Kämpfe. Seine Strategie ist vollendete Diplomatie mit allen Künsten listenreicher Winkelzüge.

Der Kardinal schließt mit Christine am 22. September 1656 einen Geheimvertrag das neapolitanische Unternehmen betreffend ab, der ihr die Unterstützung der im Herzogtum Modena stationierten französischen Truppen zur Befreiung Neapels und Siziliens zusichert.

Dieser streng geheime Vertrag wurde erst gegen Ende des 19. Jahrhunderts von Martin Weibull aufgefunden und von seinem Sohn Curt, dem schwedischen Historiker, veröffentlicht.

Nach Christines Tod soll demnach der Bruder Ludwigs XIV., Philipp von Anjou, der nächste König von Neapel werden.

Christines Oberstallmeister, der bereits erwähnte Marchese Gian Rinaldo Monaldesco, selbst Neapolitaner, wird zum Oberbefehlshaber der Landtruppen ernannt; er hatte vor kurzem, wie berichtet, ein Freikorps befehligt, um den Angriff des Herzogs von Guise auf Neapel zu unterstützen.

Als Christine ab 23. September von Compiègne abreist, ist es so gut wie sicher, daß sie bald durch Frankreichs Unterstützung Königin von Neapel und Sizilien sein wird.

Sie begibt sich nach Turin, wo sie der Herzog von Savoyen festlich empfängt. Hier tritt sie mit dem Herzog von Modena wegen des neapolitanischen Unternehmens in Unterhandlungen.

Sie schickt Monaldesco zu Mazarin, um ihn zu schnellerem Einschreiten zu bewegen sowie zur Lockermachung jener 900.000 Taler, die ihr Frankreich aus der noch ausstehenden Erfüllung des Westfälischen Friedensvertrages schuldet.

Doch Mazarin betreibt ein Doppelspiel, hält Christine hin und läßt weiterhin alles in der Schwebe.

Christine wird wegen der Verzögerungs- und Verschleppungstaktik Mazarins unsicher. Sie reist im Jahr darauf abermals nach Frankreich und läßt sich im königlichen Schloß Fontainebleau südlich von Paris nieder.

Am 6. November 1657 ist sie im Besitz von eigenhändig geschriebenen Briefen Monaldescos, aus denen hervorgeht, daß er ihre Verhandlungen verraten hat, sowie von Schriftstücken, die der Marchese gefälscht hat, und die seinen Verrat dem Oberhofmeister Christines, dem Grafen Santinelli, unterschieben sollen.

Christine läßt Monaldesco verhaften. Vor Zeugen verhört sie ihn. Der Marchese leugnet rundweg alles. Die Königin zeigt ihm die Originalbriefe sowie die von seiner Hand durchgeführten Fälschungen. Unter der Beweislast bricht er zusammen und gesteht alles.

Daraufhin läßt ihn Christine zum Tod verurteilen und... hinrichten.

Das erregt Aufsehen in der Welt. Die der Schwedin mißgünstig gesinnten Spanier streuen aus, sie habe sich auf diese Weise eines ihr unbequem gewordenen Liebhabers entledigen wollen.

Hatte sie als Ausländerin überhaupt das Recht, im Schloß des Königs von Frankreich, einen ihrer Untergebenen selbst zum Tod zu verurteilen?

Christine waren bei ihrer Abdankung auch weiterhin volle Souveränitätsrechte zugesprochen worden, was die unbeschränkte Gerichtsbarkeit über ihr Personal mit einschließt.

Nach Ansicht der meisten Rechtsgelehrten ihrer Zeit stand ihr dieses Recht zu.

Hätte sie aber nicht, um den Schein zu wahren und die Gefühle ihrer französischen Gastgeber nicht zu verletzen, den Verräter einem französischen Gericht ausliefern können?

Die Wahrscheinlichkeit bestand, daß es sich bei dieser Causa für unzuständig erklärt hätte. Auch wären bei einer Einvernahme durch unabhängige Richter Details der Geheimverhandlungen zwischen ausländischen Mächten zur Sprache gekommen, welche die der französischen Außenpolitik feindlich gegenüberstehenden Staaten sehr aufgebracht hätten.

Zudem stand der Königin kein Gefängnis zur Verfügung, in dem sie den überführten Verräter hätte verwahren können.

Christine läßt den Hingerichteten auf ihre Kosten in der Kirche von Avon begraben und dreißig Messen für sein Seelenheil lesen.

Mazarin ist die ganze Affäre entsetzlich peinlich. Deshalb läßt er sofort verbreiten, die Königin sei an dem „Mord" unbeteiligt, die ganze Schuld liege vielmehr bei ihrem Diener Ludovico Santinelli (dem Bruder des Grafen Francesco Maria), der Monaldesco getötet hatte.

Der Kardinal versucht nun, die Königin zu überreden, diese Notlüge zu akzeptieren.

Sie aber schleudert ihm flammenden Antlitzes ins Gesicht: „Kardinal, ich kenne niemanden, er mag noch so hochgestellt und mächtig sein, der mich dazu veranlassen könnte, meine Überzeugung zu verleugnen oder der mich dazu zwänge, meine Handlungen abzustreiten."

„Madame", entgegnet der allmächtige MInister, „wer könnte sich erdreisten, solches von Ihnen zu erwarten? Mon dieu, keine Überzeugung verleugnen! Allein, ich beschwöre Sie bei Notre Dame de Paris . . ."

„Eminenz, was soll das?" fragt sie ihn voll Heftigkeit und schüttelt ihre dichten Locken, „wollen wir uns schämen, ein Verbrechen als das zu bezeichnen, was es ist? Der Teufel hole die Diplomatie, wenn sie versuchen möchte, die Sprache derart umzuformen, daß sie ein Verbrechen zu einem Versehen, einen Verrat zu einem Mißverständnis, und eine Hinrichtung zu einer Gasthausrauferei umstilisieren wollte."

„O ma chère majesté“, ruft Mazarin aus und hebt beschwörend beide Hände, „ist ein Staatsmann ein verbaler Jongleur à la bonheur? Ein Wortklauber, der Definitionen garniert à la salade grecgue? Oder ist ein Staatsmann nichts als eine bonne à tout faire, ein launisches Mädchen für alles? Ich beschwöre Sie, wollen Sie eine affaire scandaleuse?“

„Kardinal, wenn man mich daran hindern wollte, meine innere Überzeugung vor den Ohren der Welt auszusprechen, so wäre das gleichbedeutend damit, mich des Lebens zu berauben.“

„O très bien, Madame! Frankreich will nur Ihr Bestes, glauben Sie mir!“

„Eminenz, der Marquis hielt seine Pläne bereits für geglückt und sagte eines Tages zu mir: Sie sind verraten, und der Verräter ist der abwesende Kavalier, den Euer Majestät kennen. Bald werden Euer Majestät davon überzeugt sein, und ich bitte Sie, dann dem Schuldigen nicht zu verzeihen. — Der Verräter wollte so den Verdacht auf meinen Hofmeister, den Grafen Santinelli, richten.“

„Hélas, Madame, quelle infamie! Seine Königin derart zu hintergehen! Wie schamlos, gemein, malefiziös!“

„Ich wollte den Verräter auf die Probe stellen und fragte ihn: Marchese, was verdient Ihrer Meinung nach jemand, der mich auf diese Weise verrät? — Er antwortete: Euer Majestät müssen ihn ohne Erbarmen sofort hinrichten lassen, und ich erbiete mich, entweder Rächer oder Opfer zu sein. Hier geht es um die Gerechtigkeit. — Gut, erwiderte ich, vergessen Sie diese Worte nicht! Ich versichere Ihnen, daß ich ihm nicht verzeihen werde.“

„O quelle tragédie, majesté. Pierre Corneille könnte nicht phantasiereicher dichten, als es hier die Wirklichkeit vollführte.“

„Ich hatte die abgefangenen, an den Marquis gerichteten Briefe versiegelt und dem Prior in Fontainebleau übergeben, um sie, wenn der Verrat vollständig beweisbar ist, dem Verräter vorzulegen. Dieser beobachtete, daß Post einlangte, ohne daß Schriftstücke für ihn dabei waren. Er begann daher, Argwohn zu schöpfen und versuchte, über Lyon eine für ihn günstigere Postverbindung herzustellen. Er deutete brieflich mehrmals

Königin Christine in Frankreich, 1657; also 31 Jahre alt.

seinem Adressaten an, daß er demnächst fliehen werde. Ich mußte ihm deshalb zuvorkommen."

„Madame, ich verstehe Sie. Aber wird die Welt Sie verstehen? Man wird Sie verleumden."

„Am 10. November ließ ich den Marquis in die Galerie des Cerfs des Schlosses rufen. Er zitterte, war blaß und hatte einen veränderten Gesichtsausdruck. Der Prior, den ich ersucht hatte zu kommen, trat durch die Tür ein, die sofort wieder geschlossen wurde. Durch eine andere Pforte erschien der Kapitän der Garde mit zwei Soldaten. Jetzt bat ich den Prior, mir die Briefe zu übergeben, zeigte sie dem Marquis und klagte ihn wegen seines abgrundtiefen Verrats an. Dann zog ich ihm Schriftstücke, die er bei sich trug, aus den Taschen und fand noch zwei gefälschte Briefe, einen an mich und einen an sich selbst gerichtet, die einen weiteren Verrat darstellten, der noch ärger war als der frühere. Er wollte durch diese Schriftsachen den Verdacht verstärken, in den er seinen Freund Santinelli bereits früher schon gebracht hatte."

„O quelle perfidie!"

„Der Verräter brach unter der Beweislast zusammen und gab zu, sein eigenes Todesurteil ausgesprochen zu haben. Daraufhin ersuchte ich den Prior, dem Delinquenten die Beichte abzunehmen und gab dem Kapitän den Auftrag, das Urteil zu vollstrekken."

„O mon dieu, Madame! Die Welt wird empört sein über Sie. Wer gerecht handelt, handelt nicht immer klug. Für einen Staatsmann muß die weise Berechnung immer Vorrang haben vor anderen Erwägungen."

„Der Verräter trug unter seinem Gewand ein Panzerhemd, das an die neun Pfund Gewicht hatte. Er argwöhnte also, daß man bereits hinter seine Schliche gekommen war. Das Verhör mit ihm hatte schon über zwei Stunden gedauert. Er war sich dessen bewußt, daß ich ihm wie einem getreuen Mitarbeiter viele meiner Gedanken und Pläne anvertraut hatte. Nicht nur, daß er mir schaden wollte, schob er noch seine Verbrechen anderen in die Schuhe, um sie so statt seiner in das sichere Verderben zu stürzen."

„Der Mann war schuldig, das ist erwiesen. Aber wie stehen wir da vor den hellsichtigen Augen Europas? Wie Seine Majestät, mein Herr und König, wie ich selbst, sein allzeit getreuer Minister?"

„Bei dem ersten Degenstoß, den einer der Soldaten gegen den Marquis richtete, traf er ihn, der sich heftig wehrte, an der rechten Hand und schnitt ihm so drei Finger ab. Es waren die Schwurfinger, mit denen er mir den Treueid geleistet hatte."

„O quel malais! Sie hätten es nicht so weit treiben dürfen! Damit wurde la gloire du France in den Kot gezogen."

„Kardinal, Sie sind Politiker, aber Sie sind auch Christ. Wird ein Verbrechen gesühnt, indem man es augenzwinkernd unter den Teppich kehrt? Welche schlechte Beispielfolgerung reißt das Böse mit sich, wenn es nie und nimmer bestraft wird? Politik ist nicht die Kunst, die Menschen tun zu lassen, was sie wollen, sondern sie anzuleiten zu tun, was sie sollen. Politik ist ein Wettstreit von höheren Zielen."

„Mon dieu, Politik muß Gott so dienen, daß man den Teufel nicht reizt. Politik, Madame, ist die Kunst des Möglichen. Sie versuchten mit dieser Tat das Unmögliche. Das war ein Fehler."

„Alle politischen Engstirnigkeiten bestehen im Verschweigen und Bemänteln dessen, was ist. Ich bin kein politischer Maler, daher liegt mir nicht die Schönfärberei, Kardinal."

„Das Volk versteht nicht unsere Sprache. Also müssen wir wie ein acteur les marionettes die Worte tanzen lassen. Sie müssen geschmeidig sein wie die Beine einer danseuse und glitzern wie der Schmuck einer schönen Frau."

„Die Regierung ist die Ausübung der Gesetze, nicht deren Verdrehung. Die Kunst der Regierung besteht darin, die Menschen zu Spiegelbildern Gottes zu erziehen, nicht zu Verbrechern, die diesen Spiegel zertrümmern."

„Sie sind noch jung, Madame. Ich kenne die Menschen und daher kenne ich die Regierungen. Sie wollen die Wahrheit, nichts als die Wahrheit? Dann dürften Sie nicht in der Welt bleiben."

„Ich weiß, die Wahrheit hat ihren Preis. Ich bin bereit, ihn zu zahlen."

„Der Preis der Wahrheit ist der Irrtum, Madame. Ich kenne in der Politik keine Wahrheit, die man nicht mit einer Torheit verzollen müßte."

„Ich bekenne mich voll und ganz zu dem, was ich angeordnet habe. Denn die Wahrheit hat ihre letzte Wurzel in der Gerechtigkeit, Eminenz."

„Majestät, bei der Achtung und dem Ansehen, das Sie in Frankreich genießen, bei den Verhandlungen, die Sie führen und die für ganz Europa eine glückbringende Bedeutung haben mögen, flehe ich Sie an, bedienen Sie sich der Wohltaten jener Notlüge, die ich Ihnen vorschlug."

„Was in aller Welt, Kardinal", braust sie erneut auf, „mutet man mir zu? Vier Tage vor der Hinrichtung des Verräters hatte der päpstliche Nuntius in Neapel der Kurie in Rom gemeldet, daß sich der spanische Vizekönig auf einen bevorstehenden französischen Angriff vorbereite. Die spanischen Spione bekamen Gelegenheit, die französischen Flottenbewegungen zu beobachten. Schon seit August waren Gerüchte über Ihre und meine Pläne in Umlauf. Die verratenen Angelegenheiten waren außer uns nur dem Marquis und meinem Haushofmeister bekannt."

„Madame, ich werde Seiner Majestät, dem König, und Ihrer Majestät, Königinmutter Anna, genauestens Bericht erstatten. Ich bin äußerst indigniert und kann immer wieder nur mein allergrößtes Bedauern über diese affaire scandaleuse ausdrükken."

„Tun Sie das, Kardinal! Sie urteilen als Realpolitiker. Ich handelte als Königin."

Christine ist seit dieser Aussprache Mazarin nie mehr begegnet, der vier Jahre danach verstarb. Sie wußte nur zu gut, welches Doppelspiel er in dieser Angelegenheit betrieben hatte. Denn bereits ein halbes Jahr zuvor hatte er ein Bündnis mit England gegen Spanien abgeschlossen. Er plante auf diese Weise die Eroberungen der spanischen Bastionen in Flandern, nämlich Dünkirchen und Gravelines. Der Neapelplan verlor dadurch für ihn an Bedeutung.

Christine war sich auch später immer wieder bewußt, daß der Verrat Monaldescos ohne Mazarins Doppelspiel nicht erfolgt wäre und daß der Verräter sie in erster Linie an den Kardinal verraten hatte, dem er Christines geheimste Absichten sowie ihre Vereinbarungen mit den Herzögen von Modena, Parma und Savoyen hinterbrachte.

Monaldesco verriet seine Königin also letzten Endes an ihren Hauptverbündeten, an Mazarin.

Daß der Kardinal aber den Verräter nicht abgewiesen hatte, daß er sich der Dienste ihres Unterhändlers gegen sie selbst bediente, das verübelte sie dem Franzosen.

Mazarin tat auch noch im Jahre 1658 gegenüber Christine, die mittlerweile wieder nach Rom zurückgekehrt war, als stehe er noch immer gerade für die neapolitanische Angelegenheit.

Doch im Herbst 1658 stirbt der Herzog von Modena, ein Jahr später verlobt sich Ludwig XIV. mit der Infantin Maria Theresia, der älteren Tochter König Philipps IV. von Spanien. Dadurch kommt endlich der Friede zwischen Frankreich und Spanien zustande, und die Krone Beider Sizilien nach dem Tod Karls II. in die Hände des Enkels Ludwigs XIV., nämlich Philipps V.

Damit ist in der Biographie Christines ein Kapitel abgeschlossen, in dem sie eine Zeitlang Trumpfkarte sowie Talon im Poker der Weltpolitik war, und das ihr in den Augen der Zeitgenossen sehr schadete.

V

Briefe im Sturm

„Der Charakter des Menschen ist sein Schicksal."

Heraklit

Karl X. von Schweden, zu dessen Gunsten Christine im Jahre 1654 abgedankt hat, stirbt nach nur sechsjähriger Regierungszeit im Alter von 38 Jahren. Sein Sohn, der als Karl XI. zum König ausgerufen wird, ist zu diesem Zeitpunkt erst fünf Jahre alt.

Während der Regentschaft für den minderjährigen König werden Christine die Einnahmen aus ihren Gütern nur zum geringen Teil ausbezahlt.

Um ihre finanziellen Ansprüche besser einmahnen zu können, bricht sie zweimal nach Schweden auf, um vor dem Reichstag ihre gerechten Ansprüche einzuklagen. Daraufhin verschiebt die Vormundschaftsregierung die geplante Einberufung des Reichstages auf unbestimmte Zeit.

Christine sitzt nun im Jahre 1666 in Hamburg und wartet auf den Termin dieser Einberufung.

Azzolino verwaltet indessen ihr Haus in Rom, in dem ein alchimistisches Labor eingerichtet ist. Der Kardinal experimentiert dort fleißig mit Christines Chemiker Borri in der Hoffnung, eines Tages aus unedlen Metallen Gold und Silber herstellen zu können. Die Königin schickt Azzolino eine Blankovollmacht, damit er in ihrem Namen ihre finanziellen und sonstigen Angelegenheiten während ihrer Abwesenheit vertreten kann.

Sie schreibt ihm, daß sie ihm das versprochene Geld nicht senden könne.

Er wird ungeduldig. In den folgenden Briefen erteilt er ihr die strengsten Warnungen. Doch sie kann nur antworten, er müsse leider noch warten.

In Rom munkelt man, die Königin wolle endgültig nach Schweden zurückkehren. Die dortige Vormundschaftsregierung unter Magnus de la Gardie sei schwach, und der Adel sowie das Volk ersehnten die Rückkehr Christines.

Azzolino teilt ihr seine diesbezüglichen Befürchtungen mit.

Aus ihrem Antwortbrief vom 23. Juli 1666 hört man ihre große Erregung:

„Wie, wollen Sie, daß ich nicht mehr zurückkomme? Wie können Sie glauben, daß ich mich je entschlösse, Rom zu verlassen, daß ich den Plan aufgegeben hätte, dahin zurückzukehren?... Ich erwidere die ungezählten Freundschaftsbezeigungen, die Sie mir mit so zärtlichen Gefühlen ausdrücken... Außerdem möchte ich Ihnen aussprechen, daß ich Ihre Freundschaft durch die zärtlichste Leidenschaft und größte L. verdiene. Ich weiß nicht, ob ich jemals glücklich sein werde, aber ich weiß, daß ich Sie bis zum Tode R. werde."

In den Chiffren, die Christine in diesem italienischen Schreiben verwendet, scheint L das deutsche Wort ‚Liebe' und R ‚lieben' zu bedeuten.

Azzolino schickt ihr selbstverfaßte Gedichte.

Sie versichert ihm, seine Gedichte hätten ihr viel Trost gebracht.

In ihrem Brief vom 4. August 1666 steht, ihre Freundschaft könne und dürfe nicht früher enden als mit dem Tod.

Mit Schreiben vom 29. September 1666 versichert sie ihm: ‚Welche Veränderungen auch immer in Ihrem Herzen eintreten mögen... ich werde Ihnen unverbrüchliche Treue bis zum Tod bewahren."

Seine Gefühle ihr gegenüber beginnen zu erkalten. Am 23. Oktober 1666 gibt sie ihm eine klare Versicherung: „Ihre ganze Kühle kann mich nicht daran hindern, Sie bis in den V. anzubeten."

Die Chiffre V steht hier für das deutsche Wort ‚Tod'. Infolge der wachsenden Abkühlung Azzolinos ihr gegenüber nimmt ihre Schwermut zu. Sie magert ab, fühlt sich krank und sehnt sich nach dem Tod.

Gegen Jahresende verschärft sich die Situation. Sie teilt ihm mit, es sei nicht sicher, daß sie jemals nach Rom zurückkehren werde. Wenn er ihre Liebe nicht erwidere, habe sie dort nichts mehr zu suchen.

Seine Briefe werden immer kühler. Er wirft ihr vor, sie befolge seine politischen und finanziellen Ratschläge nicht.

Da bricht es in ihrem Schreiben vom 26. Januar 1667 leidenschaftlich aus ihr hervor, seine Gedanken und Ratschläge seien für sie stets wie ein Orakel, das sie befolge, es ständen aber diesmal bloß äußere Gründe im Wege. Dann wird sie sehr deutlich: „... daß es meine Absicht ist, Gott mit Hilfe seiner Gnade niemals zu beleidigen ... dieser Entschluß soll mich aber nicht hindern, Sie bis zum Tod zu lieben, und da die Devotion Sie davon befreit, mein Geliebter zu sein, befreie ich Sie davon, mein Diener zu sein, denn ich will leben und sterben als Ihre Sklavin."

Etwas rätselhaft ist hier die Verwendung der französischen Vokabel ‚dévotion'. Denn ‚la dévotion' kann mehreres bedeuten: Ehrerbietung, Andacht, Frömmigkeit, Unterwürfigkeit und so weiter.

Im Vergleich mit anderen Briefstellen Christines dürfte sie la dévotion im Sinne von konventioneller Frömmigkeit, im Gegensatz zu Herzensfrömmigkeit gebraucht haben.

Die Kälte Azzolinos ihr gegenüber ändert auch dieser leidenschaftliche Liebesbrief nicht. Denn am 2. Februar 1667 antwortet sie ihm: „Man ist überglücklich, wenn man nur von Ihrer Billigung und Achtung hört."

Am 9. Februar 1667 muckt sie wieder auf: „Da ich weiß, daß Sie devot (wieder dieses Wort!) sind, wundert mich das nicht; es ist nämlich ein Beweis von Devotion, Gott für alle Dummheiten verantwortlich zu machen, die die Leute anrichten; ich aber bin in der Devotion nicht so gut zu Hause wie Sie und fasse dies ganz anders auf."

Am 16. Februar 1667 schreibt sie ihm: „Ich glaube, es gibt nichts, was Sie so sehr verabscheuen wie meine Gegenwart."

Er reagiert darauf verärgert und schildert ihr sadistisch genau seinen Besuch beim französischen Gesandten in Rom, bei dem er zwei junge, schöne Schauspielerinnen kennengelernt und bewundert habe.

Darauf schäumt ihre Eifersucht über. Am 9. März 1667 schreibt sie ihm folgende ironische Zeilen: „... ich bezweifle keineswegs, daß Ihre Seele wie stets ganz auf Gott eingestellt war, als Sie beim französischen Gesandten eine Komödie anhörten, und daß die beiden jungen Damen, die dabei auftraten, Sie nicht allzusehr beschwerten, wenn sie Ihre Blicke auf sich zogen. Sicher sind Sie in den Spuren des Erlösers gewandelt, um sie zu bekehren ... denn wenn ich bedenke, welche Gewissenskonflikte Sie daran hinderten, das Feuerwerk beim spanischen Gesandten zu sehen, muß ich zu dem Schluß kommen, daß es ein reiner Ausfluß jener Devotion (!) war, die Sie derzeit beherrscht und bewirkte, daß Sie zum französischen Gesandten gingen ..."

Er rügt daraufhin scharf ihre ‚Hysterie'. Sie möge ihre Eifersucht zügeln.

Mittlerweile erkrankt Alexander VII. schwer, der schon lange an einem unheilbaren Nieren- und Blasenleiden laboriert.

Sofort wird Azzolinos Stimmung besser, er wittert eine große Chance.

Christine läßt sich von seinem Optimismus anstecken und erwidert in ihrem Antwortschreiben am 20. April 1667, in dem sie ihre Meinung ausdrückt, der Weg zum päpstlichen Thron liege bereits unmittelbar vor ihm: „... Seien Sie gewiß, daß Sie dazu ausersehen sind, der größte ... Mann dieser Erde zu werden ... reich an Verdienst, Tugend und Glück!"

Am 27. April 1667 schreibt sie ihm: „Ich bin verzweifelt darüber, daß Sie kein Geld haben, aber verkaufen und verpfänden Sie, was immer geht! (Aus ihrem Besitz in Rom) ... Da ich den Entschluß gefaßt habe, Sie nie mehr wiederzusehen, gibt es nichts mehr im Leben, was mich festhielte (in Rom natürlich!)."

Am 13. Mai 1667 teilt sie ihm verzweifelt mit: „Ich glaube nicht, daß ich lange leben werde."

Dieser Brief hat keinen Abschluß. Die Zeilen sind verschmiert, als ob das Schreiben durch einen Tränenstrom unterbrochen worden wäre.

Azzolinos Kälte gibt ihr den Rest. Sie ist mittlerweile 41 Jahre alt. Wechselbeschwerden stellen sich ein, schwerste Depressionen, Magen- und Darmkoliken. Die Vormundschaftsregierung in Schweden hält die Königin noch immer hin. Die finanzielle Lage Christines ist schlecht.

Da stirbt am 20. Mai 1667 Alexander VII. mit 68 Jahren.

In Rom beginnt daraufhin das Konklave für den nächsten Papst.

VI

Eine neue Rolle ist vorgesehen

„Reiß aus der Glut mich und, von ihr getrennt, muß an des Lebens Bächen ich verderben."

Michelangelo, Sonett

In diesem Konklave wird Azzolino von vielen bereits als ernst zu nehmender Papabile angesehen, also als ein Kardinal, der in die engere Wahl der möglichen Nachfolger auf den Stuhl Petri aufrückt.

Doch der kluge Azzolino weiß, daß er für diese Rolle noch zu jung ist. Denn vorbei sind die Zeiten, da beispielsweise der fromme Kärntner Fürstensproß Bruno im Jahre 996 als Gregor V. mit bereits 24 Jahren zum Papst gewählt wurde. Denn wenn auch im 17. Jahrhundert, im barocken Rom des Nepotismus, also der Verwandtenwirtschaft, die Kardinäle oft schon im zarten Jünglingsalter, wenn nicht gar im Kindesalter, kreiert werden, bei einer Papstwahl geht es doch anders zu. So war denn auch Paul V. 53 Jahre alt, als er zum Oberhaupt der Kirche erkoren wurde, Gregor XV. 77 Jahre, Urban VIII. 55, Innozenz X. 70 und Alexander VII. 56 Jahre alt.

Azzolino nimmt daher an, daß er, der kleine Landedelmann, mit 44 Jahren noch keine echten Chancen hat. Wenn er aber derzeit noch nicht Papst werden kann, so soll es wenigstens ein Vertrauter aus seinem Kreis, also einer aus den Reihen der Squadrone volante sein.

Christine verwendet die guten Beziehungen, die sie zu Ludwig XIV. und dem in Rom residierenden französischen Diplomaten Hugues de Lionne unterhält, um dem französischen König die Lage in Rom als der Squadrone günstig darzustellen. Den von Azzolino als Papabile befürworteten Kandidaten, den Kardinal Rospigliosi, empfiehlt sie wärmstens der französischen Regierung und damit auch der franzosenfreundlichen Kardinalspartei. Sie plädiert eindringlichst für eine Allianz zwischen

Frankreich und der Azzolino-Gruppierung der Squadrone volante.

Nach allgemeiner Anschauung gilt Christine nach wie vor als die Monarchin, die den Westfälischen Frieden zustande gebracht hat. Noch immer wird sie als europäische Friedensstifterin betrachtet.

Das Konklave tritt am 3. Juni 1667 in Rom zusammen. Von den 64 Kardinälen sind 60 Italiener, 2 Franzosen und 2 Deutsche. Bereits am 20. Juni fällt die Wahl auf den Kandidaten Azzolinos und Christines, auf den Squadronisten Giulio Rospigliosi, den Staatssekretär Alexanders VII.

Der neue Papst ist 67 Jahre alt und nennt sich Klemens IX.

Sofort werden seine beiden Neffen, Giambattista und Jacopo Rospigliosi, nach alter Tradition zu Kardinälen erhoben sowie Vincenco Rospigliosi zum Oberbefehlshaber der päpstlichen Streitkräfte. Maestro di Camera wird der Squadrone-Kardinal Emilio Altieri. Zum Leiter der päpstlichen Außenpolitik macht der Papst aber niemand anderen als Azzolino. Damit wird der ehrgeizige Mann mit 44 Jahren zum zweitmächtigsten Mann des Kirchenstaates. Ein Kardinal-Staatssekretär gilt in der päpstlichen Hierarchie jener Zeit fast soviel wie ein Thronfolger einer Monarchie. Denn nach der Erfahrung vergangener Jahrhunderte hat der Staatssekretär stets sehr gute Chancen in einem kommenden Konklave.

Die Außenpolitik Azzolinos setzt sich vor allem ein großes Ziel: die Türkenabwehr. Das Osmanische Reich breitet sich gefährlich aus, bedrängt die Südostflanke des Kaiserreichs und hat sich bereits des größten Teils der Insel Kreta bemächtigt. Fällt die noch in venezianischem Besitz befindliche Hauptstadt Candia in türkische Hände, ist der Kirchenstaat in ernster Gefahr.

Azzolino versucht sofort, die Franzosen gegen die Türken zu mobilisieren. Denn die Vormachtstellung Ludwigs XIV. nimmt seit dem Tod Mazarins beängstigend zu, da der König nun alle Macht in seinen Händen hat. Doch die eifersüchtige Rivalität Ludwigs gegen den Kaiser ist so groß, daß er die drohende Türkengefahr nur halbherzig und mit halben Mitteln unterstützt.

Bleibt in dieser Situation als Bundesgenosse für den von den Osmanen bedrängten Kaiser das zu dieser Zeit noch große polnische Reich. Hier herrscht Johann Kasimir, das Haupt der katholischen Linie der Wasa, ein naher Blutsverwandter Christines. Nach dem Tod seiner Frau, Königin Anna aus dem italienischen Geschlecht der Gonzaga, gibt der alternde, kinderlose König seine Absicht abzudanken bekannt.

Sofort greift Ludwig XIV. ein. Er macht sich erbötig, ihm in Frankreich ein Königsschloß zur Verfügung zu stellen und ihm durch geistliche Pfründen eine jährliche Rente von 50.000 Talern zu garantieren. Allerdings unter einer Bedingung: Die Abdankung muß vor dem 20. September 1668 erfolgen, damit eine Kandidatur des von Frankreich favorisierten Herzogs von Neuburg oder, im Falle des Scheitern dieses Kandidaten, des Prinzen Condé erfolgreich unterstützt werden könne.

Nun sickert durch, daß eine starke Partei in Polen den russischen Zaren Alexis oder seinen unmündigen Sohn Fjodor als neuen König durchdrücken will.

Der Gedanke, ein nichtkatholischer Bewerber könne auf den polnischen Thron gelangen, beunruhigt die päpstliche Außenpolitik, die durch eine Allianz aller katholischer Monarchen dem bedrohten Kreta Hilfestellung geben will, außerordentlich.

Augenblicklich wird der Warschauer Nuntius Marescotti angewiesen, den polnischen König von seinem Abdankungsvorhaben abzubringen.

Doch der alternde, müde Johann Kasimir will nichts davon wissen und unbedingt den ihm von Ludwig XIV. festgesetzten Termin einhalten, um in den Genuß der großzügigen Rente zu kommen. Am 16. September 1668 dankt er ab.

Bereits im Jahre 1661 hatte Christine auf dringliches Anraten Azzolinos, der ja ihre Finanzen als ihr Intendant regelte, Erbansprüche aufgrund ihrer nahen Verwandtschaft zum kinderlosen polnischen König angemeldet. Dieser hatte nämlich nach dem Tod seiner Mutter Bona, einer geborenen Sforza, ausgedehnte neapolitanische Besitzungen geerbt.

Nun greift natürlich der neue Kardinal-Staatssekretär Azzolino sofort auf diesen, für die päpstliche Außenpolitik scheinbar glückbringenden Umstand zurück.

Azzolino überredet Christine, sich auf alle Fälle sehr energisch um den vakanten Thron Polens als nächste Blutsverwandte zu bewerben.

Aber Christine hat keine rechte Lust dazu. Bald zwei Jahre ist sie schon von Rom und damit von Azzolino abwesend. Es erscheint ihr unvorstellbar, für immer in ein ihr völlig fremdes Land mit einer ihr gänzlich unbekannten Sprache zu ziehen. Nur in ihrem Groll schrieb sie mehrmals Azzolino, sie kehre Rom für immer den Rücken, wenn er sie nicht mehr liebe. Aber sie dachte nie wirklich im Ernst daran.

Im Fall des neapolitanischen Dramas lag die Sache anders. Als Königin eines Reiches Beider Sizilien hätte ja Azzolino als ihr allmächtiger Minister dort herrschen können, getreu den Vorbildern eines Kardinals Richelieu oder Mazarin. Auf diese Weise hätte sie sich nicht von Azzolino trennen müssen.

Aber nun bei Polen?

Jetzt ist Azzolino Kardinal-Staatssekretär und damit auch soviel wie ein allmächtiger Minister eines einflußstarken Reiches. Ja, sogar noch mehr! Denn nun hat er die große Chance, im Falle eines nächsten oder übernächsten Konklaves möglicherweise sogar zum Papst gewählt zu werden.

Nein, diesmal verspürt Christine keine Lust, sich um die Rolle einer Königin von Polen zu bewerben.

Doch Azzolino mahnt und drängt.

Da kann sie nicht anders, als nachzugeben.

Sie schreibt ihm: „Ich bitte Sie zu glauben, daß Sie ohne Vorbehalt alles über mich vermögen. Da ich Ihnen so sehr verpflichtet bin, wird Ihr Wille ein ewiges Gesetz sein, dem der meine nie widersprechen wird.“

Azzolino gelingt es, Klemens IX. eine Kandidatur Christines einzureden. Der Papst hatte in dieser Sache zwar bereits dem Herzog von Neuburg sowie dem Prinzen Karl von Lothringen seine Unterstützung versprochen, aber aus Freundschaft für Azzolino und Christine, die ihm zur Wahl auf den päpstlichen

Stuhl verholfen haben, gibt er die Zusage, die Königin offiziell in einem päpstlichen Breve den polnischen Adeligen zu empfehlen, wenn ihre Kandidatur dortselbst günstig aufgenommen werde.

Mittlerweile geht Nuntius Marescotti, dem im Fall einer für Christine günstigen Erledigung die Kardinalswürde versprochen wird, mit Klugheit ans Werk. Er will mit der Kandidatur Christines erst an die Öffentlichkeit treten, wenn die anderen Thronprätendenten sich im offenen Wahlkampf gegenseitig abgenützt haben. Infolge Christines Ehelosigkeit wäre ja dann die Hoffnung anderer Kandidaten nicht endgültig begraben, sondern nur für einige Zeit aufgeschoben. Zu diesem Zeitpunkt würde auch das päpstliche Breve vom 8. September 1668 zugunsten Christines seine Wirkung nicht verfehlen, in welchem sie „als eine durch Frömmigkeit, Weisheit und männlichen Mut herausragende Heldin" gepriesen wird.

Dieses Schreiben sowie ein Empfehlungsbrief Azzolinos zeigen, wieviel der römischen Kurie daran gelegen ist, die der Kirche treu ergebene Christine aus dem ruhmreichen Hause Wasa auf Polens Thron zu sehen. Läge doch darin die Möglichkeit einer Wiedervereinigung Litauens mit Polen sowie die Stärkung des Katholizismus im gesamten Norden Europas.

So drückt Klemens IX. in seinem Brief vom 21. September 1668 Christine persönlich den Wunsch aus, sie auf einem Thron erhoben zu sehen, der „wohl ihre Mühen vermehren könne, nicht aber ihren Glanz und ihre Größe".

Christine selbst betreibt ihre Kandidatur, wie bereits erwähnt, weniger aus eigenem Antrieb als aus Pflichtgefühl, um dem Wunsch des Papstes und Azzolinos zu entsprechen.

So schreibt sie dem Kardinal: „. . . und versichere Ihnen, daß ich untröstlich wäre, wenn die Sache zustande käme. Denn wenn ich bedenke, daß ich mich entschließen müßte, Rom für immer zu verlassen, um den Rest meines Lebens unter einem . . . Volk zu verbringen, dessen Sprache und Sitten mir unbekannt sind, so macht mich dieser Gedanke untröstlich und wird nur durch die Hoffnung auf einen Mißerfolg der Verhandlungen versüßt."

Nachdem die finanzielle Misere Christines nach einem mehr als zwei Jahre währenden Ringen mit der schwedischen Vormundschaftsregierung von Hamburg aus so recht und schlecht beigelegt werden kann, rüstet die Königin zur Rückkehr nach Rom.

Hamburg verabschiedet sie feierlich mit einem Feuerwerk und einer Parade von 11.000 schwedischen Reitern und Soldaten.

In ihrem letzten Schreiben aus Hamburg gesteht sie Azzolino am 20. Oktober 1668: „Endlich reise ich hier ab mit der Freude, welche die Seelen empfinden, die aus dem Fegefeuer hervorgehen... da alles auf solche Weise geordnet ist, daß Sie zufrieden sein werden."

VII

Wieder in Rom

„Ich, die ich den Sturm liebe, fürchte die Meeresstille." (Moi qui aime la tempète, je crains la bonace.)

Königin Christine zu Kardinal Mazarin

Azzolino reist der Königin bis Nardi entgegen. Es ist ein Wiedersehen nach zweieinhalb Jahren Trennung.

Christine ist gealtert. Sie sieht leidend aus, ihre Stimme ist tiefer geworden. Der Kardinal ist elegant wie immer und noch imposanter in seiner neuen Würde, die ihn weit über die anderen Kirchenfürsten erhebt.

In Castelnuovo wird die Königin von vierundzwanzig Kardinälen und vom spanischen Gesandten feierlich eingeholt. An der Prima Porta am Stadtrand Roms wird sie im Namen des Papstes von dessen Nepoten, Kardinal Jacopo Rospigliosi, sowie im Namen des Heiligen Kollegiums von Kardinal Francesco Barberini herzlich begrüßt. In der päpstlichen Prunkkarosse, umgeben von den farbenfrohen, mittelalterlichen Uniformen der Schweizergarde, unter dem Geschützdonner der Engelsburg und den enthusiastischen Schreien des spalierbildenden Volkes, zieht sie in den Quirinal ein, wo sie von Klemens IX. freundschaftlich empfangen wird.

Am 9. Dezember 1668 gibt der Papst Christine zu Ehren ein Festbankett. Zum zweiten Mal in ihrem Leben kann sie die seltene Auszeichnung in Empfang nehmen, als einzige Frau seit Menschengedenken mit dem Pontifex dinieren zu dürfen.

Wie vor dreizehn Jahren als Gast Alexanders VII. wird sie auch diesmal vom Nepoten, Kardinal Giambattista Rospigliosi, und der Schweizergarde vom Palazzo Riario feierlich in den Quirinal geleitet.

Die Estrade, auf der Klemens IX. und Christine vor zwei getrennten kleinen Tischen sitzen, ist durch Säulen vom Festsaal getrennt, in dem der Adel des Kirchenstaates, ausländische

Fürstlichkeiten und Gesandtschaften das einmalige Schauspiel als geladene Gäste mitverfolgen dürfen.

Die Fürstinnen sowie die übrigen adeligen Damen des Kirchenstaates, desgleichen die weiblichen Familienmitglieder der ausländischen Gesandten sind der Vorschrift gemäß in schwarze, hochgeschlossene lange Kleider gehüllt. Ein schwarzer Spitzenschleier wallt von den Häuptern zu Boden. Im Haar glitzern da und dort kostbare Diademe, um den Hals schmiegen sich Kolliers aus Perlen oder Edelsteinen.

Die ausländischen Abordnungen sind in den farbenfrohen Kostümen ihrer Heimat erschienen.

An der mit rotem Damast und Goldbrokatstreifen verzierten Wand steht die Garde mit ihren silberglänzenden Hellebarden.

Neben einer kleinen Orgel warten zwei Sänger. Auf ein Zeichen des Zeremonienmeisters betreten durch getrennte Türen die Königin und dahinter der Papst den Festsaal.

Christine als katholische Königin hat allein das Privileg, im weißen Kleid mit Schleppe zu erscheinen. Ihr noch immer blond gelocktes Haar ist hochgetürmt. Ein funkelndes Brillantdiadem umspannt einen weißen Spitzenschleier, der, über die Schultern abfallend, die lange Schleppe überdeckt.

Christine ist 42 Jahre alt, sieht aber heute in dieser, einer Braut gleichenden Aufmachung, mit ihrem lebhaften Blick und den vor Freude geröteten Wangen jünger aus.

Azzolino, in der ersten Gästereihe sitzend, bemerkt es mit Genugtuung.

Der Maggiordomo will dem Papst die Serviette reichen, doch die Königin nimmt sie ihm aus der Hand und gibt sie persönlich dem Pontifex. Sie wartet, bis er sich gesetzt hat. Erst dann nimmt sie ihren Platz ein.

Hinter dem Papst steht ein Nepot, der Maggiordomo, zwei Geheimkämmerer und der Mundschenk. Er serviert dem Oberhirten statt des vorgeschriebenen Rotweins lediglich rote Limonade.

Hinter der Königin stehen der General des Kirchenstaates, der Nepot Vincento Rospiglioso und der Kastellan der Engelsburg.

Papst Klemens IX., mit Kardinal Azzolino und Königin Christine befreundet, die er zur Gründung einer Akademie in Rom motivierte. Diese benannte die Königin nach ihm ‚Klementinische Akademie'.

Als sich der Papst zum Trinkspruch auf die Königin erhebt, knien die Anwesenden wie bei der Wandlung während einer Messe nieder.

Geheimkämmerer in violetten Uniformen tragen die Speiseschüsseln auf. Für den Nachtisch werden die Damasttücher entfernt und silberne Körbe mit Früchten und Konfekt auf rote Decken gestellt. Zuckerpyramiden, Trionfi genannt, werden aufgetragen, geschmückt mit dem päpstlichen Wappen und kunstvoll ausgeführte religiöse Szenen darstellend. Der französische Maler Pierre Sévin hielt sie in Aquarellen fest. Sie sind noch immer in Stockholm zu bewundern.

Nach dem Mahl zieht sich der Papst mit der Königin in einen angrenzenden Salon zurück, um mit ihr in Ruhe ein wenig zu plaudern.

„Wir freuen Uns", beginnt der Pontifex das Gespräch, „Majestät wieder in Unserer Stadt willkommen heißen zu dürfen."

„Zu gütig, Euer Heiligkeit. Ich bin überglücklich, den einstigen Kardinal-Staatssekretär Giulio Rospigliosi, den tapferen Mitstreiter der mir so sehr am Herzen liegenden Squadrone volante, auf dem Stuhl Petri beglückwünschen zu dürfen."

„Meine teure Königin", erwidert der 68jährige Klemens IX. mit feinem Lächeln, „Wir hoffen, auch Ihnen eine Freude bereitet zu haben, daß Wir die Seele der Squadrone, Unseren verehrten Kardinal Azzolino, zu Unserem Staatssekretär erhoben haben."

„Euer Heiligkeit hätten keinen Würdigeren erwählen können. Die Christenheit wird ja von den Osmanen bedroht."

„So ist es, Madame", nickt der Papst zustimmend, „und Wir sind überzeugt, im Verein mit Unserem Staatssekretär jene Politik erfolgreich durchführen zu können, die in dieser gefährlichen Weltlage vonnöten ist."

„Heiligkeit, wenn unbedingtes Gottvertrauen, Kühnheit, Geist und diplomatisches Geschick sich harmonisch verbünden, muß das hehre Ziel unbedingt zum Siege gelangen."

„Majestät, Wir empfangen Ihre erhabenen Worte als glückbringendes Omen.

‚Fest und stark ist unsere Stadt.
Ihren Wall und ihre Mauern
hat der Herr zum Schutz errichtet.
Macht die Tore auf für alle,
die dem Herrn gehorsam folgen,
die in Treue zu ihm halten,
sich durch nichts beirren lassen.‘

Also singt der Prophet Jesaja im Kapitel 26."

„Welch wunderbare Einstimmung für diesen Advent, den ich als ein Herannahen der Erlösung im doppelten Sinn empfinde: als Ankündigung der Geburt unseres Heilands sowie eines neuen herrlichen Zeitalters, das mit dem Pontifikat Eurer Heiligkeit feierlichen Einzug hält in diese Welt."

„Majestät, es wäre Unser sehnlichster Wunsch, wenn Wir ein neues, ein goldenes Zeitalter eröffnen könnten. Eine heilbringende Epoche nicht nur für Unsere erhabene Religion, nein, auch für alle Bereiche der schönen Künste sowie der Wissenschaften, die Unseren Geist erheben zu den Sternen."

„Ich sehe den Tag voraus", läßt sich Christine sofort in Begeisterung mitreißen, „an dem die Geschichtsschreiber Klemens IX. rühmen werden als den Papst, der unsere heilige Religion glorreich vermählte mit einer Braut, gewandet mit dem Kleid der Wissenschaft und dem Schleier der Kunst."

„Wiewohl die Kirche vor allem die erhabene Braut Christi ist, so gefällt Uns dennoch dieses Gleichnis. Warum etwa nicht? Ist Unsere Kirche nicht wie der Ton in der Hand des Töpfers? Aber diese, ist sie nicht die Hand dessen, der das Alpha der Wahrheit für die Wissenschaft sowie das Omega für die Schönheit der Kunst ist?"

„Der Glaube ist die vertrauensvolle Gewißheit der Seele. Doch die Seele ist der Grenzstein der Wahrheit, gefiltert aus den Erkenntnissen der Wissenschaft, gewonnen aus den Unwägbarkeiten der Kunst. Vom Übergang der Natur der Triebe zu der Natur des Schönen springt glutvoll der Funke über zur Erkenntnis der Wahrheit und damit zu Gott."

„Ihre Worte haben Stil, und Stil ist Kultur des Wortes. Ist aber Kultur die Porta del Popolo der Höherentwicklung des Menschen, so ist vielmehr die Wissenschaft die Porta del Popolo des Geistes. Was aber ist Kunst, von der im Hohelied des Alten Bundes sowie in den Psalmen ergriffen gesungen wird?"

„Heiligkeit, ich denke, Kunst ist unvergänglicher Triumph der Seele über die Erdlastigkeit der Materie."

„Kunst, meine teure Königin, ist aber auch die Via sacra im Gemüt des Menschen. Kunst ist fleischgewordene Würde der Geschöpfe Gottes."

„Euer Heiligkeit werden der Michelangelo des Papsttums sein, ein Plato der Wissenschaft, ein Tizian der Kunst."

„Meine liebe Majestät", dämpft der Oberhirte diese Tirade, „beten wir zu Gott, daß er Bernini ein langes Leben schenke, damit er die Kolonnaden des Petersplatzes zu einem guten Ende bringen kann, die Reiterstatue des Konstantin und . . . und noch vieles andere."

„Welch ein Ruhm, einen Bernini für den Papst zu haben, welch ein Ruhm, einen Klemens IX. für Bernini!"

„Madame", lenkt der Pontifex rasch auf ein anderes Thema über, „haben Sie nicht Lust, in Unserem Rom eine Akademie zu gründen, zum Ruhm der Wissenschaft und der Gelehrten in der ganzen Welt?"

„Heiligkeit meinen, daß ich . . . ?"

„Wer könnte das besser vollbringen als Sie, Majestät?"

„Wenn Euer Heiligkeit das wünschen, werde ich mich augenblicks an die hehre Aufgabe heranwagen."

„Wir werden mit großer Freude Ihrem Werk Unseren apostolischen Segen erteilen. Doch sollte für die erhabene Kunst nichts getan werden?"

„Wie meinen Heiligkeit?"

„Wir entsinnen Uns, daß einer Unserer Vorgänger auf dem Stuhl Petri vor mehr als einem Jahrhundert die Absicht hatte, ein Theater in Unserer Stadt zu errichten. Das Werk gedieh nicht recht. Vielleicht waren nicht die rechten Menschen am Werk. Wenn aber Sie, meine verehrte Königin, mit Ihrem dynamischen Herzen und Ihrer kraftvollen Kreativität, Ihren künstlerischen Sinn einbringen wollten in dieses Unterfangen . . ."

„Was täte ich nicht, um einem Bedürfnis Roms nachzukommen! Und alle Eure so erhabenen Schauspiele und Opernlibretti müßten auf dieser Bühne aufgeführt werden."

„Ach, Sie entsinnen sich Unserer literarischen Kleinigkeiten und Nichtigkeiten, die Wir einst in sorgenfreien Tagen verbrochen haben."

„Sie sind so tief in meinem Geist eingegraben."

„Madame, wenn es Ihnen gefällt, Unsere Vorschläge gütigst in Erwägung zu ziehen . . . Allein, Wir nehmen an, Sie haben wie Wir das Bedürfnis, wieder zu Unseren Gästen zurückzukehren."

Azzolino, wie Christine auch ein Freund künstlerischer Darbietungen, ist entzückt, als ihm die Königin über alles berichtet.

Christine ist wieder die First Lady Roms.

Aber die polnische Angelegenheit geht nicht nach Wunsch des Papstes und Azzolinos aus.

Im Sommer 1669 wird gegen die Erwartungen Klemens IX. und seines Staatssekretärs, gegen die Hoffnungen Ludwigs XIV. sowie der protestantischen Mächte, gegen die Bestrebungen Rußlands ein einheimischer Edelmann, nämlich der polnische Fürst Michael Wisnowiecki, zum neuen König Polens gewählt.

Dieser Mann ist seinem hohen Amt nicht gewachsen, hat keinerlei Reputation in der Welt und keinerlei Unterstützung durch die ausländischen Mächte. Bereits drei Jahre nach seiner Wahl stirbt er.

Nun wird der nachmalige Türkenbesieger Johann Sobieski, gleichfalls ein polnischer Adeliger, der neue König Polens.

Die Königin trauert der polnischen Angelegenheit nicht nach. Was Christine Sorgen bereitet, ist der Krieg gegen die Türken. Voll Freude erfährt die Königin, daß Klemens IX. dem von türkischen Schiffen blockierten Kreta zu Hilfe eilen will. Doch sie sieht klar voraus, daß mit seiner kleinen Streitmacht kein Erfolg erzielt werden kann.

Sie übermittelt daher am 23. Februar 1669 Azzolino einen von ihr eigenhändig zu diesem Gegenstand abgefaßten Bericht. Darin heißt es: „Ein bis zwei Jahre werden... nötig sein zur Vorbereitung; außer zwei Heeren, einem für den Angriff zu Land und einem für den zur See, muß eine tüchtige Reserve aufgebracht werden und ein großer Schutzhafen für die Flotte gesichert sein. Der Führer soll mit absoluter Vollmacht ausgerüstet und nur dem Papst unterstellt sein. Hilfstruppen sollen nicht verwendet werden; aber die christlichen Fürsten müssen Durchzug und Söldnerwerbung gestatten und ihre Häfen zur Verfügung stellen... Wenn etwas Großes geleistet werden soll, muß nur ein Kopf alles anordnen und ein einziger Beutel alles bestreiten. Verträge und Bündnisse, die mosaikartig zusammengesetzte Heere entstehen lassen, richten niemals etwas aus."

Klemens IX. ist von dem Exposé der Königin tief beeindruckt. Er handelt unverzüglich und ernennt den General der Kirche, seinen Nepoten Vincenco Rospigliosi, zum Kommandanten der päpstlichen Streitkräfte im Kampf gegen die Türken.

Über diese Zeitepoche schreibt der schwedische Historiker Carl de Bildt: „Die Pläne, die sie (Christine und Azzolino) zusammen entworfen hatten, gewannen Seele und Gestalt... Wenn nur die Vorsehung dem Papst ein langes Leben und den christlichen Waffen den Sieg gewährte, hatten sie nichts mehr zu wünschen bis zu dem noch fernen Tag, da Azzolino vielleicht seinerseits auf die Tiara hoffen könnte."

Klemens IX. wird ein eifriger Förderer von Kunst und Wissenschaft. Sein Pontifikat wird denn auch das goldene Zeitalter Roms genannt.

Der Bau der Kolonnaden des Petersplatzes geht rasch der Vollendung entgegen. Der große Meister des Barock, Giovanni Lorenzo Bernini arbeitet an den Marmorgestalten, die für die Engelsbrücke bestimmt sind. Gleichzeitig vollendet er das Reiterbild des Konstantin, das im Vatikan aufgestellt werden soll.

Der Bruder des Papstes veranstaltet in der Vorhalle des Pantheon eine Ausstellung berühmter Gemälde, für die Christine einige Exponate ihrer eigenen Sammlung zur Verfügung stellt. Vor den Kirchen Roms verkünden an Sonn- und Feiertagen Ausrufer mit Trompeten und Trommeln, wo jeweils eine Musikveranstaltung stattfindet.

Jeden Abend rufen alle Glocken Roms zum Gebet für die Erhaltung des einzigen christlichen Bollwerks im Orient, nämlich Kretas.

Doch Anfang September 1669 fällt die Hauptstadt der Insel, Candia, in die Hände der Osmanen.

In der Nacht darauf erleidet Klemens IX. einen Schlaganfall. Zwar erholt sich der Papst noch so weit, daß er einen Ausschuß unter Führung Azzolinos zur Beratung über eine Verteidigungsliga gegen die Türken einsetzt.

Doch der Mensch geht vorüber wie die Wolken im Wind, wie das Wetter im April, wie das Heu in den Scheunen.

Der neunundsechzigjährige Mann erholt sich nicht mehr. Er empfängt das Sterbesakrament und nimmt Abschied von seinen Freunden. So bittet er auch die Königin zu sich. Unter Tränen empfängt sie seinen letzten Segen.

Acht Tage später, am 2. Dezember 1669, verkünden die Glocken des Kapitols das Ende des nur zwei Jahre währenden Pontifikates Klemens IX. Kurz vor seinem Hinscheiden hatte er noch den Bischof von Camerino, Emilio Altieri, zum Kardinal erhoben, dem er auf dem Totenbett weissagt, er werde sein Nachfolger werden.

Ein goldenes Zeitalter für die Wissenschaften und Künste geht mit Klemens IX. zu Ende.

Aber eine große, ganz große Frage erhebt sich sofort.

VIII

Wer wird der nächste Papst?

„Die Geschichte hat noch nie etwas anderes gelehrt, als daß die Menschen nichts aus ihr gelernt haben."

Georg F. W. Hegel

Azzolino, 46 (oder 47?) Jahre alt, ist noch immer zu jung, um zum Papst gewählt zu werden.

Unverzüglich nehmen Azzolino und mit ihm Christine die Arbeit auf, um einen ihren Vorstellungen und Wünschen genehmen Papstkandidaten aufzustellen, um so hernach auf seine künftige Politik Einfluß nehmen zu können.

Das letzte Mal war bereits ein Kandidat der Squadrone gewählt worden. Daher strengen sich die übrigen Parteien besonders an, diesmal einen Erfolg der ‚Schwadron' zu vereiteln, der ihre Bedeutung in der Zukunft gewaltig steigern würde.

Am 20. Dezember 1669 versammeln sich 65 Kardinäle im Konklave. Davon sind 61 Italiener, zwei Franzosen sowie je ein Spanier und ein Deutscher.

Die beiden Papstanwärter D'Elce und Odescalchi scheitern am Einspruch Ludwigs XIV., Brancaccio an der Opposition der Vormundschaftsregierung Spaniens, die für den siebenjährigen König Karl II. ihr Veto einlegt.

Wieweit das Zeitalter des Übergewichts Frankreichs bereits gediehen ist, zeigt beispielsweise der Umstand, daß Ludwig XIV. den Papabile Benedetto Odescalchi mit der Begründung ablehnt, daß dieser dem König von Frankreich nichts zu verdanken habe. Wohl gibt es kein verbrieftes Recht, demzufolge eine weltliche Macht einen solchen Einfluß auf eine Papstwahl ausüben dürfte. Allein der Umstand, daß der Papst gleichzeitig Herrscher des Kirchenstaates ist, und die seit der Reformation drohende Gefahr einer Abspaltung in Nationalkirchen erfordern Rücksichtnahme auf den von katholischen Monarchen erhobenen Anspruch, ein Veto gegen einen ihnen mißliebigen Kandidaten einzulegen.

Die Wünsche des Kaisers und Venedigs, denen es um die Bekämpfung der Türken geht, werden durch den spanischen Gesandten in Rom mitvertreten, die Intentionen Portugals durch den französischen Vertreter.

Azzolino und Christine arbeiten tatkräftigst für ihren Kandidaten aus dem Kreis der Squadrone. Es ist dies Kardinal Vidoni.

Die Aufgabe Christines ist es nun, die Verbindung zwischen den ausländischen Gesandten und Azzolino, der das Konklave offiziell ja nicht verlassen darf, herzustellen.

Täglich schickt sie ihm umfangreiche Berichte und erhält umgehend seine Antworten. Wie aber bewerkstelligt sie dies so ohne weiteres?

Zu diesem Zweck mietet sie in unmittelbarer Nähe des Vatikans, im Borgo Nuovo, den sogenannten englischen Palast (jetzt: Palazzo Girand-Torlonia) für Azzolino, falls er unter dem neuen Papst seine Dienstwohnung im Vatikan verlieren sollte. In diesem Stadtviertel ist freies Umhergehen während des Konklaves erlaubt. Es bedarf wohl eines eigenen Ausweises, um vom Konklave durch eines der Tore dieser sogenannten leoninischen Stadt einzutreten.

Christine richtet in dem Mietpalast ein kleines Büro ein, über welches die hin und her gehenden Briefschaften mit Azzolino ohne ständige Kontrolle möglich sind.

Schwere Stürme und riesige Schneemassen verzögern die Ankunft der französischen Kardinäle de Retz und de Bouillon, die erst Mitte Januar 1670 in Rom anlangen. Bevor sie das Konklave betreten, machen sie noch der Königin einen Antrittsbesuch.

Der französische Gesandte kommt mit drei sechsspännigen Karossen und 48 Wagen des Adels der französischen Partei zu Christine. Beim Abschied sagt er lachend zur Königin: „Morgen muß ich von Ihnen erfahren, wer Ihr Papst ist."

„Ich werde es Ihnen ebenso aufrichtig sagen", erwidert sie ihm, „wie Sie mir den Ihren nennen werden."

„Der neue Papst wird sich dem Kardinal Azzolino dankbar erweisen müssen", gibt Chaulnes zu bedenken.

„Unser Kandidat wird gewiß Azzolino das Staatssekretariat belassen, falls die Wahl zu seinen Gunsten ausgeht."

Dem spanischen Gesandten Astorga erklärt die Königin, ein Kandidat der Squadrone koste niemanden etwas und verlange weder Bistümer, Abteien noch Pensionen.

Eines Tages versammelt sich eine große Volksmenge vor dem Palazzo des Kardinals Vidoni auf der heutigen Piazza Venezia. Die Massen schreien immer wieder: „Evviva Vidoni!"

Christine ist hierüber entsetzt. Denn diese kluge Diplomatin weiß nur zu gut, daß die Chancen des Papabile schwinden, weil eine solche Demonstration die Gegnerschaft stärkt.

Kardinal Giancarlo de Medici, so wird berichtet, soll diesen Volksauflauf inszeniert haben, um den Einfluß Azzolinos nicht zu groß werden zu lassen.

Der Medici-Kardinal hegt selbst ehrgeizige Pläne, noch dazu, wo bereits mehrere Medicäer Päpste waren, so etwa Leo X., Pius IV. oder Leo XI. Wenn man aus einem solch berühmten Geschlecht stammt, das außerdem im Herzogtum von Florenz sowie im Großherzogtum von Toskana herrscht, dessen Dynastie bereits zwei seiner weiblichen Mitglieder als Königinnen Frankreichs erlebte, so läßt man sich nicht ungestraft von einem unbedeutenden Provinzadeligen wie Azzolino beiseiteschieben, der erst durch die Gunst der sechzigjährigen Maidalchini in den Kardinalstalar schlüpfen konnte.

Anfang April erkrankt Azzolino im Konklave an einer schweren Grippe. Christine ist ernstlich besorgt, schreibt ihm, er solle alle Speisen gründlich prüfen, die ihm als Geschenk übermittelt würden, da die Gefahr bestünde, daß man ihn vergiften wolle.

Er ist gerührt über ihre Sorge um ihn. In einem der nächsten Antwortschreiben setzt er geheimnisumwitterte Buchstaben. Was bedeuten sie?

IX

Zwei geheimnisvolle Zeichen

„Einen Menschen lieben, heißt, ihn sehen, wie Gott ihn gemeint hat."
Fjodor Michailowitsch Dostojewskij

Der Antwortbrief Azzolinos auf Christines Glückwunschschreiben zu seinem Geburtstag am 11. April 1670 enthält die beiden Chiffren: ‚S' und ‚M'.

Da der Brief französisch geschrieben ist, könnten die beiden Buchstaben beim ersten flüchtigen Hinsehen für die Anrede ‚Sa Majesté' gehalten werden, oder ins Italienische übersetzt, die Abkürzung von ‚Sua Maestà' bedeuten, also auf deutsch: ‚Eure Majestät'. Aber das dürfte es nicht sein.

Über diese beiden Buchstaben bricht Christine vor Glück und Dankbarkeit in Tränen aus. Vor fünf Jahren hatte Azzolino ihr auch einmal diese beiden krypten Zeichen übermittelt.

Der seinerzeit im Vatikan als Sekretär und dann als Leiter der Chiffrierabteilung tätig gewesene Azzolino ist ein Experte verschlüsselter Zeichensetzung. Aus dem Schriftwechsel beider ist ersichtlich, daß sie sich stets bei gewissen Briefstellen einer Chiffre bedienen.

Der Buchstabe ‚V' konnte beispielsweise als ‚Tod' dechiffriert werden, ‚R' steht für ‚lieben'.

Es ist müßig anzunehmen, ‚S.M' wären Abkürzungen für ‚Semper mia' (lateinisch) oder ‚Sempre mia' (italienisch), was beides ‚Immer die Meine' heißt.

So wie für den Begriff ‚Tod' von Christine und Azzolino nicht das Zeichen ‚M' (französisch mort, italienisch morte, lateinisch mors) oder für ‚lieben' nicht etwa die Abkürzungen ‚A' (französisch aimer, affectionner; italienisch und lateinisch amare) oder ‚C' (französisch chérir) als Chiffren benützt werden, so ist anzunehmen, daß auch die Zeichen ‚S', ‚M' nicht Abkürzungen für Vokabeln sind, die jeweils mit einem dieser beiden Buchstaben beginnen.

Vielmehr ist es äußerst wahrscheinlich, daß diese beiden geheimen Zeichen für je ein Wort oder eine Assoziation stehen, die mit Begriffen wie innige Liebe, Zärtlichkeit, Verbundenheit bis in den Tod usw. identisch sind.

Es erhebt sich bei einer tiefenpsychologischen Analyse dieser beiden Persönlichkeiten die Frage, besteht zwischen ihnen eine ‚nur' platonische oder eine ganz ‚normale sexuelle' Liebe.

Nach der Art der leidenschaftlichen Reaktion Christines auf diese beiden Geheimzeichen ist eine ‚nur' platonische Liebe wenig wahrscheinlich.

Wohl steht dem wieder jener Brief Christines aus der Zeit ihres Aufenthalts in Hamburg vom 26. Januar 1667 gegenüber, in dem sie Azzolino schreibt: „... da die Devotion Sie davon befreit, mein Geliebter zu sein ..."

Man sieht, letzte Klarheit über die Art der Intimität dieser Beziehung zwischen einer anhanglosen, unverheirateten Königin und einem zur Ehelosigkeit verpflichteten Kardinalspriester kann also historisch nicht erbracht werden, noch dazu, wo kein Brief des Kardinals an Christine je ans Licht der Öffentlichkeit und damit ins Rampenlicht der Geschichte gelangt ist.

Aber daß Chiffren für sehr intime Passagen in diesem Briefwechsel, von ihr wie von ihm, über Jahrzehnte hinaus verwendet werden, ist ein Indikator dafür, daß zwischen beiden eine sehr innige Intimität, mag sie nun rein platonischer oder zeitweilig darüber hinausgehender Natur gewesen sein, bestanden haben dürfte.

Besonders während des vier Monate dauernden Konklaves nach dem Tod Klemens IX. tritt auffällig zutage, zu welchen Opfern und Unternehmungen Christine für Azzolino fähig ist, um seine ehrgeizigen Ziele zu fördern.

Aber der Kampf der beiden in diesem Konklave ist letzten Endes vergeblich, obwohl Azzolino in einer Intrige dem Medici-Kardinal nicht nachsteht. So läßt Azzolino im Konklave absichtlich einen Zettel fallen, auf dem der Name ‚seines' Papstkandidaten aufgeschrieben steht. Natürlich ist es ein falscher Name, um die ‚feindlichen' Gruppierungen hinters Licht zu führen, und zwar in der Absicht, die Chancen des (fälschlich) angeführten Papabile zu mindern.

Aber schließlich erweist sich weder der Einfluß des Medici-Kardinals noch Azzolinos als ausschlaggebend.

Letztlich wird zum Königsmacher im Verein mit der Fürstin Maria Colonna niemand anderer als der Nepot Alexanders VII., nämlich sein Neffe Flavio Chigi. Dieser Kardinal protegiert, da kein Kandidat der beiden großen Gruppierungen die erforderliche Zweidrittelmehrheit erhält, mit Unterstützung Ludwigs XIV. einen Kompromißkandidaten, nämlich einen sogenannten Übergangspapst.

Die Wahl fällt auf den achtzigjährigen Kardinal Emilio Altieri, einen gebürtigen Römer.

Er ist Jurist und hinsichtlich seiner kirchlichen Karriere so etwas wie ein Spätberufener. Klemens IX. ernannte ihn erst kurz vor seinem Tod, wie bereits erwähnt, zum Kardinal und prophezeite auf seinem Totenbett, daß dieser der nächste Papst sein werde.

Aus Dankbarkeit für seinen Gönner Klemens IX. nimmt Altieri als Papst den Namen Klemens X. an.

Schon als seinerzeitiger Kongregationssekretär sympathisierte Altieri mit der Squadrone. Trotzdem beläßt er nun als Papst nicht Azzolino den Posten des Staatssekretärs, sondern überträgt dieses hohe Amt sofort seinem Adoptivneffen Paluzzi-Altieri, den er zum Kardinalnepoten erhebt.

Azzolino und Christine trösten sich rasch, daß nicht ‚ihr Kandidat' siegreich aus der Wahl hervorgegangen ist. Der neue Papst ist achtzig Jahre alt. Wie lange kann es dauern, und abermals wird es ein Konklave geben. Dann wird es ‚klappen'.

Eine durchschnittliche Partnerschaft ist meist eine Tischlerei, in der jeweils der eine den anderen mit dem Hobel eigennütziger Veränderungssucht umformen will. Nur Gott liebt uns so, wie wir unserem Wesensprogramm gemäß sind.

Auch Christine liebt Azzolino, wie er ist. Nie schulmeistert sie ihn in ihren Briefen, nie will sie ihn anders haben, als er ist. Lediglich wenn er Bewunderung für schöne Schauspielerinnen zeigt, verfällt sie in Eifersucht und gebraucht heftige Worte.

Anders jedoch er! Er belehrt sie, die intelligenz- und bildungsmäßig turmhoch über ihm steht. Er tadelt ihre bisweilen hervortretende Heftigkeit, ihre Eifersucht, ihre Großzügigkeit in Geldangelegenheiten. Er setzt sie für seine ehrgeizigen Pläne ein, er veranlaßt sie zu tausendfältigen Aktionen zugunsten der aktuellen Kirchenpolitik. Er ermutigt sie zum neapolitanischen Abenteuer, er will, daß sie sich um die polnische Krone bewirbt, er spornt sie an, ihren Einfluß bei Ludwig XIV. immer und immer wieder für seine, Azzolinos, oder des Papstes Pläne geltend zu machen. Er bringt sie sogar dazu, dem Pontifex vorzuschlagen, an den jungen Karl XI. von Schweden zu schreiben und ihm eine Allianz gegen die Türken anzubieten. Ein Ansinnen, das von dem Protestanten naturgemäß zumindest vorerst abgelehnt wird, da Schweden mit dem Kirchenstaat keine diplomatischen Beziehungen unterhält.

Stets beugt sich die sonst so willensstarke, individualistische Christine den hochstrebenden Plänen Azzolinos. Sie, die noch immer als absolutistische Herrscherin handelt, vor der die Monarchen der katholischen Welt höchsten Respekt empfinden und auf die sie meist auch hören, diese geniale Frau, zu der die berühmtesten Gelehrten und Künstler ihrer Zeit als einer Art eigenständiger Autorität mit Bewunderung aufblicken, sie wird klein und folgsam wie ein Hündchen, wenn der Durchschnittsgeist eines Azzolino ihr einen Auftrag erteilt.

Nur wenn er sich ihr gegenüber zu gleichgültig verhält, dann kann es wohl vorkommen, daß sie aufmuckt. Oder wenn er zu abweisend wird, daß sie droht, Rom für immer zu verlassen.

Da sie diese ‚Waffe' im Lauf der Jahrzehnte nur äußerst spärlich einsetzt, gelingt es ihr, den ‚Fahnenflüchtigen' jedes Mal wieder ‚zurückzuholen'.

Denn obwohl er sie menschlich weniger zu brauchen scheint als sie ihn, so will er sie letztlich doch nicht ganz verlieren. Sei es, daß in seiner unergründlichen Seele noch ein Rest einstiger Zuneigung verblieben ist, sei es, da ja zwischenmenschliche Beziehungen stets nicht nur von einem einzigen Gefühl beherrscht werden, sei es also, daß er Christine außer als Frau und Freundin auch als noch immer sehr einflußreiche Weltpolitikerin von Format schätzt und... ebenfalls braucht.

Noch dazu, wo es bald nach dem Regierungsantritt Klemens X. Schwierigkeiten in Hülle und Fülle gibt.

Sofort versucht Ludwig XIV. großen Druck auf den Papst auszuüben. Er beauftragt seinen Gesandten, dem Pontifex weitere Kardinalsernennungen von Franzosen aufzuzwingen. Als sich Klemens X. nicht gefügig zeigt, kommt es zu einem unerhörten Eklat.

„Seine Majestät wünscht es so, und daher hat es unverzüglich zu geschehen", bricht es ungestüm aus dem Gesandten.

„Haben Wir Uns nicht klar ausgedrückt?" erwidert Klemens ruhig und erhebt sich. Da springt der Franzose doch glatt herzu und drückt den Pontifex auf den Stuhl zurück.

Solch eine Szene gab es seit Menschengedenken im Quirinal noch nie.

Der Gesandte übergießt die Ohren des Papstes mit einem riesigen Wortschwall.

Der Oberhirte verharrt daraufhin regungslos und stumm auf seinem Sitz. Endlich gelingt es ihm, zur Glocke zu greifen. Er läutet. Der Kardinalsnepote tritt ein.

„Seine Exzellenz wünscht sich zu verabschieden", spricht Klemens freundlich.

Dem Gesandten bleibt angesichts des Nepoten und der offenstehenden Tür nichts anderes übrig, als einzulenken.

Wortlos verbeugt er sich und verläßt schnellen Schrittes den Quirinal.

Einige Tage danach ernennt der Papst sechs neue Kardinäle. Aber unter ihnen ist kein einziger Franzose.

Ludwig XIV. will die Vormachtstellung des Kaisers in Europa brechen und Frankreich zur Weltmacht erheben. In seinem Kampf findet er Bundesgenossen in den Türken und den aufständischen Ungarn.

Ludwig fällt in die Republik Holland ein und stellt diesen Raubzug als heiligen Krieg zur Wiederherstellung der katholischen Religion hin. Burgund muß an Frankreich abgetreten werden. Bei diesen Friedensverhandlungen erlaubt der Papst erstmals, daß sein Nuntius auch mit den Protestanten in direkten Kontakt treten darf. Mit finanzieller Hilfe Klemens X. gelingt es dem neugewählten polnischen König Johann Sobieski im Jahre 1673, ein Heer aufzustellen und die Türken am Dnjestr zu schlagen.

Alles schwere Aufregungen für einen dreiundachtzigjährigen Mann!

Vielleicht bekommt schon bald, sehr bald Christine wieder einen intimen Brief Azzolinos. Und sie liest, eher als man denkt, abermals diese wunderbare Anrede, bei der sie vor unbändigem Jubel in Tränen ausbricht. Nämlich diese einmalige Anrede, die mit zwei unscheinbaren Buchstaben beginnt, und zwar mit einem winzigen ‚S‘ und einem ganz schlichten ‚M‘.

Die Welt wurde mit drei Worten erschaffen, nämlich mit: „Es werde Licht!“ Die Welt wurde mit drei Worten erlöst, und zwar mit: „Es ist vollbracht!“

Die höchste Glückseligkeit Christines aber liegt bereits in nur zwei Buchstaben, nämlich in ‚S‘ und ‚M‘.

X

Zwischen Theater und Akademie

„Der Geist wird stets vom Herzen überspielt."
François La Rochefoucauld

Das kulturelle Leben nimmt im Rom des 17. Jahrhunderts einen gewaltigen Aufschwung.

Der strenge Puritanismus beginnt unter dem milden Borghese-Papst Paul V. bald nachzulassen. Seine Nepoten, allen voran Scipione Borghese, erweisen sich als Fürsten großen Stils, als großzügige Förderer von Kunst und Wissenschaft. Unter ihnen vollzieht sich der Ausbau Roms zur glanzvollen Metropole. Damit überflügelt die ‚heilige' Stadt das bisher führende Florenz.

Den prachtliebenden Borghese-Nepoten steht Kardinal Lancelotti hilfreich zur Seite, der privat Komödien aufführen läßt und das bestehende Damenverbot derart umgeht, daß er befehlsgemäß die Damenrollen von Herren, von Kastraten, die männlichen Rollen jedoch von Damen spielen läßt.

Einige Jahre später errichten die Nepoten Urbans VIII., die drei Barberini-Kardinäle, in ihrem riesigen Palast ein eigenes Theater, das der unsterbliche Bernini erbaut.

Es wird im Jahre 1634 mit dem Melodram ‚San Alessio' eröffnet, dessen Textdichter niemand Geringerer als der 34jährige Giulio Rospigliosi ist, der spätere Papst Klemens IX.

Das Theater hat Raum für dreitausend Personen. Hier werden noch weitere Stücke Rospigliosis aufgeführt, und zwar die ‚Santa Teodora' und ‚Chi Soffre Speri' (Wer leidet, kann hoffen).

Innozenz X., ein ‚Theatermuffel', läßt die Bühne sperren und schickt die kulturfreudigen Nepoten Urbans VIII., die drei Barberini-Kardinäle, ins Exil.

Im Jahre 1653 – Innozenz ist 79 Jahre, und seine machtgierige Schwägerin Olimpia Maidalchini beherrscht ihn völlig – wird das Barberini-Theater wieder eröffnet. Abermals mit einem Werk Rospigliosis, nämlich mit ‚Dal Male il Bene‘ (Vom Bösen zum Guten). Ein späteres Stück Rospigliosis ist ‚La Vita Umana‘ (Das Menschenleben) mit Musik von Marco Marazolli. Im Prolog wird ‚die großherzige Königin Christine‘ verherrlicht. In einem Duett werden Christine, ‚dem neuen Stern des Vatikans‘, schönere Kronen und reichere Ehren, als sie in Schweden sie geopfert habe, versprochen.

Aber noch andere Melodramen von Rospigliosi werden hier aufgeführt, so unter anderen sein Stück ‚Baltsara oder die Schauspielerin im Himmel‘, mit Musik von Sabatini und Kulissen von Bernini.

In Christines Palazzo Riario wird auf Anregung Klemens IX. ein Theater eingerichtet, in dem eine Oper von Alessandro Crescenzi aufgeführt wird, zu der Kardinal Azzolino den Prolog verfaßt. Auch einige seiner Komödien werden hier aus der Taufe gehoben.

In Rom herrscht nun ein reges künstlerisches Leben. Alexanders VII. feinsinnige Gedichte werden in einer eigenen Sammlung herausgebracht. Mehrere Kardinäle und Bischöfe verfassen ebenfalls Poeme und Schauspiele. In Christines großer Loge versammeln sich jede Woche mehr als ein Dutzend Kardinäle, Bischöfe und Prälaten als gern gesehene Stammgäste, zu denen auch Kardinal Odescalchi, der später so puritanisch strenge Papst Innozenz XI., gehört.

Der 27jährige Jean Baptiste Racine verfaßt das Schauspiel ‚Alexandre le Grand‘ (Alexander der Große). Der französische Kardinal de Retz übermittelt es Christine zur Durchsicht. Sie ist begeistert und läßt es sofort in ihrem Privattheater aufführen. Damit trägt sie wesentlich zur Entdeckung des nachmaligen großen Klassikers Racine bei.

Sie plant überdies, Molières ‚Tartuffe‘ aufzuführen. Aber Ludwig XIV. verbietet das Stück und dem Autor, es Christine zu übermitteln. Nichtsdestoweniger fördert die Königin ihr Leben lang die damals noch unbekannten französischen Klassiker Corneille und Racine.

Ab dem Jahre 1670 mietet Christine das Tordinona-Theater auf Lebenszeit. Es wird mit der Oper ‚Scipione Africano‘ eröffnet, die der Königin gewidmet ist. Der Komponist ist Francesco Cavalli, der durch Christines Förderung berühmt wird.

Ende der siebziger Jahre muß Christine aus finanziellen Gründen ihr Theater schließen. Seither veranstaltet sie musikalische Abende in ihrem Palazzo. Sie wird eine große Förderin von Alessandro Scarlatti, dessen Schäferspiel ‚Gli Equivoci nel Sembiante' (Die Zweideutigkeiten im Antlitz) sie im Teatro del Clementino an der Piazza Nicosia aufführen läßt. Später bringt sie am Theater Berninis am Corso Scarlattis Oper ‚L'Onesta nell'Amore' (Ehrsamkeit vernachlässigt Liebe) heraus.

Auch ist Christine die große Förderin des Komponisten Bernardi Pasquini. Für die Königin schreibt er die Werke ‚Amor per Vendeta ovvero l'Alcasta' (Liebe aus Rache oder Alcasta), ‚Il Lisimacho' (Feldherr Alexanders des Großen) sowie anläßlich der Thronbesteigung des Sohnes des der Königin seit der Begegnung in Frankfurt persönlich bekannten Karl II., Jakobs II. von England, eine ‚Accademia per Musica' mit einem Text von Kardinal Gian Francesco Albani, dem späteren Papst Klemens XI.

Christine ist auch die Entdeckerin und Förderin des berühmten Komponisten Arcangelo Corelli, der ihr im Jahre 1681 als Achtundzwanzigjähriger eine Violinsonate widmet. Er gilt als der Vorläufer Bachs und Händels. Er ist der erste Dirigent, der dank Christines Unterstützung in Italien ein Riesenorchester aufstellen kann.

Die Königin gründet einen Gelehrtenverein und erweitert ihn zur Klementinischen Akademie, die schließlich in die Accademia Reale mündet. Unter Christines Leitung gewinnt diese Akademie großen Einfluß auf das geistige Leben Italiens.

Die meisten der in Rom lebenden Kardinäle und Bischöfe werden Mitglieder der Akademie. Hier fördert Christine den bereits erwähnten Albani, der ohne Priesterweihe zum Kardinal erhoben und elf Jahre nach dem Tod der Königin als Klemens XI. den Stuhl Petri besteigen wird. Bedeutende Mitglieder der Klementinischen Akademie sind neben vielen auch der bedeutende Historiker Niccolo Pallavicini; der berühmte portugiesische Prediger Antoni Vieyra; die Astronomen Cassini und Giordani; der Mathematiker Borelli, dem Christine eine Jahresgage gibt und dessen Werk über die Mechanik der Tierbewegung sie drucken läßt, über das der berühmte protestantische Historiker Leopold von Ranke urteilt, es sei unübertrefflich. Christine nimmt sich auch des Antoni Vieyra besonders an, der von der portugiesischen Inquisition verfolgt wird. Zu seinen Gunsten erwirkt sie ein persönliches Empfehlungsschreiben Klemens X. Dieser Papst wird übrigens selbst von der Inquisition angegriffen, die unter anderem Pallavicinis historisches Werk über Christines Glaubenswechsel verbietet, weil es nach Ansicht der römischen Inquisition der Jesuiten 54 ketzerische Aussagen enthalte.

In Gegenwart Christines entdeckt ihr Astronom Giovanni Domenico Cassini im Jahre 1664 von der Sternwarte des Palazzo Chigi aus einen Kometen, den er nach der Königin benennt. Sie fördert Cassini außerordentlich. Er wird zum Entdecker der Rotation von Mars und Jupiter sowie von vier Saturnmonden. Er findet die nach ihm benannte Cassinische Linie, eine sogenannte Kurve vierter Ordnung, sowie die Cassinische Trennung, eine Lücke im Saturnringsystem. Christine empfiehlt ihn Ludwig XIV., der ihn zum Direktor der Pariser Sternwarte macht, an der auch später sein Sohn Jacques, sein Enkel César François sowie sein Urenkel Jean Dominique erfolgreich tätig sein werden. Der Name Cassini wird zum Meilenstein der modernen Astronomie. Hieran hat Christine einen maßgeblichen Anteil.

XI

Intime Enthüllungen

„Gelegentlich stolpern die Menschen über die Wahrheit, aber die meisten von ihnen stehen wieder auf und laufen weiter, als sei nie etwas geschehen."
Winston Churchill

Auf Wunsch Azzolinos macht sich Christine an die Arbeit einer Selbstbiographie. Als literarisches Vorbild hierfür dürften ihr die ‚Confessiones' (Bekenntnisse) des heiligen Augustinus gedient haben. In neun Kapiteln geht sie dieses Vorhaben an, das sie dem Herrn widmet. Sie bittet Gott, aus ihrer Seele „jede Selbstgefälligkeit und allen Stolz" zu tilgen. „Ich werfe in Deinen unendlich tiefen Abgrund mein ganzes Unwissen und alle meine Sünden, die einzig und allein die meinen sind, und alle meine Gaben und Tugenden – falls ich solche habe –, die die Deinen sind", schreibt sie weiter. Oder an anderer Stelle: „Ich war weder fähig, Dir (Gott) zu danken, wie ich es hätte tun sollen, noch habe ich Dich um Hilfe gebeten."

Sie berichtet freimütig über ihre Beziehung zum Grafen Magnus de la Gardie. Sie war damals erst siebzehn, er zweiundzwanzig. Sie schreibt wortwörtlich: „Eines Tages wagte er etwas. Die Gewohnheiten des Landes erlaubten ihm, mir die Hand zu küssen. Er tat es immer nachdrücklicher und ich fühlte, daß dieser Kuß mir von den Fingerspitzen bis ins Herz drang. In einem Augenblick der Leidenschaft erkühnte er sich, seine Souveränin zu umarmen. Welcher Augenblick! Ich zitterte, ich wußte nicht, was tun, in mir war ein Kampf, aber ein Kampf zwischen dem Eindruck der überstarken Wollust der Berührung und dem Unwillen über eine so kühne Ehrfurchtslosigkeit, über eine solche Verletzung der königlichen Majestät. Ich wollte zornig werden, ich begann mit Zorn, ich endete mit Mitleid."

„Sie haben gesagt, Sie erlauben mir die Anbetung?" fragte er.

„Genug. Seien Sie überzeugt, daß ich viel auf Sie gebe, das muß Ihnen genügen. Sie wissen, zu welchem Dekorum wir

Königinnen verdammt sind! Bringen Sie mich nicht mehr durch Ihre Worte in Verlegenheit; wir wollen durch das Vergangene verbunden sein."

„Aber Ihr Zorn?"

„Genügt es Ihnen nicht, daß ich ihn vergesse?"

„Oh, liebste Königin!"

Christine erzählt, daß sie die Gefahren seiner Nähe immer schärfer erkannt und ihn deshalb als Gesandten nach Paris beordert habe. Bald hernach verheiratet sie ihn mit ihrer Stiefkusine Marie Euphrosyne, der Schwester Karl Gustavs. Damit wird der Graf Mitglied der Königsfamilie. Er wird später als Reichskanzler der Vormundschaftsregierung für den noch unmündigen Karl XI. von Schweden Christine in finanzieller Hinsicht Schwierigkeiten über Schwierigkeiten bereiten.

In den Klatschberichten der europäischen Höfe galt de la Gardie als Geliebter Christines. Strindberg war sogar überzeugt, sie habe ihm zwei Kinder geboren: Maria und Christine sollen sie geheißen haben. Kein ernsthafter Historiker kann jedoch bis auf den heutigen Tag ein einziges Faktum für dieses Gerücht auffinden. Strindberg mag ein großer Dichter gewesen sein, Psychologe war er jedoch in dieser Causa keiner.

Denn seelenanalytisch betrachtet, ist Christine ein Charakter, dem jede Heuchelei und Lüge im privaten Bereich nicht nur völlig fremd sind, sondern der sogar aus Stolz eher schockierend reagieren kann, bevor er derartiges auch nur annahernd beschönigen würde. Wie weist Christine doch den Vorschlag Mazarins, zu einer Notlüge zu greifen, mit hochfahrendem Stolz zurück und bekennt sich trotzig zur angeordneten Hinrichtung Monaldescos, die damals so viel Staub aufwirbelte! Keinen Augenblick denkt sie auch nur im geringsten daran, vor den Päpsten Alexander VII. oder Innozenz XI. eine ihrer Handlungen oder Aussprüche zu beschönigen, falls diese bei der Inquisition, bei den Jesuiten Anstoß erregen.

Nein, diese Frau kann zwar staatsmännische Listen aushekken, um politische Ziele nicht zu gefährden, aber im privaten Bereich ist sie viel zu stolz und zu aufrichtig, als daß sie nicht zu ihren intimsten Gefühlen stände. Wie demaskierend offen gibt sie in ihren Briefen ureigenste Schwächen preis! Wie ohne den geringsten Anflug von Prüderie oder Skrupelhaftigkeit bekennt sie ihre seinerzeitige backfischhafte Zuneigung zur schönen Gräfin Sparre oder auch ihre leidenschaftliche Liebe zu Azzolino.

Wäre sie mit dem Grafen Magnus de la Gardie wirklich intim gewesen, keine Macht der Welt hätte sie davon abhalten können, in ihrer Selbstbiographie hierüber entweder zu schweigen oder unverblümt zu berichten, wie es wirklich war. Hätte sich Christine dieser Leidenschaft damals hingegeben, hätte sie auch später in ihrer Beziehung zu Azzolino anders reagiert, als sie es tat. Niemand hätte sie hindern können, sich als unverheiratete, anhanglose Adelige in den drei Jahrzehnten ihres Aufenthalts in Italien Liebhaber en masse zu nehmen und zu ihrem Lebenswandel auch zu stehen. Sie wäre in diesem Fall nicht die erste hochstehende Dame in Rom gewesen.

Christine war keine Elisabeth I., die aus Staatsräson oder prüder, den Schein wahrender Hofetikette ihre Liebhaber vor den Augen der Welt verstecken zu müssen glaubte!

Christine war in ihrem intimsten Privatleben zwar diskret, aber nichtsdestotrotz ohne die kleinste Spur von Heuchelei oder moralinsaurer Verstellung. Hätte sie Liebhaber gehabt, sie wäre dazu mindestens ebenso gestanden wie zur Hinrichtung Monaldescos, die ihr in den Augen ihrer Feinde tausendmal mehr geschadet hat als ein erotisches Abenteuer, das im Blickwinkel des Hochbarock, und sogar des nach außen hin das moralische Dekorum wahrenden offiziellen Roms dagegen wenig Gewicht gehabt hätte.

Diese offenherzige Christine hätte in ihrem Brief vom 26. Januar 1667 an Azzolino gewiß anders geschrieben, wenn es den Tatsachen entsprochen hätte, als den für sie niederschmetternden Satz: „Da die Devotion Sie davon befreit, mein Geliebter zu sein . . ."

Die Selbstbiographie Christines ist ein Torso geblieben. Ihrer tatkräftigen Natur genügt es auf Dauer nicht, Geschichte zu schreiben, ihr, die selbst Geschichte gemacht hat!

Christine ist jedoch als Schriftstellerin auch anderweitig tätig. Sie fördert nicht nur die Dichter Filicaia und Guidi, der ab dem Jahre 1685 ihr Sekretär wird, ferner Lemene und Mencini; sie verfaßt selbst in französischer Sprache Essays über Alexander den Großen, über Caesar sowie ein groß angelegtes Manuskript zu einer naturwissenschaftlichen Arbeit.

Bereits in Schweden stellte ihr Leibarzt Pierre Bourdelot, der ihre dortige Akademie leitete, ihre Aphorismen und Maximen zusammen, ihre sogenannten ‚Apophregmen'. Sie schrieb auch hernach in Italien, fast bis an ihr Lebensende, eine Unzahl von Aphorismen. Ein Teil wurde Jahrzehnte nach Christines Tod gedruckt und später in zahlreiche Sprachen übersetzt.

Diese Aphorismen scheinen auf den ersten Blick bisweilen widersprüchlich, sind sie doch in verschiedenen Lebensabschnitten entstanden und umfassen daher unterschiedliche intellektuelle sowie religiöse Reifeperioden der Psyche Christines. Unter vielen Maximen steht der Vermerk: Begonnen am 29. September 1680. Dieser Beginn kann sich aber nur auf die chronologische Aufarbeitung durch den Sekretär Christines beziehen, nicht auf den Zeitpunkt der jeweiligen Entstehung.

Christines Maximen, ihre ‚Pensées' (Gedanken) haben zwei Kristallisationspunkte: die stoische, aus der griechischen Morallehre von der menschlichen Selbstbeherrschung stammende Weltsicht, und Christines in späteren Jahren zunehmende christliche Theologieauffassung von der Schwäche des Menschen, der ohne Hinwendung zum Glauben, ohne die göttlichen Gnadenwirkungen nicht erlöst werden kann.

Hunderten Werken bedeutender Wissenschaftler und Literaten hat Christine aus eigener Tasche zur Drucklegung verholfen. Bisweilen, wenn ihre Einnahmen aus ihren schwedischen Gütern nicht ankamen, hat sie sogar zum Verdruß Azzolinos ihre Juwelen verpfändet, um Gelehrten und Künstlern weiterhin fördernd helfen zu können.

Ihre eigenen Manuskripte ließ Christine nicht in Druck geben. Dies besorgte erst lange nach ihrem Tod die Nachwelt.

Nun tritt ein Ereignis ein, das Azzolino längst erwartet hat.

Am 22. Juli 1676 stirbt im Quirinal Klemens X. Damit geht das sogenannte silberne Zeitalter Roms zu Ende.

XII

Und wieder ein Konklave

„Jesus aber sagte zu Simon: Hab keine Angst! Von jetzt an wirst du Menschen fischen."

Lukas, 5,10

Am 2. August 1676 versammeln sich 63 Kardinäle zur Wahl des neuen Papstes. Davon sind diesmal ‚nur noch' 55 Italiener, vier Franzosen, zwei Deutsche sowie je ein Spanier und Engländer. Azzolino ist jetzt 53 oder nach anderen historischen Quellen 54 Jahre alt. Er ist noch immer um zwei, drei Jahre zu jung für einen Papabile.

Azzolino und Christine engagieren sich sofort für ‚ihren Kandidaten', der diesmal Kardinal Carlo Conti und ein Bruder des Fürsten Poli ist, des Maggiordomo der Königin.

Am 21. September 1676 wählt das Konklave einstimmig Kardinal Benedetto Odescalchi zum Papst. Ludwig XIV. gibt diesmal seine Zustimmung, die er noch beim Konklave im Jahre 1670 dem Kardinal verweigert hatte.

Der Erwählte war noch von Innozenz X. mit 34 Jahren zum Kardinal erhoben worden. Der Bankierssohn aus Como war Soldat gewesen, bevor er in den Kirchendienst eintrat. Er ist seit drei Jahrzehnten ein Anhänger der Squadrone. Als feinsinniger Elegant war er jahrelang Stammgast in der Loge Christines in deren Theater.

Aber der 65jährige neue Pontifex, der sich Innozenz XI. nennt, hat sich seelisch verändert. Er macht nicht seinen Mitstreiter in der Squadrone, Kardinal Azzolino, zum Staatssekretär, sondern Alderano Cibò, seinen alten Freund und Fraktionskollegen.

Er verordnet dem Kirchenstaat und seiner Administration höchste Sparsamkeit. Für seinen persönlichen Gebrauch gestattet er nur einen halben Taler täglich. Er verbietet das Theater. Er untersagt den Damen das Décolleté. Er läßt alle ausgeschnittenen Damenhemden verbieten. Er untersagt das Auftreten von Frauen in Privattheatern. Er verbietet den Berufssängern das Singen in Kirchen. Er stellt Bettelei, Glücksspiele, Wucher, Luxus, anstößige Kleidung, das ausgelassene Karnevalstreiben unter Strafe. Das neu errichtete Teatro Nobile läßt er in einen Getreidespeicher umwandeln. Spröde wie der Kunst steht er auch der Wissenschaft gegenüber.

Innozenz XI. lebt asketisch, zeigt sich selten in der Öffentlichkeit, betritt nie die wunderbaren Gärten des Quirinals oder des Vatikans und fährt nie in die päpstliche Sommerresidenz Castel Gandolfo. Die liturgischen Gewänder übernimmt er von Klemens X., ohne sie auf seine große, schlanke Gestalt umändern zu lassen. Er redet in der mailändischen Mundart. Fast täglich spricht er das Wort ‚Minga', das heißt: ‚Ich gestatte es nicht.' Es wird bald zum geflügelten Wort. Die Römer nennen ihn spöttisch: ‚Mingone'.

Selbst innerhalb des Heiligen Kollegiums ist die Stellung des Papstes, dessen theologische Bildung mangelhaft ist, umstritten. Er mag die Jesuiten nicht.

Diese schlagen zurück. Die von ihnen beherrschte Inquisition unterfängt sich, mit Hilfe jesuitischer Kardinäle eine Kommission zu planen, welche die Religiosität des Pontifex prüfen und bis zur Erstellung eines entsprechenden Gutachtens einen Generalvikar zur Amtsführung anstelle des Papstes einsetzen solle.

Doch Azzolino und Christine gewinnen die Mehrheit der Kardinäle gegen diesen Plan und schlagen damit eine Palastrevolution nieder.

Unterdessen paktiert Ludwig XIV. aus machtpolitischen Gründen geheim mit den Türken und stachelt sie zum Kampf gegen Polen und Kaiser Leopold I. auf.

Innozenz XI. gelingt es nun, den bisher unter französischem Einfluß stehenden Polenkönig Johann Sobieski auf die Seite Leopold I. zu bringen. Denn groß ist die Gefahr, daß der türkische Heerführer Kara Mustapha, wenn erst einmal das belagerte Wien gefallen ist, auch Italien und damit den Kirchenstaat angreifen werde.

Durch harte Einsparungen erwirtschaftet Innozenz, der einstige Bankierssohn, jährlich einen Überschuß von 300.000 Scudi. Diese Ersparnisse opfert er leichten Herzens für die Aufrüstungen der Entsatzheere gegen die Türken. Dem Kaiser schickt er eineinhalb Millionen Gulden für diesen Zweck. Durch Vermittlung Christines gelingt es dem Papst, den Schwedenkönig Karl XI. auf die Seite des Abwehrkampfes gegen die Türken zu ziehen.

Am 12. September 1683 wird das von den Osmanen belagerte kaiserliche Wien befreit. Der Jubel der gesamten Christenheit ist groß, auch Schwedens, das nun mit Leopold I. gegen Ludwig XIV. verbündet ist.

Christine ist darüber hocherfreut. Sie beglückwünscht Innozenz XI. und schreibt dem Polenkönig Johann III. Sobieski sowie Karl XI. von Schweden begeisterte Briefe.

XIII

Die seltsame Bitte Berninis

„Tod bedeutet das Brechen der Schale, die euer Verstehen umschließt.“

Khalil Gibran

Der weltberühmte protestantische Historiker Leopold von Ranke urteilt über Innozenz XI.: „Das Papsttum erscheint hier in seinem höchsten Beruf, vermittelnd, Frieden stiftend.“

Innozenz XI. fördert als Pontifex nicht mehr Wissenschaft und Kunst. Noch im Jahre 1664, also zwölf Jahre vor seiner Papsterhebung, hatte er sich als Kardinal seinen Palazzo Odescalchi renovieren und vergrößern lassen. Sein damaliger Baumeister war aber niemand Geringerer als der hervorragendste bildende Künstler des Hochbarock, nämlich Gian Lorenzo Bernini.

Dieser Neapolitaner, am 7. Dezember 1598 geboren, stand also im 66. Lebensjahr, als er diese Arbeit begann, die er als 69jähiger vollendete.

Beim Regierungsantritt Innozenz XI. ist Bernini 78 Jahre alt und bekommt keinen päpstlichen Auftrag mehr.

Als 25jähriger schon wird er seinerzeit unter Gregor XV. in den päpstlichen Dienst berufen. Nicht von dem hinfälligen Greis, sondern von seinem 27jährigen Nepoten, dem Kardinal Ludovico Ludovisi, der sofort mit Ämtern, Würden und Reichtümern überhäuft wird. Der dem verschuldeten Fürsten Colonna, aus dessen Dynastie Martin V. stammt, das Herzogtum Zagarolo abkauft, eine umfangreiche Gemäldegalerie sowie Antikensammlung einrichtet und sehr die Künste fördert.

Dieser fürstliche Mäzen beruft den noch um zwei Jahre jüngeren Bernini zum Baumeister des Papstes und erteilt ihm sofort einen großartigen Auftrag, nämlich die Errichtung eines Baldacchino in Sankt Peter über dem Hochaltar, genannt die Cathedra Petri. Neun Jahre arbeitet der Meister an diesem

Monumentalwerk. Doch nur zwei Jahre dauerte das Pontifikat Gregors XV. und damit die Herrschaft des Kardinalnepoten.

Danach wird Urban VIII. Papst. Mit ihm kommen seine drei Nepoten an die Macht, nämlich die drei Barberini-Kardinäle, die ebenfalls große Kunstmäzene sind. Schon zu Lebzeiten ihres Onkels bestellen sie ein prächtiges Grabmal für ihn, das drei Jahre nach dem Ableben Urbans VIII. fertig wird und an dem der Meister volle neunzehn Jahre gearbeitet hat.

Die Werke Berninis werden Legion. Er errichtet in St. Peter die Kuppelpfeilernischen und das vielbewunderte Tabernakel. Er schafft die Marmorfiguren für die Engelsbrücke, die Chigi-Kapellen an Santa Maria del Popolo in Rom und am Dom zu Siena, die Theresa-Kapelle, um nur einige zu nennen.

Jetzt ist Bernini 80 Jahre alt. Christine besucht ihn oft in seiner Werkstatt. Als sie noch in Stockholm auf dem Thron saß, erkundigte sie sich schon dauernd nach ihm, seinen Werken und künstlerischen Plänen.

Wieder einmal kommt sie zu ihm, Nachschau halten, woran er gerade arbeitet.

„Majestät", sagt der alte Mann zu ihr, „Ihr müßt mir verzeihen. Wenn ich gewußt hätte, daß Ihr heute kommt, hätte ich ein frisches Hemd angelegt und mich frisiert."

„Aber mein Freund", erwidert Christine lächelnd, „Ihr rotes Hemd ist bereits berühmt und für mich wie eine Reliquie. Erlauben Sie, daß ich es berühre." Mit ihren Händen fährt sie behutsam über seine bedeckten Arme.

„Nicht doch, meine teure Königin!" wehrt er heftig ab und tritt einen Schritt von ihr weg. „Ich bin doch nichts als ein ungepflegter Greis."

„Ihr Haar ist von feinstem Staub aus Carraramarmor versilbert. Ihr Antlitz ist von herrlichen künstlerischen Visionen belebt. Ich bin glücklich, in der Werkstatt des größten Künstlers seit Michelangelo weilen zu dürfen."

„Ihr seid eine seltsame Frau. Euch huldigen die Herrscher der Welt. Die Päpste suchen Euren Rat, und Ihr selbst kommt ohne Gefolge zu mir altem Mann und seht mir zu, wie ich mich vergeblich abmühe, aus diesem Riesenblock etwas zu machen."

„Etwas Großartiges, Meister. Das wird die schönste Statue unseres Heilands, die man jemals auf dieser Erde gesehen hat."

„Das ist meine letzte Arbeit. Danach werde ich mich endgültig zur Ruhe setzen."

„Was denn? Ein Bernini will die Hände in den Schoß legen? Das können Sie doch der Nachwelt nicht antun."

„Meine Königin, ich stehe im 82. Lebensjahr, vergeßt das nicht!"

„Ach was! Ein Bernini stirbt nicht, er ist unsterblich. Die Welt braucht Sie noch. Ich brauche Sie noch. Wer sollte denn sonst mein Grabmal aus dem Marmor erstehen lassen als Sie?"

„Das könnte ich nie beginnen. Ein Grabdenkmal für Euch? Ich glaube, vor Tränen sähe ich nicht, was ich täte."

„Wie, Sie wollen kneifen? Sie haben sich schon einmal gedrückt, meine Portraitbüste anzufertigen. Sie übertrugen diese Arbeit einem Schüler."

„Hat er die Arbeit nicht zu Eurer Zufriedenheit ausgeführt?"

„Ich bin eifersüchtig, Meister. Sie haben Urban VIII. mehrmals portraitiert und gemeißelt. Sie haben Innozenz X. portraitiert, von Ihrer Hand stammt das Grabdenkmal für Alexander VII., desgleichen die Statue der heiligen Lodovica Albertoni", läßt sich Christine nicht abspeisen. „Sie haben auch eine Büste des Kardinals Azzolino geschaffen, die äußerst ansprechend ist."

„Seiner Eminenz gefiel sie nicht", wirft Bernini ein. „Was, so schaue ich wirklich aus?" fragte er voll Enttäuschung.

„Das haben Sie davon, daß Sie mich nicht ziseliert haben. Ich hätte Ihr Werk restlos bewundert, wie ich alles restlos bewundere, was Sie erschaffen."

„Meine Königin, ja, ich habe andere Personen gemeißelt und gemalt. Nur Euch nicht. Und warum? Nun, was meint Ihr wohl?"

„Mein Gesicht besagt Ihnen nichts. Oh, es ist wahr! Ich bin nicht schön. Meine Nase ist nicht fein genug. Ich hatte einstens bei der göttlichen Nasenzuteilung zu laut ‚Hier!' gerufen."

„Majestät, jetzt laßt Ihr einem alten Mann die Schamröte ins Gesicht steigen. Madonna mia! Wie könnt Ihr glauben, ich

Giovanni Lorenzo Bernini, mit Königin Christine befreundet, der er testamentarisch sein letztes Werk, eine Christusstatue, vermachte (bis zur Gegenwart verschollen). Beeinflußte entscheidend die Baukunst Europas. Geboren 1598 in Neapel, gestorben 1680 in Rom.

portraitierte Euch nicht, weil Ihr nicht schön genug seid! Ihr wißt doch, daß Ihr für mich die schönste Königin der Welt seid."

„Übertreiben Sie nicht, Meister! Ein so großer Künstler hat Schmeicheleien nicht nötig."

„Ich, und schmeicheln! Weiß nicht ganz Rom, daß ich oft gefürchtet wurde wegen meiner scharfen Zunge? Ich war ein unreifer Fant, noch ein künstlerisches Nichts, und doch sagte ich Gregor XV. ins Gesicht, daß ich nicht für ein paar lächerliche Scudi..."

„Ich wollte Sie nicht kränken", unterbricht ihn Christine lächelnd.

Doch Bernini ist in Fahrt gekommen. „Und Urban VIII. warf ich vor, daß seine Nepoten großzügiger wären als er."

„Ihr seid ein Original, davon spricht ganz Rom."

Aber Bernini will den Vorwurf der Schmeichelei nicht auf sich sitzen lassen. „Und Innozenz X., diesem Geizkragen, sagte ich frisch heraus..."

„Meister, Sie legen ja eine ganze Beichte vor mir ab", droht Christine schalkhaft mit dem Finger.

„Als ich Innozenz X. die Rechnung für das Grabmal seines Vorgängers Urban VIII. vorlegte, da knurrte er mich an: ‚Du Schlingel, du willst wohl den ganzen Kirchenstaat bankrott machen? Fort mit dir! Geh! Geh mit Markus, Kapitel 8, Vers 33!"

„Was steht denn dort geschrieben?" fragt neugierig Christine.

„Hebe dich hinweg, Satan!"

„Sie hatten es scheinbar mit den Päpsten nicht immer leicht."

„Alexander VII. war ein nobler Herr. Zwar, wenn ich ihn um einen Vorschuß anging, da konnte es schon vorkommen, daß er unruhig auf seinem Stuhl hin und her wetzte und einmal sogar aufseufzte mit den Worten: ‚Lieber Freund, könntet Ihr die Kolonnaden auf dem Petersplatz nicht etwas wohlfeiler gestalten?' – ‚Heiligkeit', darauf ich, ‚je wohlfeiler gebaut, um so wohlfeiler wird die Nachwelt den Ruhm des Auftraggebers in Rechnung stellen.'"

Christine muß schallend lachen. „Und mit welcher Bibelstelle erwiderte Ihnen Alexander VII.?"

„Der Papst hob den Blick zum Himmel empor und murmelte zwischen den Zähnen: ‚Bernini, sollten Wir dereinst das Fegefeuer schauen müssen, so wollen Wir für Euch ein besonders warmes Plätzchen aufheizen lassen.'"

„Nennen Sie einmal drüben Ihren Namen, und die Engel werden Sie sogleich ins Paradies geleiten."

„Ich werde meine Sünden damit entschuldigen, daß ich in Rom lebte."

Die Königin platzt vor Vergnügen heraus: „Meister, Sie werden dereinst den ganzen Himmel schallend lachen machen."

„Ist doch wahr, Majestät", erwidert er mit gespieltem Ernst. „Gott ist überall — nur nicht in Rom."

„Wieso?"

„Weil er hier ja seinen Stellvertreter hat. — Majestät, wißt Ihr, welcher Heilige vier Füße hat?"

„Sie sind ulkig ..."

„Der Heilige Stuhl. Wie kennt man die letzten Päpste auseinander?"

„Wie, Bernini? Es juckt mich vor Neugier."

„Innozenz X. war kein Heiliger und wußte es. Alexander VII. war kein Heiliger und wußte es nicht. Klemens X. war ein Heiliger und wußte es. Innozenz XI. ist ein Heiliger und weiß es nicht."

Christine nickt schmunzelnd. „Er ist einer", erwidert sie. „Aber ein recht unbequemer."

„Die Heiligkeit wird nicht in Prunkkaleschen durch Rom spazierengeführt. Doch im übrigen ... Ihr wißt ja, jeder Mensch hat einen Vogel. Nur die Kardinäle glauben, es sei der Heilige Geist."

„Das muß ich Azzolino mitteilen. Aber ich bitte Sie, hüten Sie Ihre Zunge! Die Inquisition hat mehr als zwei Ohren."

„Der Jesuitengeneral Oliva ist ja gestorben."

„Wann denn?" fragt Christine höchst erstaunt.

Berninis Augen schmunzeln, doch sein Gesicht bleibt ernst. „Er steht eben vor der Himmelstür. Da fragt ihn Petrus:

‚Woher kommst du?‘ – ‚Aus Rom‘. – ‚Da muß ich bei der dritten göttlichen Person anfragen.‘ – ‚Rom?‘ fragt der Heilige Geist zurück. ‚Diese Stadt kenne ich nicht. Dort bin ich noch nie gewesen.‘“

„Meister, was soll man an Ihnen mehr bewundern? Ihre Werke oder Ihren Humor?“

„Für einen guten Scherz gäbe ich glatt den Triton-Brunnen auf der Piazza Barberini her.“

„Tun Sie's nicht! Sie haben immerhin fünf Jahre daran gemeißelt.“

„Na schön. Dann eben den Vierströme-Brunnen auf der Piazza Navona.“

„Daran hängen drei kostbare Jahre Ihres Lebens.“

„Majestät kennen meine Arbeiten besser als ich.“

„Die Erlöserstatue, an der Sie eben ...“

„Ich meißle daran mit einer neuen Technik. Erinnern sich Majestät noch an meinen heiligen Sebastian? Meine früheren Arbeiten waren sehr sinnlich inspiriert. Ich lebte damals ungebunden, ja sogar ausschweifend. Madama wissen, ich heiratete erst mit 41 Jahren und da nur auf ausdrücklichen Befehl Urbans VIII. Als er mich diesbezüglich bedrängte, sagte ich ihm: ‚Heiligkeit, was kann ich dafür, daß ich nicht Mohammedaner bin? Die dürfen viele Frauen haben, wir Christen nur eine‘. – ‚Ja, wir haben die Monogamie‘, erwiderte der Papst. – ‚Das sollte besser Monotonie heißen‘, darauf ich.“

„Wie nahm der Pontifex diese Worte auf, Meister?“

„‚Du Spitzbube‘, brummte er und konnte das Lachen kaum verhalten, ‚wenn du Uns nicht binnen einem Monat deinen Trauschein zeigst ...“

„Und so wurde aus Bernini ein Ehemann. Ich hoffe, ein glücklicher.“

„Als ich in der Villa Borghese an meinem Apoll arbeitete, fiel ein Marmorblock auf meine Beine. Wie ich daheim aus der Bewußtlosigkeit erwache, fragte ich: ‚Bin ich schon im Himmel?‘ – Meine damalige Freundin saß neben meinem Bett und erwiderte: ‚Nein, ich bin noch da.‘“

Christine biegt sich vor Lachen.

„Doch Ihr wolltet ja wissen, ob ich als Ehemann glücklich wurde. Das fragte mich eines Tages Urban VIII. auch. Ich entgegnete ihm, Gregor VII. hätte schon gewußt, warum er den Zölibat anordnete. – ‚Warum?' erwiderte Urban VIII. ‚Weil', darauf ich, ‚der Ehelose sich damit das Fegefeuer schon hier auf Erden erspart.'"

Christine hält sich ihr Zwerchfell. „Meister, ich kann nicht mehr", lacht sie Tränen.

„Ja, von mir hörten die Päpste manche unzensierte Wahrheit. Meine Skulptur ‚Die Wahrheit', die Ihr besitzt . . ."

„Ein herrliches Werk. Wie liebe ich es!"

„Unsinn, Majestät! Es ist mir nicht gelungen. Eine gekünstelte, gar nicht natürliche und lockere Frau ist meine Wahrheit. Ein verklemmter Mensch, gespreizt und seelisch krank. Ja, es ist wahr. Das ist meine ‚Wahrheit'."

„Sie sind zu streng gegen sich selbst. Im übrigen: Ist denn die Wahrheit in Wahrheit die natürlichste Sache der Welt? Die Lüge ist manchmal die Beleuchtung der Wahrheit, sagt ein japanisches Sprichwort."

„Die Wahrheit liegt in der Kunst. Darum gibt es so wenig wahre Kunst. Meistens nur Kunst als Galionsfigur der Macht, als gekaufte Metze der Tagespolitik, als willfähriges Schoßhündchen machtgieriger Lobbies. Nichtsdestotrotz! Möge diese Erlöserstatue mir gelingen! Dann wird sie auch Wahrheit ausstrahlen. Ich werde sie Euch schenken. Ich bitte Euch, dieses Geschenk von mir anzunehmen."

„Meister, ich kann Geschenke nur annehmen, wenn ich mich dafür erkenntlich zeigen kann. So viele Schätze aber besitzt kein König dieser Erde, um die Schönheit dieser Skulptur materiell aufwiegen zu können."

„Dann werde ich sie Euch testamentarisch vermachen. Ihr seid der einzige Mensch, der meine Arbeit versteht. Denn Ihr allein begreift sie damit." Der Künstler deutet auf das Herz.

„Bernini, jetzt müssen Sie mir verraten, warum Sie es ablehnten, mich zu portraitieren."

„Das fragt Ihr, Majestät? Ich meißelte, malte, ziselierte Durchschnittsgesichter, alles Gesichter von Krethi und Plethi. Euer

Antlitz allein konnte ich nie einfangen mit meiner Kunst, nie einholen mit dem Meißel meiner Visionen, mit den Ziselierstiften meiner Vorstellungen. Euer Gesicht ist zu facettenreich. Es erstrahlt in allzu vielen Nuancen. Es ist einfach zu lebendig."

„Ist das nun ein Tadel oder was sonst?"

„Es ist die Wahrheit. Wahrheit ist weder Tadel noch Schmeichelei. Wahrheit ist Kunst. Kunst ist reine Wahrheit. Sonst nichts."

Christine hat in ihrem Palazzo Riario viele Werke Berninis, darunter einen Frauenkopf, eine Jugendarbeit des Meisters, und einige Gemälde.

Bernini hat schon seinerzeit die Zeichnungen angefertigt, nach denen die Prunkkarosse für den ersten Einzug Christines in Rom hergestellt wurde. Ihr zu Ehren hat Bernini die Porta del Popolo restauriert.

Christine hat ihrerseits den Künstler jahrzehntelang eifrigst gefördert. Bereits im Jahre 1655 schrieb sie einen begeisterten Brief an Ludwig XIV. und empfahl ihm, den Meister für die beabsichtigten Umbauten des Louvre in Paris zu gewinnen.

Ludwig XIV. berief dann tatsächlich den Künstler nach Paris, der dort viele Pläne entwarf, die später auf Empfehlung Christines für den Neubau des Königsschlosses in Stockholm herangezogen wurden.

Christine selbst sammelt in ihrem Palazzo viele Skulpturen nicht nur Berninis, sondern auch der Antike, der Renaissance und des Barocks. Sie fördert die Ausgrabungen in Rom. In ihrem Auftrag wird unter anderem in der Nähe der Thermen des Diokletian ein breiter Schacht ausgehoben, aber auch bei San Vitale, auf der jetzigen Via Nazionale.

In ihrer Bibliothek läßt Christine eine Handschriftensammlung anlegen, die zu den besten der Welt gezählt wird.

Die Königin beschäftigt ständig Restauratoren und Kustoden für ihre Sammlungen. Ercole Ferrara, ein Schüler Berninis, sowie dessen Adept Balestri Sanese, genannt Pietruccio, arbeiten als Restauratoren in Christines Diensten. Ihr Archäologe wird Giovanni Bellori, der sie in der Kunst Raffaels unterrichtet, den er für den Erneuerer der Antike hält. Christine fördert natürlich auch Bellori, der durch sie zum ersten Archäologen Roms ernannt wird. Durch ihre Vermittlung wird ihr Baumeister Carlo Fontana, der in ihrem Palazzo Riario seinerzeit ihr Theater errichtet hatte, zum päpstlichen Architekten bestellt.

Bernini fühlt sein Ende nahen.

Da bittet er Kardinal Azzolino, in seinem Namen die Königin zu ersuchen, für ihn zu beten, weil er überzeugt ist, sie spreche eine eigene Sprache, die Gott besonders gut verstehe, und dieser antworte ihr darauf in einer Weise, die allein sie richtig zu deuten wisse.

Ist es nicht eigenartig, daß der Meister nicht den Kirchenfürsten bittet, für ihn zu beten, sondern auf Umwegen Christine, die in so vielen Schmähschriften als Mörderin hingestellt wird, die ihre verflossenen ‚Liebhaber' reihenweise umbringen lasse?

Rom, 28. November 1680.

Christine eilt unverzüglich zu Bernini.

Hochgetürmt zwischen Polstern liegt er in dem breiten Bett seines Schlafraums. Über seiner Liegestatt hängt ein Gemälde mit dem Kreuz Christi. Es ist aufgerichtet über einem Meer von Blut, das aus den Wunden des Erlösers tropft. Über dem Kreuz schwebt in den Wolken Gott Vater. Zu Füßen des Marterholzes kniet die Mutter Jesu, im Gebet versunken.

Christine setzt sich ans Bett und ergreift die Hand des Sterbenden, dessen Atem schwer geht.

Bernini nickt der Königin freundlich zu. Ihr Blick wandert über das blasse Antlitz des Meisters und über das Bild zu seinen Häupten. Er bemerkt es.

„Unter dem Bild steht ein Bibelwort: Hebräer Kapitel 9, Vers 14", sagt sie zu Bernini und blickt den Schwerkranken fragend an.

„Sein Blut reinigt uns innerlich von unserer Schuld", zitiert leise der Sterbende, „so daß wir nicht mehr tun müssen, was zum Tod führt."

„Es geht Ihnen schlecht, Meister", versucht Christine, ihn zu trösten, „aber Sie verfügen noch über genügend Kräfte, um wieder gesund zu werden."

Er winkt mit der rechten Hand ab und schüttelt sein weißes Haupt. Er zwingt sich zu einem Lächeln, das etwas matt ausfällt.

„Ich haben Ihnen meinen Arzt geschickt. Der wird das schon schaffen", versichert ihm die Königin.

„Er meldet sich an der Himmelstür", lächelt Bernini verschmitzt.

„Warum denn?" fragt Christine.

„‚Ihr Beruf?' will Petrus von ihm wissen.

‚Arzt.'

‚Bitte, zum Hintertor. Dort ist der Eingang für Lieferanten.'"

„Oh, Bernini", muß die Königin lachen, „solange Sie Ihr Humor nicht verläßt . . ."

„Euer Leibarzt, Majestät, kann nicht ruhig sitzen."

„Wieso das, mein Lieber?"

„Voriges Jahr", müht sich Bernini um Atem, „portraitierte ich ihn. ‚Verehrter Doktor', sagte ich zu ihm, ‚Ihr müßt stillhalten.' – ‚Beeilt Euch!' forderte er mich auf. – ‚Ihr seid gut', darauf ich zu ihm. ‚Wenn Ihr einen Fehler macht, deckt ihn der grüne Rasen, ein Fehler von mir hängt ein paar Jahre an der Wand.'"

„Paar Jahre!" begehrt Christine spaßhaft auf, „ein paar Jahrhunderte in den berühmtesten Museen der Welt! Übrigens, hat Sie Kardinal Azzolino heute schon besucht?"

„Vor einer Stunde. Er fragte mich, ob ich an das Fortleben nach dem Tod glaube."

„Und?" will die Königin Näheres wissen.

„‚Natürlich', erwiderte ich ihm. ‚Wozu würde man sonst die Kardinäle im Purpur begraben?'"

„Soll man Ihnen, Meister, dereinst eines Ihrer Gemälde in den Sarg legen?"

„Nackt kommt man zur Welt, nackt geht man hinüber. – Keine Beigaben! Drüben wird alles verbrannt."

„Im Paradies, wohin Sie kommen, nicht!"

„O mamma mia! Die Hölle ist mit Priesterköpfen gepflastert. Auch Kardinäle und selbst ein Papst sind dort Schaustücke. Da sollte ausgerechnet ich in den Himmel dürfen?" Der Sterbende atmet schwer. „Betet für mich, meine Königin! Betet!" stößt er mühsam hervor.

„Das Sprechen strengt Sie an, Meister!"

„Teneva egli sempre fisso un vivo pensiero della morte (Er trug sich immer mit lebendigen Gedanken an den Tod), wird man über mich sagen können. In der Tat, das Leben ist ein Marmorblock, aus dem der Tod gemeißelt wird. Madame, Ihr meint, ich sei ein Künstler. Ich bin es nicht. Ich beherrsche nicht die Kunst des Sterbens."

„Meister, wir sterben nicht ins Grab hinunter, wir sterben in die Auferstehung Christi hinauf."

„Die Spannweite zwischen Erlösung und Verdammnis", keucht er schwer atmend, „ist so groß und unsere Seele so klein. Meine Grabdenkmäler für Urban VIII. und Alexander VII. zeigen den Tod als Freund des Schlafes. In meinen Valtrini- und Merenda-Epitaphien ist der Tod der Helfer zu fortdauerndem Angedenken. Schon bei meinem ‚Laurentius' und meinem ‚Sebastian' erschauerte ich vor jenem Schlagbaum des Todes, der das Reich des Lebens umklammert. Meine ‚Proserpina', meine ‚Daphne' haben mich den Todesschmerz gelehrt. Ihr kennt meine ‚heilige Theresa'?"

„Und wie, Meister! Der Tod rauscht schon an ihre Seele heran, zwischen der kraftlos herabgesunkenen linken Hand und der von herrlichen Visionen Zeichen gebenden, aufzuckenden rechten Hand..."

„Und meine Lodovica Albertoni?" Sein Gesicht verfärbt sich. Der Atem Berninis scheint im Raum hängenzubleiben.

Christine gibt auf die Frage Antwort: „Sterbend in einsamer Beklommenheit, eine Dürstende ohne erfrischenden Trank, eine Sehnsüchtige ohne Kraft der Erbauung, eine Ermattete ohne Vorgeschmack der Verklärung, und doch schon mit brechendem Aug' die sie begrüßenden Engel ahnend..."

„Betet für mich, Majestät! Betet!"

Bernini ist erschöpft. Sein Atem geht stoßweise. Christine kühlt seine heiße Stirn mit einem feuchten Tuch. Sie dreht seine Kissen zur Erleichterung um.

„Meister, ich werde für Ihr Seelenheil viele Messen aufopfern lassen."

„Tut es", keucht er. „Meine Erlöserstatue ist fertig. Sie ist Euer Eigentum. Verzeiht, daß nur ein Bernini Euch dienen konnte. Eurer Größe wäre ein Michelangelo würdiger gewesen." Er blickt mit seinen Kinderaugen Christine flehend an.

„Ich zähle als Höhepunkt meiner Biographie, daß ich das Genie Bernini erkennen durfte. Bernini, den König des Barock!"

„Die Erlöserstatue...", stammelt er, und es scheint, als beginne sein Geist, sich bereits langsam zu verabschieden. „Meine letzte Arbeit... Symbolhaft... Ihr wißt, in unseren Kirchen... zu viele Kruzifixe... zu wenig Erlöserstatuen..."

„Mit Freuden nehme ich Ihren Heiland in meine Obhut." Christine kann nur mühsam ihre Tränen zurückhalten.

„Könnte ich noch einmal bauen... Nur Erlöserkirchen... Nur Auferstehungskirchen..."

Er verfällt zusehends.

„Soll ich den Priester rufen?"

Er schüttelt verneinend den Kopf. „Betet!" flüstert er.

„Soll ich laut vorbeten oder still..."

Bernini nickt und blickt starr geradeaus. Er scheint Christine nicht mehr zu sehen.

„Es wird finster", flüstert er auf einmal stockend.

„Bald kommt ein Licht", haucht sie in sein Ohr, „so schön, wie Sie es noch nie geschaut haben."

Ein kleines Lächeln umspielt seinen Mund.

Seine Kinderaugen blicken unentwegt starr geradeaus. In eine andere Welt.

XIV

Die Inquisition greift ein

„Das, was man sagt, daß Gott sei, das ist er nicht; was man nicht von ihm sagt, hat mehr Wahrheit als das, was man sagt, daß er sei."
Meister Eckhart, deutscher Mystiker

Ein kleiner Mann von unscheinbarem Äußeren mit stets ernster Miene, demütiger Haltung und langsamen Schritten sorgt in Rom für großes Aufsehen. Kardinäle, Prälaten, Ordensleute, Fürstinnen sehen in ihm ihren Lehrer. Weit über den Kirchenstaat hinaus dringt sein Ruf. Im Jahre 1675 erscheint sein Buch ‚Geistlicher Führer, welcher die Seele entlastet und auf dem Weg des Inneren dahin geleitet, die vollkommene Beschauung und den reichen Schatz des inneren Friedens zu erlangen'.

Sein Verfasser ist der spanische Weltgeistliche Miguel Molinos. Sein Buch trägt das kirchliche Imprimatur und erhält die höchsten Lobsprüche der Zensoren.

Innozenz XI. ist ebenfalls von dem Werk begeistert und überhäuft den Autor mit Huldbeweisen. Auch Azzolino lobt das Werk über alle Maßen und drückt es Christine in die Hand. Bald ist auch sie von dem Erbauungsbuch sehr angetan. Schon im Jahre 1657 hatte sie auf ihrer Reise nach Frankreich in Marseille den blinden Gelehrten François Malaval kennengelernt, der als hervorragender Mystiker galt. Er hatte ihr sein Werk ‚Leichte Methode, um die Seele zur Beschauung zu erheben' (Practique facile pour élever l'âme à la contemplation) zugeeignet. Dieses Buch kann als eine Art Einführung zu dem Werk von Molinos angesehen werden, das die göttliche Gnadenzuteilung bereits vor der menschlichen Entscheidung hierfür besonders herausstreicht und dem Quietismus zugerechnet wird.

Der Quietismus von Molinos ist sowohl eine philosophisch-theologische Lehre als auch eine religiöse Haltung vollständiger Verinnerlichung, die eigeninitiatives Wollen hintanstellt. Es handelt sich um eine mystische Strömung des Katholizismus des 17. Jahrhunderts, die eine individuell ausgeprägte Frömmigkeit mit passiver Grundhaltung anstrebt.

Nun entspricht Christines Wesen keineswegs einer passiven Frömmigkeit. Wenn sie dennoch Molinos und seiner Lehre zugetan ist, so liegt das hauptsächlich an dessen Betonung einer individuellen Frömmigkeit, die von bloßen Äußerlichkeiten abgeht, sich mehr dem stillen Gebet, der Meditation zuwendet und weniger Wert auf öffentlich zur Schau gestelltes Ritual legt. Christines Ausspruch, den sie auch in ihren Pensées niederlegt, macht in diesem Zusammenhang bald die Runde: „Die Komödie auf der Kanzel ist unerträglich, und die Andacht wird lächerlich auf der Bühne."

Innozenz XI., dem manche Zeitgenossen mangelnde theologische Ausbildung vorwerfen, und mit ihm die nicht-jesuitischen Kardinäle, so auch Azzolino, sehen in dem einfachen Erbauungsbuch von Molinos ein leicht verständliches Verfahren auf dem Weg zu einer Gläubigkeit, die ohne allzu doktrinäre theologische Lehrmeinungen zu einer unkompliziert angelegten Stufe der Heiligkeit führen kann.

Doch bald entsteht in Rom eine Gegenströmung, die der Lehre von Molinos Widerpart bietet. Sie geht von den Jesuiten aus. Diese legen vor allem Wert auf die Kraft des eigenen Willens, auf die Notwendigkeit von Selbstzucht und Kampfbereitschaft für die Sache des Glaubens; auf Vertiefung des Glaubens durch geistliche Übungen, feinstens ausgefeilt mit den Waffen des Verstandes und des naturwissenschaftlichen Denkens.

Die Jesuiten, deren Orden seit jeher eine wichtige politische Rolle spielt, die sich durch ihren Gründer Ignatius von Loyola, einen Offizier, als Soldaten Christi fühlen, welche die Beichtväter und Berater an den katholischen Fürstenhöfen Europas stellen, gehen zu scharfem Angriff über.

Im August 1682 wird Christine durch Malaval ersucht, ihren Einfluß bei der römischen Indexkongregation zugunsten der von den Jesuiten bekämpften Lehre von Molinos zu verwenden.

Die Königin, die ihr Leben lang für Verfolgte aller Konfessionen, Rassen und Minderheiten wärmstens eintritt, interveniert sofort für Molinos. Azzolino gehört selbst dieser Kongregation an, und so ist es für Christine leicht, Molinos zu schützen. Unverzüglich schreibt sie an Erzbischof Palafox von Palermo, der daraufhin eine Neuauflage des ‚Geistlichen Führers' mit einem befürwortenden Vorwort versieht. Palafox übersendet das Buch Innozenz XI., der es freundlich entgegennimmt, aber bemerkt, es könnte in den Händen unerfahrener Leser vielleicht Schaden stiften.

Nun tritt die Inquisition auf den Plan. Sie ist vor allem ein mittelalterliches Prozeßverfahren geistlicher Instanzen zur Verurteilung von ‚Ketzern und Irrlehren'. Was eine ‚Irrlehre', wer konkret ein ‚Ketzer' ist, das bestimmt letzten Endes niemand anderer als die Inquisition.

Den ‚Soldaten Jesu' gelingt es bald, in den entscheidenden Gremien der Inquisition Fuß zu fassen und diese mit ihrem bisweilen fanatischen Eifer zu erfüllen.

Alexander VII., Klemens IX. sowie X. und Innozenz XI. versuchen mit mehr oder weniger Erfolg, die Jesuiten nicht übers Ziel hinausschießen zu lassen. Innozenz XI. verteidigt unerschütterlich christliche Grundsätze und die päpstliche Autorität gegen äußere und innere Angriffe. Nach außen wendet er sich gegen den rücksichtslosen Absolutismus Ludwigs XIV. Nach innen zuerst gegen den Nepotismus. Aber eine entsprechende päpstliche Bulle dagegen kann wegen des heftigen Widerstandes der Kardinäle nicht publiziert werden. Wie Alexander VII. bekämpft Innozenz XI. den Laxismus, eine Richtung der katholischen Moraltheologie, die gewisse Handlungen auch dann für erlaubt hält, wenn nur eine schwach begründete Wahrscheinlichkeit besteht, daß sie nicht verboten seien.

Im Jahre 1679 verurteilt Innozenz XI. 65 laxistische Sätze aus den Publikationen mehrerer Jesuiten. Der Konflikt zwischen ihm und den Jesuiten spitzt sich daraufhin zu. Im Jahre 1684 verbietet Innozenz XI. dem Orden sogar die Aufnahme von Novizen.

Das ist für die Jesuiten zuviel. Sie schlagen zurück. Sie treffen den Papst an einer anderen Front: an seiner Sympathie für Molinos.

Im Juli 1685 wird der Mystiker in seiner Wohnung in Rom von der Inquisition verhaftet. Das ist ein offener Affront gegen den Papst, gegen seinen Staatssekretär Cibò, der ebenfalls wie die engsten Vertrauten des Pontifex, Favoriti und Casoni, sowie Azzolino zu den Anhängern von Molinos zählt.

Azzolino ist selbst Mitglied der Kongregation, die jedoch ohne Zustimmung des Kardinals die Verhaftung beschlossen hat. Azzolino muß es sogar dulden, daß einer seiner jungen Theologensekretäre verhaftet wird.

Die Jesuiten stempeln den Mystiker Molinos zum Häretiker, zum Bilderstürmer, zum Leugner der Dreifaltigkeit Gottes, und behaupten, der keusche Priester sei ein gemeiner Mädchenschänder.

Die empörte Königin handelt unverzüglich. Sie bietet ihren ganzen Einfluß auf: beim Papst, bei den nicht-jesuitischen Kardinälen, beim Erzbischof von Palermo, aber alle Interventionen für den untadeligen Priester sind zum Scheitern verurteilt.

Schon wagt sich die Inquisition gefährlich an Christine heran, da sie als glühende Anhängerin von Molinos gilt, der auch ihr Beichtvater ist. Aber sie erklärt, als gläubige Katholikin unterwerfe sie sich dem Urteil der kirchlichen Instanzen. Als Mensch hält sie trotz der Gefahr, in der sie sich selbst befindet, unerschütterlich zu Molinos.

Täglich erkundigt sie sich nach seinem Befinden und schickt Obst sowie Näschereien ins Gefängnis.

Der Gesundheit des Papstes schaden diese Aufregungen. Er beginnt zu kränkeln. Monatelang bleibt er den Verhandlungen des Inquisitionsgerichtes fern.

Anfang September 1686 ernennt er den engsten Vertrauten von Molinos, Matteo Petrucci, zum Kardinal. Das ist eine unübersehbare Geste zugunsten des Quietismus. Aber schließlich muß Innozenz XI. nachgeben.

Am 23. September 1687 wird Dr. Molinos, der Theologe der Königin von Schweden und ihr Beichtvater, öffentlich, vor dem

Volke Roms, in der Kirche Santa Maria Sopra Minerva zu lebenslänglichem Kerker verurteilt. Zwei Stunden dauert die Verlesung des Urteilsspruchs, welche der Gefangene kniend, eine Kerze zwischen den gebundenen Händen, über sich ergehen lassen muß. Auch Kardinal Petrucci wird verurteilt, aber durch Intervention Azzolinos nur insgeheim, vor dem Papst und zwei Zeugen. Daraufhin darf er in sein Bistum unter dem Jubel seiner Anhänger zurückkehren.

Zum Prozeß von Molinos schreibt Christine in ihren Pensées Nr. 224: „Die Strenge und Besserungszucht der ersten Kirche sind nicht mehr zeitgemäß. Die, welche eigensinnig darauf bestehen, sie wieder einzuführen, werden niemals Erfolg damit haben und würden mehr Böses als Gutes stiften, wenn es ihnen gelänge."

Die Inquisition konnte Innozenz XI. zur Verurteilung von Molinos sowie des Kardinals Petrucci nötigen.

Allein an Christines Unerschütterlichkeit kann diese allzu mächtige Inquisition nicht heran.

XV

Die Entfremdung

„Wenn alle Wege verstellt sind,
bleibt nur der nach oben."
Franz Werfel

Die Jesuiten konnten also kraft ihres weltumspannenden Einflusses, unter anderem als Beichtvater und Berater an den Höfen von Wien, Madrid, Lissabon, Paris und München, Innozenz XI. zum Nachgeben in der Angelegenheit des Quietismus bringen. Waren sie von ihrem Ordensgründer Loyola ursprünglich als Soldaten Christi und als geistige Armee des Papstes angelegt, so wird dieser Orden nunmehr zu einer Art eigenständiger Autorität neben dem Papsttum und durch das Instrument der Inquisition zum geistigen Kontrollor des Pontifex.

In England ist der Ururenkel Maria Stuarts, Jakob II., im Jahre 1685 auf den Thron gelangt. Unter dem Einfluß des Jesuiten Eduard Petre, den der König zum Geheimsekretär und Mitglied des Geheimen Rates ernennt, versucht er, England für den Katholizismus zurückzugewinnen. Doch der Papst schickt dem König eine Vertrauensperson und läßt ihm raten, hierbei nur mit äußerster Behutsamkeit vorzugehen. Aber gegen den Rat Innozenz XI., auf Drängen des Jesuiten Petre hebt der König unter Umgehung des Parlaments die gegen die Katholiken gerichteten Straf- und Ausnahmegesetze auf, bevorzugt katholische Klöster und Stifte auf Kosten protestantischen Kirchengutes und ernennt nur Katholiken zu seinen Ministern. Vom Papst verlangt er, Petre zum Kardinal zu erheben. Innozenz XI. weigert sich. Daraufhin erklärt der König unter dem Einfluß Petres, man könne ein guter römischer Katholik sein und dabei doch das Papsttum entbehren.

Jakob II. wird im Jahre 1688 durch seinen Schwiegersohn, den protestantischen Wilhelm von Oranien, gestürzt. Damit haben die Jesuiten weltpolitisch eine empfindliche Schlappe erlitten. Sie, die sich seit jeher als erfolgreichste Antriebskraft der Gegenreformationen fühlen! Deren Orden soviele Märtyrer aufweist, deren Schulwesen sich im allgemeinen als segensreich entfaltet!

Christine ist durch die öffentliche Verurteilung von Molinos schwer getroffen. Sie, die als seine Protektorin gilt, empfindet seinen Sturz auch als ihren. Hätte man diese Angelegenheit nicht delikater behandeln können? Mußte man unbedingt Molinos vor aller Augen, vor den Tribünen mit den vornehmsten Repräsentanten des Kirchenstaates, vor dem johlenden Pöbel Roms, im Bußgewand gefesselt kniend, wie einen Mörder zu lebenslangem Kerker aburteilen?

Hätte man nicht aus Schonung gegenüber der Königin das Urteil wie beim Vertrauten von Molinos, Kardinal Petrucci, im geheimen aussprechen und den Betroffenen bei Nacht und Nebel über die Grenze abschieben können, so wie man den Kardinal trotz Urteilsspruchs ungehindert ausreisen ließ?

Die öffentlich erlittene Demütigung, die Christine als solche empfindet, verbittert die Königin. Hatte sie nicht stets im Einklang mit dem Willen Azzolinos und damit des Papstes gehandelt? Warum läßt man sie nun im Stich, schutzlos vor den Augen der Welt bloßgestellt?

Hatte sich Christine nicht gerade erst jetzt auf Bitten Azzolinos und des Papstes als Vermittlerin im Streitfall zwischen Innozenz XI. und Ludwig XIV., der unter dem Einfluß des Jesuiten Pater La Chaise steht, zur Verfügung gestellt? Hatte nicht durch Christines Einwirken der Unterhändler Gorio maßvolle Vergleichsvorschläge ausgearbeitet, die letztlich verhinderten, daß Ludwig den Kirchenstaat besetzte?

Nein, Christine hat diese furchtbare Demütigung wahrlich nicht verdient!

Man weiß nicht recht, wie sich in dieser Seelenlage der Königin jetzt Azzolino verhält.

Es ist kein Brief, kein Augenzeugenbericht über eine Verstimmung zwischen Christine und Azzolino bekannt.

Es gibt nur einen einzigen Indikator über eine Entfremdung zwischen beiden: Christine vernichtet ihr Testament, das sie seinerzeit in Hamburg verfaßt hatte und in dem sie Azzolino zum Universalerben einsetzte.

Es muß sich etwas Ungeheuerliches, völlig aus dem üblichen Rahmen dieser Freundschaft Fallendes ereignet haben, daß Christine einen solchen schwerwiegenden Schritt tut. Aber was?

Liegt des Rätsels Lösung vielleicht im Charakter Azzolinos? Der aus einer kleinadeligen, nicht reichen italienischen Familie stammt. Der künstlerische, literarische Neigungen besitzt. Der vom theaterbesessenen Kardinal Antonio Barberini gefördert wird, der durch die verwitwete Schwägerin des Papstes protegiert wird. Aber es ist sattsam bekannt: Diese Olimpia Maidalchini läßt sich ihre Protektionen teuer bezahlen. Aber so reich ist Azzolino nicht, jedenfalls noch nicht. Wie es der gutaussehende junge Mann schafft, dennoch von der 60jährigen Maidalchini höchste Protegierung zu erlangen? Einige – man könnte annehmen, Neider – behaupten, infolge eines intimen Verhältnisses mit ihr. Azzolinos Freunde sprechen von einem ‚bloß guten Einvernehmen'. Nun, wer die Maidalchini kannte, wußte genau, daß bei einem ‚bloß guten Einvernehmern' von ihr nicht viel zu holen war. Jedenfals setzt sie sich für den jungen Elegant äußerst tatkräftig ein. Sie ruht nicht, bis Innozenz X. den 31jährigen Beau zum Kardinal erhebt. Doch damit nicht genug! Die Maidalchini verlangt mehr. Sie fordert, daß der Papst seinen erfahrenen Staatssekretär Fabio Chigi seines Postens enthebt und an seiner Statt den für diese Stellung noch gänzlich unerfahrenen, frischgebackenen Kardinal Azzolino zum mächtigsten Kirchenpolitiker nach dem Pontifex ernennt.

Aber Innozenz X., der sonst den hysterischen Wutausbrüchen der Maidalchini erliegt, bleibt standhaft. Azzolino bekommt dieses hohe Amt nicht. Doch ganz gibt die Maidalchini nicht klein bei. Wenn nicht Staatssekretär, so dessen Aufpasser!

Die Schwägerin des Papstes setzt es durch, daß Azzolino bei jeder Audienz des Staatssekretärs anwesend sein darf. Eine bisher noch nie dagewesene Verfügung!

Aber ein Jahr danach stirbt Innozenz X., und sein Nachfolger Alexander VII. leitet gegen die herrschsüchtige Maidalchini, die gigantische Reichtümer aufgehäuft und noch den sterbenden Innozenz bestohlen hatte, wegen ihres Schachers mit Ämtern und Pfründen ein Gerichtsverfahren ein. Aber bevor es abgeschlossen ist, stirbt die Maidalchini.

Azzolino hat dadurch seine Gönnerin, die ihm zu kometenhaftem Aufstieg verholfen hat, verloren. Was nun?

Die angeheiratete Nicht Innozenz' X., die Frau seines Kardinalnepoten, Olimpia Aldobrandini, Fürstin von Rossano, bleibt auch nach demTod des Papstes eine sehr einflußreiche Dame Roms.

Gelingt es Azzolino nun, die Liebe dieser Frau zu erringen? Man erfährt es nicht. Azzolino äußert sich über seine intimen Angelegenheiten nicht. Man weiß, er verrät sich auch in Briefen nicht, und wenn doch, so versteht er es, solche Zeugnisse entweder wieder an sich zu bringen, oder vernichten zu lassen. Es wird nur eines offenbar: Die theaterbegeisterte Fürstin hat zeitlebens vor Freunden erklärt, sie sei Azzolinos einzige und große Liebe – eine Nachricht, die in späteren Jahren auch Christine zu Ohren gekommen ist und sie begreiflicherweise nicht erfreut hat.

Im Rom des 17. Jahrhunderts nehmen solche Eröffnungen nicht sonderlich wunder. Überhaupt legt man den Zölibat in jener Zeit eher großzügig dahingehend aus, daß die Verpflichtung zur Ehelosigkeit, zum Zölibat, nicht automatisch auch schon das Gebundensein an die Keuschheit impliziere, das nur durch ein eigenes Gelübde hierzu gegeben sei, welches wiederum lediglich der Regularklerus ablege und nicht der Weltklerus. Azzolino ist aber Weltpriester.

Die Zeitgenossen Roms betonen mit besonderer Verwunderung, Alexander VII. wäre nie in seinem Leben mit einer Frau intim gewesen. Aus dieser auffälligen Apostrophierung kann abgeleitet werden, daß viele kirchliche Würdenträger es damals nicht so hielten.

Aus dem bereits erwähnten Brief Christines vom 26. Januar 1667 an Azzolino, der auch ironische Sätze enthält, kann geschlossen werden, daß die Königin bezweifelt, ob ihn seine Stellung als Priester auch anderen Frauen gegenüber hindere, sich so enthaltsam zu geben wie bei ihr. Aber aus den Hamburger Briefen geht auch hervor, daß Christine Azzolinos politische Ratschläge stets befolgt.

Immer und immer wieder läßt sich die Königin von Azzolino auf dem kirchenpolitischen Schachbrett willig als Dame einsetzen, die er bald hierher und bald dorthin schiebt.

Sie selbst ist, wenn sie nicht gerade von Azzolino gegängelt wird, in erster Linie eine Förderin von Hunderten und Aberhunderten von Künstlern und Wissenschaftlern, eine Beschützerin der Hilflosen und Bedrängten, der Minderheiten schlechthin.

So verfaßt sie beispielsweise am 15. August 1686 folgendes Konzept: „Die Königin Christine, die Beschützerin der ... Unterdrückten..., bewogen durch... Mitleid, tut kund, ... daß sie in ihren wirksamen Schutz genommen hat das Getto der Juden in Rom und alle seine Bewohner. Demzufolge tut sie kund..., daß sie alle strenge zu bestrafen wissen wird, wer immer... sich unterfängt, die oben Genannten in irgendeiner Weise zu beschimpfen oder zu verletzen. Die Königin."

Nun wird Christine langsam alt. Ihr köperliche Reize verblassen. Sie bekommt Wassersucht. Ihr Blutdruck ist hoch. Sie wird, ihrem feurigen Temperamten entsprechend, dadurch noch leichter erregbar.

Wie sehr muß es sie nun erschüttern, in dieser Situation persönlicher tiefster Demütigung nach der Verurteilung ihres Schützlings und Beichtvaters Molinos, von Azzolino, der ihr seinerzeit das Buch des Quietisten voll Begeisterung in die Hand gedrückt hat, im Stich gelassen zu werden!

Das erbittert diese einsame und unerschrockene Kämpferin derart, daß sie ihr Testament zu seinen Gunsten zerreißt und die Absicht bekundet, Rom für immer den Rücken zu kehren.

Der Große Kurfürst von Brandenburg, ihr Vetter mütterlicherseits, bekommt sofort Wind von dieser Sache. Ein reiches Erbe lockt.

Unverzüglich schickt er ihr einen außerordentlichen Gesandten, den Baron Dobrzinski, und unterbreitet ihr folgende Vorschläge: Er bietet ihr in seinen Staaten eine angenehme und sichere ‚Retraite'(Ruhesitz) an.

Mitten in diesen Verhandlungen stirbt am 29. April 1688 der Große Kurfürst. Sein Nachfolger, Kurfürst Friedrich III., setzt die Bestrebungen mit großem Eifer fort. Er lädt die Königin zu den Beisetzungsfeierlichkeiten für den verstorbenen Vater ein, und ein paar Monate danach zur Taufe seines erstgeborenen Sohnes, des späteren Königs Friedrich Wilhelm I., für den sie die Patenschaft gütigst übernehmen möge. Sie entschuldigt ihr Nichterscheinen wegen der weiten Reise und ihres vorgerückten Alters. Die Patenschaft für den Kronprinzen nimmt sie an.

Für den Fall ihrer Übersiedlung in die Länder des Kurfürsten setzt sie eine Bedingung: vollständige Souveränität. Sie erstellt Vorschläge: Lehen über Cleve, Magdeburg und Halberstadt.

Schließlich geht sie auf einen Kompromiß ein: Sie begnüge sich mit dem Herzogtum Cleve. Nun ist sie ja genausogut ein Nachkomme der Herzöge von Cleve wie Friedrich III. Dieses Gebiet liegt weit entfernt von den übrigen Ländereien des Kurfürsten und ist daher für Ludwig XIV. eine leichte Kriegsbeute. Da sich Christine mit Ludwig gut steht, könnte sie im Kriegsfall dem Herzogtum ohne weiteres den Neutralitätsstatus verschaffen. Da sie kinderlos sei, würde nach ihrem Tod samt ihrem sonstigen Erbe das Herzogtum sowieso wieder an Friedrich III. zurückfallen.

Der kurfürstliche Verwandte zögert, sichert der Königin und ihrem Hof jedoch weiterhin volle Unabhängigkeit sowie Religionsfreiheit zu und bietet ein Jahresgehalt von 15.000 Talern an.

Noch am 4. Dezember 1688 schreibt die Königin an ihren Gesandten Olivekrans in Schweden befriedigt, daß ihr Vetter sein Anerbieten an sie in der liebenswürdigsten Weise erneuert habe.

Schon macht sie sich ernstlich mit dem Gedanken vertraut, ihre Zelte in Rom abzubrechen. Denn sie ist ganz und gar nicht gewillt, sich ihre Gewissensfreiheit beschneiden zu lassen. An die 200 Briefe hatte sie im Lauf der Jahre mit ihrem Schützling und Beichtvater Molinos gewechselt. Man hatte diese Schreiben in der Wohnung des Priesters beschlagnahmt und der Inquisition vorgelegt. Wohl hatte man diese Briefe im Prozeß gegen

Molinos unter den Teppich gekehrt. Aber Christine konnte die Ränke gewisser einflußreicher Jesuiten, die auch im Kardinalskollegium ihre Vertreter sitzen haben, nicht vergessen.

Noch ist sie zur endgültigen Abreise aus Rom nicht entschlossen. Aber es tut ihr gut, öffentlich darzulegen, daß sie, die um des katholischen Glaubens willen eine Königskrone niederlegte, es nicht nötig hat, sich wegen quietistischer Neigungen durch öffentliche Demütigungen züchtigen zu lassen.

XVI

Die Seherin wird verhaftet

„Religionen sind wie die Leuchttürme — sie bedürfen der Dunkelheit, um zu leuchten."

Arthur Schopenhauer

Mitten in diese schwebende Situation, da das Zünglein an der Waage des Entschlusses noch schwankend zwischen einem möglichen Verbleib in Rom und einer wahrscheinlichen Ausreise in die Staaten ihres Vetters hin und her pendelt, erhält die Königin einen seltsamen Brief.

Ein deutscher Astrologe namens Voigt warnt sie in diesem Schreiben vor den ersten Monaten des kommenden Jahres. Daraufhin bestellt sie sich bei ihrem Schneider ein seltsames Gewand: eine Art Nonnenhabit aus weißsilbernem Brokat mit goldenen Knöpfen.

Am 24. Dezember 1688 liefert der Meister die neue Garderobe. Die Königin weilt eben mit der Marchesa Capponi in einem ihrer Salons.

Christine ruft ihre Kammerfrauen, die drei Schwestern Ottavia, Francesca und Porzia Passaglia aus der Heimat Azzolinos, die der Kardinal ihr seinerzeit mit anderem Dienstpersonal zugeführt hatte.

Man streift ihr das neue Gewand über. Sie geht in dem Saal damit auf und ab. Schreitet zu einem der hohen venezianischen Spiegel und blickt hinein.

„Majestät", ruft der Schneider entzückt aus, „das Kleid paßt wie angegossen."

„Findet Ihr?" entgegnet Christine ernst.

„Madame, vortrefflich", versichert auch die adelige Dame.

„Oh" und „ah" hauchen die beigezogenen Kammerfrauen vor Begeisterung.

„Diese Garderobe", spricht jetzt die Königin langsam, „in der ihr mich seht, läßt mich an Dinge denken, die von großer Bedeutung sind. Es wird mir bald dienen..."

Christine bricht ab und blickt suchend umher. Da entdeckt sie hinter den Kammerfrauen eine ihrer Zofen, die junge Giulia, von der in Rom das Gerücht umgeht, sie habe das sogenannte ‚zweite Gesicht'. Die Königin nennt deshalb ihre Zofe Giulia scherzhaft oder symbolhaft ‚Sibylle'.

„Sibylle", spricht sie ernst und blickt das Mädchen forschend an, „du wirst es nicht erraten . . ."

„Was, Majestät?" fragt erschrocken die Kleine.

„Du wirst es nicht erraten", fährt die Königin stockend fort, „bei welcher Zeremonie . . ."

„Wie?" stammelt Giulia verwirrt.

„Bei welcher Zeremonie", hilft ihr Christine erklärend weiter, „ich . . . dieses Gewand . . ."

„Verzeihung, Madame", quält sich Giulia ab, „Euer Majestät denken daran, daß Sie binnen kurzem in diesem Kleid . . ."

„Ja . . . sprich weiter, Kind!"

„. . . binnen kurzem in diesem Kleid . . . O Gott!"

„Sprich!"

„. . . binnen kurzem in diesem Kleid . . . begraben werden."

„Unerhört", schreit die Marchesa auf, „das Ding gehört ausgepeitscht!"

Die Kammerfrauen stürzen sich auf Giulia.

„Laßt sie!" wehrt es ihnen die Königin. „Sie hat die Wahrheit gesagt. Das muß erlaubt sein."

Die Frauen hasten in Panik davon.

Die Marchesa eilt schnurstracks zu Azzolino und berichtet ihm alles. Er läßt sofort Giulia zu sich beordern.

Das Mädchen steht zitternd vor ihm, neben ihm die Marchesa wie ein gestrenger Racheengel mit steinernem Gesicht.

„Was hast du gesagt?" verhört Azzolino das Mädchen.

Giulia schweigt mit unbeweglicher Miene.

„Wann wird deiner Meinung nach die Königin sterben?" setzt der Kirchenfürst das Verhör fort.

Giulia schluchzt auf und sagt kein Wort.

„Ich muß alles wissen", kommt es ernst von Azzolinos Lippen. „Sage mir also: Wann wird die Königin sterben? Was meinst du?"

„Bald."

„Noch in diesem zu Ende gehenden Jahr?"

„Im kommenden."

„So", kommt es gedehnt aus dem Mund des Kardinals. „Wird im neuen Jahr sonst noch wer von der Bühne des Lebens abtreten?"

Giulia schweigt und nickt. Die Marchesa knurrt empört auf.

„Wie viele?" hört das Mädchen die unerbittliche Stimme des Fragenden.

„Zwei."

„Wer? Ich muß es wissen." Der Kardinal bohrt seine schwarzen Augen in den Blick der Verstörten.

„Der Papst."

Wie Hammerschläge fallen diese beiden Worte in den Audienzsaal des Kardinals.

Die Marchesa schreit auf und wankt auf einen der herumstehenden Fauteuils zu.

Azzolinos Augen werden weit, und er atmet schwer. Seine linke Hand greift nach dem Herzen.

„Und wer ist der andere? Ich muß alles wissen."

Giulia ringt nach Worten: „Ich sagte bereits . . ."

„Wer ist der dritte? Ich muß auch diese Person unbedingt kennen."

„Dieser Herr weiß es."

„Von wem?"

„Ich habe es ihm eben gesagt."

Das Gesicht des Kardinals wird kalkweiß. Jeder Blutstropfen scheint daraus entflohen zu sein.

„Ich?" ächzt er tonlos, und seine Rechte, an der ein nußgroßer Rubin gefährlich funkelt, zittert bedrohlich.

Die Marchesa stürzt wild gestikulierend aus dem Saal.

Das Haupt des Kardinals fällt schwer auf die Brust, über der ein mit Rubinen und Brillanten besetztes Brustkreuz hin und her baumelt.

Die Kleine steht wie verloren in dem hohen Raum und weiß nicht recht, was mit ihr geschieht, was rund um sie herum vorgeht.

Azzolino sieht das Mädchen nicht an und bedeutet nur mit einer flatternden Handbewegung, es möge sich entfernen.

Giulia steht wie angewurzelt und rührt sich nicht.

„Geh!“ herrscht er sie an, und da sie noch immer keine diesbezüglichen Anstalten macht, nun schon drohender: „Geh! Geh!“

Da löst sich der starre Bann von ihr, und sie stürzt weinend hinaus.

In einer engen Gasse, kurz vor dem Palazzo Riario, packt sie ein päpstlicher Gendarm von hinten an der Schulter.

„Kleine“, herrscht er sie an, „komm sofort mit mir! Du bist verhaftet.“

XVII

Sollten sich die Prophezeiungen erfüllen

„Gar viel erlebt man's – mit der Andacht Mienen
und frommem Wesen überzuckern wir
den Teufel selbst."

William Shakespeare
Hamlet, 3. Akt, 1. Szene

Am 13. Februar 1689 erkrankt Christine lebensgefährlich an Gürtelrose am rechten Bein und Wassersucht. Sie erleidet höllische Schmerzen. Eingedenk der Worte ihrer Zofe Giulia, die wegen ‚Zauberei, Verbreitung des Aberglaubens und Teufelskultes' nach wie vor in der Engelsburg eingesperrt ist, hält sie ihr nahes Ende für gekommen.

Sie bittet den Geheimsekretär Innozenz XI., Gian Francesco Albani, zu sich. Dieser 40jährige Herr ist ihr seit langem vertraut. Ist er doch seit Jahren in der von ihr gegründeten Gelehrtenakademie tätig und hat sich um das Zustandekommen ihrer später weltberühmt gewordenen Sammlungen große Verdienste erworben. In einem Jahr wird er zum Kardinal erhoben werden. Mit 51 Jahren, kurz vor seiner Wahl zum Papst, wird er die Priesterweihe empfangen. Als Pontifex wird er den Namen Klemens XI. annehmen.

Dieser gelehrte und liebenswürdige Herr besucht unverzüglich die schwerkranke Königin. Durch ihn läßt sie den Papst um Verzeihung bitten, falls ihr heftiges Temperament ihn jemals beleidigt haben sollte. Auch läßt sie ihn ersuchen, sich ihrer Dienerschaft anzunehmen.

Innozenz XI. antwortet darauf, indem er in einem eigenen Breve der Königin die Absolution von ihren Sünden erteilt.

Im ärztlichen Bulletin heißt es: „Die Gürtelrose brach nicht völlig aus, daher es denn geschah, daß ein Teil davon im Geblüt zurückblieb und verschiedene Teile des Körpers angriff und schwere und gefährliche Symptome und sogar wiederholte Ohnmachten nach sich zog. Nach verschiedenen angewandten

Hilfsmitteln verlor sich ihre Krankheit... Ganz Rom, besonders aber die kleinen Leute ihres Quartiers, freuten sich sichtlich ihrer Genesung."

Mit einem Dankgottesdienst und einem feierlichen Te Deum – ausgerechnet in der Jesuitenkirche –, an dem alle Kardinäle teilnehmen, mit einem Volksfest, mit festlicher Illumination der Straßen und Häuser, mit einem grandiosen Feuerwerk und musikalischen Umzügen wird die Genesung der ‚Padrona di Roma' in echt südländischer Ausgelassenheit gefeiert.

Azzolino hatte Christine während ihrer Krankheit täglich besucht. Am 1. März 1689 setzt sie ein neues Testament auf, in dem sie den Kardinal abermals zu ihrem Universalerben einsetzt, und zwar „wegen seiner unvergleichlichen Vorzüge und Tugenden, und in Anerkennung der guten Dienste, die er im Laufe vieler Jahre geleistet habe."

Innozenz XI. vermacht sie die Christusstatue Berninis. Ludwig XIV., Kaiser Leopold I., Karl XI. von Schweden, Karl II. von Spanien sowie Kurfürst Friedrich III., ihr Vetter, erhalten Kostbarkeiten nach Wahl des Universalerben. Alle Bediensteten Christines werden mit Legaten reichlich bedacht. Die Güter der Königin fallen an Schweden zurück.

Am 20. März 1689 schreibt sie ihrem Gesandten Olivenkrans nach Schweden: „Die Kraft meines Temperaments ist wiedergekehrt am Ende einer Krankheit, die fähig war, zwanzig Herkulesse zu töten."

Nun ist die Entfremdung zwischen Christine und Azzolino einem neuen Einverständnis gewichen.

Er besucht sie in heiterer Stimmung.

„Mein Bruder, ich bitte Sie inständig", empfängt sie ihn freundlich, „sich meiner armen Zofe Giulia anzunehmen. Man hält die unglückliche Kleine ja noch immer in der Engelsburg gefangen."

„Es wird geschehen, meine teure Schwester", erwidert er schnell. „Ich werde alles tun, was in meinen Kräften steht. Aber das Verfahren ist noch nicht abgeschlossen. Wir müssen uns noch etwas in Geduld üben."

„Üben Sie, mon frère", sprudelt sie mit leichter Ironie heraus. „Daß darüber nur nicht inzwischen allzuviel Wasser den Tiber hinunterfließt! Da ihr Kirchenfürsten die Ewigkeit vor Augen habt, könnte es geschehen, daß ihr die gegenwärtige Zeitlichkeit zu wenig Revue passieren laßt. – Aber kommen Sie! Spielen wir eine Partie Schach!"

„Es ist schon lange her", meint er versonnen, „seit dem letzten Mal."

„Sie ließen mich ja nie gewinnen", versetzt sie schelmisch. „Ach, könnte ich Sie nur ein einziges Mal schachmatt setzen!"

„Ich spiele doch nicht besonders gut. Klemens IX. konnte es besser."

„Der gegenwärtige Papst hält es mehr mit dem Kartenspiel, sagt man."

„Hielt es, bevor er den Stuhl Petri bestieg. Seine Neider behaupten, die Karten hätten ihn zum Pontifex maximus gemacht. Nein, heute lebt er zu asketisch, als daß irgendein Spiel in seinem Leben Platz fände!"

„Azzolino, Sie sind am Zug."

Er schiebt einen Bauern auf dem Schachbrett nach vorn und schweigt.

„Man raunt sich zu, der Papst sei leidend", flüstert Christine.

„Oh, er wird uralt!"

„Immerhin, er ist achtundsiebzig. Seine Tage sind gezählt."

„Meine Schwester, ich muß Ihnen ein Pferd wegnehmen."

„Ich habe noch eines. Was ich sagen wollte: Wir haben gegenwärtig nur sechzig Kardinäle."

„Einundvierzig davon sind Italiener. Wir halten noch immer die überwiegende Mehrheit."

„Kardinal Flavio Chigi ... Wie stehen Sie zu ihm?"

„Christine, Ihr Turm ist dahin. Sie spielen zu wenig konzentriert. Was soll mit dem Kardinal sein?"

„Dezio, Sie müssen ein gutes Verhältnis zu ihm herstellen!"

„Weil er einst Kardinalsnepot war? Die Ära Alexanders VII. ist lange dahin. Darüber sind zweiundzwanzig Jahre ins Land gezogen."

„Der kommende Papst wird Ludwig XIV. ein gewisses Entgegenkommen signalisieren müssen. Und... er wird das Wohlwollen des Kardinals Chigi sehr nötig haben."

„Pah, Madame, Sie sehen das zu weltlich. Der künftige Pontifex... Ach, was parlieren wir... Innozenz XI. kann noch mehr als ein Jahrzehnt regieren. Das Problem stellt sich noch lange nicht."

„Kann sein, es stellt sich schon morgen. Bisher waren Sie zu jung, mein Bruder. Jetzt sind Sie es nicht mehr. Welchen Namen werden Sie sich als Papst zulegen?"

„Pardon, Madame, Sie haben eben Ihren Läufer verloren."

„Ich habe deren zwei, es steht also nicht schlimm."

„Sie hatten deren zwei. Apropos, worüber sprachen wir?"

„Welchen Namen werden Sie annehmen?"

„Ach, Christine, der Wunsch ist der Vater Ihres Gedankens. Wer weiß, ob es gar so gut wäre, wenn ich Papst würde."

„Werden Sie sich vielleicht Innozenz XII. nennen?"

„Wie kommen Sie darauf?"

„Nun, aus Dankbarkeit etwa. Innozenz X. verlieh Ihnen den Purpur."

„Innozenz XII.?" Azzolino macht ein Gesicht, als hätte er eben eine bittere Pille geschluckt. „Finden Sie, daß das einen besonderen Klang hat?"

„Dann wird Ihnen Klemens XI. auch nicht gefallen. Immerhin wurden Sie unter Papst Klemens Staatssekretär."

„Nein, so würde ich mich nicht nennen."

„Dann vielleicht... Anton I.? Kardinal Antonio Barberini legte ja den Grundstein zu Ihrer Karriere."

Azzolino lacht laut auf. „Anton I.! Da würde sich die Welt gewaltig amüsieren! Nein, das wäre nichts."

„Dann würden Sie sich auch auf gar keinen Fall etwa Christian IV. nennen wollen."

Der Kardinal zieht eine verächtliche Grimasse. „Warum gerade so?"

Christine zuckt schmerzlich zusammen. „Eben. Warum gerade so..." Er hat die Anspielung auf ihren Vornamen nicht verstanden oder nicht verstehen wollen.

„Überhaupt", spricht der elegante Kirchenfürst getragen und feixt ein wenig. „Warum sollte ich solch unoriginelle Namen wählen? Wenn schon, dann ... warum nicht einfach bei meinem eigenen Vornamen bleiben wie beispielsweise etliche Katakombenpäpste? Man könnte zwar dann an Kaiser Decius erinnert werden, der sieben schwere Christenverfolgungen durchführen ließ und den damaligen Papst, den heiligen Fabian, im Jahre 250 zum Märtyrer machte. Aber ..." Azzolino lächelt genußvoll: „Ich schreibe ja meinen Vornamen mit einem ‚z'. Nun, Christine, wie gefiele Ihnen Dezio I.?"

„Mir ist jeder Name recht, der Ihnen die Tiara einbringt."

„Pardon, ich muß leider ‚Schach' sagen."

„Sie besiegen mich schon wieder. Zum tausendundeinten Mal."

„Sagte ich denn schon ‚schachmatt'?"

„Auf Ihr Schach folgt jedesmal schachmatt auf dem Fuß, und Sie setzen meinen König außer Gefecht. Ach, beim Schachspiel könnte ich zur Republikanerin werden!"

Azzolino macht einen weiteren Zug auf dem karierten Brett. „Ihre Prophezeiung trifft ein. Nun sind Sie tatsächlich schachmatt. Aber, apropos Prophezeiung! Da Ihre Zofe Giulia mit ihrer Vorhersage unrecht hatte, weil Sie, Christine, Gott sei Dank wieder genesen sind, so wird auch Innozenz XI. nicht so bald das Zeitliche segnen, und daher ich, voilà, nicht so bald Papst werden."

XVIII

Knapp vor dem Ziel

„Ihr sollt einander genauso lieben,
wie ich euch geliebt habe.“
Johannes 13, 34

Die Verurteilung des Quietismus ruft in Italien eine antimystische Strömung hervor. Zahlreiche, bis dahin hochgeschätzte Werke kirchlicher Autoren werden auf den Index gesetzt und öffentlich verbrannt.

Diese geistige Welle greift auf Frankreich über, wo sich bereits starke Tendenzen des Quietismus breitmachten, die aber von den Jesuiten um Ludwig XIV. ebenfalls heftig bekämpft werden.

Da scheint plötzlich der Himmel selbst zugunsten mystischer Strömungen und herzinniger Frömmigkeit einzugreifen. Vom Frankreich Ludwigs XIV., der unter dem Einfluß von Jesuiten steht, und zwar vom Kloster Paray-le-Monial, geht durch die heiligmäßige Nonne Margarete Maria Alacoque die Herz-Jesu-Verehrung aus, die etliche Jahre später in der gesamten Kirche öffentliche Anerkennung finden wird.

Christine bewahrt sich trotz Inquisition, trotz Ermahnungen der Jesuiten, eine eigenständige Gläubigkeit. Sentimentale Frömmelei ist ihr zuwider, sie bezeichnet sie ironisch als ‚frommes Priestergeschwätz‘.

An sie gerichtete Briefe von Seelsorgern, die nicht den richtigen Ton finden, beantwortet sie sehr barsch: „Wer hat Sie um Ihre Ansicht gebeten?“ – Oder: „Unterlassen Sie es, mich zu schulmeistern!“ – Oder an anderer Stelle: „Glauben Sie, ich sei so weltfremd, daß ich nicht weiß, wie man in Rom lebt und welche Schurkenstreiche hier begangen werden?“ – Oder: „Wenn Gott ein Mönch wäre, dann wehe der Welt!“

Nein, diese Frau geht nicht mit Scheuklappen durch das Dasein. Selbst in Azzolino sieht sie, trotz ihrer grenzenlosen Bewunderung für ihn, fast immer nur den Kirchenpolitiker und kaum den Seelsorger.

Nun ist Christine von einer schweren Krankheit genesen, die fast zum Tod geführt hätte. Sie dachte in den vergangenen Tagen, die Prophezeiung ihrer Zofe Giulia im Ohr und das Sterben vor Augen, viel über Gott und den Sinn ihres Lebens nach.

Als Dank für ihre Genesung plant sie jetzt eine baldige Wallfahrt zur Madonna von Loretto.

Doch Freitag, den 15. April erleidet sie einen schweren Rückfall. Eine Lungenentzündung tritt hinzu.

Innozenz XI. schickt Kardinal Pietro Ottoboni, der Christine das Sakrament der Letzten Ölung spendet und ihr den persönlichen Segen des Papstes überbringt.

Ottoboni bekam als 42jähriger von Innozenz X. den Kardinalshut. Er kommt aus dem Kreis der Squadrone volante und ist Christine bestens bekannt. Sie schätzt sein stets heiteres Wesen und ist daher besonders dankbar, daß ihr der wortkarge und verschlossene Pontifex gerade diesen Kirchenfürsten mit den Tröstungen der Religion schickt. Innozenz XI. bedauert, nicht selbst kommen zu können, da er ebenfalls erkrankt ist.

Rom, Palazzo Riario, Montag, 18. April 1689, abends:

Die Königin liegt ruhig atmend in den hochgetürmten Kissen ihres Lagers. Neben ihrem Bett sitzt Azzolino, selber an einer Frühjahrsgrippe laborierend.

Christines Augen blicken unverwandt den hageren Mann in dem roten Talar an.

„Wie fühlen Sie sich, meine Freundin?“ flüstert er heiser.

„Ich habe geträumt“, versucht sie zu lächeln.

„Wovon träumten Sie?“

„Daß alle diese Visionen von Vaterland, Freiheit, Ehre, Stolz und Glück, die so viele bedeutende Männer zu edlen und großen Handlungen getrieben haben, in Wahrheit nichts anderes sind als...“

„Was, meine teure Schwester?“

„...als... Wachträume.“ Sie wirft ihren Kopf unruhig hin und her. „Ich möchte beichten.“

„Das taten Sie schon. Pater Slawata hat Ihnen bereits die Beichte abgenommen. Kardinal Ottoboni spendete Ihnen die

Letzte Ölung. Der Papst sandte Ihnen seinen persönlichen Segen. Sie sind wohl vorbereitet."

„Ich möchte beichten... meine geheimen Bindungen, denen ich drei Jahrzehnte lang unterworfen war. Ich liebte einen Kirchenfürsten."

„Nicht doch, Christine!" Azzolino hebt beschwörend beide Hände.

„Es wäre ohnehin keine echte Beichte, weil die Reue fehlt. Ich kann nicht bereuen, daß ich diesen Mann liebte. Seinetwegen bewarb ich mich um den Thron Neapels, um die Krone Polens."

„Ich bin unschuldig an der Hinrichtung Monaldescos", ruft Azzolino entsetzt aus. Ein Hustenanfall überfällt ihn und läßt ihm Tränen aus den Augen treten.

„Ich nehme alle Verantwortung auf mich", erklärt sie mit solcher Festigkeit, als läge sie nicht sterbenskrank vor ihm. „Ich war sein Gericht. Der Stellvertreter des allerhöchsten Richters. Wenn Sie jedoch Stellvertreter des Allerhöchsten auf Erden sein werden..."

„Sprechen Sie nicht weiter!" bricht es leidenschaftlich aus ihm, und er hält sich die Ohren zu. Sterne scheinen vor seinen Augen zu tanzen.

„Der Papst...", kommt es von ihren Lippen. „Er sollte nicht Herrscher eines Kirchenstaates sein... nicht Onkel eines Kardinalsnepoten... nicht Träger der Tiara, einer dreistöckigen Krone... nicht Oberkönig unter rivalisierenden Weltkönigen..."

Röte überfliegt ihre Wangen. Schweiß zeichnet ihre Stirn.

„Beruhigen Sie sich, Christine, beruhigen Sie sich!"

„Das geknickte Schilfrohr zerbricht er nicht, den glimmenden Docht löscht er nicht aus."

„Wovon reden Sie?" fragt er behutsam.

„So verkündet der Prophet Jesaja, Kapitel 42."

„Ach so", darauf er zerstreut.

„Martin Luther wollte ehrlich reformieren...", haucht sie fast tonlos.

„Ma soeur, Sie sollten schlafen."

Ihre Augen werden groß und weit. Sie scheinen in die Zukunft sehen zu wollen. „Wenn Sie Papst werden, müssen Sie ein Konzil einberufen."

„Was?" ruft er ungläubig; unsicher, ob er auch richtig gehört habe.

„Sie müssen ein Breve gegen den unseligen Nepotismus erlassen. Sie müssen den Kirchenstaat als päpstliches Lehen in weltliche Demokratien nach dem Beispiel der griechischen Antike umwandeln. Sie müssen die Inquisition aufheben. Sie müssen den Völkern völlige Gedankenfreiheit, private Meinungsfreiheit und Gewissensfreiheit schenken."

„Sie dürfen sich nicht aufregen. Die Ärzte haben Ihnen völlige Ruhe verordnet."

Doch die einsame Kämpferin, die sie ein Leben lang war, legt selbst in dieser Stunde ihre geistigen Waffen nicht beiseite.

„Sie müssen", fährt sie hastig fort, als eile es sehr, „den Kaiser und die Könige ermuntern, dem Absolutismus zu entsagen und ihren Völkern eine Verfassung zu geben. Sie dürfen als Papst nicht das höfische Gepränge der Könige nachahmen. Sie dürfen keine bloße Heiligkeit in einem Palast werden, sondern bloß heilig im Sinn unseres Kirchengründers, unseres Herrn und Heilands, der in einem Stall geboren wurde. Der als Kleinkind bettelarm nach Ägypten fliehen mußte. Der als Sohn eines vermögenslosen Zimmermanns aufwuchs. Der als Religionsstifter kein festes Dach über seinem Haupt hatte. Der von der Mildtätigkeit seiner Anhänger seinen Unterhalt fristen mußte. Dessen Thron als Krönung seines Lebens ein Schandkreuz wurde, dessen Tiara eine Dornenkrone war. Dessen Kardinäle mittellose Fischer waren. Dessen Reich nicht von dieser Welt ist."

Sie wirkt erschöpft.

„Christine, erst müssen Sie wieder gesund werden, dann wollen wir sehen, ob ich überhaupt Aussichten habe, der nächste Papst zu werden."

Da wird Besuch gemeldet. Kardinal Ottoboni, der unlängst erst Christine die Letzte Ölung spendete, schaut vorbei.

„Wie geht es Ihnen, meine teure Königin?" begrüßt er sie heiter.

Sie atmet tief durch, zwingt sich zu einem Scherzwort. „Ich darf noch nicht abtreten, damit nicht die Vorhersagen meiner armen Zofe Giulia rechtbehalten. Auch möchte ich den Jesuiten nicht zumuten, für mich Exequien absingen zu müssen."

„An Ihr Begräbnis wollen wir in ein paar Jahrzehnten denken. Da habe wohl vorher ich den Vortritt", scherzt Ottoboni.

„Das bestimmt aber nicht das Heilige Offizium", lächelt Christine matt.

„Was denn?" poltert gutmütig Ottoboni, „gegen mich sind Sie eine junge Frau. Sie vergessen doch nicht, daß in vier Tagen mein Geburtstag ist? Sollen wir denn ausgerechnet ohne Sie feiern müssen?"

„Das geht wirklich nicht", ruft Christine und gibt sich einen energischen Ruck. „Dezio, geben Sie mir meinen Morgenmantel her! Ich will aufstehen."

„Das dürfen Sie unter gar keinen Umständen!" protestiert Azzolino.

„So machen Sie schon!" befiehlt Christine und läßt sich von ihrem Vorhaben nicht abbringen. „Sagen Sie dem Grafen Wasenau, nein, meinem Sekretär Guidi, er möge dem Koch bestellen, uns eine Bouillon servieren zu lassen. Ich habe Hunger."

„Madame", wird jetzt Ottoboni kleinlaut, „ich wußte nicht, daß Sie meine Konversation wörtlich nehmen. Vielleicht wäre es doch besser..."

Christine macht eine abwehrende Handbewegung und steigt aus dem Bett. Azzolino springt herzu, um sie zu stützen.

„Lassen Sie, Dezio, ich fühle mich wohl! Ich lege mich hier auf das Kanapee. Wo bleibt die Bouillon?"

Zwei Lakaien treten ein und servieren. Azzolino und Ottoboni machen verdutzte Gesichter.

„Das haben die Herren nicht erwartet", ergötzt sich Christine, „erst kürzlich Letzte Ölung und heute Bouillon sowie hernach Weinchaudeau. Sie verzeihen, Ottoboni, daß ich mit einem Glas Wasser auf Ihr Wohl trinke. Der wievielte Geburtstag ist es denn?"

„Der achtzigste."

„Kardinäle werden scheinbar alt, ohne es zu sein."

„Madame, ich wußte, daß Sie stets für eine Überraschung gut sind, aber für eine so gewaltige!"

„Weil ich wie Lazarus von den Toten auferstehe? Für Gott ist nichts unmöglich."

„Amen", spricht Ottoboni langsam, „Lukas, Kapitel 1."

„Pietro", jetzt Azzolino zu Ottoboni, „stellen Sie sich vor, die Königin wünscht, daß der Papst ein Konzil einberuft."

„O mamma mia!" lacht Ottoboni und nippt genüßlich am Rotwein, den die Lakaien aufgetragen haben. „Innozenz XI. ist achtundsiebzig. Er ist krank und alt. Obwohl ich mich selbst noch rüstig fühle, aber bei der heiligen Jungfrau von Loretto, wäre ich an seiner Statt, ich beriefe auch kein Konzil ein."

„Das letzte Konzil", ereifert sich Azzolino, „dauerte achtzehn Jahre und endete vor 126 Jahren. Was kann ein solches schon bringen? Der Aufwand hierfür ist gewaltig. Bischöfe und Kardinäle aus der ganzen Welt müssen sich um den Papst versammeln, gemeinsam beraten, Beschlüsse fassen, abstimmen. Ein Konzil, Christine, ist ein ungeheures Wagnis."

„Dezio, Sie ordnen Ihre Vorurteile, statt Ordnung in Ihre Urteile zu bringen", spottet Christine.

„Madame", will Ottoboni einlenken, „was erwarten Sie sich von einem Konzil?"

„Daß die Kirche Fenster und Türen aufmacht, um den frischen Wind einer neuen Zeit hereinzulassen."

„Neue Zeit?" fragt Ottoboni belustigt. „Die Kirche baut auf der Tradition des jahrtausendalten Papsttums auf. Wozu da noch ein frischer Wind?"

„Wenn sich doch die Kirche auch wirklich die Tradition zum Vorbild nähme! Die Tradition der Urkirche, der Märtyrer, die Tradition der Evangelien."

„Christine, Sie können nicht verleugnen, daß Sie Konvertitin sind", wirft Azzolino ein.

„Das will ich auch nicht. Aber ich will ebenfalls nicht, daß die Kirche zum Königshof wird, in dem die Etikette allein alles bestimmt, was geglaubt werden darf und was nicht."

„Madame, ich denke", sagt Ottoboni, „Sie legen selbst einigen Wert auf die Etikette. Ist sie doch ein Schutzwall der

Könige für die Aufrechterhaltung der Ehrfurcht für ihre Person."

„Ich meine", ereifert sich Christine, „höfisches Treiben lebt vom Abschirmen. Dann kommt es eben zu folgendem: Die Kardinäle schirmen den Papst ab, die Bischöfe die Kardinäle, die Prälaten und Dechanten die Bischöfe, die Pfarrer die Dechanten und schließlich die Kapläne die Pfarrer. Und bei all dem bleibt das Volk Gottes ausgeschlossen, außerhalb einer unübersteigbaren, unüberschaubaren Chinesischen Mauer. Doch Christus, unser Herr und Heiland, meine Lieben, war nicht unübersteigbar, war nicht unüberschaubar. Er ist Gottes Sohn, der von sich spricht: ‚Ich bin immer bei euch, jeden Tag bis zum Ende der Welt.'"

„Amen", sagt Ottoboni, „Matthäus, Kapitel 28."

„‚Ihr seid das Salz der Erde und das Licht der Welt'", fährt Christine mit Eindringlichkeit fort. „‚Euer Licht muß vor den Menschen leuchten. Sie sollen eure guten Taten sehen und euren Vater im Himmel preisen.'"

„Amen", sagt Ottoboni abermals, „Matthäus, Kapitel 5."

„Ja, die Bibel kennen wir. Aber leben wir sie auch?" fragt Christine. „Ist Kirche in der Praxis nicht eine schweigende Mehrheit ohne Mitspracherecht? Der Katholizismus unserer Tage müßte christentümlicher sein, sowie das Christentum christusähnlicher werden sollte. Unser Glaube lebt im Ghetto eines auserwählten Völkchens, das ohne das Kirchenvolk lebt."

Ottoboni setzt das geschliffene Weinglas ab. „Wir Menschen säen Unvollkommenheit und ernten Unvollkommenheit, das ist wahr. Glauben Sie aber im Ernst, Madame, daß ein Konzil den Menschen vollkommener machen kann? Die Kirche geht durch die Jahrhunderte voran. Man darf hier nicht kleinlich in Jahren messen wollen, wo selbst Dezennien kein geeigneter Maßstab für die Ewigkeit sind."

„Pietro, ich stimme Ihnen vollinhaltlich bei", gibt Azzolino in männlicher Kollegialität von sich.

„Aber die Jahrhunderte verändern die Gesellschaft", begehrt Christine auf. „Man kann nicht zu Menschen des ausgehenden 17. Jahrhunderts in der Sprache des Mittelalters reden."

„Meine teure Majestät“, meint Ottoboni gütig, „wollen wir denn aus Rom ein demokratisches Athen machen, in dem das Volk lautstark abstimmen kann, ob man etwa die Dreifaltigkeit Gottes modernisieren und die Jungfräulichkeit der Madonna schön langsam abschaffen sollte? Vielfältigkeit in der Meinungsfreiheit kann zum Ausdruck des Zerfalls werden. Eines Ausdrucks einer Armut an Einheitswillen. Dürfen wir die komplexe Wirklichkeit der Kirche, die aus der unendlichen Fülle des Christusheils geboren ist, herabwürdigen zu vielfältigen Glaubensmodellen, und jeweils verschiedene Wege beschreiten, als ob Christus selbst geteilt und in sich uneins wäre?“

„Viel Unchristliches wird gelebt unter Berufung auf Christus“, wirft Christine ein. „Viel Uneinigkeit, eine zerstrittene Herde: Calviner, Evangelische, Orthodoxe, Katholiken . . . Die christliche Nächstenliebe bleibt dabei auf der Strecke.“

„Wenn wir nun damit anfangen“, fährt Ottoboni fort, „ein Konzil darüber befinden zu lassen, ob man nicht den Glauben alle paar Jahre wie ein Modellkleid aus Paris neu kreieren müßte, dann wäre bald unser Glaube kaum unterscheidbar von den Tollheiten des alten Rom.“

„Und wenn“, sekundiert Azzolino, der sich sein Lebtag lang auf die Seite des Stärkeren schlägt, „ohne jede Beachtung der Obödienz, jeder Kaplan seinem Pfarrherrn auf die Finger klopfen darf und jeder Dechant seinem Bischof, dann ist der Tag nicht fern, da das Unterste zuoberst gekehrt und statt geheiligter Hierarchie die unheilige Anarchie fröhliche Urständ feiert.“

„Meine verehrte Majestät“, will Ottoboni das Gespräch in heitere Bahnen lenken, „mit der Frömmigkeit allein wird man eben nicht Pfarrer, sondern höchstens ein Heiliger.“ Er lacht verschmitzt über sein eigenes Bonmot.

„Die Frömmigkeit hat wahrlich nicht Rom allein gepachtet“, brummt Christine und löffelt genüßlich an dem Weinchaudeau, das die Lakaien servieren.

„Darum haben wir den Zölibat“, scherzt Ottoboni, „damit wir Priester uns nicht zu stark vermehren.“

„Ja“, gibt Christine den Spaß zurück, „darum seid ihr Kardinäle auch wie der liebe Gott.“

„Wie das?" fragt Ottoboni staunend.

„Nun, sonntags, wenn ihr predigt, seid ihr unbegreiflich und werktags unsichtbar."

Ottoboni massiert nachdenklich sein Kinn. „Ich glaube, Dezio", spricht er zu Azzolino hinüber, der eben an köstlichem Konfekt nascht, „unsere Padrona di Roma mag uns zwar civiliter et privatim, aber nicht sonderlich als Kardinäle."

„Wundert Sie das?" fragt Christine schlagfertig zurück, „wo doch zwischen euch und einem Wegweiser kein Unterschied besteht."

„So?" Ottobonis Gesicht ist ein einziges Fragezeichen.

„Nun ja, beide zeigen den Weg, aber beschreiten ihn nicht."

„O Majestät, heute gehen Sie scharf mit uns ins Gericht."

„Mein lieber Ottoboni", erwidert sie und drückt mit der Linken fest die Kragenenden des Morgenrocks um ihren Hals zusammen, „ich bin seinerzeit nach Rom gekommen mit einem weiten Herzen voll Idealismus. Ich hoffte, hier in die innerste Pforte der Heiligkeit des Glaubens eindringen zu dürfen. Statt dessen mußte ich erleben, erfahren..."

„Was?" entfährt es Azzolino.

„Nichts als Unzulänglichkeiten."

„Madame", spielt Ottoboni den Ball zurück, „Sie wußten eben nicht, daß der Weg nach Rom weit, sehr weit ist."

„Das ist mir zu hoch", mault sie wie ein Kind.

„Erging es Petrus, dem Felsen der Kirche, dem Erstling des Papsttums anders? Wie viele Schwierigkeiten, Hindernisse, ja sogar Zweifel lagen doch auf seinem Weg! Mit einem weiten Herzen wie Sie, Madame, kam auch er seinerzeit zu Christus. Bei der Verklärung auf dem Berg Tabor sprach er zum Herrn: ‚Hier wollen wir bleiben. Ich will dir eine Hütte bauen.' — Doch Jesus verwies es ihm. — Voll Begeisterung rief Petrus ein anderes Mal Christus zu: ‚Du bist der Messias, Gottes Sohn.' — Doch der Herr verbot ihm, es weiterzusagen. — Als Jesus sein Leiden vorhersagte, erwiderte Petrus: ‚Das darf nicht geschehen.' — Doch der Herr fuhr ihn an: ‚Hinweg, du Satan!' — Später rief Petrus voll Idealismus zu Christus: ‚Und wenn ich mit dir sterben müßte, so will ich dich doch nicht verleugnen.' —

Doch Jesus verabreichte ihm unverzüglich eine kalte Abreibung: ‚Noch ehe der Hahn kräht, wirst du mich dreimal verleugnen.' – Aber selbst nach der glorreichen Auferstehung des Herrn geht dieses seelische Auf und Ab weiter. Petrus kommt nach Rom, erlebt hier die schrecklichen Christenverfolgungen und wird eingekerkert. Mitchristen überreden ihn als ihr Oberhaupt zur Flucht, verhelfen ihm dazu. Nun will Petrus Rom für immer verlassen. Da begegnet ihm auf der Via Appia der kreuztragende Heiland. Petrus fragt ihn entsetzt: ‚Quo vadis domine?' (Wohin gehst du, Herr?) – ‚Nach Rom, um mich abermals kreuzigen zu lassen.' – Auf diese Worte hin kehrt Petrus in den Kerker zurück und wird auch tatsächlich gekreuzigt."

Kardinal Ottoboni macht eine Pause und trinkt einen Schluck Wein.

Christine liegt zurückgelehnt auf dem Kanapee und hat die Augen geschlossen.

„Verstehen Sie jetzt, Madame", sagt Ottoboni leise und setzt das Weinglas ab, „was ich damit meinte, als ich vorhin sagte: ‚Der Weg nach Rom ist weit, sehr weit?' – Wenn er selbst für Petrus, das Haupt unseres Papsttums, so weit war, sollte er für uns bloß ein Promenadenweg zwischen blühenden Gärten sein?"

Nachdenkliche Stille liegt im Raum.

Ottoboni steht auf. „Pardon, Majestät, ich dehnte meinen Krankenbesuch über Gebühr aus. Gestatten Sie, daß ich mir erlauben werde, morgen abermals nachsehen zu kommen, wie das werte Befinden..."

„Kommen Sie ungeniert, Kardinal, ich freue mich jedes Mal, mit Ihnen plaudern zu können."

„Enchanté, Madame, auf morgen also! Au revoir!"

Nachdem Ottoboni gegangen ist, bekommt Christine heftigen Schüttelfrost. Man bringt sie zu Bett.

Der Arzt erscheint und verabreicht ihr einen Trank. „Majestät werden jetzt gut schlafen."

Azzolino bleibt und hält weiter Krankenwache.

Christine beugt sich voll Mitleid zu ihm. „Sie brauchen auch Ruhe. Gehen Sie! Sie könnten ja morgen früh wieder nach mir sehen."

„Gute Nacht, meine Freundin. Träumen Sie etwas Schönes!"

Sie blickt ihn liebevoll an. „Ich möchte träumen, daß ich ein hübsches Mädchen bin und Ihnen im Jenseits begegne. Vielleicht werden Sie dann kein Kardinal mehr sein und nichts anderes als ein junger Mann, der sein Liebchen zärtlich an den Händen faßt und . . ."

Sie wird durch einen starken Hustenanfall unterbrochen.

Azzolino springt auf. „Ich werde den Arzt rufen."

Sie hält ihn an der Hand zurück. „Bleiben Sie . . ."

Sie schließt unendlich müde die Augen. Spricht mit matter Stimme stockend weiter: „Was sagte Ottoboni von der Ewigkeit?"

„Von der Ewigkeit? Ich erinnere mich nicht."

„Die Offenbarung des Johannes, Kapitel 21; ich las es oft, wenn ich traurig war: ‚Siehe, ich mache alles neu. Ich werde alle ihre Tränen abwischen. Es wird keinen Tod mehr geben und keine Traurigkeit'. Dezio . . ."

„Christine?"

„Drüben . . . werde ich bekennen dürfen: ‚Ich liebe dich' . . . und es wird erlaubt sein."

Azzolino spürt einen Klumpen in seinem Hals stecken. Er kann nicht sprechen. Er nickt nur; einmal, zweimal, mehrmals.

Sie sieht ihn mit einem langen, sehr langen Blick an. „Ich bin so schrecklich müde", murmelt sie. „Grüßt mir mein geliebtes Schweden, meine teuren Landsleute . . ." Sie schließt die Augen und schläft ein.

Der Arzt erscheint, deutet auf die Schlafende. „Die Königin wird eine gute Nacht haben", spricht er zu Azzolino.

Da steht der Kardinal langsam auf, wischt sich den Schweiß von der Stirn und geht.

Anderntags, es ist Dienstag, der 19. April 1689, fünf Uhr morgens, erscheint Azzolino wieder und sieht sofort nach der Kranken.

Er setzt sich an ihr Bett und betrachtet die friedlich Schlafende.

Es ist unheimlich still in dem hohen Raum, vor dessen Fenstern die Vorhänge zugezogen sind.

Dann wird es sechs Uhr früh. Von der Kirche Regina Coeli an der Lungara hört man wie aus weiter Ferne die Morgenglocke zur Messe läuten.

Die Königin hebt im Schlaf die linke Hand zum Hals, als ob sie jemanden zärtlich streicheln wollte. Ein verstohlenes Lächeln umspielt ihren Mund. Ein tiefer Atemzug noch.

Dann ist alles zu Ende.

Azzolino bemerkt erst nach geraumer Weile, daß kein Leben mehr in ihrem Körper ist. Er springt auf, stürzt hinaus, kehrt rasch wieder zurück.

Graf Wasenau tritt ein, blickt lange auf den entseelten Körper der Königin. Verbeugt sich tief vor Azzolino.

„Euer Eminenz, Sie, als der Universalerbe Ihrer Majestät, sind ab nun mein Herr. Darf ich Ihnen hiermit die Schlüssel der Residenz übergeben."

Azzolino hebt beschwörend beide Hände weit von sich. „Ich und Erbe? Die Weissagung der Zofe erfüllt sich. Bald werde ich selber sterben und der Papst auch."

Dem Kardinal werden die Knie weich, und er sinkt vor dem Bett Christines nieder.

XIX

Der Sohn Berninis

„Gott ist der Urheber und das Ziel aller Dinge. Die Welt ist das Theater der Großen. Gut leben und gut sterben ist die Wissenschaft der Wissenschaften. Es ist nicht wichtig, unter welchen Umständen man geboren wird, aber sehr wesentlich, unter welchen man stirbt."

Königin Christine,
Pensées Nr. 165 etc.

Rom, 12. August 1689:

Domenico, der Sohn des großen Bernini, ist Gast bei Kardinal Ottoboni.

„Domenico", spricht der Kirchenfürst, „ich habe Euch rufen lassen, weil ich hörte, daß Ihr eine Biographie über Euren Vater schreiben wollt. Zwar hat Königin Christine sofort nach dessen Ableben ihren Literaten, den Florentiner Filippo Baldinucci, beauftragt, eine Vita di Bernini, die Lebensgeschichte des unsterblichen Meisters zu verfassen, was dieser auch in trefflicher Weise ausführte..."

„Gewiß", pflichtet Domenico rasch bei, „allein der Sohn weiß manches zu berichten, was einem Außenstehenden verborgen bleibt."

„Das leuchtet ein", darauf Ottoboni. Nach einer Pause fährt der Kardinal fort: „Da Ihr an die Ausführung des Manuskripts herangeht, werdet Ihr nicht umhin können, auch der verblichenen Königin von Schweden gebührende Erwähnung zu tun, die Euren Vater stets in uneigennütziger Weise sehr gefördert hat."

„Gewiß", pflichtet Domenico abermals hurtig bei, „wo doch mein Vater zeitlebens die Königin außerordentlich verehrt und erklärt hat, es gebe keine Seele, die seine Werke besser verstände als die Fürstin."

„Da Ihr solches in Eurem Buch gebührend vermerken wollt, so werdet Ihr naturgemäß auch nicht versäumen können, Erwähnung zu tun, daß ich selbst, der ich in der Klementinischen Akademie der Königin einiges Beachtenswerte bewerkstelligen durfte, zu den Förderungstätigkeiten für Meister Bernini mein bescheidenes Scherflein beitragen konnte."

Domenico blickt gedankenverloren vor sich hin. „Leider konnte ich am Begräbnis der Königin nicht teilnehmen."

„An meinem Geburtstag fand es statt", sagt Ottoboni und greift nach seinem Schnupftuch. „Die Königin hatte in ihrem Testament dem Erben empfohlen, sie ohne Feierlichkeit in der Kirche della Rotonda zu begraben. Die Jesuiten, die ihr zwei Jahre vor ihrem Tod über die Inquisition sehr zugesetzt hatten, bedrängten jedoch den Pontifex, eine ihrer Kirchen als Begräbnisstätte zu wählen. Aber der Papst verfügte, daß die Fürstin, die für den Glauben so viel getan hatte, mit königlichen Ehren in Gegenwart des Heiligen Kollegiums, das ist aller Kardinäle, in Sankt Peter begraben werde. Ganz Rom war auf den Beinen, alle Glocken der Stadt läuteten, die Gardehellebardiere trugen brennende Fackeln. Der gesamte päpstliche Hofstaat war bei den Beisetzungsfeierlichkeiten. Außer den Kardinälen zahlreiche Erzbischöfe, apostolische Protonotare, Kämmerer, die Gendarmerie, viele Fürstlichkeiten und Edelleute mit ihrem Gefolge. Innozenz XI. erwies der erlauchten Bekennerin die höchste Ehre, indem er sie in der Gruft der Päpste beisetzen ließ."

„Sie hat es wahrlich verdient", sagt Domenico leise.

„Ihr wißt, daß Kardinal Azzolino der Königin bald nachfolgte? Er starb am 8. Juni. Damit ist der Nepote Azzolinos, sein Neffe Pompeo, der Universalerbe der Königin."

„Die Christusstatue, die mein Vater der Fürstin vermachte..."

„Erbt der Papst."

„Gott sei es gedankt! Damit kommt sie in würdige Hände."

„Innozenz XI. ist alt und kränklich."

„Das heißt, daß die Heilandsstatue meines Vaters, sein letztes Werk, an dem er mit besonderer Liebe gehangen hat, einmal . . ."

„Der Neffe des Papstes, Livio d'Odescalchi, erben wird", meint Ottoboni lakonisch.

Domenico schlägt die Hände vor das Gesicht und erwidert nichts.

Da tritt der junge Sekretär des Kirchenfürsten ein.

„Carletto, was willst du?" fragt ihn Ottoboni.

„Eminenz, Kardinal Chigi wünscht Euch dringend zu sprechen."

Ottoboni verabschiedet seinen Gast Domenico Bernini hastig.

„Ich lasse bitten", gibt der Kirchenfürst seinem Sekretär Weisung und wippt ungeduldig mit den Füßen.

Und schon betritt den Salon Kardinal Flavio Chigi, über den Ottoboni durch Azzolino seinerzeit erfuhr, daß Königin Christine vor ihrem Ableben erklärt hatte, der künftige Papst brauche die Zustimmung Ludwigs XIV. und das Wohlwollen Kardinal Chigis.

„Mein teurer Mitbruder in Christo", begrüßt ihn Ottoboni freudig und umarmt ihn mit dem Bruderkuß.

„Lieber Ottoboni", keucht Chigi aufgeregt, „Ich komme vom Quirinal. Soeben ist der Papst verschieden."

„Nein", ächzt Ottoboni und sinkt in einen der herumstehenden Lederfauteuils.

„Nun", meint Chigi tröstend, „er kränkelte schon lange. Ihr wißt, selbst während des Prozeßverfahrens gegen Molinos erschien er aus Gesundheitsrücksichten fast nie bei den Sitzungen. Er stand im neunundsiebzigsten Lebensjahr."

„Jetzt wird das abergläubische Rom ausstreuen", seufzt Ottoboni, „die Zofe der verstorbenen Königin von Schweden habe recht gehabt, da nunmehr alle ihre drei Vorhersagen eingetroffen sind."

„Ich habe veranlaßt", sagt Chigi rasch, „daß das Mädchen sofort aus dem Kerker der Engelsburg freigelassen wird."

„Die Königin starb im April, zwei Monate später Azzolino und abermals zwei Monate darauf jetzt der Papst. Wäre man nicht Kardinal, man könnte abergläubisch werden."

„Der Papst ist tot, es lebe der Papst!" verkündet Chigi feierlich. „Das Konklave wird in elf Tagen zusammentreten. Wir haben sechzig Kardinäle, aber nur neunundvierzig werden zur Papstwahl erwartet. Davon sind wir einundvierzig Italiener. Mit dem Tod Azzolinos ist die Squadrone volante zerfallen. Nun besteht eine neue Gruppierung, die Zelanti."

„Was ist das?"

„Eine Kardinalsfraktion, die den Würdigsten, den für die Glaubensverbreitung und Glaubensvertiefung Eifrigsten auf dem Stuhl Petri sehen möchte. Natürlich dürfte er kein Feind des Nepotismus sein. Ein solcher erhielte nicht die erforderliche Stimmenmehrheit. Für uns Italiener bedeuten Familienbande unendlich viel. Ihr habt einen Nepoten?"

„Ja, mein teurer Mitbruder. Meinen zweiundzwanzigjährigen Großneffen Pietro. Aber ich komme doch wohl als Papabile nicht in Frage. Ich gehe ins achtzigste Lebensjahr."

„Ein alter Papabile erregt weniger Eifersucht bei den Königen als ein jüngerer. Auch fühlt sich mancher Kardinal dadurch weniger übergangen, weil er die Hoffnung hegt, daß es vielleicht beim nächsten Konklave für ihn klappen werde."

„Bei der Madonna von Loretto! Ich komme überhaupt nicht in Frage. Ich bin zwar Kardinal, Eminenz, aber eigentlich Jurist."

„Das ist kein Problem, Ottoboni. Wir haben bis zum Konklave noch elf Tage Zeit. Bis dahin könntet Ihr Euch auf Eure neue Aufgabe gut einstimmen."

„Ich war lediglich Gouverneur von Spoleto."

„Ihr seid ein guter Administrator."

Ottoboni wird es heiß und kalt. Er steht ruckartig auf, setzt sich aber sogleich wieder hin, da ihn plötzlich ein heftiger Drehschwindel erfaßt. „Aber das ist doch alles ...", murmelt er, „das ist ..."

Chigi beugt sich beobachtend über den rüstigen Greis. „Habt Ihr vielleicht Ludwig XIV. etwas zu verdanken?"

Ottoboni hebt beschwörend beide Hände. „Keine Abtei, keine wie immer gearteten Pfründen! Ihr wißt, ich gehörte der Squadrone um Azzolino und Königin Christine an. Unter Innozenz X. wurde ich Kardinal."

„Genau wie der verstorbene Papst und wie Azzolino auch." Chigi macht eine Pause, um ein wenig zu verschnaufen. „Ihr müßtet dem französischen König ein gewisses Entgegenkommen signalisieren", fährt er fort. „Natürlich nicht Ihr selbst. Laßt Euren Großneffen, diesen jungen Fant, Ludwig XIV. ein nettes Brieflein dementsprechend schreiben. Ihr selbst könntet ja dem König eine unverbindliche Glückwunschadresse übermitteln."

„Aus welchem Anlaß, mein Freund?"

„Ludwig XIV. feiert am 5. September seinen Geburtstag. Er wird einundfünfzig."

„O mein Gott! Sollte ich mir das antun, ich, mit meinen bald achtzig Jahren?"

„Warum nicht? Ihr seht jünger aus, habt ein heiteres Gemüt. Wie würdet Ihr Euch als Papst nennen wollen?"

„O mamma mia!"

„Nun, mein Freund, wie?"

„Mein geliebter Bruder in Christo, da Ihr es so gut mit mir meint und da Ihr der Kardinalsnepote Alexanders VII. seid, wie sollte ich wohl anders als . . ."

„Nun, Pietro, also wie?"

Ottoboni wischt sich den Schweiß von der Stirn. „Alexander VIII.", flüstert er fast unhörbar.

„Gut", stellt Chigi befriedigt fest und lächelt mit gewinnender Miene. „Also, wie besprochen: Ihr werdet sehen, das Konklave wird sich zwar etwas in die Länge ziehen, aber schließlich und endlich . . ."

Flavio Chigi behält recht. Das Konklave dauert bis zum 6. Oktober. Zehn Tage später wird der neue Papst in St. Peter gekrönt.

Es ist niemand anderer als Pietro Ottoboni, der den Namen Alexander VIII. annimmt. Sofort ernennt er seinen zweiundzwanzigjährigen Großneffen Pietro zum Kardinal und zum regierenden Nepoten.

Zum geflügelten Wort wird alsbald sein Ausspruch: „Beeilen wir uns nach Möglichkeit, denn schon hat die dreiundzwanzigste Stunde geschlagen."

Für den Spottpreis von 8000 Talern kauft er dem Neffen und Erben Azzolinos, Pompeo, die Bibliothek Königin Christines ab. 1900 Handschriften davon schenkt der Papst der vatikanischen Bibliothek. Diese Manuskripte heißen aufgrund päpstlicher Verfügung bis zur Gegenwart Alexandrinische Bibliothek (nach dem Firmnamen Königin Christines, Alexandra). Die übrigen Sammlungen erwirbt der Nepote Innozenz' XI., Livio d'Odescalchi, unter ihrem wahren Wert, nämlich um den Rufpreis von 150.000 Talern.

Domenico Bernini steigt in die Papstgruft hinab. Unter dem Hochaltar von St. Peter, in dem Raum, der Sacre Grotte (Papstkapelle) heißt, steht der Sarkophag Christines zwischen den Särgen Hadrians IV. und Pauls II.

Dies entbehrt nicht einer symbolhaften Ausdeutung: Hadrian, Engländer, Sohn armer Eltern, früh verwaist, trat als Diener in ein französisches Kloster ein. Die Mönche ließen ihn studieren, er wurde Abt und später Kardinal. Als päpstlicher Legat war er in Schweden tätig. Als Papst tat er den Ausspruch, der päpstliche Stuhl sei mit Dornen übersät. Hadrian starb im Jahre 1159.

Paul II. wiederum verfolgte als leidenschaftlicher Sammler und Büchernarr vorwiegend antiquarische Interessen. Er regierte von 1464 bis 1471.

Im 20. Jahrhundert werden die Särge Hadrians und Pauls in einem entfernten Raum aufgestellt. Nun liegen Christines sterbliche Überreste zwischen jenen Pius' IV. und Benedikts XV.

Auch hierin äußert sich starke Symbolkraft. Pius IV., ein hochgebildeter Humanist aus dem Hause Medici, trat wie Christine für die Kommunion unter beiderlei Gestalten und für die Priesterehe ein. Er beendete das Konzil von Trient, das eine kirchliche Reform und die Gegenreformation einleitete. Er starb 1565.

Benedikt XV. war der große Friedenspapst, der sich energisch für die Beendigung des Ersten Weltkrieges einsetzte. Er schied im Jahre 1922 aus dieser Welt.

So ruhen die irdischen Überreste des Friedenspapstes neben jenen der Friedenskönigin, die der Welt das Ende des Dreißigjährigen Krieges brachte.

,Wenn ich die Augen schließe', durchzuckt es den Sohn Berninis, ,so sehe ich die beiden deutlich vor mir: den Vater in seinem roten Arbeitshemd, den Meißel, die Ziselierstifte führend, und zu seinen Füßen sie, die romantische, kunstbesessene Christine, mit leuchtenden Blicken den Werdegang der jeweiligen Arbeit verfolgend.'

Tausende künstlerischer und wissenschaftlicher Werke aus den verschiedensten Nationen hätten ohne die tatkräftige Förderung dieser Frau nicht das Licht der Welt erblicken können. Aber diese hilfreiche Christine konnte auch sehr energisch werden. Im Kampf gegen vermeintliches Unrecht schreckte sie selbst vor der Inquisition und Innozenz XI. nicht zurück. Dieser Papst hatte ihren Hauptmann Landini zum Tod verurteilen lassen, weil er auf Geheiß Christines einen Weinhändler aus den Händen der päpstlichen Gendarmerie befreite, der auf dem souveränen Territorium der Königin Zuflucht gesucht hatte und dort verhaftet wurde. Doch Christine lieferte ihren Leibwächter der päpstlichen Justiz nicht aus. Da äußerte sich Innozenz etwas ironisch über sie. „È donna!“ sagte er mit leicht wegwerfender Gebärde.

Wahrlich, sie war eine Frau. Und was für eine!

Als ihr Azzolino nach Hamburg sein Gedicht ,Hora un Tempo si Breve' (Die Stunde ist ein allzu kurzer Augenblick) schickt, schlägt ihre Begeisterung wahre Purzelbäume. In ihrem Antwortbrief schreibt sie ihm, dieses Poem übertreffe alles, was Petrarca je gedichtet habe. „Lassen sie es (das Gedicht) doch in Musik setzen und von Cicollini singen“, rät Christine dem dichtenden Freund. Hinsichtlich der Beurteilung ihrer eigenen Person jedoch war Christine bei weitem kritischer.

Wie schreibt sie doch am 30. September 1687 etwa an die berühmte, mit ihr gut bekannte, 80jährige französische Schriftstellerin Madeleine de Scudéry: „Ich habe meine... bösen Eigenschaften ganz und gar behalten und bin trotz der Schmeichelei noch ebenso unzufrieden mit meiner Person, wie ich es immer war."

‚Diese Frau', denkt Domenico Bernini weiter, ‚hat eigentlich im Rom Alexanders VII. und Innozenz XI. die gleichen Schwierigkeiten erfahren wie mein Vater. Wie er mußte sie erleben, daß Rom nicht Florenz oder Padua war, wo selbständiges Denken, freie Forschung und freie Kunst hoch in Ehren standen.'

Beiden, dem Neapolitaner Bernini und der Schwedin Christine war letztlich ein überkonfessionelles Denken zu eigen. Sowohl für Bernini als auch für Christine war Christus der Gott, der nicht nur in einem ein-konfessionellen Himmel herrscht.

Christine war eine zutiefst ökumenische Natur. Sie kann durch ihre Bestrebungen als einer der bedeutendsten Vorläufer einer ökumenischen Bewegung verstanden werden, die sich die Vereinigung aller christlichen Bekenntnisse zum Ziel setzt.

Ist auch die Heilandstatue Berninis mit ihrer unendlich weit segnenden Hand bis auf den heutigen Tag verschollen, in den Herzen kunstbegeisterter Menschen voll guten Willens bleibt sie wie Christus, der Herr selbst, unverlierbar und unsterblich.

Ja, unsterblich, empfindet Domenico Bernini, als er auf den weiten Petersplatz, die geschichtsträchtigste Piazza der Welt, hinaustritt, im Blick der schönheitstrunkenen Augen die Kolonnaden Berninis und die alles überragende Kuppel Michelangelos.

Zeittafel

1523 Gustav Wasa, aus einem schwedischen Adelsgeschlecht, befreit Schweden von der Oberhoheit Dänemarks und wird erster König von Schweden. Einführung der Reformation in Schweden.

1533 Gustav Wasas Sohn wird als Erich XIV. König von Schweden.

1569 Johann, 2. Sohn Gustav Wasas, wird als Johann III. König von Schweden.

1577 Erich XIV. wird in der Haft ermordet.

1581 Philipp II. von Spanien wird gleichzeitig König von Portugal.

1587 Sigismund, Sohn Johanns III., wird katholisch und als Sigismund III. König von Polen.

1592 Johann III. stirbt. Sein Sohn Sigismund III. von Polen wird nun auch König von Schweden.

1594 Am 19. Dezember wird Gustav Adolf, Vater Königin Christines, geboren.

1598 Karl, jüngster Sohn Gustav Wasas, besiegt seinen Neffen Sigismund III. in der Schlacht bei Linköping und setzt ihn wegen seines katholischen Bekenntnisses als König von Schweden ab.
Bernini, größter bildender Künstler nach Michelangelo, wird geboren.

1604 Karl wird König von Schweden und nennt sich nun Karl IX.

1611 Tod Karls IX. Sein Sohn Gustav Adolf wird mit siebzehn Jahren als Gustav II. Adolf König von Schweden.

1620 5. Dezember: Vermählung Gustavs II. Adolf mit Maria Eleonora von Brandenburg: Eltern Königin Christines.

1622 8. November: Karl von Pfalz-Zweibrücken geboren (späterer Karl X. von Schweden).

1623 (1622?) wird Kardinal Dezio Azzolino geboren.

1626 8. Dezember (18. nach der neuen Zeitrechnung in Schweden): Geburt Christines, der Nachfolgerin Gustavs II. Adolf. Polen muß Livland an Schweden abtreten.

1630 Gustav II. Adolf besetzt Pommern.

1632 Am 16. November fällt Gustav II. Adolf in der Schlacht bei Lützen mit 38 Jahren.
Tod Sigismunds III. von Polen (und Schweden?). Sein Sohn wird König: Wladislaw IV.

1633 Am 14. März wird Christine mit sechseinhalb Jahren zum König von Schweden proklamiert.

1637 Kaiser Ferdinand II. stirbt mit 59 Jahren. Auf ihn folgt Ferdinand III.

1638 Catherina, Gattin des Pfalzgrafen Johann Kasimir, Mutter Karls X., geliebte Tante und Erzieherin Christines, stirbt.

1640 Portugal befreit sich aus spanischer Oberhoheit. König wird Johann IV. aus dem Haus Braganza. Die Aufteilung Afrikas bringt Portugal das Hinterland von Angola, Mozambique und Gebiete an der Kongomündung.

1642 In Frankreich stirbt Kardinal Richelieu, der allmächtige Minister. Sein Nachfolger wird Kardinal Mazarin.

1643 Ludwig XIII. von Frankreich stirbt mit 42 Jahren. Sein Sohn, Ludwig XIV., wird als Fünfjähriger König. Für ihn herrscht Kardinal Mazarin bis zu seinem Tod.

1644 7. Dezember: Thronbesteigung Christines anläßlich ihrer Großjährigkeit als König (nicht Königin!) von Schweden.

1645 Am 13. August gelingt es Königin Christine, den Krieg mit Dänemark zu beenden. Schweden erhält im Frieden von Brömsebro mehrere dänische Provinzen.

1648 Am 24. Oktober gelingt es Königin Christine, den Dreißigjährigen Krieg durch den Friedensvertrag von Osnabrück zu beenden (der sogenannte Westfälische Friede).
Tod Wladislaws IV. Sein Sohn wird mit 39 Jahren als Johann II. Kasimir König von Polen.

1648– Unruhen der Fronde (Adelspartei) in Frankreich. Maza-
1653 rin geht nach Rom ins Exil.

1649 Karl I., König von England, wird hingerichtet.

1650 Am 26. Oktober wird Christine in Stockholm gekrönt.

1651 Kardinal Mazarin kehrt zum ersten Mal und 1653 endgültig nach Frankreich zurück und ist bis zu seinem Tod der tatsächliche Herrscher, da Ludwig XIV. noch unter seiner Regentschaft lebt und zwar auch noch nach seiner Großjährigkeit.

1652 Die Jesuiten Malines und Casati reisen heimlich zu Königin Christine nach Stockholm.
Der minderjährige Ludwig XIV. und seine Mutter Anna von Österreich können nach Schwächung der Fronde nach Paris zurückkehren.

1653 Oliver Cromwell wird Lordprotektor von England.

1654 Am 6. Juni dankt Königin Christine freiwillig ab.
Karl Gustav von Pfalz-Zweibrücken wird als Karl X. schwedischer König.
Am 24. Dezember heimlicher Übertritt Christines zur katholischen Kirche in Brüssel.
Axel Oxenstierna, Großkanzler unter Gustav II. Adolf und Königin Christine, stirbt.
Papst Innozenz X. stirbt.

1655 Maria Eleonora, die Mutter Königin Christines, stirbt im März.
Kardinal-Staatssekretär Fabio Chigi wird am 7. Mai Papst: Alexander VII.
Beginn des Schwedisch-polnischen Krieges.
Am 3. November tritt Königin Christine in Innsbruck, Tirol, öffentlich zur katholischen Kirche über.
Am 20. Dezember trifft sie in Rom ein.

1656 22. September: Geheimvertrag Frankreichs zur Unterstützung Christines als präsumtive Königin Beider Sizilien.

1658 Tod des Kaisers Ferdinand III. Sein Nachfolger wird Kaiser Leopold I. mit 18 Jahren.
Oliver Cromwell stirbt.

1660 Ende des Schwedisch-polnischen Krieges. Tod Karls X. von Schweden. Sein fünfjähriger Sohn wird als Karl XI. zum König von Schweden proklamiert.
Der Sohn des hingerichteten Karls I. wird als Karl II. König von England.

1661 Kardinal Mazarin stirbt am 9. März. Nun wird Ludwig XIV. absoluter Monarch von Frankreich.

1665 Tod Philipps IV. von Spanien. Sein Nachfolger ist Karl II. von Spanien.

1667 Alexander VII. stirbt. Kardinal Giulio Rospigliosi wird Papst: Klemens IX.

1668 König Johann II. Kasimir von Polen dankt mit 59 Jahren freiwillig ab.

1669 Klemens IX. stirbt. Kardinal Emilio Altieri wird Papst: Klemens X.
Der polnische Adelige Michael Wisniowiecki wird König von Polen.

1672 Wilhelm III. von Oranien wird Erbstatthalter der Niederlande.

1673 Tod des polnischen Königs Michael Wisniowiecki.

1674 Johann III. Sobieski wird mit 50 Jahren König von Polen.

1676 Klemens X. stirbt. Kardinal Benedetto Odescalchi wird Papst: Innozenz XI.

1680 Bernini stirbt am 28. November mit 82 Jahren.

1683 Am 12. September wird Wien durch Johann III. Sobieski von Polen von der Türkenbelagerung befreit, den Papst Innozenz XI. zwecks Aufrüstung eines Entsatzheeres finanziell unterstützte.

1685 Tod Karls II. von England mit 55 Jahren. Jakob II. wird König von England.

1688 Sturz Jakobs II. von England. Der König muß ins Exil gehen. Tod des Großen Kurfürsten Friedrich Wilhelm von Brandenburg, Vetter Königin Christines mütterlicherseits.

1689 23. Februar: Wilhelm III. von Oranien, Schwiegersohn Jakobs II., wird König von England.
19. April: Königin Christine stirbt im 63. Lebensjahr in Rom.
8. Juni: Kardinal Azzolino stirbt im 67. Lebensjahr.
12. August: Innozenz XI. stirbt im 79. Lebensjahr.
Kardinal Pietro Ottoboni wird Papst: Alexander VIII.

1691 Tod Alexander VIII.

1696 Johann III. Sobieski, König von Polen, der Befreier Wiens, stirbt mit 72 Jahren.

1697 Karl XI. von Schweden stirbt mit 42 Jahren. Sein 15jähriger Sohn wird als Karl XII. zum König proklamiert.

1700 Gian Francesco Albani, Mitglied der Akademie Königin Christines, wird Papst: Klemens XI.

1705 Kaiser Leopold I. stirbt mit 65 Jahren.

1715 Ludwig XIV. stirbt mit 77 Jahren.

1718 Karl XII., Schwedens ‚Heldenkönig', Enkel Karls X., stirbt mit 36 Jahren.

1721 Klemens XI. stirbt.

1788 Johann Wolfgang von Goethe wird Mitglied der ‚Arkadia', eines Dichterbundes, hervorgegangen aus der Akademie Königin Christines. Diesem Bund gehörten neben vielen berühmten Künstlern und Wissenschaftlern allein sechzehn Päpste an.

1966 In aller Welt verstreute Sammlungen Christines werden von Schweden zusammengetragen und aufgekauft als bleibendes Denkmal für seine weltberühmte Königin.

1973 83 Handschriften aus Christines Bibliothek können rückgewonnen werden für die königliche Bibliothek in Stockholm.

Arckenholz, Johann: Mémoires concernant Christine Reine de Suède, Amsterdam 1751–1760
Behn, Irene: Der Philosoph und die Königin, Freiburg/München 1957
Bildt, Carl Baron de: Christine de Suède et le Cardinal Azzolino, Lettres Inédites 1666–1668, Paris 1899
Bildt, Carl Baron de: Pensées de Christine, Stockholm 1906
Buchberger, Michael: Lexikon für Theologie und Kirche, Bände 3, 5 und 8, Freiburg 1960
Callmer, Christian: Königin Christine, ihre Bibliothekare und ihre Handschriften. Beiträge zur europäischen Bibliotheksgeschichte, Stockholm 1977
Carlson, Friedrich Ferdinand: Geschichte Schwedens, Bände IV und V, Gotha 1855 und 1875
Christine, Königin von Schweden: Pensées (s. Bildt)
Claretta, Gaudenzio: La Regina Cristina in Italia, Turin 1892
Festa Montesi, Hilda: Cristina di Svezia, Milano 1938
Fromm, Erich: Psychoanalyse und Religion, Stuttgart 1983
Gentzkow, Liane von: Christine Wasa, Berlin/Leipzig 1934
Greschat, Martin (Herausg.): Das Papsttum, Band 12, Stuttgart/Berlin–Köln–Mainz 1985
Hamerle, Andreas: Geschichte der Päpste, Bände I–III, Klagenfurt 1906–1909
Hocks, Else: Christine Alexandra, Leipzig 1936
Höfer, Josef: (s. Rahner, Karl)
Immich, Max: Papst Innozenz XI., Berlin 1900
Jedin, Hubert (Herausg.): Handbuch der Kirchengeschichte, Band IV, Freiburg 1985
Jens, Walter (Herausg.): Warum ich Christ bin, München 1979
Jordan, Angelika: Christine von Schweden, Zürich 1972

Karoly, Stephan: Christine von Schweden, Berlin—Düsseldorf 1953
Kauffmann, Hans: Giovanni Lorenzo Bernini, Berlin 1970
Lanz, Johann: Die Ahnen der Königin Christine von Schweden, Wien 1980
Lavater-Sloman, Mary: Ein Schicksal. Das Leben der Königin Christine von Schweden, Zürich 1966
Lewis, Paul: Queen of Caprice, New York 1962
Mackenzie Compton, Faith: The Sibyl of the North, London 1931
Maréchal, Claude: Taizé und das Konzil der Jugend, Freiburg 1975
Marelle, Luise: Königin Christine von Schweden, Berlin 1933
Masson, Georgina: Christina, Königin von Schweden, Tübingen 1968
Menici, Gaetano de: Notizie biographiche del cardinale Azzolino, Fermo 1858
Méry-Beuve, Hubert: (s. Maréchal, Claude)
Montecuccoli, Graf Raimund: I Viaggi, Modena 1924
Murat, Lucien Princesse: La Reine Christine de Suède, Paris 1934
Neumann, Alfred: Königin Christine von Schweden, Berlin 1933
Petit, Jean-Claude: (s. Maréchal, Claude)
Pfister, Kurt: Königin Christine, Mensch, Staat und Kultur der Welt des Hochbarock, München 1949
Rahner, Karl; Vorgrimler Herbert: Kleines Konzilskompendium, Freiburg 1966
Rahner, Karl; Hofer, Josef: Lexikon für Theologie und Kirche, Bände 3, 5, 7 und 8, Freiburg 1986
Ranke, Leopold von: Geschichte der Päpste, 3 Bände, Leipzig 1915
Ranke, Leopold von: Illustrierte Weltgeschichte, Berlin 1931
Rat, Maurice: Christine de Suède, Paris 1958
Schauerte, Franz: Christine, Königin von Schweden, Freiburg 1880
Schrott, Anna: Christine, Königin von Schweden, Wien 1946

Schutz, Roger: Die Dynamik des Vorläufigen, Freiburg/Breisgau 1978
Stargaard, Gabriel: Weg einer Königin, Braunschweig 1942
Stern, Adolf: Der Musenhof der Königin Christine, Leipzig 1893
Stolpe, Sven: Königin Christine von Schweden, Frankfurt/Main 1962
Szász, Hannah: Christine von Schweden, Freiburg 1930
Taylor, James Anderson: Christine of Sweden, London 1909
Vorgrimler, Herbert: (s. Rahner, Karl)
Waach, Hildegard: Margareta Maria Alacoque, Eichstätt 1962
Wertheimer, Oskar: Christine von Schweden, Wien 1936
Whitelock, Bulstrod: A Journal of the Swedish Ambassady of the years 1653 and 1654, London 1772
Zahn, Leopold: Christine von Schweden, Köln 1953

Bilderverzeichnis

Schutzumschlag: Königin Christine, Gemälde von Sebastien Bourdon, Österreichische Nationalbibliothek, Portraitsammlung.

Vor- und Nachsatz: Stockholm zur Zeit Königin Christines, nach einem Stich von Martin Engelbrecht, Albertina, Wien, bzw. Österreichische Nationalbibliothek, Wien, Portraitsammlung und Bildarchiv.

1. Littus portuosū. 2. Ergastulū. 3. Orphanotroph. 4. Templū D. Olai. 5. Eccles. ad S. Ioannē. 6. Pons Septen-
trionalis. 7. Equile. 8. Mons Brunckenberg dict9. 9. Eccles. ad D. Clarā. 10. Turris specular. 11. Templ. S. Jacobi.
12. Armament. regiū. 13. Arx reg. 14. Ædes D. Nicolao sacra. 15. Palat. ord. equestr. 10. Eccles. D. Gertrudis
sive Teuton. 17. Pons vers9 fabric. nav. exstruendar. reg. 18. Palat. Rosenhanense. 19. Eccles. D. Francisci. 20.
Templ. D. Catharinæ dicat. 21. Eccles. ad S. Mariā. 21. Palat. Comit. de Horn cum horto adjacente.

Fridr. Bernh. Werner del. C. Pr. S. C. Maj.